U0720028

中國古代地理總志叢刊

讀史方輿紀要

六

〔清〕顧祖禹 撰
賀次君 施和金 點校

中華書局

讀史方輿紀要卷五十七

陝西六

延安府，東至山西黄河界二百五十里，東南至山西吉州二百九十里，南至西安府耀州六百六十里，西至慶陽府四百五十里，北至榆林衛六百三十里，自府治至布政司七百四十里，至京師二千二百里。

禹貢雍州地，春秋時白翟所居。秦屬上郡，漢初屬翟國，尋屬上郡，後漢亦爲上郡地。晉爲雍州塞外翟地。魏延昌二年置東夏州，西魏改爲延州。取延水爲名。隋初因之，大業初改爲延安郡。唐復爲延州，天寶初亦曰延安郡，乾元初復爲延州，中和三年置保塞軍節度，光化初改曰寧塞軍。朱梁改爲忠義軍，後唐曰彰武軍。宋仍曰延州，亦曰延安郡、彰武軍。元祐四年升爲延安府。金因之，亦曰彰武軍。元改延安路。明初復曰延安府。領州三，縣十六。今仍曰延安府。

府東帶黄河，北控靈、夏，爲形勝之地。戰國時魏人入上郡於秦，而秦益强。史記：「梁襄王七年，魏盡入上郡於秦。」正義：「丹、坊、鄜、延北至圁陰，魏上郡地也。〔一〕秦惠文君六年魏納陰晉，八年納河西地，十年又納上郡十五縣，而河西濱河之地盡矣。」漢逐匈奴，開朔方，恒自上郡而北，蓋其地外控疆索，内藩畿輔，上郡驚則關中之患已在肩背間矣。晉失其馭，并、雍之間遂成戎藪，歷數百年而患未息。唐自貞觀以後開拓益廣，延州之患絶少，及党項蠢動於前，回鶻、吐蕃猖獗於後，延、綏嘗岌岌多事矣。廣明召變，四方幅裂，藩鎮交訌，延及五季，延、綏嘗爲争逐之地。五代史：「梁開平四年，李茂貞合邠、涇二鎮兵攻夏州帥李仁福，請兵于晉，晉遣周德威自振武將兵會之。朱全忠西援仁福，聞晉兵在綏、銀磧中，遣將李遇等自鄜、延趨銀、夏，邀其歸路。」宋以西夏憑陵，置重鎮於延州，往往選將屯兵，與諸路相聲援。王庶曰：「延安，五路襟喉也。金人之窺關、陝也，恒自山西渡河，亟犯延安。延安陷則南侵三輔，如建瓴而下矣。」嗚呼！涓涓不絶，將成江河，以延、綏之境密邇雄邊，控臨秦、晉，一旦有事，此正救焚拯溺之時，乃猶以泄泄處之，安得不爲滔天之禍哉！

膚施縣，附郭。戰國時爲趙地，趙惠文王二年主父滅中山，遷其王於膚施，即此。秦置縣，屬上郡。漢爲上郡治，曹魏時廢。後魏復置，屬襄樂郡，西魏時廢。隋大業三年復置縣，爲延安郡治，唐、宋時州郡皆治此。今編户二十七里。

延安城，在府東五里。宋志：「延安有東西二城，其中限以深淵。」五代漢天福十二年，彰武軍亂，攻其帥周密，密保東城，衆推州將高允權爲留後，據西城是也。宋嘉定十四年，蒙古將木華黎攻金延安，延安將合達軍於城東，木華黎潛令軍士伏於城東兩谷中，誘金兵來追，伏發，大敗之。合達入城固守，木華黎以城池堅深，猝不可拔，乃南攻鄜、坊，留軍圍之。沈括曰：「延安有五城，説者謂舊有東西二城，夾河對立，高萬典郡，〔三〕始展南北東三關城。」

按杜甫詩「五城何迢迢？迢迢隔河水」，是天寶中已有五城也。今舊址已廢。城周九里有奇，有東南北三門，即故城改築。

金明城，府西北百里。杜佑曰：「古高奴也，項羽封董翳爲翟王，都高奴。」漢爲縣，屬上郡。文帝三年匈奴入居河南地，侵盜上郡，遣丞相灌嬰發車騎詣高奴擊之，匈奴走出塞。上自甘泉之高奴，因幸太原。後漢亦爲高奴縣，晉廢。後魏太平真君十年置廣洛縣于此，十二年置金明郡治焉。隋初郡廢，改縣曰金明，屬延州。隋末廢。唐武德二年置北武州，領開遠、金義、崇德、永定、安義凡五縣，旋復析膚施地置金明縣。貞觀二年廢北武州，以開遠等五縣俱省入，仍屬延州。宋初因之，熙寧五年廢爲金明寨。又永豐廢縣，在府西。後魏太平真君十三年置永豐、啓明二縣，屬金明郡，隋俱廢入金明縣。

豐林城，在府東三十五里。亦漢膚施縣地，後魏僑置廣武縣于此，太和初兼置偏城郡，西魏末柔然寇廣武，李弼擊却之。隋初郡廢，開皇十八年改爲豐林縣，屬延州。唐武德四年僑置雲州，又析置雲中、榆林、龍泉三縣，八年廢州，以龍泉縣并入臨真，以雲中、榆林并入豐林，仍屬延州。宋初因之，熙寧五年省爲豐林鎮，屬膚施縣。杜佑曰：「豐林，漢朔方臨河縣地。」似悮。

延水城，府東北百十里。西魏置安人縣，屬安寧郡。隋開皇初郡廢，改安人爲吉萬縣，屬綏州，大業初廢。唐武德二年分延川縣地置西和州，領安人、修文、桑原三縣。貞觀二年廢州及修文、桑原二縣入安人縣，屬北基州。八年又廢北基州入延川縣。二十三年改安人縣爲弘風縣，神龍元年又改爲延水縣，屬延州。宋初因之，熙寧八年省入延川縣，爲延水鎮。

門山城，府東南百八十里。志云：宇文周時分雲巖、汾川二縣地置門山縣，隋大業初省入汾川縣，屬延州。唐武德三年復置門山縣，治宋斯堡，屬丹州，總章二年移治庫利川。宋仍屬延州，金因之，元廢入宜川縣。舊志：門山廢縣，在宜川縣西七十里。雲巖、汾川，今俱見宜川縣。

三城，在府東南。志云：魏、晉間所置，爲戍守處。晉咸和九年北羌王薄勾大等侵擾北地、馮翊，石虎使其將郭敖、石斌等擊破之。勾大奔馬蘭山，郭敖乘勝逐北，爲羌所敗，斌收軍保三城。又元興中姚興欲以三城朔方雜裔配赫連勃勃守高平，不果。義熙三年，時勃勃以朔方叛秦，攻秦三城以北諸戍，悉拔之。既而勃勃取關中，置朔州牧，鎮三城，即此。魏收志偏城郡廣武縣有三城，是也。馬蘭山，見耀州同官縣。

嘉嶺山，在府城東南，形勢高峻。又城東北有清涼山，上有尸毘巖及萬佛、僊石等洞，又有鷲峰、定甲等泉。寰宇記「郡城據山，四面甚險」，謂此也。元木華黎伏兵于城東兩谷，即此二山云。

伏龍山，府北五里。郡國志：「上郡之名山也。」又五龍山，在府北十里。山下有帝原水。漢志「宣帝從方士言，祀五龍山帝原水」，即此。山北又有一峰，高數百丈，峭如碧簪，名碧簪山。一名虎頭山。

重覆山，在縣東南，近廢門山縣。以山形重疊而名。杜佑曰：「門山縣有門山。」名勝志云：「山形如門，略容車馬，東至宜川縣僅十里。」〇牡丹山，在府南四十里。多產牡丹，名曰花原頭。

延水，在府城東門外。源出安塞縣西北蘆關嶺，東南流經此，又流經延長縣入黃河。一名濯筋水。志云：府南門外有南河，流入濯筋水。

清化水，府東四十里。地有嘉泉，水源出焉，東流入延水。又清水，在府西北廢金明縣境，流經老人谷，俗呼老人水，下流亦合於延水。○烏耶水，志云：出府東北烏耶谷，又龍尾水出府北之龍尾溪，下流俱入於延水。

延利渠，在府城南。舊時灌注城市，復穿城而出，溢爲柳湖，入于延水。○五龍泉，在府城東北。從石罅中湧出，匯而爲池。水經注「五龍山有牧龍川，多産駿馬」，即此池是也。

金明砦。在府西北。本金明縣地，宋天聖中置砦於此，以禦西夏。慶曆初趙元昊寇金明砦，轉破寧夏砦，進陷豐州。寧夏砦蓋在夏州境內。宋志金明縣有金明寨。通志云：「今府治西有金明驛，又有榆林、魚河二驛。」

安塞縣，府西北四十里。東至青澗縣二百四十里。本漢高奴縣地，後魏爲廣洛縣地，唐爲金明縣地。宋置安塞堡，元升爲縣，屬延安府，明因之。今縣城周三里有奇。編户二十里。

敷政城，縣西南百二十里。後魏置因城縣，屬上郡。後周廢，尋復置，屬延州。隋因之。舊唐書：「武德二年移因城縣治金城鎮，改爲金城縣。又于界内置永州，領金城、洛盤、新昌、土堆四縣。貞觀四年移永州于洛源縣，八年廢洛盤等三縣入金城，屬延州。天寶元年改金城爲敷政縣。」宋因之，元廢。今爲敷政巡司。○石門城，在縣西。後魏置，屬上郡。魏收志上郡領石門、因城二縣。後周廢入因城。

天澤山，在縣東五里。上有天澤泉。又龍安山，在縣西一里。狀如卧龍，因名。○靈臺山，在縣北五里。巨石高險，舊建雲臺觀于其上。又三堆山，在廢敷政縣北一里。土石相雜，上有三塚，遥望如堆，因名。

洛水，在縣西七十里。上流自慶陽府流入府境，經保安縣西南流入縣界，至城下又南流入甘泉縣境。詳大川。○延水，在縣北百里，東南流入膚施縣界。

西川水，在縣東南。自保安縣境流入界，至縣東南二十里會小平川，入膚施縣境合于延水。又縣西北九十里有洧水及背水，皆東流注于延水。○金明川，在縣北五十里。寰宇記：「自蕃界來入縣境，西過而南流，至膚施縣界合于延水。」

蘆關，在縣北百七十里。有東西二城基址。亦曰蘆子關。唐杜甫詩「延州秦北户，關防猶可倚，焉得一萬人，疾驅塞蘆子」，謂此也。蔡夢弼云：「去延州百八十里有土門山，兩崖峙立如門，形若葫蘆，故謂之蘆子。」後唐長興四年，李彝超以夏州拒命，詔樂彦稠等討之，進屯蘆關。彝超遣党項抄掠糧運及攻具，官軍自蘆關退保金明。趙珣聚米圖經曰：「蘆關在延州塞門砦北十五里。」自蘆關南入塞門謂之金明路，舊有蘆關砦，宋至道中廢，元豐四年復爲戍守之所。

塞門砦，在縣北百五十里。本蕃部舊寨，宋至道中廢，元豐四年復置。其東五十里爲殄羌寨，北九十里爲烏延口寨。陳執中曰：「塞門至金明二百里，宋時與安遠、承明等砦屢爲夏人所陷，熙寧二年夏人請納安遠、塞門二砦以易綏州。二砦之北舊有三十六堡，以長城嶺爲界。時詔邊臣定二砦地界，夏人不從，遂不果易。元豐二年收復塞門砦，始爲内地。」宋志云：「塞門砦南至安塞堡四十里。」似謬。○招安寨，縣西北五十里。宋龐籍知延州，命部將狄青築招安寨于橋子谷旁，以斷夏寇出入之路，即此。後爲招安驛。

萬安寨。在縣北。亦謂之萬安鎮。又東有三川口，舊志以爲宜川、延川、洛川之口也。宋康定初，趙元昊寇延州之保安軍，破金明砦，又破安遠、塞門、永平諸砦，乘勝至延州城下。諸將劉平、石元孫等自慶州趨土門，復倍道而前至萬安鎮，又進至三川口西十里止營，與延州相聞；復東行五里，與賊遇，賊涉水爲陳，擊却之；轉戰三日，賊退還水東，平保西南山，立七栅自固；賊自山四出合擊，平等敗没，即此處也。土門即蘆子關矣。○平羌寨，縣東三十五里。宋置，本名克胡山寨，紹聖四年更名。金廢。○志云：縣有敷政巡司。

甘泉縣，府西南九十里。北至安塞縣百二十里，南至鄜州九十五里。漢上郡雕陰縣地，隋爲洛交縣地。唐武德初析置伏陸縣，天寶初改爲甘泉縣，屬鄜州。宋改屬延安府。今縣城周三里有奇。編户二十三里。

雕陰城，縣南四十里。戰國時魏地。周顯王三十六年秦犀首伐魏，取雕陰。史記：「梁襄王五年，秦敗我龍賈軍四萬五千于雕陰。」是也。漢置縣，三國魏時縣廢。舊志云：雕陰城在鄜州北三十里。括地志：「雕陰故城在洛交縣北二十里。」

臨真城，在縣東北百七十里。漢高奴縣地。或云即漢上郡之定陽縣，後漢因之，晉省。後魏太安中置臨真縣，屬定陽郡。西魏又置神水郡及真川縣。後周廢郡，隋大業初又以真川縣并入臨真。唐初屬東夏州，貞觀二年改屬延州。宋因之，元廢。其南又有龍泉廢縣，唐武德四年析置，八年并入臨真縣。

黑城，縣東百七十里，當庫利川口。相傳赫連勃勃所置，緣山坡爲城，崎嶇不正，俗名黑城。後魏孝昌二年源子邕奉詔討賊，自東夏州進平黑城，遂帥衆南出。賊帥康維摩守鋸谷，斷甄棠橋。子邕擊破之，又破契官斤于楊氏堡，後破賊于赤沃堡，遂解白水之圍。鋸谷及楊氏等堡，應在今洛川、宜川等境。

伏陸山，在縣治東北。唐以此山名縣。又雕陰山，在縣南二十里。山多土穴，雕鷹所居，漢以此名縣。○㔾山，在縣北二十里。有大小二山。相傳宋狄青與夏人相拒，士卒疲困，嘗憩於此，因名。

野豬峽，在縣北四十五里。山峽險窄，爲戍守重地。志云：甘泉當鄜、延二州之中，爲咽喉之所，而野豬峽尤當其要。唐武德二年，梁師都與突厥數十騎寇延州，營于野豬嶺，即此。嘉靖三十年，撫臣張珩議築堡于此以備邊。

洛河，在縣治西。自安塞縣流經此，又南入鄜州境。○伏陸水，在縣南二十里。亦名阿伏斤水。阿伏斤，夷名也。志云：以水源隱伏川陸，故兼有伏陸之名。下流入于洛河。

庫利川，在縣東北。川側土田沃衍，五穀豐饒，羌人稱貯舊穀爲庫利，因以名川。○甘泉，在縣南五里。出巖谷中，飛流激射，厥味甘美。隋煬帝嘗經此，飲而甘之，唐因以名縣。

撫安驛。通志云：「在縣治西北。明初置。」

安定縣，府北百九十里。南至安塞縣百六十里。本唐延川縣地，宋康定五年于延州城馬蹄川築安定堡，金因之，元改置縣。今縣城周五里有奇。編户九里。

丹頭城，在縣東南。宋置丹頭寨于此，金因之。元至元初改置丹頭縣，屬延安府，四年仍并入安定。○御謀城，在縣西北百里。宋崇寧三年賜名御謀，金廢。又縣北有制戎城，宋崇寧中置。本名天降山新城，政和八年賜名制戎。通志：「縣西北八十里有白洛城，洪武中所築。」

二郎山，在縣南一里。雙峰並立，因名。又鵶鴿山，在縣南四十里，林木蔚然。又南二十里曰神木山，山中有古樹千株，樵採不敢入。○滴溜山，在縣北百里。泉出巖石間，因名。黑水出於此。

潘陵川，縣南八十里。源出鵶鴿山，南流入于延水。○黑水，在縣北百里。舊置黑水堡，因水以名。宋元豐五年，种諤遣曲珍攻黑水安定堡，與夏人遇，敗之。又金人以李顯忠爲蘇尾九族都巡司使，駐兵黑水堡是也。又白水，亦在縣北。源出分水嶺，宋置白水堡於此，下流合於黑水，又東至延川縣境合於吐延川。

威羌寨。在縣北七十里。宋元符初築。又北七十里曰蘆移堡。宋志：「蘆移堡西南至御謀城三十五里，元豐中置。」○龍安寨，在縣西南八十里。宋慶曆初龐籍知延州，命狄青築招安寨，周美取承平寨，王信築龍安寨，悉復所亡地，築十一城是也。宣和二年改龍安曰德安寨。

保安縣，府西北百八十里。本名栲栳城，以旁有栲栳谷而名。唐咸亨間嘗置禁軍於此，貞元中改爲永康鎮。宋升爲保安軍，金改軍爲縣，復置州治焉。元州廢，以縣屬延安府。縣城周九里有奇，今八里有奇。編户八里。

金湯城，在縣西北百里。宋置金湯砦，元豐五年鄜延將曲珍敗夏人於金湯是也。元符二年改爲金湯城，爲控禦夏人之所。明成化中河套有警，此亦爲戍守要地。其西四十里曰白豹城，入慶陽府境。○通慶城，在縣西北百六十里。亦宋置，爲鄜、延戍守要地，其西三十里即慶陽府境之鎮安城也。又鐵鞭城，在縣西北百餘里。志云：宋時所築，爲榆林之次險。又北有鎖地、五谷等城，亦宋置。

九吾山，縣西五十里。上有湫，歲旱不竭。志云：縣西一里有候雨山，旁有石室，天將雨則此山烟霧四塞，人以爲候。○唐毛山，在縣西北，近榆林之寧塞營。近代官軍敗賊於此。又石樓臺山，縣南七十里，以山巖層疊而名。

艾蒿嶺，在縣東六十里。即子午嶺之異名也，綿亘於延、慶兩郡間，幾數百里云。

洛河，在縣西南。自慶陽府廢洛源縣流經此，又東南入安塞縣境。○吃莫河，源出蕃部吃莫川，東南流至城西十六里，又南入于洛河。其水淺隘，不勝船筏。

三岔溝，縣北九十里。又縣西南四十里有紫馬溝，涸溢不時，水漲則注于吃莫河，通于洛河。

石堡寨，在縣北。本蕃寨，宋初置城于此，至道中廢。宋志：「寨旁有洑流，一名臧底河。夏人近河築城，爲要害必争之所。政和五年知慶州姚古克其城，建威德軍，尋復爲寨。」金廢。

順寧寨，縣北四十里，西至金湯城九十里。宋爲戍守要地。紹興四年夏趙乾順入寇鄜、延，西自順寧、招安寨，東自黑水、安定，中自塞門、龍安，金明以南二百里間相繼不絶，至延州北五里陷金明砦而去，蓋諸砦皆延州要衝也。通志：「洪武中嘗設順寧巡司於此。」○德靖寨，在縣西八十里，亦宋置。寶元初趙元昊入寇，與諸部約，先攻鄜、延，欲自德靖、塞門寨、赤城路三道並入是也。赤城，見平凉府崇信縣。

園林堡，縣東四十里。宋置。今縣東九十里有園林驛。因舊堡以名也。又縣東北有平戎堡。宋志云：「堡南去園林堡五十里。本名杏子河東山，紹聖四年賜名平戎，亦曰平戎砦。」金廢。○鎌刀砦，在縣南。宋慶曆四年，趙元昊請以栲栳、鎌刀、南安、承平故地及他邊境蕃、漢所居，乞畫中爲界處也。栲栳即今縣城矣。

石門鎮。在縣西。嘉靖三十年撫臣張珩言：「保安縣西河川有石門鎮及石門子，北接榆林寧塞、静邊諸營堡，爲戎、羌闌入之路，宜各築一城，增兵戍守。」是也。○聖人道，在縣東七里。志云：從番界未藞家族來，經縣境一百五里入廢敷政縣界，即赫連勃勃起自夏臺入長安，芟平山谷所開道也。俗訛爲聖人道。

宜川縣，府東南二百八十里。西至鄜州百七十五里，東至山西吉州百六十五里。古孟門河西之地，苻秦時爲三堡鎮，西魏置義川縣，〔三〕又置汾州及義川郡，尋改州爲丹州。後周改縣爲丹陽郡。開皇初郡廢，復改縣曰義川，大業初州廢，縣屬延安郡。義寧初復置丹陽郡。唐武德元年改爲丹城，天寶初改爲咸寧郡，乾元初復爲丹州。宋太平興國初改縣曰宜川，而丹州如故。元廢州，以縣屬延安路。今縣城周四里有奇。編户二十三里。

丹陽城，在縣東北二十九里。亦曰丹州城。志云：苻秦時三堡鎮也。西魏大統三年割鄜、延二州地置汾州，理三堡鎮。廢帝改爲丹州，因丹陽川爲名。唐永徽中移縣于赤石川口，其城遂廢。

汾川城，在縣東七十里。西魏置安平縣，後周改曰汾川，隋屬延州，唐屬丹州。劉昫曰：「隋縣治土壁堡，唐開元二十二年移今治」云。宋熙寧三年省入宜川。○咸寧城，在縣東百里。後魏置永寧縣，西魏改爲太平縣，隋開皇中改曰咸寧，屬延州，唐屬丹州。劉昫志「隋縣治白水川，唐景龍二年移治長松川」云。宋太平興國中廢入宜川。

雲巖城，在縣西北七十里。西魏置，兼置樂川郡治焉。隋初郡廢，縣屬丹州，大業初縣廢。唐武德初復置雲巖縣，屬丹州，理迴城堡，咸亨四年復移治於此。宋熙寧七年又廢爲雲巖鎮。

安樂山，在縣南十里。志云：昔人嘗屯軍於此。又晉師山，在縣西南百里，與鄜州分界。○雲巖山，在縣北八十里。山形重疊如雲，舊雲巖縣以此名。又庫利山，在縣西百里，與甘泉縣之廢臨真縣接界。

孟門山，在縣東南二十里。山勢綿延，與吉州孟門山參差相接。志云：山當黄河中流，有石扼束，俗謂之石槽，〔四〕相傳即禹貢鑿石導流處也。○盤古山，在縣東南百二十里。山勢紆迴，翼帶河濱。

黄河，在縣東八十里。其上流自榆林衛而南流，經葭州、綏德二州之境，又南歷青澗、延川及延長縣而入縣境，與山西平陽府吉州分界，又南流入同州韓城縣界，府境東面之險也。詳見大川黄河及川瀆異同。

銀川水，在縣西南十里。流遶縣城，又東注于黄河。又汾川水，在縣北八十里。自甘泉縣流入境；又澤徑河，在縣北百里；俱流入於黄河。

丹陽川，在縣西南。蒲川水自鄜州洛川縣來，流入丹陽川，川口有赤石，因曰赤石川。又庫碻川，在縣西北二十里。川南爲漢，北爲蕃，蕃、漢人於此締香火，蕃人謂香火爲庫碻也。其下流俱注於黄河。○玉蓮池，在縣北。志云：池廣數千頃，爲一方之勝。今湮。

烏仁關。在縣東八十里。下臨黄河岸，與山西吉州對境。唐志丹州有烏仁關。一統志云：「金置，元廢。」悮也。

延川縣，府東北二百里。東至山西永和縣百里，北至青澗縣五十里。亦漢膚施縣地，西魏置文安縣，兼置文安郡。隋開皇初郡廢，改縣爲延川，取界内吐延川爲名，屬延州。唐因之。今縣城周四里。編户九里。

義門城，在縣西。唐武德二年置義門縣，兼置南平州治焉。四年州縣俱并入延川。

青眉山，在縣西北六十里。後魏時有土蕃青眉族居此，因名。又西北二十里有玉皇山。志云：縣西一里有西山，舊爲烽火之所。

禪梯嶺，在縣西南。嘉靖三十年撫臣張珩言：「保安縣石門鎮、甘泉縣野猪峽，與延川縣禪梯嶺，俱爲套寇深入之路，比他鎮爲獨重，可各築一城守之。」是也。

黄河，在縣東四十五里。自青澗縣流入境，又南入延長縣界。志云：縣東北六十里有漩窩渡；又有延水關渡，在縣東南七十里；清水渡，在縣東南八十里，皆黄河津濟處。

吐延川，在城北。一名哥基川，番語亦謂之濯筋水。寰宇記：「吐延川與骨胡川俱自綏德來，流入於黄河。」

青澗水，在縣東城下。自青澗縣流入，又東北流入於吐延川。志云：縣東北有栢岔溝、五龍川，縣西有王家溝、唐家岔溝，縣南有王林溝、沙泉溝，縣北有土谷堂溝、滔水川，縣西北有紫溝及社樹平溝，俱流入於延川。○石油井，在縣北九十里。井出石油，六月取之，塗瘡疾即愈。舊志：高奴縣出脂水。是也。或謂之「石液」云。

永和關。縣東北四十里。宋置關於此，路通綏德，前據山險，下臨黄河，西戎嘗盤踞其間，爲戍守要地。縣北又有順安、白草等寨，俱宋景祐中置，元符二年廢。○文安驛，在縣西五十里，爲延、綏往來之通道。

延長縣，府東百五十里。東至山西大寧縣百里，西北至延川縣五十里。本膚施縣地，西魏置廣安縣，隋改延安縣，屬延州。唐初置北連州於此，貞觀二年州廢，縣仍屬延州，廣德二年改爲延長縣。今縣城周四里有奇。編户十里。

義鄉城，在縣西南。西魏置義鄉縣，隋大業中廢入延安縣，唐初復置，又析置齊明縣，俱屬北連州。貞觀二年俱廢入延安縣。

屏山，在縣治南。以形似名。下有翟水，水面出油，可以燃燈。又漱玉巖，在縣治東，軒豁可容百人。泉出如練，流入城東鴛鴦渚，謂之城東河。

九連山，在縣西十五里。山有九峰，相連不斷。又高奴山，在縣北二十里。上有古砦。○獨戰山，在縣東北六十里。其山險峻，一人拒守可以當千，有交口川遶其下。又髑髏山，在縣東六十里，相傳古戰鬬之所。下有川，經獨戰山東入黄河。

黄河，在縣東三十五里。自延川縣流入，與山西永和縣接界，又南入宜川縣界，縣境之水俱流入焉。○延水，在縣南。自膚施縣東流經縣界，又南入於河。

甘谷驛。在縣西七十里。東至府城，此爲中道。通志作「于谷驛」。

青澗縣，府東北二百三十五里。北至綏德州百二十里。本名寬州壘，宋康定初种世衡以壘當寇衝，右可固延安之勢，左可致河東之粟，北可圖銀、夏之舊，請即廢壘築之，城成賜名青澗。金大定二十二年升爲縣，屬綏德州，元因之。明嘉靖四十一年改今屬。縣城周三里。編户十里。

綏平廢縣，縣西百里。本宋之綏平寨，宣和末置。李顯忠初仕金，破紅巾寇乞即羅義於綏平是也。金末置爲縣，元省入懷寧。○懷寧廢縣，縣北七十里。本宋之懷寧寨，金初因之，尋置爲縣。元以綏平縣省入，尋又省入青澗縣。

草塢山，在縣城北。又城西有筆架山，縣憑以爲固。○官山，在縣北五十里。萬山旋繞，二川縈流，通往來官道。又吐谷嶺，在縣北二十里，高險爲縣之望。

黄河，在縣東百里。自綏德州流經此，有郭宗渡爲津濟處，又南入延川縣境。

無定河，縣東北八十里。自綏德州流入境，又東南流入黄河。○青澗河，在縣城西。自安定縣流入境，又東南流入延川縣，合吐延川入于黄河。

東河，在縣城東，發源縣北官山苜蓿嶺；又縣西有西河，發源烽臺川；俱流注於青澗河。宋种世衡城青澗，開營田二千頃，資東、西二河爲灌溉云。

石井，在縣治西。宋种世衡所鑿。世衡城青澗，處險無泉，鑿地十五丈遇石，世衡命屑石一畚酬百金，卒得泉。明正德間邊患告急，縣令趙輅恐石井不足用，更鑿一井，引東河水自城下穿入，今謂之新井。

永平砦。縣西七十里。宋置。宋志：「縣東七十里爲永寧關。」○石嘴坌驛，縣北七十里，路通綏德。通志：「縣東南有奢延驛。」

附見

延安衛。在府城内。洪武二年建，轄千户所五。又塞門守禦百户所，在安塞縣北百五十里，洪武十二年建；安定守禦百户所，在安定縣治北，洪武二年建；保安守禦百户所，在保安縣治南，洪武十二年建；俱屬延安衛。

鄜州，府南百八十里。南至西安府耀州三百九十里，西至慶陽府寧州二百十里，西北至慶陽府三百三十里。

春秋時白翟地，秦屬上郡，漢爲上郡及左馮翊地，後漢亦屬上郡。三國魏虚其地，晉因之。後魏置東秦州，後爲北華州，西魏改爲敷州。隋初因之，大業三年改爲鄜城郡，尋又改上郡。唐初改爲鄜州，貞觀二年置都督府，尋又改爲大都督府。天寶初曰洛交郡，乾元初復爲鄜州，建中初鄜坊節度治於此，亦曰渭北節度，中和三年改爲保大軍。宋仍曰鄜州，亦曰洛交郡、保大軍。慶曆初置康定軍於此。金亦曰鄜州，復改置保大軍。元仍舊，以州治洛交縣省入，屬延安路。明因之，仍曰鄜州。編户五十一里。領縣三。今仍曰鄜州。

州接壤延、綏，藩屏三輔，爲渭北之襟要。唐乾元以後，嘗置重兵於此，與邠寧、涇源諸鎮相爲脣齒。宋范仲淹曰：「鄜、延密邇靈、夏，爲西羌必蹊之地。」因請建鄜州城爲康定軍，增築堡寨，備禦始密。南宋初金人嘗自山西乘冰渡河陷鄜、延，然後南破潼關，殘毁三輔。州當南北之衝，亦關中重地也。

洛交廢縣，今州治。本漢雕陰縣地，西魏爲三川縣地，隋開皇三年析置洛交縣爲敷州治，唐、宋皆因之，元廢。今州有内城，周二里餘，外城周十里餘，皆因故址修築。

三川城，州南六十里。苻秦置長城縣，西魏改爲三川縣，唐因之，宋廢爲三川鎮。今爲三川驛。又利仁廢縣亦在州南。後魏置，西魏省入三川縣。○直羅城，在州西百二十里。志云：以城枕羅水而名，後魏築城於此。唐武德三年分三川、洛交置直羅縣，屬鄜州。宋因之，元廢。又有直羅關，路通環慶，唐太宗征突厥所開也。今設直羅巡司。

長城，州西南四里。戰國時秦、魏分界處。寰宇記云：「秦蒙恬所築。」悮也。又高奴城，今延安府之金明城也。孔穎達云：「高奴在鄜州境。」寰宇記云：「在州東五里。」似未可據。

鼉山，在州城西城南四里。又有櫻桃山，上多櫻桃樹。又有梅柯嶺，在州西北三里。舊時嶺有古梅。又大迴嶺，在州南十里。登之可以迴望州城，因名。〇壽峰山，在州南百二十里，南接耀州同官縣境。

馬尾崖，州南百二十里。高數十丈，崖畔水流遥望如馬尾，因名。或云即馬翅谷也。宋紹興中李永奇謀南歸，金人賊殺之於此。

葦谷，在州南三十里。谷中多葭葦。其水東南流合于三川水。一名聖佛谷。又州西北百里有破羅谷。其水爲羅水，東合于葦谷水。

洛水，在城東。自甘泉縣流入境，至城下，水流衝激，州城數被其患。唐麟德二年鄜州大水，壞居人盧舍，即洛水也。又南爲三川水，流入洛川縣界。〇三川水，在州南六十里。慶陽府之華池水、黑水流經此會于洛水，因名。西魏時置三川縣，以此。亦謂之洛交水。

江家川，在州西百三十里，又有餘樂川，俱經廢直羅縣界，東南流入于洛水。

龍益鎮。州西百四十里。今置驛於此。自鎮而東爲州西七十里之張村驛，自鎮而西六十里爲慶陽府合水縣境之邵莊驛。通志：「今州治西南有鄜城驛。」

洛川縣，州東六十里。東至宜川縣百二十里。漢鄜縣地，屬左馮翊。後魏爲敷城縣地，後周置洛川縣，屬敷州。隋因之。今縣城周二里有奇。編户六十里。

鄜城廢縣，在縣東南七十里。本漢鄜縣，後漢廢。東晉時苻秦置敷城縣，姚襄遣其從兄蘭略地敷城是也。亦謂之敷陸，太元十二年秦苻纂與後秦相持，自涇陽退屯敷陸，即此。後魏仍爲敷城縣。魏主燾神䴥三年，夏主赫連定攻魏敷城，〔五〕後又兼置敷城郡。隋初郡廢，大業初改曰鄜城。唐屬坊州，唐末李茂貞置翟州於此。朱梁開平三年翟州降於朱全忠，改爲禧州。宋廢州，以縣屬鄜州。金因之，元省入洛川縣。今縣南百二十里有鄜城巡司，縣亦有鄜城驛。

定陽城，在縣東。漢爲定陽縣，屬上郡。應劭曰：「在定水之陽，因名。」後漢仍爲上郡屬縣，魏廢。苻秦時復置定陽縣。晉義熙六年，夏王勃勃遣兵拔後秦之定陽是也。後魏敷城郡領定陽縣，胡氏曰：「廢縣在鄜城縣界。」

雄兒山，縣東五十里，又東二十里爲聖公山，皆昔時據險拒賊處。又有黄龍山，在縣南百三十里。

爛柯山，縣東北七十里。山有黄梁水出焉，西南流入洛。○界頭山，縣東南百五十里。與同州澄城縣分界，因名。

洛水，縣西南五十里。自州境流入。唐開元十五年洛水溢入鄜城，平地丈餘，死者無算是也。又南入中部縣界。

仙宫河。在縣南，下流入洛。志云：縣東北有開撫川河，西北有廂西河，俱由宜川縣界來，注於洛。又縣南百二十里有聿津河，自同州韓城縣界來，西流入洛。

中部縣，州南百四十里。西至邠州三百二十里，東南至同州二百七十里。漢左馮翊翟道縣地，姚秦置中部縣，後魏置中部郡於此。隋初改爲内部郡，開皇三年郡廢，改縣爲内部縣，屬敷州。唐武德二年置坊州，治中部縣。志云：後周天和七年唐世祖作牧鄜州，於州界内置馬坊，武德二年因置坊州於此，復改爲中部縣，天寶初改爲中部郡，乾元初復故。又鄜坊節度初治此。宋亦曰坊州，金因之。元廢州，以縣屬鄜州。今城周四里。編户二十四里。

翟道城，縣西北四十里。漢縣治此，後漢省。後魏置翟道縣，屬中部郡，後周廢。又直路城，在縣西北二百里。漢縣，屬北地郡，後漢廢。

杏城，在縣東南百十里。相傳漢將韓胡嘗於此伐杏木爲栅，以拒北狄。晉因之，置杏城鎮。升平初姚襄將圖關中，自北屈進屯杏城。又興寧三年匈奴右賢王曹轂寇秦杏城，秦主堅自將擊破之，因北巡朔方，撫諸部。苻生之弟幼，遂帥杏城之衆乘虚襲長安，守將李威擊斬之。太元十一年苻丕戰敗于襄陵，苻纂等帥其衆走保杏城，十二年爲姚萇所克。十五年故秦將魏揭飛攻後秦將姚方成於杏城，萇擊殺之。義熙七年秦姚詳屯杏城，爲赫連勃勃所逼，南奔大蘇，勃勃遣將追斬之。秦王興遣姚顯迎詳弗及，遂屯杏城。十一年勃勃攻杏城，拔之。後魏太平真君六年，盧水胡蓋吴聚衆反於杏城，明年魏將乙拔等討斬之。太和十五年置東秦州於杏城，尋改爲北華州，領中部、敷城二郡。西魏亦爲敷州治。隋徙州治於洛交。宋白曰：「隋自杏城移州治五交城。」魏收志澄城縣有杏城，蓋與澄城接境也。北屈，見山西吉州。襄陵，今山西平陽府屬縣。○和寧城，在故杏城東南。晉太元十二年秦苻纂屯敷陸，秦馮翊太守蘭櫝帥衆自頻陽入和寧，與纂謀攻長安，即此城也。

貳城，在縣西北。苻秦時貳縣城也。晉興寧三年苻堅以匈奴曹轂死，分其部落，自貳城以西以其子璽爲輅川侯，貳城以東以其子寅爲力川侯。隆安初鮮卑薛勃據貳城以叛，姚興自將擊平之。義熙五年姚興擊夏王勃勃至貳城，爲勃勃所敗。六年勃勃南略安定，徙其民於貳城。既而秦復取之。十年妖賊李弘等屯於貳城，興自將擊平之。宋元嘉四年魏將娥清等攻夏，拔其貳城是也。胡氏曰：「貳縣城當在杏城西北，平涼東南。」又縣有石保、長城二廢縣，皆後魏置，屬中部郡，後周廢。

橋山，在縣治北。亦曰子午山，亦曰子午嶺，自慶陽府境綿亘於延安西境，其南麓跨於縣界。志云：沮水至縣北穿山而過，因以橋名。相傳黄帝葬衣冠於此，漢武巡行朔方，還祭黄帝於橋山，王莽更名上陵畤也。詳見前名山。○鳳凰山，在縣西一里，亦即橋山之支阜矣。

石堂山，在縣西北。一名翟道山。周穆王傳「天子命駕八駿之駟，造父爲御，南征朔野，逕絶翟道，升於太行」，即此。水經注：「淺石川出翟道山，與泥谷水及南北二香水合流入沮水。」

洛水，縣東北三十五里。自鄜州界來，又南合於沮水，流入宜君縣境。志云：縣東十里有古川口，即沮、洛交會處也。亦曰龍首川。○沮水，在縣西。志云：子午嶺在縣西二百里，沮水出其下，東南流入于洛。水經注：「沮水自直路縣東南經燋石山，又東南流歷檀臺山，俗謂之檀臺水。屈而夾山西流，又西南逕宜君川，世謂之宜君水也。又縣西北七里有谷河水及子午水，流至葛家川與沮水合，亦謂之三河。」

上善泉，縣東北七里。唐志：「坊州州郭無水，開成二年刺史張怡架水入城，以紓遠汲。四年刺史崔駢復修之，民獲其利。」

彭沛穀堡。在縣西北。彭沛穀，苻秦時盧水胡也，立堡於貳縣，附于苻登。晉太元十二年爲姚萇所敗，奔杏城，此其故堡云。○大蘇堡，在縣南，姚秦時戍守處也。晉義熙七年赫連勃勃逼秦將姚詳于杏城，詳南奔大蘇，即此。通志：「今縣治北有翟道驛。」

宜君縣，州南二百十里。東南至同官縣九十里。本漢左馮翊祋祤縣地，有宜君川，苻秦時因置宜君護軍。後魏太平真君七年改置宜君縣，屬北地郡，尋置宜君郡。隋初廢郡，以縣屬京兆，義寧二年置宜州。唐武德五年臨幸焉。貞觀十七年州縣俱廢，二十五年復置縣，屬雍州。永徽二年復廢入華原縣，龍朔三年又置，屬坊州。中和二年黄巢據長安，其黨尚讓攻官軍於宜君寨，不克。宋亦曰宜君縣。元廢坊州，以縣屬鄜州。今城周五里有奇。編户三十八里。

昇平廢縣，縣西北三十五里。唐天寶十二載分宜君縣置，屬中部郡。朱梁開平三年，岐王李茂貞遣梁降將劉知俊攻靈州，梁遣康懷貞攻静難軍，知俊還救，懷貞引還，至昇平，知俊伏兵山口，懷貞至，大敗於此。宋初仍屬坊州，熙寧初省爲鎮。地産礬，嘗置礬場。

玉華山，縣西南四十里。唐太宗建玉華宫，以此山名。宋雍熙初於此山獲一角獸，時以爲麟。金於此置玉華鎮。○香山，在縣西北十里。又縣治西有龜山。志云：縣無城，因龜山之勢築削爲城，周五里餘是也。

太子山，縣東南四十里。世傳秦扶蘇築長城時所憩。又東南五十里曰秦山，相傳秦王世民畋獵處。又縣西有駐蹕崖，亦唐太宗駐蹕處也。玉華川水出於此。

鳳凰谷，縣西南五十里。嘗有五色雀現於此，因名。中有地九頃，貞觀二十一年以翠微宫險隘，不能容百官，乃更築玉華宫於宜君之鳳凰谷。二十二年幸玉華宫。永徽二年廢爲玉華寺。○蘭芝谷，在縣西五十里。又縣東有大石盤谷。又清水谷，在縣南，近同官縣界。隋志宜君縣有清水谷，是也。唐武德四年校獵於此。

洛水，縣東北八十里。自中部縣流入，又南流入同州白水縣界。亦謂之宜君水。水經注「宜君水又得黄嵚水口，東南逕祋祤故城西」，蓋洛水自白水縣西北境流入耀州境也。黄嶔水，見邠州淳化縣。

慈烏水，縣西四十里，源出子午嶺，流經蘭芝谷；又石盤水，在縣東五十里，流經大石盤谷；又縣東北有雷聲溝水，西南有姚曲川水，俱流注於洛水。

玉華宮。在鳳凰谷。唐志「縣有仁智宮，武德七年嘗避暑於此」，蓋玉華宮因仁智宮而增築也。通志：「縣治東北有雲陽驛。」

綏德州，府東北三百六十里。北至榆林鎮三百里，東至山西永寧州二百五十里，西至寧夏後衛五百七十里。

春秋時白翟地，戰國時屬魏，後屬秦，置上郡於此。亦謂之上地。漢初屬翟國，後亦爲上郡。後漢因之，晉廢。後魏亦曰上郡。西魏置綏州，兼置安寧郡。隋初郡廢，煬帝初改爲上州，尋廢州置雕陰郡。取漢雕陰縣地爲名。唐復爲綏州，胡氏曰「西魏置北秦州於上郡，廢帝三年改曰交州。唐初亦嘗置交州，後改綏州」云。天寶初亦曰上郡，乾元初復故。宋初仍曰綏州，尋没於西夏。太平興國七年李繼捧以綏州來降，其弟繼遷復叛，至道初據有夏、綏、銀、宥、静五州。熙寧二年收復，廢州爲城，隸延州，元符二年改爲綏德軍。金曰綏德州，元因之。明亦曰綏德州。編户十里。

領縣一。今仍爲綏德州。

州控扼高深，形勢雄勝，爲鄜、延之門户。自秦置上郡而邊陲之患始遠，漢因其制以斥逐匈奴，關輔日以完固，後漢虞詡所云「安定、北地、上郡山川險隘，沃野千里，土宜畜牧」者也。隋、唐以來，皆爲藩衛重地。宋种諤復綏州，漸規橫山以西，功雖不成，而寇患益少。蓋橫山，朔方大磧也。今延、綏邊有山崖高峻，連延千里，即橫山也。余子俊剷山爲墻，即橫山故址。或以爲橋山北麓云。沈括言：「盡城橫山，瞰平夏，則彼不得絶磧爲寇。」种諤亦言：「橫山延袤千里，多馬宜稼，人物勁悍善戰，且有鹽鐵之利，夏人恃以爲生。其城壘皆控險，足以守禦。今興功當自銀州始，其次遷宥州，其次修夏州，三郡鼎峙，則橫山之地已囊括其中。又其次修鹽州，則橫山强兵戰馬山澤之利，盡歸中國。其勢居高，俯視興、靈，可以直覆其巢穴。」會徐禧上言：「城銀州不如城永樂。」從之，而禧爲夏人所敗。明自孛來入套，州遂爲極衝。成化中余子俊改築榆林衛，與州相爲脣齒。嘉靖間撫臣張子立言：「綏德爲石、隰噤喉，延、綏門户，崇墉巨障，雄列其間，實山、陝險阨之地。自榆林之備增，而綏德之防撤，近時邊患數自米脂乘虛入犯，綏德宜急爲防維之計。」從之，於是邊患稍息。

龍泉廢縣，即州治。本漢膚施縣地，西魏置上縣，爲安寧郡治。隋大業初爲雕陰郡治。唐志：「隋郡治上縣，武德三年于延州豐林縣置綏州，六年又移州治延川縣，七年移魏平縣。貞觀二年平梁師都，移州治上縣。天寶元年改爲龍泉縣。」通典：「貞觀初築州城，周四里有奇，四面皆因石崖，甚險固。」是也。宋爲夏人所據，縣遂廢。咸平四年復築綏州城，既而没於夏。治平四年种諤復襲取之，遂城其地。熙寧二年賜名綏德城。元豐七年范純粹言：「綏德城當寇衝，請立爲軍。」從之。金、元時皆爲州治。今城周八里有奇，門四。

安寧城，在縣東南。西魏置安寧縣，屬安寧郡。又有安人縣，亦西魏置，屬安寧郡。隋初郡廢，改安人縣曰吉萬，大業初與安寧縣俱廢入上縣。又良鄉城，在州東。後周置，隋廢。○綏德廢縣，在州南。西魏大統十二年以上郡南界丘尼谷置縣，屬綏州。隋因之，義寧初廢。唐武德二年復置。六年又分置雲州，領信義、淳義二縣；兼置龍州，領風鄉、義梁二縣。貞觀二年二州及縣俱廢入綏德，唐末縣廢。金亦置綏德縣，元省入州。

延福城，在州東北。西魏置延陵縣，隋開皇中改曰延福。通典：「縣城三面因崖，甚險。」唐志：「武德六年置北吉州，領歸義、洛陽二縣；又置羅州，領石羅、開善、萬福三縣；又置匡州，領安定、源泉二縣。」是年梁師都以突厥寇匡州，即其地也。貞觀二年三州及縣俱廢入延福，宋初縣廢。

魏平城，在州西南百五十里。後魏置魏平縣，又僑置朔方郡於此。後周廢郡，縣屬延州。隋因之。唐初梁師都有其地，置魏州。武德二年師都引突厥寇延州，爲總管段德操所敗，逐北二百里，破其魏州是也。唐亦置魏州，領安故、安泉二縣，貞觀二年州縣俱省入城平縣。○城平城，在州西南百七十里。後魏神𪊟初置城中縣，西魏屬綏州，隋避諱改曰城平。唐武德二年置南平州於此，又析縣地僑置魏平縣屬焉。七年於魏平、城中置綏州，貞觀二年廢南平州及魏平等縣，以城平縣屬綏州。唐末縣廢。又大斌廢縣，亦在州西南。西魏置，又立安政郡治焉。隋初郡廢，大業末復省縣入魏平。唐武德七年僑置於魏平城中，貞觀二年復還舊治，仍屬綏州。永淳二年，稽胡白鐵余叛據城平，進攻綏德、大斌二縣，發兵討平之是也。唐末廢。又朔方、和政二縣，俱在州西南。後魏置，屬朔方郡，後周并入魏平縣。

開光城，在州西北三十里。西魏置開光縣，兼置開光郡，隋開皇初郡廢，以縣屬綏州。唐貞觀八年改屬柘州，十二年柘州廢，改屬銀州。唐末廢。宋紹聖四年收復，元符初賜名開光堡。○開疆廢縣，在州西。西魏置縣，爲撫寧郡治，隋郡廢，縣屬綏州。唐初縣廢。

撫寧城，在州西。西魏置撫寧郡及撫寧縣。隋郡廢，以縣屬綏州。唐屬銀州，宋爲撫寧砦。雍熙二年李繼遷自三族砦進攻撫寧，時田仁朗奉命討繼遷，喜曰：「撫寧小而固，非浹旬所能破也，俟其困以大軍臨之耳。」又熙寧五年种諤遣將築撫寧故城，既而夏人來攻順寧砦，遂圍撫寧，折繼昌等擁兵細浮圖，去撫寧咫尺，不能救，遂陷，於是新築諸堡次第皆没於敵。沈括曰：「淳化中李繼隆討李繼捧，馳入撫寧，遂襲夏州，擒繼捧。」撫寧舊治無定河川中，數爲寇所危，繼隆乃遷縣於滴水崖，在舊縣北十餘里。皆石崖，峭拔十餘丈，下臨定水。今謂之囉兀城，熙寧中所治撫寧舊城耳。近志：撫寧城在米脂西百四十里。

義合城，州東六十里。宋志：「西去綏德軍四十里。」本夏人所置，宋元豐四年收復。六年知延州劉昌祚，以鄜、延邊面東，自義合西至德静綿亘七百里，堡砦疏密不齊，烽燧不相應，乃立爲定式，耕墾訓練，戰守屯戍，皆度强弱，分地望，圖山川形勢上之，即此義合城也。金爲義合砦，後升爲縣，屬綏德州，元省。今爲義合驛。德静，即保安縣德靖寨。

克戎城，在州西六十里。本夏之細浮圖寨，宋元豐中收復，紹聖中賜今名。嘉定十四年蒙古木華黎攻綏德破馬、克戎兩砦，即此城也。又宋志「克戎城南接撫寧寨」云。金人亦謂之克戎寨。又臨夏城，在州西九十里。本名羅巖谷嶺，宋元符初築城，賜名臨夏。金亦爲臨夏寨，元廢。

威戎城，州西百三十里。本名昇平塔，宋紹聖四年章楶於環慶築平夏城，吕惠卿在鄜、延亦復宥州，築威戎、威羌二城，於是夏人不復振。此即威戎城。平夏見慶陽府，威羌見前安定縣。

上郡城，括地志：「上郡故城在上縣東南五十里，戰國魏及秦上郡治也。」秦太子扶蘇監蒙恬軍于上郡，即此。今州東一里無定河東岸有朔方臺，相傳扶蘇所築。又古長城，在州西十五里，亦秦、魏時分界處。志云：州北又有長城，隋置。隋書「開皇三年遣崔仲方於朔方靈武築長城，東距河，西至綏州，綿歷七百里」，此其故址云。

嵯峨山，在州城西南。其山層累迭出，狀如鶻雕。通典「雕山在郡西南」，即此山也。又西南二里有疏屬山，即山海經所稱「梏貳負之臣危」於此者。

鳳凰嶺，在州東三十里。又州東南有勃出嶺。唐書「武德初崔仲方奉命於朔方郡築長城，東至黃河，西距綏州，南抵勃出嶺，綿歷七百餘里以備邊。〔六〕又開渠溉田，民獲其利甚溥」云。

黃河，在州東百二十里。自吴堡縣流入境，與山西永寧州接界，有黃河渡，又南流入青澗縣境。

無定河，在州城東。一名奢延水，一名圁水，亦曰銀水，圁音同銀也。三蒼作「圜」。地理志：「圜水出白土縣西，東流入河。」今上流自神木、米脂縣界東南流入州境，又南流入青澗縣注於黃河。史記：「晉文攘戎狄，居於河西圁、洛之間。」圁即無定河，洛即洛川也。以潰沙急流，深淺不定，因名無定河。沈括云：「嘗過無定河，活沙履之，百步皆動，如行幕上，或陷，則人馬車駝以百數無孑遺者。或以爲即古之流沙。」

大理水，在州西北。亦自米脂縣來，下流入于無定河。宋治平四年种諤復綏州，夜渡大理水，軍於州西。既而趙高請規大理河川建堡，畫稼穡之地三十里以處降者，即此。○大力川，在州北二十五里，州東南又有懷寧河，俱流注於無定河。

魏平關，在州西南，以近魏平廢縣而名。唐志綏州有魏平關，是也。○李廣寨，在州城東門外。志云：漢李廣爲上郡守，嘗屯兵於此，因名。

柳樹寨，在州東北。又州東北有東村寨。志云：州東北境有柏林、柳樹、高家、東村等寨。今柏林、高家俱改屬榆林衛。○伯顏寨，在州北。又北有拜堂寨。志云：州北有孤山、伯顏、雙山、拜堂、魚兒河等寨。今孤山、雙山、魚兒河寨俱改屬榆林衛。

土門寨，在州西北。又西有麻河寨。又大兔鶻寨，在麻河寨西。志云：州西有土門、響水、麻河、大兔鶻、波羅寺五寨。今響水、波羅寺寨俱改屬榆林衛。

靜難鎮。在州西境。唐武德九年，梁師都寇陷靜難鎮，即其地也。又州境有海末、窟兒、臨川、定遠、馬欄、中山等一十六堡，俱宋置。今州境堡寨蓋大抵皆仍宋址云。通志：「今州東百四十里有官菜園渡口巡司，又州城內有青陽、義合二驛。」

米脂縣，州北八十里。東北至葭州百四十里。漢西河郡圁陰縣地，唐爲米脂川，宋寶元中置米脂寨，元豐中改爲城，屬綏德軍。金仍爲米脂寨，尋置縣。元因之。今縣城周五里有奇。編戶十三里。

銀州城，縣西北百八十里。趙珣聚米圖經：銀州南至綏州百六十里，西至夏州二百里。秦上郡地，漢爲圁陰縣地，後没于戎。宇文周保定二年於縣置銀城防，三年改置銀州，相傳其旁有谷，嘗牧驄馬於此，土語謂驄馬爲乞銀，州因以名。州治儒林縣。杜佑曰：「苻秦置驄馬城，即今銀州城。」隋大業初州廢，縣屬綏州。唐貞觀二年梁師都復置銀州，治儒林縣，天寶初曰銀川郡，乾元初復曰銀州。貞元二年吐蕃取鹽、夏州，又寇銀州，州素無城，吏民皆潰，轉陷麟州。元和十一年度支鹽鐵使言銀川水甘草豐，請置銀川監。開成二年銀州刺史劉源言「銀川水草乏，恒徙牧綏州境，今綏南二百里四隅險絶，四路不能通，以數十人守要，畜牧無足患」，乃以隸銀川監。宋至道二年割其地畀趙保吉，熙寧三年收復，尋棄不守。元豐四年种諤議規横山以西，謂興功當自銀州始，因復取其地。旋爲夏人所陷。崇寧四年復得之，仍置銀州，五年廢爲銀川城。金爲銀川寨，尋廢。

永樂城，縣西百五十里，北距故銀州二十五里。其地接宥州，附横山，宋時爲夏人必争之處。城東西皆重岡複嶺，路僅可通車馬。宋元豐五年种諤議城銀州，徐禧上言：「銀州雖據明堂、無定川之會，而故城東南已爲河水所吞，其西北又阻天塹，不如永樂形勢險阸。」詔從其請，於永樂川築銀州新城，賜名銀川砦城。雖據險，然中無井泉，惟城連無定河，浸灌之餘，可以給食。夏人渡河來攻，據其水砦，城中大困，遂爲所陷。

嗣武城，縣西北五十里。本名囉兀城，宋熙寧五年韓絳、种諤取横山，諤自青澗出師以取囉兀，城之，賜名嗣武城。既而夏人陷撫寧諸城，囉兀兵勢尚完，諤不能禦，囉兀復爲敵所陷。金人亦爲嗣武城，尋升爲縣。元省入米脂。

圁陰城，在縣西北。漢縣，屬西河郡。顔師古曰：「圁本作『圊』，以在圊水陰也。」又有圁陽縣，亦屬西河郡，以在圁水之陽而名。

静邊城，在廢銀州西南。唐貞觀以後吐蕃浸盛，党項、拓拔諸部畏偪，請内徙，詔慶州置静邊州處之。五代志「静邊州都督，蓋置于銀州界，至德後廢，五代時改置静州，漢乾祐初以静州隸定難軍」，即此城也。

峰子山，在縣西十里。縣西南二十里又有高梁山。又相連山，在縣西八十里。縣東七十里又有石佛山。

無定河，在縣西。東南流入綏德州界。輿地廣記：「唐立銀州，東北有無定河，即圁水也。」宋元豐四年种諤出綏德城以攻米脂，敗夏人於無定川，遂克之，即此。又米脂水，在縣治東南。志云：地沃宜粟，米汁如脂，因名。西流入無定河。

大理水，縣西百里，又有小理水，俱流入綏德州，下流入無定河。志云：縣西又有馬胡谷水、飲馬河、撫寧谷水、磨石溝、背干川，俱流入於無定河。〇明堂川，在縣西北。宋元豐五年，鄜延將曲珍敗夏人於此。其水亦入於無定河。又流金堰，在縣南，正德中築，引山水灌田，民獲其利。

銀州關，縣西九十里。上有古城，亦曰銀城關。成化七年余子俊言：「延綏西路舊守土門、太兔鶻等堡，并未守鐵鞭、鎖地、五穀、黑城子、銀城關等城，俱宋時防守夏人所築，山勢險，水泉便近。今所守懷遠、威武等堡，既無險可守，又取水太遠，宜以漸修補鐵鞭等城，且於銀州關隔河總要處添築一堡，移内地魚河堡官軍守之。又于米脂以北直抵榆林順川大路，量其遠近，添築小堡，以備警急。」從之。鐵鞭城，見保安縣。懷遠、威武二堡，俱見榆林衛響水堡下。魚河堡亦見榆林衛。

三族寨，在縣西。宋雍熙二年李繼遷叛，誘殺綏州團練使曹光實，襲據銀州，圍三族砦，砦將折遇乜附之，乘勝進攻撫寧是也。○暖泉砦，在縣東四十里。宋置。地有温泉，因名。志云：暖泉水在縣東七十里，東流入葭州境。

悉利砦，在廢銀州北。宋雍熙二年王侁等討李繼遷，出銀州，北破悉利諸砦，入濁淪川，又敗之。濁淪川，見神木縣。○賞逋嶺砦，在縣境。宋熙寧五年种諤進築永樂川、賞逋嶺二砦，分遣將築撫寧故城，又分荒堆三泉、吐渾川、開光嶺、葭蘆川四砦與河東路修築，各相去四十餘里。未幾夏人圍撫寧，新築諸寨復入于敵。葭蘆川，即今葭州。

清邊寨。在嗣武城東二十里。城西二十里爲鎮邊砦。又龍泉寨，在嗣武城北二十里，亦謂之通泉寨。又北八里有中山堡。俱宋置戍守處也。○碎金鎮，在縣東北四十里，爲自縣達榆林之道。通志：「今縣西有銀川驛。」

附見

綏德衛。在府城内。洪武六年建，轄千户所五。

葭州，府東北五百八十里。東北至山西保德州二百二十里，西北至榆林鎮一百八十里，南至綏德州一百七十里。

秦屬上郡，漢屬西河郡，西魏屬開光郡，後周屬中鄉郡。隋廢郡，屬綏州，唐屬銀州。宋爲葭蘆川寨，初没於西夏，元豐五年收復。屬石州，元符二年升晉寧軍。金初屬汾州，大定二十二年升軍爲晉寧州，明年改爲葭州，興定二年改隸延安府。元因之。明亦曰葭州。編户八里。領縣三。今仍曰葭州。

州襟帶黄河，翼蔽延、慶，夾河而戰，或左或右，皆可以得志。宋人議由此以擣西夏，金人常用此以困關中，蓋出奇制勝，州其犄角之資也。

真鄉廢縣，今州治。本漢圁陰縣地，後周置中鄉縣，屬中鄉郡。隋改曰真鄉，屬綏州。唐武德二年置真州於此，六年梁師都寇真州，即真鄉矣。州尋廢，縣屬銀州。宋縣廢，元豐中置葭蘆川砦，尋爲晉寧軍治。金爲葭州治，金末又增置葭蘆縣於郭內。元省。今州城周二里有奇，惟南北二門。

白雲山，在州南五里。又南五里曰横嶺，以嶺横若屏風也。又南四十里爲檀家坪，其地濱河，有檀姓者居此，因名。又南十里爲艾蒿坪，即子午嶺之北垂矣。志云：山多艾蒿蒙茸，因名。

西嶺，在州西五里葭蘆河旁。山勢逶迤，宋將韓義敗夏人于葭蘆西嶺，即此。又州北五里有峰特出，曰第一峰。

雙湖峪，在州西北。其間有窯砦六十餘所，近代皆爲賊藪，官軍討之，處處垛截，賊遁走至關山嶺，官軍追而殲之。關山嶺或云亦在州境。

箭笴塢，州西三十里。地多竹箭，因名。其相接者又有桃園子塢，以地多桃樹而名。又鞦韆塢，在州東北百里。兩山之頂大樹架其中爲路，行者若鞦韆下過云。

黄河，州東一里。自神木縣流入，又東南入吴堡縣界，河之東岸即山西興縣境也。宋志：「州東五里有克胡砦，在河東岸。建炎二年金人渡河犯晉寧，南侵丹州，即其處也。」

葭蘆河，州西五里。中多葭蘆，因名。宋人傍河立砦，曰葭蘆川砦。或謂之西川，近時官軍敗賊於此。

真鄉川，在州東城下。繇沙漠界來，下流入葭蘆河。城下有渡曰桃花渡。○白草窪，在州西四十里。窪多蓄水，亦曰天池。

神泉砦，在州西二十五里，地名榆林川。宋元符初置砦。又西南二十五里爲烏龍砦，亦元符二年所置也。志云：烏龍砦西南至米脂縣暖泉砦三十里。

通秦砦，州西北二十里。本名昇羅嶺，東至黃河二十九里，宋元符二年置砦。又北二十七里有通秦堡，亦宋元符中置。元志：「金末嘗置通秦縣，至元二年廢入葭州。」○寧河砦，在州西北八十五里，地名窟薛嶺；其相近者有寧河堡，地名哥崖嶺；俱宋元符二年築。又有靖川堡，在寧河砦北十四里。

三交堡，在州西，地名三交川嶺，與神泉寨相接。宋元符初築。

西板橋。在州西五里，跨葭蘆河。上眺危峰，下瞰深溝，亦險隘處也。通志：「州西北五十里通秦堡下有舊稅課司，乃前代蕃、漢互市處。」

吴堡縣，州南八十里。西南至綏德州百六十里。本唐石州定胡縣地，宋置吴堡寨，金升爲縣，元省。尋復置，屬葭州。今縣城周一里有奇。編户三里。

寨西山，在縣西一里。又縣南十里有龍鳳山，以山勢迴翔而名。

黃河，縣東一里。自葭州流入，又南入綏德州境。縣南二十里爲菜園渡，東過黃河即山西興縣界也。

清河溝，縣西二十里。黃河水渾，而此水獨清，因名。有清河溝橋跨其上，東流入黃河。

河西驛。在縣南十里。山、陝往來多取途於此。

神木縣，州東北百二十里。西至榆林鎮二百三十五里。舊爲勝州地，唐天寶初割連谷、銀城二縣地置新秦縣，爲麟州治。是年改州爲新秦郡，乾元初復爲麟州。宋乾德初移治吴兒堡，五年升建寧軍，端拱初改鎮西軍。金爲神木寨。元初於此置雲州，至元六年改爲神木縣，屬葭州。今縣城周四里有奇。編户五里。

麟州城，縣北四十里。唐天寶初置新秦縣於此，爲麟州治。今縣本名吴兒堡，相傳赫連勃勃陷長安，以所獲吴人置城于此，因名。宋移麟州治焉。通典：「漢武徙貧人于關以西及朔方以南，謂之新秦中，縣名蓋本此。」五代史：「河東兵趨夏州者，必自麟、府至河西。」九域志：「麟州西至夏州三百五十里，西南至銀州一百八十里，綏州西至夏州四百里，皆翰海及無定河川之地，所謂銀、夏磧中者也。」

連谷廢縣，縣北五十里。隋爲連谷鎮，屬勝州，唐貞觀八年升爲縣。開元九年并州長史張説出合河關，掩擊叛人於銀城、連谷，大破之，即此。天寶初改屬麟州。宋因之，政和四年廢入新秦縣。合河關，今見山西興縣。

銀城廢縣，縣南四十里。後魏時置石城縣，屬上郡，後周曰銀城防，旋置銀城縣。隋屬綏州。唐貞觀四年縣屬銀州，八年屬勝州，天寶初又改屬麟州。宋亦爲銀城縣，政和四年廢。志云：縣東三里有雲州故城，元初置州治于此。

龍眼山，在縣東。上有二穴，穿透如眼，因名。又東五里有香爐山，以形似鼎峙。

黄河，在縣南十里。自府谷縣西南流入界，又南流入葭州境。志云：山西自河曲至蒲津千五百里，俱鄰陝西，河最狹，而於神木渡河爲尤易。

濁輪川，在縣西北。宋雍熙二年王侁出銀州，破李繼遷悉利諸砦，入濁輪川，斬賊首五千級，繼遷遁去，即此。或曰即曲源川也。今其水自河套來，東南流入於黃河。又屈野川，在縣西南百五十里。宋嘗置堡於此，曰屈野川堡。其下流亦入于大河。

柴溝，在縣西。天順中延、綏被寇，神木官軍敗之於此。又縣有紫陌溝，成化中寇入神木堡，乘勝犯紫陌溝是也。

駱駝堰，在縣西北百里。唐志「開元九年叛胡及党項攻銀城、連谷，張說出合河關掩擊破之，追至駱駝堰，寇走入鐵建山，說安集党項，置麟州以鎮撫之」，即今縣也。或曰堰蓋近榆林之奢延水。鐵建山，見榆林之鐵山。

太和砦，在縣西五十五里，地名太和谷。宋元符二年置砦。元志：「金末嘗升太和砦爲縣，至元六年廢入神木縣，南至彌川砦三十里。砦北三十里爲清水谷，又北二十里爲太和堡，亦是時所置也。」

彌川砦，縣西南八十里。本名彌勒川，宋元符二年築，東至河四十里。又西十五里爲彌川堡，地名小紅崖，亦是時所築。其南十五里即葭州寧河砦矣。元志：「金末嘗置彌川縣於此，至元六年省入葭州。」

神堂砦。在縣北。宋元豐五年，夏人寇麟州神堂砦，知州訾虎擊却之，即此。又北有靜羌砦。○鎮川砦，在縣西南。宋志：嘉祐四年詔廢麟州諸砦，惟鎮川砦不廢。是也。又大寧堡，在縣西。其相近者又有鎮川、肅定、通津、蘭干等堡，俱宋置。

府谷縣，州東北三百四十里。東南渡河至山西保德州不及一里，西至神木縣一百二十里。隋勝州榆林縣地，唐爲嵐州之府谷鎮，五代晉王存勗天祐七年升爲府谷縣，八年建爲府州以控蕃界。晉初没于契丹，開運初府州刺史折從遠舉州內附。後漢初升爲永安軍，兼領勝州及沿河五鎮。乾祐三年仍爲府州，還屬河東節度。周顯德初復置永安軍。宋因之，兼置麟府路軍馬司於此，崇寧初改爲靖康軍，政和五年賜郡名曰榮河。元仍曰府州，尋改爲府谷縣，屬葭州。今縣城周五里有奇。編户四里。

寧豐城，在縣西北蘿泊川。宋志云：「慶曆初趙元昊攻陷豐州。嘉祐七年于府州蘿泊川地置豐州，政和五年賜郡名曰寧豐，領永安、保寧二砦。」金廢。○震威城，在縣北，地名鐵爐川堆。宋宣和六年置城於此，金廢。又芭州城，在縣東北九十里。元初置州，屬山西太原路，至元初省入保德州，蓋在今縣境。通志：「縣東北五十里有故城，與清水營相近。」清水營，在縣北六十里。今見榆林衛。

五龍山，在縣城東。有五峰突起如伏虎然，一名五虎山。○水塞山，縣北十五里。兩川夾流，山屹峙川中，因名。又縣北二十里有陶家山，縣東五十里有梁家山，俱以二姓所居而名。通志云：「縣東北百里有紫城巖，直接大漠。」

黃河，在縣東百步。自榆林鎮南流入縣境，又自城南折而西流入神木縣界，河之東南岸即山西河曲縣也。縣境又有子河汊。宋至道元年，契丹將韓德威誘党項等族自振武入寇，府州刺史折御卿邀敗之於此。

清水川，縣北十五里。自沙漠界來，東流注于河，邊方騎士賴以給飲。明成化中王復請移府谷堡于芭州舊城，邊臣盧祥言「芭州城水泉枯涸，清水川正當衝要，水草可資，可立城堡」，即此。

寧遠砦，在縣西南。宋史：「咸平六年于府州西寒嶺置砦，賜名寧遠。」又寧邊寨，在縣西。宋志：「縣境又有安豐、寧府等砦，寧川、寧疆、靖安、西安等堡。」

東勝堡，在縣東。宋史「慶曆中張亢爲并、代都鈐轄，管麟府軍馬。以府州東焦山有石巖穴，爲築東勝堡；下城傍有蔬畦，爲築金城堡；州北沙坑有水泉，爲築安定堡；置兵守之，戰於兔毛川，賊大潰。不踰月築清塞、百勝、中侯、建寧、鎮川五堡，麟州之路始通。又嘉祐四年詔廢府州諸堡寨，惟留中侯、百勝、清塞三堡」云。

建寧堡。縣西北七十里。宋康定中趙元昊寇麟府，議者請棄河外保合河津，仁宗不許。麟府將張亢敗賊於琉璃堡、柏子砦、兔毛川諸處，築建寧等五堡，河外始安。琉璃堡或云亦在縣境。元志：「金置建寧縣，屬葭州，元并入府谷縣。」

附見

鎮羌守禦千户所。在神木縣治西。正德二年建，隸陝西都司。

慶陽府，東至延安府鄜州三百三十里，南至西安府邠州二百七十里，西南至鳳翔府三百五十里，西至平凉府三百里，西北至寧夏衛七百七十里，自府治至布政司五百七十里，至京師三千七百里。

禹貢雍州地，周之先不窋所居。亦曰北豳。春秋時爲義渠戎國，秦滅義渠，以其地屬北地郡。漢初屬雍國，後仍屬北地郡，後漢因之。晉爲雍州徼外地，西魏置朔州，後周廢。隋開皇十六年置慶州，宋白曰：「隋初置合川鎮於此。」大業初改弘化郡。唐復爲慶州，武德六年置總管府，七年改都督府，自是嘗置都督府於此。天寶初曰安化郡，至德初曰順化郡，乾元初復爲慶州。唐末李茂貞升爲安定軍，五代梁改武静軍。宋仍曰慶州，亦曰安化郡，治平以後環慶路治此。政和七年升慶陽軍節度，宣和七年又改爲慶陽府。金、元因之。金初改軍名曰安國，後又改曰定安。又皇統二年置慶原路總管治於此。元仍爲慶陽府。明亦曰慶陽府。領州一，縣四。今仍曰慶陽府。

府南衛關輔，北禦羌、戎，秦置北地郡以隔閡匈奴，漢人所謂緣邊諸郡也。其地山川險阻，風俗勁勇，漢武拓境開邊，北地良家子奏功嘗最。晉棄其地，關輔日以多事。及氐、羌運終，赫連奮臂，馮陵之禍，多在斯土，豈非以嶺塞高卬，下臨三輔，有建瓴之勢歟？賈耽曰：「慶州以北地形曼衍，直抵沙漠，寇入最易。」唐時以邠寧爲重鎮，宋亦以環慶爲極衝，每西北發難，控扼之備未嘗不在慶州也。宋太宗時何亮嘗言：「環慶至靈武幾千里，居絶域之外，請於其間築溥樂、耀德二城以通河西糧運。」不果。繼而夏人發難，郡首被其禍。明自河套有事，花馬池嘗爲重地，敵入靈、韋，掠環、慶，犯平固，皆以花馬池爲捷徑，故恒以重兵駐守。又西爲小鹽池，則慶陽至寧夏之要道也。輿程記：「府北百六十五里爲木鉢遞運所，又四十五里爲環縣，環縣北行二百二十里而至小鹽池，又一百七十里至靈州，自靈州渡河又百里而至寧夏。」繇慶陽環縣而北，無居民，亦無樹木，水草皆絶少，至靈州始有之。中間地勢荒瘠，屯戍者每患無所資以爲固。此慶陽之患，比他郡爲倍亟也。夫慶陽有警，而邠寧以南禍切剥膚矣，形援可或緩哉？

安化縣，附郭。漢北地郡郁郅縣地，後漢廢。隋爲合水縣，唐武德六年移弘化縣與合水竝爲州治，是年改合水爲合川，貞觀元年省合川入弘化，神龍元年改曰安化。宋因之，元省。明初復置。今編户三十二里。

郁郅城，在府城東，當白馬嶺兩川交口。漢置縣於此。水經注謂之尉李城，音訛也。通典曰：即古不窋城。續通典：「不窋城在郡城東南三里。」郡城今名尉李城，亦曰不窋城，城周七里有奇。又合川城，在今府城西南。隋開皇十六年置合水縣於此，爲慶州治。唐武德六年改爲合川縣，貞觀元年省入弘化。今府城即唐慶州城也。明屢經修築，周七里有奇。門四，東安遠，南永春，西平定，北德勝。負山阻水，屹然險固。

延慶城，府東北三十里。本漢郁郅縣地，後魏嘗置延慶縣，旋廢。劉昫曰：「唐武德六年分合水縣置白馬縣，天寶元年改爲延慶縣，寶曆初廢。」〔七〕○歸德城，府東北百里。漢縣，屬北地郡，後漢更始初封岑彭爲歸德侯是也。尋廢。後魏復置歸德縣，西魏置恒州於此。後周廢州，隋開皇初縣屬慶州，唐初廢。

洛源城，府東北二百七十里。本漢歸德縣地，隋大業初置洛源縣，十二年爲外賊所破，遂廢。唐貞觀二年復置，四年於延州金城縣移北永州治此，八年州廢，縣仍屬慶州。宋廢爲洛源堡。金城，見延安府安塞縣廢敷政城。○懷安城，在府東北百八十里。通典：「本隋柳谷城，武德六年置縣。」唐志：「開元十年括逃户連党項蕃落置。又有芳池州都督府，寄理懷安縣界，管小州十，曰静、獯、王、濮、林、尹、位、長、寶、寧，竝党項野利氏種落。」至德以後芳池州廢，宋并廢縣爲懷安鎮，屬安化縣。金志合水縣有懷安鎮。今爲懷安巡司。

彭原城，府西南八十里。本漢彭陽縣地，屬安定郡，後漢靈帝時以北地郡富平縣寄治此。後魏亦爲富平縣，屬西北地郡，後周縣廢。隋爲彭原縣地，唐武德元年於寧州彭原置彭州，州旋廢。宋改彭原爲彭陽，屬原州。又分置彭原縣，屬寧州，熙寧二年又改隸慶州。金亦屬慶陽府，元廢。○同川城，在府西八十里。唐志：「隋義寧二年分寧州彭原縣地置三泉縣，治故山泉城。武德三年移治同川城，改爲同川縣，屬慶州。寶曆初廢。

參巒城，在州西北。漢安定郡屬縣。巒讀廉。漢志注：「主騎都尉治此。」〔八〕後漢屬北地郡。順帝安漢中燒何種羌據參巒，護羌校尉趙冲等擊破之是也。魏、晉間縣廢。○周槃城，在府南百二十里。後魏置東槃縣，屬趙平郡，後周改曰周槃，尋廢。隋開皇二年遣虞慶則屯弘化以備突厥，行軍總管達奚長孺別道出擊，與突厥遇于周槃，力戰得脱，即此城也。

白豹城，府西北百九十里。宋時爲西夏地，范仲淹建議取之。宋史：「康定元年韓琦使任福攻白豹城，部分諸將王懷政攻其西，斷神樹峴來路；范全攻其東，斷金湯之路；談嘉振攻其北，斷葉市之路；王慶、石全攻其南，武英入城門對敵，福以大將駐於城下策應；遂克之是也。城東四十里接金湯城。」今見延安府保安縣。通志：「白豹城在府東七十里。」似誤。

大順城，府西北百五十里。宋史：「城本名馬鋪砦，當後橋川口，在夏人腹中。慶曆元年范仲淹知慶州，謂延安西慶陽東中有金湯、白豹、後橋三寨，取可攻之地，其在於此。因以計城後橋川，賜名大順。大順成而白豹、金湯皆不敢犯，自是寇患益少。又治平三年夏人寇大順城，爲宋軍所敗，徙寇柔遠，又退屯金湯。」金志安化有白豹、大順二城。元廢。

定邊城，府北二百六十里。宋元符二年置。尋建定邊軍，領定邊一縣。金皇統六年以其地賜夏人，尋廢爲定邊寨，屬環州。元因之。今有官軍及巡司戍守。○鎮安城，在府東北三百里。宋置。志云：城東三十里接鄜延路之通慶城。金廢。又府境有安定廢州，唐志：「安定州都督府寄在慶州界，管小州七，曰党州、橋州、烏州、西戎州、野利州、米州、還州。又有安化州都督府，亦寄在慶州界，管小州七，曰永利州、威州、旭州、莫州、西滄州、儒州、琮州，俱党項部落也。」趙珣聚米圖經：「党項在慶州者號東山部，在夏州者號平夏部，在靈、鹽以南山谷中者號南山部。至德以後羈屬諸州俱廢。」

景山，府西百里。山綿延深遠，中多奇木怪石及獐鹿猨猱之屬。又太白山，在府北百五十里，黑水河發源於此。又有斬斷山，在府城南三里。

寡婦山，在府北。五代舊史：「慶州北十五里有寡婦山，蕃部野雞族居焉，周廣順二年反，命環、慶二州及府州帥折從阮討平之。」或云寡婦山即射姑山也。續漢書：「射姑山在北地郡，順帝時且凍羌叛，征西將軍馬賢與戰於射姑山，敗没。」○三觀山，在府北境。唐武德五年突厥入寇，交州刺史權土通、弘州總管宇文歆、靈州總管楊師道擊破之於三觀山。

包山，在府北。五代周廣順三年，党項爲慶州將所擾，野雞等族因拒命，詔邠、寧二州兵擊之。寧州刺史張建武敗野雞族，乘勝戕虐。別部殺牛等族誘建武軍過包山，度險共擊之，建武大敗。

馬嶺，在府北二十五里。一名箭筈嶺。左右有川，相傳漢畜牧地也。舊多居民，有果實猿鳥，巖洞幽邃，莫窮所止。唐置馬嶺縣，蓋以山名。

烏嶺，在府西北。或云即青山也。一云烏嶺西北有青山。後漢建武二十一年安定屬國人叛，屯聚青山，遣將兵長史陳訢討平之。又晉泰始七年鮮卑樹機能與北地族共圍涼州刺史牽弘於青山，弘敗歿。續漢志：「北地參巒，屬國都尉治，有青山。」謝沉書：「屬國降羌、胡數千人居山田蓄。」嶺蓋郡境之大山也。

節義峰，在府西。北宋景祐元年慶州柔遠砦番將攻夏人後橋諸堡，破之。夏人旋寇慶州，以報後橋之役，伏兵節義峰，擒宋將齊宗矩，即此。

大昌原，在府南。宋紹定元年蒙古入大昌原，金將完顔陳和尚大敗之。二年蒙古入大昌原，金將移剌滿阿敗之，慶陽圍解。金志寧州平定縣有大昌鎮，原蓋接寧州東南也。

洛河，在府東北二百五十里。源出合水縣白於山，東北流經廢洛源縣，又東入延安府保安縣境。一云洛川南經尉李城，東北合馬嶺水，號白馬水。似悮。今詳見大川洛水。

東河，在府城東。來自沙漠，至城北合懷安川及靈溝水，南流至合水縣界爲馬蓮河。又西河，在府城西。來自環縣，流經城下合楊集澗水，谷溝、下馬汀諸水，繇西轉南而會於東河。志云：府北三十里有下馬汀，水濱地平，經行者多憩於此，因名。蓋即東、西兩河之濱也。

黑水河，府西百二十里。源出太白山，西南流入環縣境，復折而南經府西，又東南流入寧州境會於九龍川，復分流而東南入邠州長武縣界，下流合於涇河。志云：府南有蒲川水，流合於黑水河。

北岔河，在府東七十里。來自白豹寨，南流至合水縣會于建水。又三合水，在府西南百三十里，亦東流至合水縣入馬蓮河。又府東北二百里有白塔水，亦南流入合水縣界會於建水。

白馬川，府西百二十里，南流注於東河。又府北五十里有靈溝水，下流亦入于東河。○白豹川，在府北二百里。與境内西陽川、洪水川合，東南流入延安府保安縣之洛河。

大欒澗，府南五十里，東流入寧州界會于九龍川。又西澳，在府西，近代官軍敗賊於此。府境又有桑落壩，亦官軍敗賊處。

牛圈，府西北三百餘里。四旁皆石磧，中有圈瀦水，人馬給飲。宋時夏人入寇，章楶置毒於此，夏人飲者輒斃。又鵝池，在府治東，暗通西河。宋慶曆中經略使王浚所鑿。一統志云：「經略使施昌言所浚也。」

驛馬關，府西南九十里。唐置，與鎮原縣接界。興元初朱泚敗走，自涇州北趨驛馬關，寧州刺史夏侯英拒之是也。明初張良臣據慶陽未下，徐達攻之。元將王保保遣兵陷原州，爲慶陽聲援。徐達等議以關當原州之衝，〔九〕今先據關以扼之，賊計無復施矣。於是遣馮宗異等守關，又分兵備靈州、邠州、彭原以遏其奔突，慶陽旋下。今有驛馬關驛，兼設巡司戍守。

横山寨，府北二百三十里。宋元符初築。其東六十里接東谷砦，其西七十里爲寧羌砦，其南三十里爲通塞堡，北三十里則定邊軍也。金廢。○綏遠寨，在横山砦北十五里，本名駱駝巷。其北三十里有神堂砦，南十四里有雞嘴堡，其東二十里接定邊軍。宋元符初所置。又觀化堡，在雞嘴堡西二十里。又南二十里爲通化堡。以上俱宋置，金廢。又威邊砦，在横山砦東三十五里。亦宋置，金廢。

柔遠砦，府西北百四十里。北距白豹城五十里，東北至大順城四十里。宋仁宗時夏人入寇，巡簡楊承吉拒戰於此。又范仲淹城大順，引兵至柔遠，版築皆具是也。金亦爲柔遠砦，元廢。○懷威寨，府東北二百七十里。其西四十里爲矜戎堡，其南二十里爲威寧寨，其東十五里即鄜延路之通慶城也。宋志：「威寧砦在定邊軍東十五里，本名衡家堡，政和六年展築，改名威寧。」金時俱廢。

東谷寨，在白豹城西三十里；又安疆砦，在白豹城東南四十里；勝羌砦，在白豹城北五十里：宋時與金湯、柔遠諸砦並爲控扼要地。金仍置安疆砦，元廢。

天固堡，在彭原廢縣南。隋開皇中所置，以天然險固而名。○鬧訛堡，在府北三百里。宋熙寧中夏人築鬧訛堡，慶州兵擊之，敗還。

荔原堡。府東北二百五十里。宋治平四年蔡挺所築。熙寧三年夏人來攻，不能陷而去。金仍爲荔原堡，元廢。金志：「荔原堡西、白豹城南七十五里有第二將營。」一統志：府東百二十里有第二將城，宋置。謬甚。○九陽堡，在鎮安城西二十里，又有麥川堡在鎮安南十里，又南二十里爲威遠堡，府境又有金村、定戎等堡，俱宋置，金廢。通志：「今府治北有弘化驛。」志云：縣又有靈州、大鹽池二巡司。今革。

合水縣，府東七十里。東至延安府甘泉縣二百六十里，東南至鄜州中部縣二百五十里。漢北地郡歸德縣地，西魏爲華池縣地，隋末爲合水縣地。唐武德六年分合水置蟠交縣，天寶初改蟠交曰合水，五代周省入樂蟠縣。宋熙寧四年復置，屬慶州。今縣城周三里有奇。編户十八里。

樂蟠城，縣西南七十里。後魏時爲彭陽縣之落蟠城，西魏置蔚州於此，後周廢。隋義寧初分合水縣置樂蟠縣，唐因之，屬慶州。宋熙寧四年省爲鎮。通典：「漢北地郡略畔道故城在樂蟠縣東北五里。又安定郡月氏道故城在樂蟠縣北。」

華池城，在縣東北百二十里。漢歸德縣地，西魏置華池縣，後周廢。隋仁壽初復置縣，屬慶州，大業末屬于梁師都。武德三年梁師都將劉旻以城來降，因置林州。五年梁師都將辛獠引突厥寇林州是也。貞觀元年州廢，縣仍屬慶州。宋初因之，熙寧中廢爲華池鎮，七年改爲華池寨。其相近者又有東西二華池寨。金因之，元廢。今設華池巡司於此。○庫多汗城，宋白曰：「在華池城東北二里。」隋置華池縣，蓋治於此。

弘化城，在縣西南。後周時置長城鎮，隋初爲弘化縣。開皇二年遣虞敬則屯弘化以備突厥是也。十八年置弘州，大業初州廢。唐初復置弘州，武德九年州廢，移縣入慶州城爲附郭縣。又弘德廢縣，在州北。隋大業初置，唐廢。

子午山，縣東五十里。亦曰子午嶺，即橋山也。沮水源出於此。亦謂之橋門，又名翟道山，一名雞山。有烏雞水出焉，北注於洛。詳見名山橋山。

白於山，寰宇記：在縣北二十里，一名女郎山，洛水出焉。山海經：「白於山，洛水出其陽，東流以注於渭。」是也。又有南山，在縣治南一里。皆子午山之支阜矣。○長厚原，在縣西南七十里。又縣西九十里有漢城原。

建水，在縣治東。源出子午山，西南流，府東境之北岔河流合焉，謂之合水，西南流入馬蓮河。地理志「華池縣有二淵，二川合流，因名」，即此水也。○馬蓮河，在縣西南四十里。自安化縣流入境，合冉家河南流入真寧縣界，又南會於九龍川。

華池水，縣東北七十里。自延安府保安縣流入境，合豹子川、平戎川、苗澤溝諸水流入延安府鄜州界，華池縣因以名。○玉梅川，在縣東。與延鳩川俱出子午山，東流入華池水。又鳳川，在縣東北。源出子午山，亦東流入華池水。

平戎川，在縣東北。源出延安府保安縣界，南流入華池水。唐貞元二年吐蕃尚結贊入寇岐、隴，尋自寧、慶北去，軍於合水之北，邠寧帥韓遊瓌遣將夜擊其營，敗之。吐蕃來追，遊瓌陳于平川，潛使人鼓於西山，寇驚遁，即平戎川也。○清水溝，在縣治南。源出縣西田家里，南流入合水。

鳳川砦，縣東北五十里。亦曰鳳川鎮，宋范仲淹所置。又平戎砦，在縣東北八十里，近平戎川，亦范仲淹所置。○崇岡鎮，在縣西北。唐武德八年突厥寇原州入大震關，將還，弘州總管宇文歆邀之于崇岡鎮，大破之。

宋莊驛。縣東六十里，又東南七十里爲邵莊驛，東達鄜州之通道也。通志：「邵莊驛在縣東百里，又縣西六十里爲華池驛，又宋莊驛亦在縣西。」似悮。

環縣，府西北二百里。北至寧夏衛靈州所五百里。漢北地郡富平縣地，後魏爲靈武郡地，後周爲懷遠郡懷遠縣地，隋開皇三年郡廢，縣屬靈州。唐置方渠縣，屬慶州，此爲方渠縣地。五代晉天福四年移置威州於方渠縣，周廣順二年改曰環州，顯德四年降爲通遠軍。宋淳化五年復置環州，治通遠縣，亦曰通遠軍。金因之，元以通遠縣省入州，明改州爲縣。今城周五里有奇。編户四里。

通遠廢縣，即今治。本方渠縣地，五代晉置通遠縣，宋爲環州附郭縣，元省。

方渠城，在縣南七十里。本漢縣，屬北地郡，後漢廢。隋爲慶州馬嶺縣地，唐景龍元年分置方渠縣。貞元十三年以方渠當吐蕃要路，命邠寧帥楊朝晟城之。元和十四年吐蕃寇慶州，營於方渠，即此。五代晉徙威州治此，宋省爲方渠寨，屬通遠縣。

馬領城，〔一〇〕縣南一百三十里。漢置馬領縣，爲北地郡治，師古曰：「有川形似馬領，因名。」杜佑曰：「漢舊牧地也。」後漢縣廢。隋大業初置馬嶺縣，治天家堡。〔一一〕唐初因之，貞觀八年移理新城。或云縣西有馬嶺坂，縣因以名。後廢。貞元十三年楊朝晟築方渠三城，引還，吐蕃追之，至馬嶺，朝晟拒却之，遂城其地。五代晉末廢爲馬嶺鎮。金人疆域圖通遠縣有馬嶺鎮，是也。

烏崙城，縣北三十里。宋置烏崙寨，以烏崙山而名，爲戍守要地。金亦爲烏崙寨，元因之。今亦設兵防衛於此。其城東面圮於環河。○需源城，在縣北四十里。宋置。其城北面圮於環河。又洪德城，在縣北六十里。宋置。咸平六年趙保吉入寇洪德寨是也。熙寧中章楶遣折可適破夏人於洪德城，即此。

木波城，縣南四十五里。唐爲木波堡。貞元九年楊朝晟爲寧州刺史，詔城鹽州。朝晟分統士馬屯木波堡，十三年城其地，亦謂之木波鎮，後又升爲縣。五代史：「石晉置威州于方渠縣，割慶州馬嶺、木波二縣隸之。」是也。縣旋廢。金志通遠縣有木波鎮。

安邊城，縣西北百二十里。本名徐丁臺，宋崇寧初築城於此，賜名安邊。金亦曰安邊砦，元廢。○細腰城，在縣西。

宋史：種世衡知環州，環、原之間明珠、滅臧、康奴三族最大。其北有二川，交通西界。慶曆五年范仲淹議築細腰城斷其路，命世衡董其事。城成，自環州改隸原州，即此城也。」

興平城，縣東北八十里，地名灰家嘴。灰一作「炭」。宋元符初築城於此，賜名興平。金亦爲興平堡。又縣北有清遠城。宋元豐四年高遵裕伐夏，出環、慶，復清遠軍是也。○合道城，在縣西。唐貞元十年上以方渠、合道、木波皆吐蕃要路，欲城之。九域志：「唐方渠縣地，有木波、馬嶺、石昌、合道四鎮。」

曲子城，縣南九十里，今爲曲子驛；又縣南百五十里有靈祐城，今爲靈祐驛；二城俱永樂初征西將軍何福所築。通志：「縣北九十里有紅城兒，成化八年所修也。」一統志：「今縣北三里有秦長城，秦蒙恬所築。」宋白曰：「方渠縣北一里有長城。」

烏崙山，縣北三十里。山甚高峻，頂闊根狹，難於登陟，爲險要之地。又縣北境有木盤山。唐開元九年方渠降人康願子反，掠牧馬，西涉河出塞，張說擊擒之於木盤山。或曰山蓋在榆林西境。○尖山，在縣東百里。其山高聳，因名。又縣南九十里有天池原。

青岡峽，在縣北。亦曰青岡嶺。唐開元四年單于副都護張知運擊突厥叛户於青岡嶺，兵敗爲所擒。又後唐天成四年朔方節度使康福赴鎮，至方渠，羌人出兵邀福，福擊走之；至青岡峽，遇吐蕃野利、大蟲二族，大破之，遂至靈州。宋至道二年李繼隆等討李繼遷於平夏，分道並進，期抵烏白池。時繼隆應出環州，違命繇青岡峽，與慶州路將范廷召合兵趣平夏，行十日，無所見而還。胡氏曰：「自方渠橐駝路出青岡峽，過旱海至靈州。」趙珣聚米圖經：「環州弘德砦有歸德、青岡兩川。歸德川在弘德東，透入鹽州。青岡川在弘德西北，本靈州大路。自此過美利寨入浦樂河，至耀德清邊鎮入靈州，自過美利寨後漸入平夏，經旱海中難得水泉是也。」烏白池即寧夏後衛之鹽池。浦樂河在寧夏靈州所。

板谷，在縣南。唐大曆十二年吐蕃入寇，軍於原州北長澤川，進破方渠，入板谷，郭子儀遣將李懷光救却之。又石臺谷，在方渠廢縣界。唐貞元十三年楊朝晟築方渠三城，發軍次石臺谷，蓋慶州之要道也。

環河，縣北七十里。源出青岡峽，亦曰環江，流經縣城西，委曲環抱，石橋交跨，小港分流，南入安化縣界而爲西河。

黑水河，縣南百里。自府境西南流經此，復折而南入府西界。通志：「黑水出縣西百五十里牛家山，流經縣南入環水。」

鹹河，在方渠廢縣境。唐志：「鹹河從土橋、歸德川、同家谷三處發源，鹹苦不可食。」又有甜河，在城西三里。從蕃部鼻家族北界來，供人飲食。亦曰甜水溝，流注環河。又石泉河，在縣南五里，亦流注環河。

合道川，縣西八十里，東流注于環河。○七里溝，在縣東七里；鴛鴦溝，在縣西十八里；水波溝，在縣南四十里；又佛堂溝，在縣西九十五里：俱流入環河。

葫蘆泉，志云：在環縣西、鎮戎之東北，舊有蕃部居此。范仲淹曰：「葫蘆泉一帶蕃部與明珠、滅臧相接，一處城寨平定，更圖一處，實爲據守之策。」是也。又應聖泉，在方渠廢縣。唐貞元十三年楊朝晟請城方渠三城，從之。師次方渠，乏水，有青蛇降巖下，走視其跡，水從而流，築防環之，遂爲停淵。詔名其泉曰應聖。

清平關，在縣西北百十里。其地舊名之字平，宋元符初築爲關。今有清平驛，在縣西北六十五里。輿程記：縣北六十里曰清平驛，又北六十里爲山城驛，驛皆有倉。又九十里接寧夏界之萌城驛，爲往來通道，套寇入犯之衝也。宋志：「縣有龍平關，元符二年置。」

安化砦，縣東七十里。又縣東北有安塞砦。又定邊、平遠、安邊等寨俱在縣境，皆宋置。○羅溝堡，在縣東北百四十里。其南二十里即綏遠寨也。又堡南四十里爲阿原堡，四十五里爲朱臺堡，皆宋政和三年置，金廢。

木瓜堡，縣東北百十里。宋置，金因之。志云：旁有木瓜山，因名。明正德四年寇入花馬池，總兵馬昂與亦孛耒戰於木瓜山諸處，頗有斬獲，即此。其西五十里爲歸德堡，亦宋置，金因之，元廢。○通歸堡，在縣東北七十里，西至興平城三十餘里。又流井堡，在興平城西北四十里；定戎堡，在清平關南十里，東至歸德堡三十里；俱宋置，金廢。

惠丁堡，縣東北九十里。其西三十里爲麝香堡，其南三十五里即安塞砦也。俱宋置，金廢。宋志：「惠丁堡東南至寧羌寨四十里。」

百家堡。在縣南廢馬嶺縣旁。唐武德七年慶州都督楊文幹反，進陷寧州，驅掠吏民，出據百家堡，即此。後廢。又縣西有肅遠砦。宋咸平六年賜環州本名乾川新砦曰肅遠砦，是也。元符以後改屬鎮戎軍，蓋其地與鎮原縣接界。○靈武臺，在縣東北三里。志云：舊屬靈武境内，相傳唐肅宗即位於此。恐悮。通志：「今縣北六十里有紅德城倉。又縣治南有靈武驛。」志云：縣又有韋州驛。

附見

慶陽衛。在府城内。洪武四年建。又守禦環縣千户所，在環縣城内。本慶陽衛前千户所守禦於此，與衛同置。

寧州，府南百五十里。南至西安府邠州百四十三里，東北至延安府鄜州二百十里，西至平凉府涇州百七十里。古公劉邑，春秋爲義渠戎國，秦屬北地郡，漢爲北地郡及上郡地，後漢兼屬安定郡，晉亦爲北地郡。後魏初亦屬北地郡，皇興二年置華州，太和十一年改班州，十四年改邠州，二十年又改豳州，兼置趙興等郡。西魏始曰寧州，後周亦置趙興郡。隋開皇初郡廢，大業初改寧州爲豳州，旋又改北地郡。唐復曰寧州，天寶初亦曰彭原郡，乾元初復故。宋仍曰寧州，亦爲彭原郡，宣和初賜軍號曰興寧。金因之。金志：「皇統二年降爲興寧軍，又爲西寧州，天德二年復曰寧州。」元仍曰寧州，以州治安定縣省入。明初改屬慶陽府，亦曰寧州。編户四十八里。領縣一。今仍曰寧州。

州連絡關、隴，襟帶邠、岐，川谷高深，地形險固，嶺北有事，州每當其衝。秦并義渠，漸啓榆中之塞，唐保豳寧，卒挫吐蕃之鋒，志所稱易守而難犯者歟？

定安廢縣，今州治。秦義渠縣地，漢爲北地郡泥陽縣地，後漢因之。晉亦爲泥陽縣地，後魏太平真君二年始置定安縣，屬趙興郡。西魏爲寧州治，隋以後州郡皆治焉。金大定七年更爲安定縣，元初因之，至元七年廢。今城周三里有奇，門四。

義渠城，在州西北。春秋時爲義渠國，秦厲共公十六年伐義渠，虜其王。惠文君十一年縣義渠。漢置義渠道，屬北地郡。後漢建武六年馮異進軍義渠，擊破盧芳將賈覽及匈奴於此。縣尋廢。晉咸和四年，劉胤攻長安，石虎馳救，大破胤於義渠，即此城也。一統志：州治西爲公劉邑，秦時爲義渠國云。

泥陽城，在州東南五十里。本秦邑，漢初酈商破雍將蘇駔軍于泥陽，即此。漢亦曰泥陽縣，屬北地郡，後漢因之。晉爲郡治，後魏仍屬北地郡，後廢。杜佑曰：「即今之定平城。」是也。

襄樂城，州東六十里。漢曰襄洛縣，屬上郡，後漢廢。後魏置縣曰襄樂，兼置襄樂郡，西魏又置燕州於此。後周州郡俱廢，以縣屬寧州，隋、唐因之。宋亦屬寧州。建炎二年金人陷延安，曲端以涇原軍駐淳化，而遣其將吳玠復華州，尋自邠之三水與玠會于襄樂，即此。金亦屬寧州，元至元七年廢。淳化、三水皆今邠州屬縣。通志：「今州東北六十里有襄樂巡司。」

定平城，州南六十里。本定安縣地，唐武德二年析置定平縣，屬邠州，尋屬寧州。貞元中以神策軍分屯京畿，定平其一也，謂之定平鎮。大中間置衍州於此。五代梁開平三年遣康懷貞等侵李茂貞，克寧州及衍州，降慶州，游兵侵掠至涇州境内是也。後周顯德五年廢衍州爲定平鎮，隸邠州。宋初爲定平縣，屬寧州，政和七年改屬邠州。金屬寧州，元省。又有廢歸義縣，唐武德二年析定安縣置，貞觀十七年廢入定平縣。

大𡚸城，在州城東。𡚸讀曰要。漢縣，屬北地郡。東漢初鄧禹别攻上郡諸縣，徵兵引穀，歸至大要是也。縣尋廢。金志真寧縣有要關鎮。或以爲即古大要城。○弋居城，在州南。漢縣，屬北地郡，後漢因之。晉廢，尋復置。後魏因之，仍屬北地郡。後周廢。

橫嶺，州東百里。即子午山之別阜，嶺北即真寧，漢志注所云「橋山在陽周南」也。〔三〕又安定巖，州西五十里。巖壑如黛，石可鐫硯。○彭池原，在州北。唐書寧州有彭池。金志彭原縣有彭池原，原蓋因地而名。晉太元十一年苻丕遣鄧景據彭池，擊姚萇于長安。胡氏曰：「此彭池當作『滮池』，非寧州之彭池也。」

九龍川，州東百二十里。一名九陵川，以川中有堆阜凡九似陵也。自橫嶺流至州西南，合奢延川又南流入涇河。其水清瑩，即真寧河矣。亦曰寧江，又曰寧河。

奢延川，州東百里。一名大延川。自橫嶺流至襄樂故城，又西流繞至城南合九龍川。唐志「長安三年寧州大雨，水漂二千餘家，溺死千餘人」，蓋即諸川溢流也。○珊瑚川，在州西十五里，下流亦會於九龍川。一云珊瑚谷水東南至栒邑入洛。栒邑，今見邠州三水縣。

黑水河，在州西北。自府境流入，至州南會於九龍川，復分流而東南出，入邠州長武縣界合于涇水。○白羊水，在州東百里。一名白谷川。源出白羊溪，流經橫嶺西北，入奢延川。

政平驛。州東南六十里，邠、寧往來之通道也。又彭原驛，通志云：「在州南。」州東又有交城鎮，金天德二年置。

真寧縣，州東百里。西北至府城二百里。漢上郡陽周縣地，後魏置宜陽、護涉二護軍，後爲陽周縣，隋改爲羅川縣，屬寧州。唐天寶初獲玉真人像於此，因改爲真寧。今縣城周二里有奇。編户二十一里。縣今屬府。

陽周城，縣北三十五里。本秦縣，屬上郡。始皇死，胡亥矯詔賜蒙恬死。恬不肯死，使者以屬吏，繫之陽周。

史記：「陳餘與章邯書：『蒙恬爲秦將，北逐匈奴，開榆中地數千里，竟斬陽周。』」是也。漢亦爲陽周縣，後漢廢。後魏復置陽周縣，太平真君二年置趙興郡治焉。西魏又置顯州於此，後周州郡俱廢。隋開皇中并入羅川縣。唐史：「會昌以後，回鶻敗散，乾符二年其餘衆始還至羅川，遣使貢獻。」此羅川蓋塞外回鶻舊地，胡氏以爲即陽周，悞也。

泥源城，在縣東北。漢志注：〔三〕「泥陽，有泥水，出郁郅北蠻中。」城蓋近泥水上流而名也。魏收曰「陽周有泥陽城」，即此矣。晉太元十二年姚萇攻苻師奴于敷陸，軍於泥源是也。敷陸，見鄜州洛川縣。

撫琴山，在縣治南。山畔有洞，風來作聲，彷彿若琴韻，因名。又縣東二十里有羅山，寰宇記：「羅川水出羅山下，隋以此名縣。」其西南爲舊寧陽城，有大陵、小陵二水，至城南合流。詩「夾其皇澗」，注云：「即陵水矣。」

雕嶺，縣東五十里。綿延高聳，亦即子午山之別阜矣。上有秦時馳道。今有雕嶺巡司。在縣東百里。

馬蓮河，在縣西。自合水縣流入，下流會於九龍川。又縣南有大陵、小陵二水，即九龍川之上源矣。通志：「縣南十里有真寧河，源出橫嶺，西流入寧州界。」

于莊溝。在縣東二十里。其水南流入邠州淳化縣會於清水。又要册湫，在縣東六十里橋山之尾。周圍九畝，上有龍祠。

校勘記

〔一〕正義至魏上郡地也　史記卷四四魏世家正義云：「丹、鄜、延、綏，北至固陽，並上郡地。」此引正義有誤。

〔二〕高萬典郡　職本、鄒本與底本同，敷本「典」作「興」。核諸沈括夢溪筆談，亦作「高萬典郡」。然則高萬爲何人？舊五代史卷一三二高萬興傳云：「梁祖以萬興爲鄜延招撫使，與劉知俊合兵攻鄜、坊、丹、延等州，梁祖乃分四州爲二鎮，以萬興、萬金（萬興弟）皆爲帥。」新五代史卷四〇高萬興傳亦云「梁太祖乃以萬興爲延州刺史」，疑此「高萬典郡」當作「高萬興典郡」。

〔三〕西魏置義川縣　「置」，底本原作「至」，今據職本、鄒本改。

〔四〕俗謂之石槽　「槽」，底本、職本作「滏」，字書無「滏」字，大明一統志卷三六、嘉慶重修一統志卷二三三均作「溞」，則「滏」乃「溞」之訛。鄒本及元和志卷三、寰宇記卷三五並作「槽」，今據改。

〔五〕攻魏敷城　「敷」，底本原作「鄜」，今據鄒本及後魏志卷一〇六下改。

〔六〕唐書至綿歷七百餘里以備邊　按崔仲方築長城，已見於本書同卷上郡城下，事在隋開皇初，北史卷三二崔仲方傳、隋書卷六〇崔仲方傳、通鑑卷一七六陳紀十均有記載。此云唐武德初崔仲方又築長城，諸書未見，當有誤。

〔七〕寶曆初廢　「曆」，底本原作「慶」，今據職本、鄒本改。

〔八〕主騎都尉治此　「主」，底本原作「王」，今據鄒本及漢志卷二八下改。

〔九〕以鬬當原州之衝　「州」，原作「川」，今據職本、鄒本及上文「王保保遣兵陷原州」改。

〔一〇〕馬領城　「領」，底本原作「嶺」，鄒本作「領」。漢志卷二八下北地郡有馬領縣，師古曰：「川形似馬領，故以爲名。領，頸也。」則作「嶺」非其義，鄒本作「領」是，今據改。下「漢置馬領縣」、「形似馬領」同。

〔一一〕治天家堡　元和志卷三「天家堡」作「百家堡」，本書同卷有百家堡條，此「天」乃「百」之訛。

〔一二〕漢志注　「漢」下底本原有「縣」字，今據職本、鄒本刪。

〔一三〕漢志注　「注」，底本原作「置」，今據職本、鄒本改。

讀史方輿紀要卷五十八

陝西七

平涼府，東至西安府邠州三百里，南至鳳翔府隴州二百八十里，西南至鞏昌府秦州三百四十五里，西北至寧夏中衛四百六十里，東北至慶陽府三百里，自府治至布政司六百五十里，至京師三千四百里。

禹貢雍州地，春秋時屬秦，秦并天下屬北地郡。漢置安定郡，後漢因之。漢郡治高平，後漢移治臨涇，永初五年羌亂，郡寄治美陽，永建四年復舊。美陽，今見乾州武功縣。晉亦曰安定郡，仍治臨涇。後魏爲安定、高平諸郡地。後周分屬涇、原二州。隋初因之，煬帝時屬平涼、安定二郡。唐初亦屬涇州，天寶初屬平涼、安定二郡，元和四年始置行渭州治此，渭州，今鞏昌也，時陷於吐蕃。既而行渭州復爲吐蕃所陷。中和四年復置渭州。五代因之。宋亦曰渭州，亦曰隴西郡，慶歷初爲涇原路經略安撫使治所。政和五年升爲平涼軍節度。金爲平涼府，元因之，明亦曰平涼府。領州三，縣七。今仍舊。

府山川險阻，控扼邊陲，屹爲要會。漢以安定名郡，説者曰：郡外阻河朔，内當隴口，襟帶秦、涼，擁衛畿輔，關中安定，繫於此也。元魏主修永熙中，時賀拔岳爲雍州刺史，宇文泰說岳曰：「今靈夏、河西各擁部衆，未知所屬。公引軍近隴，扼其要害，收其士馬以資吾軍，西輯氐、羌，北撫沙漠，還軍長安，匡輔魏室，此桓、文之策也。」岳因引兵西屯平涼，諸州鎮多附於岳，同會平涼受節度。今府西南平涼故城是也。既而岳至高平，爲秦州刺史侯莫陳悅所賊殺。悅還屯水洛，岳衆散還平涼，共迎宇文泰於夏州。泰集賓佐議所向，皆以爲水洛去平涼不遠，宜且留以觀變。泰曰：「悅既害元帥，自應乘勢直據平涼，而退還水洛，吾知其無能爲也。」即馳赴平涼，引兵上隴，爲岳報仇，撫定關右。蓋宇文霸業，集於平涼也。唐自廣德以後，西陲盡爲異域，而涇原之備日棘。貞元七年詔以平涼當要會之衝，居北地之要，命涇原節度劉昌築平涼故城，扼彈箏峽口，浹旬而畢，廓地二百里，即今郡城。此平涼置州列郡之權輿也。說者曰：隴口之要在平涼，而平涼之要尤在原州。今鎮原縣。唐史：「大曆八年吐蕃數入寇，元載嘗爲西州刺史，知河西、隴右山川形勢，因言於上曰：『四鎮、北庭既理涇州，時馬璘爲四鎮、北庭節度使，治涇州。無險要可守。隴山高峻，南連秦嶺，北抵大河。今國家西境盡潘原，而吐蕃戍摧沙堡，原州居其中間，當隴山之口。其西皆監牧故地，草肥水美，平涼在其東，獨耕一縣，可給軍食。故壘尚存，吐蕃棄而不居。每歲盛夏，吐蕃畜牧青海，去塞甚遠。若乘間築之，二旬可畢。移京西軍戍原州，移子儀軍戍涇州，爲之根本。分守石門、木峽，漸開隴右，稍置鳴沙戍、見寧夏中衛。

豐安軍見靈州所。爲羽翼。北帶靈武五城爲形勢，進達安西，據吐蕃腹心，則朝廷可安枕矣。』議格不用。」時載并圖地形以獻，會載罷相，不果。建中初楊炎爲相，復議城之，亦不果。貞元三年吐蕃城故原州而屯之，隴右淪於異域者殆五十年。宋咸平四年陝西漕臣劉綜言：「鎮戎軍爲古原州，地沃衍，歲輸芻糧四十五萬石，請置屯田務。」因開田五百餘頃。王氏曰：「原州當隴道之要，漢光武取隴右，先降高峻而後可以蹙隗囂。赫連勃勃據高平，乘間以窺隴東，嶺北得以病。姚興、宇文泰軍於高平，因而規定關、隴。誠要害之地也。」

平涼縣，附郭。漢朝那、涇陽二縣地，屬安定郡。後漢省涇陽入朝那，晉因之。後魏廢爲長城縣地。後周復置朝那縣，又析置平涼縣。唐省朝那入平涼，屬原州。宋爲渭州治，金爲平涼府治。今編户二十三里。

平涼故城，在府西南四十里。苻秦時所置，兼置平涼郡治焉。晉太元十七年苻登與姚萇相攻，登保據平涼。十八年姚興襲平涼，大獲而還。十九年苻登爲姚興所敗，平涼入於後秦。義熙六年赫連勃勃遣兵攻秦平涼，姚興擊却之。明年復寇平涼，尋没于勃勃。後魏主燾神䴥元年，夏主昌自上邽屯平涼，與魏争安定，昌敗，赫連定復稱帝於平涼。三年魏主燾圍平涼，克之。其後置涇州於此。熙平二年城涇州，治平涼縣，即此。正光五年秦州賊莫折天生陷岐州，使其黨卜胡寇涇州，敗薛巒於平涼東。永安三年爾朱天光敗高平賊万俟醜奴於安定，醜奴欲趨高平，天光遣賀拔岳等追及於平涼，擒之。永熙三年侯莫陳悦殺賀拔岳於河曲，岳衆散還平涼，衆共推夏州刺史宇文泰統岳衆，泰因馳入平涼。西魏末置平涼縣，屬原州。隋因之，大業初屬平涼郡。唐亦爲平涼縣。唐書：「縣舊治陽音川，〔一〕開元五年移治古塞城，廣德以後没於吐蕃，貞元七年涇原節度劉昌築平涼城，移治於此。十九年以原州移治平涼，元和四年改置行渭州治焉。自是常爲州郡治。」五代史：「後唐清泰三年，以故平涼縣之安國、耀武兩鎮置平涼縣，屬涇州。」似悮。今府城周六里，有東西二城。通志：「元末李思齊將袁亨分築南北二城，明洪武六年修復如故。門四，東和陽，南萬安，西來遠，北定北。周九里有奇。」

鶉陰城，在府西南九十里。本漢安定郡屬縣，在今靖遠衛境，後魏移置於此，爲平涼郡治。魏收志鶉陰有故平涼城，即苻秦所置故城也。魏因置平涼郡於此，後周并入平涼縣。

朝那城，在府東南。春秋時地名也，爲秦之北境。漢置縣，屬安定郡。史記：「漢初匈奴强，復收蒙恬所奪匈奴故地，南至朝那、膚施。文帝十四年匈奴入犯朝那蕭關，殺北地都尉，遂至彭陽，使奇兵入燒回中宮，候騎至雍、甘泉。」孔氏曰：「朝那故城在今百泉縣西七十里。曰朝那蕭關者，蕭關屬朝那也。」胡氏曰：「朝那故城，在原州花石川。」後漢仍爲安定郡屬縣，晉因之。後魏亦屬安定郡。後周改置於故城東南二百餘里，屬涇州。隋因之，大業初屬安定郡，義寧初廢。唐大曆六年吐蕃下青石嶺，軍于那城。蓋謂漢之朝那城，在今鎮原縣境内。八年吐蕃敗官兵于黄萯原，郭子儀使渾瑊將兵趨朝那，即此城也。雍，見前鳳翔縣。甘泉，見涇陽縣。時候騎或至雍，或至甘泉，故曰雍、甘泉。黄萯原，見邠州長武縣。

涇陽城，在府西南。周宣王時獫狁内侵，至於涇陽，謂此地也。漢置縣，屬安定郡。後漢建武二年隗囂自隴坻追敗赤眉於此。縣尋廢。靈帝初，段熲破叛羌至涇陽。晉元康六年秦、雍氐、羌悉反，立氐帥齊萬年爲帝，圍涇陽，即此城也。咸和四年石趙取長安，分安定郡置隴東郡，治涇陽縣。太元十二年後秦將姚碩德爲苻秦故將楊定所偪，自上邽退守涇陽，即此。又姚萇嘗僑置天水郡於涇陽。太元十五年苻登攻故秦天水太守張業生於隴東，不克是也。後魏亦爲隴東郡治，又析漢之咸陽縣地置涇陽縣，後周隴東郡及涇陽縣俱廢，而涇陽遂移於渭北。

潘原城，在府東四十里。本漢陰槃縣，屬安定郡，後漢因之。建武七年隗囂將步騎侵安定，至陰槃，馮異等拒却之。晉時縣移治新豐，因屬京兆郡。宋元嘉六年夏赫連定保平涼，敗於陰槃，即此。後魏置平原郡，治陰槃，後周因之。隋初郡廢，縣屬涇州。唐初因之，天寶初改曰潘原，大曆八年馬璘自涇州襲吐蕃輜重於潘原，敗之。貞元二年吐蕃將劫盟，駱元光先奉詔屯潘原，以潘原距盟所七十里，緩急不相知，因進兵距盟所三十里而屯。會要：「大曆後以潘原省入良原縣，改故縣爲彰信堡。貞元四年隴右節度李元諒復築潘原城。十一年節度劉昌奏請於臨涇界保定城置陰槃縣，勅改爲潘原，復置於彰信堡，尋又省入良原縣。元和中節度朱忠亮復築潘原城，王潛又築歸化、潘原二壘，請復城原州，不果。中和四年武州僑治于潘原，復立爲縣。」五代周顯德中州廢，縣屬渭州。宋因之。金亦曰潘原縣，仍屬渭州。元省入平涼縣。

百泉城，府西北八十里。本姚秦時之黃石固，赫連夏置長城護軍於此，後魏因置長城郡，治黃石縣。西魏改黃石爲長城縣。隋初郡廢，縣屬原州，大業初又改長城縣爲百泉。唐因之，仍屬原州。貞元二年吐蕃詐渾瑊盟於平涼川，韓游瓌奉詔軍洛口，遣五百騎伏瑊營側，令曰：「若有變，汝曹西趨百泉，以分其勢。」是也。五代初縣廢。

安丘城，在府東。魏收志陰槃有安丘城。晉太元十四年，姚萇遣將姚崇襲苻登輜重於大界，登邀敗崇於安丘是也。

胡氏曰：「大界在新平、安定間。」又有安武城，在府東北。本漢縣，屬安定郡，後漢廢。晉太元十三年，苻登與姚萇相拒，登軍朝那，萇軍武都。武都蓋因安武而名。後魏亦爲安武縣，屬西北地郡，西魏又置安武郡治此，隋開皇三年俱廢入朝那。魏收志陰槃有安武城。

可藍山，府西南二十里。一名都廬山，亦曰苛藍山。劉宋元嘉六年，夏主赫連定保平涼，敗於陰槃，登苛藍山，望統萬城，泣曰：「先帝若以朕承大業者，豈復有今日之事！」蓋是時爲魏所敗也。其相接者曰大統山，亦高峻。又西接於崆峒山。○天壇山，在府北五里。一名臥虎山，上有朝天宮。山之西爲會盟壇，唐貞元二年吐蕃詐請盟，因築壇於此，使渾瑊與吐蕃會盟處也。志云：壇在今城西北五里。

崆峒山，府西三十里。唐十道志：「隴右名山之一也。」相傳即廣成子所居，黃帝嘗學道於此。山之東巖有廣成子洞、阜鶴洞。西巖有西巖泉及琉璃泉，味俱甘冽。峰之最高者曰翠屏峰，頂有圓石累累若珠，一名垂珠峰，俗名屏風山。峰頂又有青龍洞，雨後將晴，雲輒歸洞中，亦謂之歸雲洞。其相對者爲香爐峰，亦名香爐臺。兩峰間有巨石橫亘謂之石橋。山下有撒寶砦。秦始皇遊崆峒至此。又漢武帝逾隴西登崆峒山。下有問道宮，亦以黃帝問道廣成子而名，歷代皆修葺焉。山之西北爲望家山，亦峻聳。志云：崆峒西連笄頭，東連大統，西北接望家山是也。

幵頭山，在府西四十里崆峒山西。亦曰笄頭山，以形似名。史記：「黃帝西至於崆峒，登笄頭之山。」酈道元曰：「幵頭山，大隴之異名也。」或謂之雞頭山。秦始皇二十七年巡隴西、北地，至雞頭山。後漢建武七年隗囂攻來歙於略陽，使其將王孟塞雞頭道。晉咸和七年後趙石生起兵長安討石虎，不克，匿於雞頭山。隋開皇二年突厥入寇，韓增壽破之於雞頭山是也。亦謂之牽屯山。北魏永安三年，爾朱天光討万俟醜奴於高平，其黨万俟道洛帥其衆西入牽屯山，據險自守，爲天光所敗，走入隴，歸略陽賊帥王慶雲。西魏末宇文泰北巡，度北河，還至牽屯是也。班固曰：「幵頭山在涇陽縣西。」孔穎達曰：「笄頭山一名崆峒山，〔三〕在高平西北百里。有涇谷，涇水所出。」杜佑曰：「笄頭山亦訛爲牽屯山，幵又訛爲牽也。」蓋山界於涇陽、高平兩縣間，恃爲險阻。

雕窠峽，府南三十里。兩山深險，羣雕出入其中，因名。○金佛峽，在府西六十里。峽長二十里，峭壁層峙，不見天日。嘉靖十九年於峽口築城，復建清水、紅沙二石墩於山上，以增戍守。

彈箏峽，府西百里。九域志：「渭州都盧峽，即彈箏峽。」水經注云：「都盧山峽之内嘗有彈箏聲，一名絃歌之山，峽口水流風吹，摧響如音韻也。」宋元嘉五年魏主燾遣將奚斤擊夏赫連定，設伏隴山彈箏谷以邀之，即此。後魏永熙三年宇文泰在夏州，聞賀拔岳爲侯莫陳悦所害，遂馳赴平涼，令杜朔周先據彈箏峽。唐武德八年突厥入犯，詔李藝屯華亭縣及彈箏峽以備之。建中三年鳳翔、隴右節度與吐蕃盟，以涇州西至彈箏峽西爲唐界。貞元三年吐蕃入寇華亭及連雲堡，陷之，掠人畜萬計，置之彈箏峽西。七年劉昌城平涼，開地三百里，扼彈箏峽口是也。

孫丘谷，在府東南。晉太元十一年，苻秦平涼太守金熙、安定都尉没奕干等，與姚秦將姚方成戰于孫丘谷，敗之，即此。又苟頭原，在縣東。晉太元十四年苻登攻後秦平涼城，克之。進據苟頭原，逼姚萇於安定，不克是也。

涇河，在府北一里。源出笄頭山，經華亭縣境至府西五里有涇江橋，又東經城北，至府東五里爲利民渠，又東入涇州界。志云：利民渠引涇水，連亘二百里至涇州東，分渠六十里，灌田三千餘頃。今多堙廢。圖經：「涇河自府西南白巖發源，下流入於涇州。」詳見大川涇水。

横河，府西三十里。自華亭縣流入境，下流注於涇河。又府東三里有湫峪河，又東十里有大岔河，又府南二里有南峪河，俱流入於涇河。

依力川，在府西。晉義熙五年赫連勃勃掠後秦平涼，進屯依力川。王氏曰：「依力川在平涼故城東南。」又東流入於涇河。今涸。○柳湖，在府北三十里。舊時湖畔栽柳數千株，因名。

通梢關，在府東五里。明初置。有平涼衞軍戍守。

羣牧監，舊在府西。唐書「天寶末太子自奉天至平涼，閱牧馬，得數萬匹」，蓋府境宜畜馬也。明洪武三十年於府治東建陝西行太僕寺。永樂四年又於府治東建陝西苑馬寺，領長樂、靈武、威遠、同川、熙春、順寧六監，開城、安定、弼隆、廣寧、清平、萬安、慶陽、定邊、武安、隴陽、保川、泰和、天興、永康、嘉靖、安勝、康樂、鳳林、香泉、會寧、雲驥、昇平、延寧、永昌二十四苑，俱在府境及慶陽、鞏昌境内。正統三年又并甘肅苑馬寺入焉。

密造堡，在府西南。晉太元十四年苻登攻安定羌密造堡，克之，即此。○敕奇堡，在府西北。晉義熙五年赫連勃勃攻秦敕奇堡、黄石固、我羅城，皆拔之。黄石固即百泉廢縣也。我羅城又在黄石之東。

朝谷堡，在府西，唐志：「在平涼故城西三十五里。」貞元七年涇原節度使劉昌築平涼故城，又築朝谷堡，詔更爲彰信堡。實録朝谷作「胡谷」，彰信作「彰義」。按潘原已爲彰信堡，則此當作「彰義」。○歸化堡，亦在府西。唐貞元十四年歸化堡軍亂，涇原節度使劉昌討定之。後堡廢，元和中節度王潛復築歸化壘於此。

峽石鎮。在府西北。唐元和中涇原節度王潛自原州逾硤石，敗吐蕃，築歸化、潘原二壘是也。時原州治今鎮原縣之廢臨涇縣。○安國鎮，在府西四十里。宋置。今爲遞運所。又府東九十里有花家莊遞運所。通志：「府東二里爲平凉遞運所，五十里爲上鄜現遞運所。」又有高平驛，在府東南。

崇信縣，府東南八十里。東北至涇州七十里。本平凉縣地，唐貞元間隴右節度使李元諒始築城屯軍，名曰崇信，亦爲神策軍分屯之所。宋初始置縣，屬鳳翔府，淳化初改屬儀州，熙寧中州廢，以縣屬渭州。金屬平凉府。今縣城周三里有奇。編户五里。

赤城，縣西南五十里。宋置。趙元昊謀攻鄜延，約諸番自德靖、塞門、赤城三道竝進。所謂赤城即此城也。金爲西赤城鎮。德靖、塞門，見延安府保安、安塞二縣。○銅城，在縣西四十里。其西有銅城山，宋因置銅城軍。宋志「慶歷四年陝西漕臣張奎采儀州黄銅，置博濟監」，蓋在此。

花山，在城南。又城北五里爲殿子坡，襟帶近郊，恃爲形勝。○五馬山，在縣西南四十里，狀如五馬。又有迎駕坡，在縣西南三十里。通志：「縣西四十里有斷萬山，險絶難登。相近又有文筆山，亦秀削。」

湫峪，在縣西北二里。湫峪水發源於此，北流入平凉縣境注於涇水。志云：縣西十五里有左峪，又西二十五里爲石佛峪，又十里爲黄花峪，皆昔時防守之地。

汭水，在城北。源出隴州弦蒲藪，歷華亭縣，又東北流經此，復東入涇州界。志云：縣西北四十里有峽石，汭水自華亭縣境分南北二流，復會於此，蓋出峽中而遠流達於城下云。今源流附見大川涇水。

赤城川。在縣西南六十里。流經靈臺縣東北會白石川，入邠州長武縣境，至縣東四十里亭口鎮入於涇水。○白石川，在縣南六十里，東流入靈臺縣境合於赤城川。

華亭縣，府南百二十里。南至鳳翔府隴州百六十里。漢右扶風汧縣地，後魏普泰二年立華亭鎮，以扼蕃、戎。隋大業初置縣，屬安定郡，義寧二年分置隴州於此。唐改屬隴州，垂拱二年改爲亭川縣，神龍初復故，大曆八年置義寧軍於此。九年吐蕃入寇，鳳翔節度李抱玉破之於義寧是也。元和三年省縣入汧源。貞元三年吐蕃大掠汧陽、吴山、華亭，即故城也。五代唐又改置義州，後周顯德中復置華亭縣爲州治。宋改爲儀州，熙寧五年州廢，以縣屬渭州。金屬平涼府。今縣城周五里有奇。編户八里。

化平城，在縣西北百里。宋初置安化縣，屬渭州。在今縣西。熙寧五年廢原州制勝關，移縣於關地，以舊縣爲安化鎮，縣仍屬渭州。金初因之，大定七年改爲化平縣，屬平涼府。元省。○永信城，在縣北。唐貞元十三年築永信城於平戎川，置軍以備禦吐蕃，志以爲即此城也。

陽城，在縣西南。後漢初隗囂敗赤眉於烏氏、涇陽間，赤眉復進至陽城，入番須，中逢大雪，士多凍死。道元曰：「陽城在安民縣。」漢成帝永始二年罷安定呼他苑爲安民縣，後漢廢。安民應在縣界，今漢志不載。烏氏，見涇州。番須，見隴州。

隴山，縣西三十里。即隴山之東麓也，崇隆綿亘，界於平涼、鞏昌、鳳翔諸郡間，爲關中之屏障。其在縣境者亦曰小隴山。今詳見名山隴坻。○瓦亭山，在縣西北百六十里。瓦亭關在其西麓。又有朝那山，在縣西七十里。漢朝那縣以此名。縣境諸山，皆隴山之別阜矣。

義山，在縣東二里。唐以此名軍。又縣西北二里有鏵尖山，以形似名也。又有飛鳳山，在縣西北百里。○樺嶺山，在縣東五十里。山多樺樹。又有湫頭山，在縣北六十里。

支磨原，在縣東北郭。汾陽家傳：「大曆十年吐蕃略潘原，西至小石門、白草川，又下朝那川至百里城、支磨原而入華亭，子儀遣渾瑊破走之於故平涼縣小石門。」或曰在平涼縣西。百里城，今見靈臺縣。

涇河，縣西北八十里。自幵頭山發源流經此，與平涼縣分界。志云：縣北十里有武村水，又北二十里爲策底水，下流俱入於涇河。又有燕脂川，在縣西北百里，亦東流入於涇河。

汭水，在城東南三里。自隴州流入境，又東北流入崇信縣。志云：汭水遶流城下，有惠民渠，引汭水經城中而西北出，以溉高卬之田。

瓦亭關。縣西北百八十里。魏收志鶉陰有凡亭。後漢靈帝時段熲破東羌於此，即瓦亭之訛矣。亦謂之東瓦亭，唐貞觀二十年踰隴山至西瓦亭觀牧馬，此鞏昌秦州秦安縣之瓦亭山也；至德元載肅宗幸靈武，牧馬於瓦亭，此東瓦亭也。宋建炎四年金人陷涇原，經略使劉錡退屯瓦亭，金人遂取渭州鎮戎軍，亦此瓦亭。胡氏曰：「瓦亭川出隴山東北，西南流，關在瓦亭川之首，故名。」金爲瓦亭寨，今有巡司戍守。通志：「有瓦亭驛及遞運所，而瓦亭巡司則在縣北百八十里。」○三鄉鎮，在縣西八十里。有三鄉川，置巡司於此。志云：縣又有馬舖嶺巡司，今革。

鎮原縣，府北百三十里。西南至鞏昌府秦州四百六十里，西北至寧夏鎮靈州所五百四十里，東北至慶陽府四百三十里。漢置高平縣，爲安定郡治，後漢屬安定郡，晉廢。後魏太延二年置高平鎮，正光五年改置原州，并置高平郡及縣，治高平。西魏又改郡爲太平郡，而改縣曰平高縣。隋初郡廢，縣仍爲原州治，大業初改置平涼郡。唐復爲原州，又改縣曰高平，天寶初曰平涼郡，乾元初復曰原州，廣德初爲吐蕃所陷，遂棄州不守。大中三年吐蕃衰亂，原州始來歸，復置州於此。廣明以後原州僑治臨涇，縣廢。五代因之。宋至道三年置鎮戎軍於此。金大定二十二年升爲州，屬平涼府。元改曰鎮原州，屬鞏昌路。明初改州爲縣，又改今屬。今城周不及二里。編户二十里。

高平城，在縣西二里。漢置縣於此。後漢建武初馮愔以栒邑叛，引兵西向天水，隗囂逆擊，敗之於高平。其東有城曰第一城。建武八年光武討隗囂，進至高平第一城，囂將高竣擁兵據高平第一城，耿弇等圍之，一歲不拔。寇恂奉命往降之，至第一城，峻遣其軍帥皇甫文出謁，恂誅之，峻降。其城險固，故曰第一城也。晉省。括地志：「晉省高平，劉曜復置爲朔州治所，苻秦又置牧官都尉於其地，姚秦時爲鮮卑别部帥没弈干所據。」晉元興初拓跋珪襲高平，没弈干走上邽，尋復還高平。義熙三年赫連勃勃以朔方叛秦，僞畋於高平川，因襲殺没弈干而并其衆。諸將皆謂高平山川險固，土田饒沃，可以定都，勃勃不從。後魏初謂之高平川，太延二年置高平鎮。正光五年鎮民赫連恩等反，推勑勒酋長胡琛爲高平王，攻高平鎮，以應破六韓拔陵。魏遣將盧祖遷擊走之，改置原州。既而秦州賊莫折大提遣其黨卜胡襲高平，陷之。尋復爲胡琛、万俟醜奴等所據，永安三年爾朱天光擊平之。西魏大統十四年宇文泰奉太子欽巡西境，登隴至原州，歷北長城，蓋由高平而北至秦所築長城也。自隋以後爲原州治。唐廣德後陷於吐蕃，自是邠、涇之間禦寇不給。大中三年原州復治高平，廣明中又棄不守。宋至道中改置鎮戎軍於今治，咸平六年築軍城，爲重鎮，明初始改爲縣。今城雖周不及二里，而險固有餘。

臨涇城，在縣東六十里。括地志：「臨涇南去涇州八十里。」漢置縣，屬安定郡。更始末方望等立前定安公嬰爲天子，居臨涇，更始遣李松等擊滅之。後漢移安定郡治此。建安十六年曹操自長安圍安定，楊秋以城降。晉仍爲郡治，後魏因之，又爲涇州治。後周改置州郡於安定，縣尋廢。隋大業初改置湫谷縣，屬安定郡，旋改爲臨涇。唐屬涇州，大曆九年吐蕃寇臨涇，即此。唐志：「廣德初原州陷於吐蕃，節度馬璘表置行原州於臨臺縣之百里城。貞元十九年劉昌城平涼，原州徙治焉。元和三年始徙治臨涇。」郝玭傳：「玭爲臨涇鎮將，以臨涇地險要，水草肥美，吐蕃將入寇必屯其地，因言於節度馬璘曰：『臨涇扼洛口，川原饒衍，利畜牧，西走戎道，曠數百里，皆流沙，無水草，願城之爲休養便地。』璘不聽。及段祐代爲節度，玭復請，從之。因置行原州，以玭爲刺史，自是吐蕃不敢過臨涇，涇、原獲安。」大中三年原州還舊治，廣明中復治臨涇。宋原州亦治焉。金因之，元至元七年省入鎮原州。

彭陽城，縣東八十三里。括地志：「城西去臨涇二十里。」漢置縣，屬安定郡。文帝十二年匈奴入犯，至彭陽。後漢靈帝初，段熲討叛羌，自彭陽直指高平是也。晉廢。後魏破赫連定於此，復置彭陽縣，又置西北地郡治焉。隋開皇初郡廢，十八年改縣曰彭原，屬寧州，大業中屬北地郡。唐武德元年置彭州，治此。八年突厥寇彭州，是也。貞觀元年州廢，以縣屬寧州。宋復爲彭陽縣，屬原州。慶曆中元昊入寇，种世衡將景泰遇於彭陽城，依山爲陣處也。金仍爲彭陽縣，元至元七年省入鎮原州。

豐義城，在縣東彭陽廢縣界。舊有豐城，西魏時置雲州於此。後周保定二年廢州爲防，隋開皇中廢防爲豐義城。唐武德三年分彭原縣置豐義縣，屬彭州，以故豐城爲名。貞觀初改屬寧州。貞元三年吐蕃寇豐義城，前鋒至大回原，邠寧節度韓游瓌擊却之。四年遊瓌請築豐義城，二版而潰，遂不果城。五代時縣廢。大回原，或云近涇州境。

三水城，在縣東北百里。漢置三水縣，屬安定郡，屬國都尉治焉。後漢仍屬安定郡。劉昭曰：「縣有左谷，即盧芳所居。」晉廢。水經注：「肥水出牽屯山，東北流注高平川。」川東有三水縣故城，後漢初三水人盧芳據城叛，即此。○廉城，在縣東北。漢置廉縣，屬北地郡，後漢因之，晉廢。水經注：「高平川東北流逕廉城東，又東北逕三水縣西。」是也。

他樓城，縣北百里。本高平縣地，晉太元十六年乞伏乾歸擊鮮卑部帥没弈干，没弈干奔他樓城，即此。唐貞觀六年置他樓城，又以突厥降户置緣州治焉。神龍初州縣俱廢。〔三〕俟尼城，在縣東北百五里。宋元嘉六年赫連定保平凉，欲復取統萬，引兵東至俟尼城，不敢進而還。

蕭關城，縣西北百四十里。即漢之蕭關也。舊唐書：「高宗時於蕭關置地鞬縣，〔四〕屬原州，神龍元年廢，改置蕭關縣。廣德後没於吐蕃，大中五年復置武州治此。中和四年武州僑治潘原，蕭關縣屬焉。」五代周顯德中廢武州，并廢蕭關縣是也。又有白草軍城，在蕭關北蔚茹水西。唐開元中置軍於此，屬朔方節度。

平夏城，縣西八十里。本唐石門關之地，亦曰石門城。宋紹聖四年夏人入寇，知渭州章楶請城葫蘆河川，據形勢以偪夏人，詔從之。遂出葫蘆河川，築二砦於石門峽江口、好水河之陰。夏人來争，擊却之，賜名曰平夏城、靈平砦。

尋升平夏城爲懷德軍。宋志：「懷德城初亦名威德軍，其東十五里爲結溝堡，西十八里爲石門堡，南十二里爲靈平砦，北十八里爲通峽砦。」是也。又明景泰中知平涼府張鏞請修葫蘆峽口古城，議者謂不繫要害，罷之。馬文升曰「葫蘆峽爲寧夏韋州南出静寧之要路」，蓋即平夏城故址也。

保定城，在縣東。唐貞元七年涇原節度使劉昌築保定城，扞青石嶺。十年又請於臨涇界保定城置陰槃縣是也。○靖夏城，或云在縣東北。宋置。政和六年夏人大舉攻涇原靖夏城，城陷，屠之而去。

隴山，在縣西七十里，即隴山北麓也。對華亭小隴山而言，亦曰大隴山。有若水谷，高平川出焉。水經注：「漢建武八年世祖征隗囂，從高平第一城若水谷入，即此谷也。」按若水當作「苦水」。

雉頭山，縣西三十里，又西二十里爲雞頭山，本一山而異名耳。通典：「笄頭山在高平縣，一名崆峒山。」蓋山隴綿延，接于縣西也。志云：縣東二里有東山，極高峻。又東八里有玉山，多白石。

逢義山，在縣北。後漢建安初段熲討先零叛羌，自彭陽直指高平，戰于逢義山，大破之。杜佑曰：「高平縣有逢義山。」是也。○三觀山，或云在縣北。唐武德五年突厥寇原州，陷大震關。既而交州刺史權士通、弘州總管宇文歆、靈州總管楊師道擊突厥於三觀山，破之。

高平川，在縣治南。源出大隴山，一名苦水，下流合於葫蘆河。漢段熲爲護羌校尉，於安定高平若水討先零羌，斬首八千級於是水之上。若水即苦水之訛矣。晉隆安五年，後魏拓跋遵等襲破沒奕干於高平，亦即是川也。水經注：「高平川北入於河，西南去安定三百四十里。」

胡盧河，在蕭關東十五里。志云：縣西南有頹沙山，河流出焉，曲折流經縣西北，亦名蔚茹水，北注於黃河。支流折而東南入平涼縣界，注於涇河。唐志：「蕭關縣有蔚茹水，水西即白草軍。」大和五年牛僧孺主議以維州還吐蕃，曰：「吐蕃若養馬蔚茹川，上平涼阪犯回中，不三日至咸陽橋，何有西南數千里外之維州哉？」蓋蔚茹川多水草，宜畜牧也。宋治平中蔡挺知渭州，夏人集胡盧河，挺出奇兵迎擊，夏人奔潰。金志謂之大胡河。又屈野河，亦在縣北，下流合於胡盧河。或曰即胡盧河之異名也。宋咸平四年，陝西漕臣劉琮言：「鎮戎軍本古原州，請於軍前後置堡砦，且耕且戰。」祥符二年始置橫陽、神堂、緣城三砦，皆在屈野河東，天聖以後没於西夏。

三川，縣西北三十里。水經謂之次水。其源本一，流而爲三，入高平川。又有三水，在縣東北六十里。水流三派，會歸一川，流入涇州界入於涇水。漢三水縣以此名。○陽晉水，在縣西。自西蕃界流入，又東南流經平涼縣北，至涇州境合於涇水。

石門水，縣西八十里。其地有石門口，亦曰石門關。水經注：「其水五源俱導，東北亂流，左會三川，參差相得，同爲一川，又東北注於高平川。」○肥水，在縣西北四十里；又西北有自延水；又蒲水，在縣北五十里，出縣北境之南蒲谷，金志謂之蒲州河；下流俱入於高平川。

長澤川，在縣西北，南流合於高平川。唐大曆十一年吐蕃寇原州石門，入長澤川。十二年復入寇，軍於原州北長澤監，進破方渠。時蓋置馬監於此。又壽渠川，在縣北。晉義熙六年赫連勃勃寇略陽，徙其民於大城，姚興自安定追之，至壽渠川，不及而還。胡氏曰：「壽渠川在安定西北。」安定，今涇州也。大城，見榆林衛。○六泉，在縣西北。

晉太元十二年，乞伏國仁襲鮮卑三部大人於六泉，三部皆降於國仁。胡氏曰：「六泉在高平境内。」

蕭關，在縣西北百四十里。自秦、漢以來，爲華戎之大限，唐置蕭關縣於此。宋志：「蕭關西三十里有綏戎堡，關北十八里有臨川堡，又有通關、山西二堡，與臨川堡俱隸於蕭關。」金亦爲蕭關鎮。今詳見重險。

木峽關，在縣西南。亦隴山之口也。元魏永熙三年，宇文泰討侯莫陳悦於水洛城，至原州，衆軍畢集，遂引兵上隴山木峽關是也。隋開皇二年突厥縱兵自木峽、石門兩道入寇，武威、天水、金城、上郡、弘化、延安六畜咸盡。唐爲原州七關之一。

石門關，在縣西九十八里。亦曰石門峽。隋開皇二年突厥自石門分道入寇。唐爲原州七關之一。元和三年沙陀朱邪執宜自甘州謀歸唐，循烏德犍山而東，吐蕃追之，沙陀自洮水轉戰至石門，詣靈州降。宋紹聖二年以其地置平夏城。元符初又築石門堡於此。又石峽關，在縣西七十里，當隴山之口。其南又有驛藏、木靖二關。唐時原州七關在縣境者凡五，或以木峽爲七關之一，而蕭關不與焉。

定川砦，縣西北二十五里。宋置。慶曆二年趙元昊寇鎮戎軍，渭州將葛懷敏禦之於此。賊毁橋斷其歸路，四面圍之，懷敏突圍走至長城，濠路已斷，死焉。元昊遂乘勝直抵渭州。宋志：「定川與高平砦相接。」又濫羌寨，在縣西北六十里，宋元符初置。其東十八里曰通峽砦，又東八里曰東河灣堡。宋志：「鎮戎軍北八十里有勝羌寨，西北五十里有通遠砦，西南百二十里又有九羊寨，其地名九羊谷也。」金人多因宋舊。○靈平寨，在縣西南百十里。宋置。本名好水砦，紹聖四年改名靈平。其南二十八里有熙寧寨，以宋熙寧中所置而名。又縣境有乾興、飛泉等寨，亦宋置。金因之，元廢。

高平寨，在縣北二十五里。宋慶歷二年置砦於此。旁有故砦堡，宋元符四年置，金廢。○龍泉堡，在縣西北。宋志：「通遠寨東三十里爲龍泉堡。」

摧沙堡，在縣西北。唐置。廣德二年僕固懷恩合回紇、吐蕃自朔方南犯，河西節度使楊志烈遣監軍柏文達攻靈武以救京師。文達擊摧沙堡、靈武縣，皆下之。進攻靈州，懷恩聞之，引還朔方。大曆中元載言「吐蕃戍摧沙堡」，蓋原州要地也。貞元二年李晟遣將野詩良輔自鳳翔襲破吐蕃於此。

土梨樹堡，在縣東。唐貞元二年吐蕃將劫盟，先請盟於土梨樹，神策將馬有麟奏：「土梨樹多險阻，恐吐蕃設伏兵，不如平涼川坦夷。」因定盟所於平涼川是也。

善和鎮。在縣西南。唐武德六年突厥陷原州善和鎮，遂侵渭州。又新城鎮，在縣西五十里；柳泉鎮，在縣西北七十里；俱宋置。金人疆域圖：「原州有新城、柳泉二鎮。」○西城屯，在縣東南九十里。唐興元初李晟復西京，朱泚自涇州北走，至彭原西城屯，其將梁庭芬等殺之，趣涇州降。通志：「縣南九十里有白水驛，又縣北有安平寨巡司。」

附見

平涼衛。在府城內。洪武三年建，初置於府治東，永樂六年移於府治東南，轄千户所五。又安東中護衛，在府治東。洪熙元年爲韓府置。

涇州，府東百五十里。東南至邠州百五十里，東北至慶陽府百二十里，東至寧州百七十里，南至鳳翔府二百六十里。

春秋時秦地，始皇時屬北地郡，漢屬安定郡，後漢因之。魏、晉亦曰安定郡，苻秦初置雍州於此。其後姚秦亦置焉，恃爲重鎮。後魏改置涇州，取涇水爲名。魏收志州治臨涇縣，領安定、平涼、北地、新平、隴東諸城鎮。所謂嶺北五郡也。隋初亦曰涇州，大業初又改爲安定郡。治安定縣。唐復爲涇州，天寶初亦曰安定郡，至德初改曰保定郡，乾元初復曰涇州，尋置涇寧節度於此，大順初改曰彰義軍。宋仍曰涇州，亦曰安定郡，太平興國初復曰彰化軍節度。金改屬平涼府，元因之。元至元中改屬鞏昌府，尋復舊，後又以州直隸行省。明亦曰涇州，屬平涼府，以州治涇川縣省入。編戶十七里。領縣一。今仍曰涇州。

州山川環帶，水陸流通，嶺北有事，州實爲之孔道。晉太元中姚萇起於嶺北，以安定爲根本，其後遂爲重鎮。梁喜謂：「若無安定，戎馬必至於鄗。」是也。赫連勃勃因劉裕滅秦，先據安定，盡收嶺北郡縣，及裕東還，南下長安，勢若建瓴矣。夏人之衰，安定亦降於魏。赫連定復舉安定，遂長驅而入長安，魏人力與之爭，然後關中復定。唐自至德以後，吐蕃內侵，恒以涇州爲節鎮，遮蔽邠、岐。宋以夏人跳梁，涇州亦爲重地。慶曆中范仲淹請駐涇州，漸復橫山以斷賊臂。橫山即橋山之北麓。尋命韓琦、范仲淹開府涇州，總四路之事，爲攻討聲援。蓋涇州連絡中外，翼帶東西，誠關中襟要也。

涇川廢縣，即州治。漢置安定縣，屬安定郡，後漢省。晉末復置，苻秦爲雍州治，姚氏因之。宋元嘉五年魏將奚斤等軍安定，夏主昌自平凉進攻，爲魏將安頡所擒。既而魏將丘堆棄安定南走，赫連定復取之。後魏爲安定郡治，正光末高平賊胡琛遣其黨万俟醜奴等寇涇州，蕭寶寅等軍於安定，醜奴軍於安定西北七里，别將崔延伯自安定緣原北上，賊覆背來擊，延伯敗績。後周時爲涇州治，隋初因之，大業初爲安定郡治。唐亦爲涇州治，天寶末改縣爲保定縣。宋因之。金大定七年改縣曰涇川，明初省。志云：涇川城舊在州北五里，涇州治焉，洪武三年縣廢，州移今治。今城周六里有奇，惟南北二門。

烏氏城，括地志：「在安定縣東三十三里。」周之故地也，後入於戎，秦惠王取之，置烏氏縣。氏讀支。漢因之，屬安定郡。後漢建武初隗囂追破赤眉於烏氏、涇陽間是也。後漢志亦作「烏枝」。晉仍爲烏氏縣，後魏皆因之，西魏時廢，後爲烏氏驛。唐武德九年突厥屯河南，入塞圍烏城，即烏氏也。肅宗初自馬嵬北行至烏氏，亦即此。○奚得城，在州東南。漢置縣，屬安定郡。後漢廢。後魏復置，屬新平郡。後周廢。

圻墌城，州東北十四里。亦曰薛舉城，唐初薛舉嘗據此，因名。舉卒，子仁杲立於圻墌城，尋爲世民所敗，降於唐。杜佑作「析墌城」。析，思歷反。墌，章怒反。○故縣城，在州南。漢安定縣初治此，後漢省，因名故縣。晉太元十年後秦姚萇自故縣如新平是也。

撫夷城，在州東北。漢置縣，屬安定郡，後漢省。魏收志烏氏縣有撫夷故城，是也。後魏復置撫夷縣，屬隴東郡。後周廢。或曰後魏蓋徙治於平凉西。

回中山，在州西五里。上有王母宫。一統志以爲漢武通回中道蓋在此，似悮。○筆峰山，在州南五里。山峰聳秀。又東有三峰峭拔，俗名爲米麵山。

青石嶺，州西北七十里。宋白曰：「涇州西北九十里有臨涇城，其界有青石嶺，亦曰青石原。」後漢元初四年馬賢討羌，敗於安定青石岸，即此。晉義熙三年，赫連勃勃敗姚秦將張佛生於青石原。六年勃勃又南攻安定，破姚秦將楊佛生於青石北原，進攻東鄉，下之。東鄉蓋在青石嶺東也。唐大曆七年吐蕃下青石嶺，軍于那城，郭子儀諭却之。又十二年吐蕃下青石嶺，逼涇州，子儀復擊却之。那城，蓋朝那城之悮也。

青溪嶺，在州西南。宋建炎二年金婁宿犯涇源，〔五〕經略使曲端遣將吴玠逆擊於青溪嶺，敗之。紹興中撒離喝自鳳翔趨邠州，涇州將田盛遣兵擊之於此，寇引去。

馬鞍阪，州西百里。晉義熙十二年，後秦姚紹自安定擊赫連勃勃於馬鞍阪，破之，追至朝那，不及而還是也。又州西北有彭坑谷。後魏書：「孝昌元年，万俟醜奴置營涇州城北七十里當原城。崔延伯緣原北上，戰敗保涇川。既而醜奴等屯安定西彭阬谷，崔延伯擊之，自安定西進，去賊七里結營，直前擊賊，敗死。」當原城蓋近朝那。○安仁谷，志云：在州東南四十里。中有長城寨，宋范仲淹嘗遣宋良等控守於此。

涇河，在州北。自平凉縣流入境，又東南流入邠州長武縣界。○汭水，在州北二里。上有汭橋。自崇信縣流入境，又東南流入邠州長武縣界合於涇水。

閣川河，州西南三里。州西山谷諸水會流成河，下流入於涇河。

百泉，州西三十五里。泉眼極多，四時不涸，州人引以溉田，其下流入於涇河。又共池，在州北五里。詩「侵阮徂共」，鄭氏曰：「阮，國名，今之共池是也。」

鹽倉，在州西。唐大曆八年，涇原節度馬璘與吐蕃戰於鹽倉，敗績。蓋是時運鹽儲此以供軍，故有鹽倉之名。

平亭，在州北。元魏永安三年，高平賊万俟醜奴爲賀拔岳所敗，棄岐州北走安定，置栅於平亭。既而爾朱天光進下安定，醜奴棄平亭北遁。

連雲堡，在州西界。宋祁曰：「涇西要地也，三垂峭絶，北據高岸，敵兵進退，烽火易通。」唐貞元三年吐蕃陷連雲堡，涇州恃堡爲斥候，連雲既陷，西門不開，門外皆爲敵境矣。四年戍將劉昌始復築之。

路承堡，在州東南。晉太元十六年姚萇敗苻登於安定東，登退據路承堡。路承，人姓名。喪亂時創築此堡，因以爲名。

馬家凹。州東四十里。今有遞運所。又東有金家凹，置巡司戍守。○瓦亭驛，在州東六十里，邠、涇之通道也。通志：「州治西北有安定驛。」

靈臺縣，州南九十里。南至鳳翔府麟遊縣七十里，東南至邠州六十里。古密須國，漢爲鶉觚縣，屬北地郡。後漢屬安定郡，晉因之。後魏置趙平郡治此。後周郡廢，縣屬涇州。隋初因之，大業初析置靈臺縣，取文王伐密作靈臺之義，明年廢入鶉觚。唐天寶元年改鶉觚爲靈臺縣，仍屬涇州。宋因之。元省入涇川，尋復置。今城周二里有奇。編户二十里。

鶉觚城，即今縣。或曰漢縣治在今縣東，南接邠州長武縣之鶉觚原。秦蒙恬築長城，以觚爵奠祭，有鶉集觚上，縣因以名。今城本隋所置靈臺縣，後以縣并入鶉觚，遂移鶉觚縣治此。

陰密城，縣西五十里。志云：古密國也，周文王伐密，詩所稱「密人不恭」，此矣。左傳：「密須之鼓與其大輅，文所以大蒐也。」國語：「周共王遊涇上，密康公從。」蓋即密國之後矣。秦始名陰密，昭王五十年，武安君白起有罪爲士伍，遷陰密。漢爲陰密縣，屬安定郡。後漢廢。晉復置。大興二年晉王保使其將張顗等據陰密，爲劉曜所陷。三年巴酋勾渠知舉兵拒劉曜，保於陰密，曜將游子遠擊滅之。太元十二年苻登將楊定等攻後秦姚碩德于涇陽，姚萇自陰密赴救。義熙十二年赫連勃勃攻拔後秦陰密，置雍州鎮焉，尋復爲秦所取。後魏主燾延和三年休屠金當川圍魏陰密，魏將拓跋嘉擊斬之，即此城也。後魏仍爲陰密縣，屬平凉郡。後周廢。

良原城，縣西北九十里。九域志：「在涇州西南六十里。」本鶉觚縣地，隋大業初析置良原縣，以縣西南有良原而名。唐屬涇州，貞元二年爲吐蕃所破，四年隴右節度使李元諒築良原故城鎮之，開美田數十里，勸士墾闢，歲入菽粟數十萬斛，自是常以神策軍分屯於此，謂之良原鎮。朱梁貞明六年，蜀將王宗儔等攻岐，出故關，壁於咸宜，入良原是也。宋仍屬涇州，元省入靈臺縣。咸宜鎮，今見隴州。

百里城，在縣東。元和志：「靈臺縣有百里城，亦曰百城。」唐大曆八年吐蕃入寇，郭子儀使渾瑊將兵趣朝那，吐蕃至百城而還，瑊邀之於隘，盡得其所掠。十年馬璘復破吐蕃於此。又璘以原州陷於吐蕃，表置行原州治焉。貞元三年吐蕃入寇，詔唐朝臣戍百里城是也。九域志靈臺縣有百里鎮。

蒼山，縣南二里，以林木蒼翠而名。又隱形山，在縣東北二里，以地形深奥而名也。○臺山，在縣東北十里。山多奇木異禽，甘泉秀石，頂平如臺，因名。一作「書臺山」。

保巖山，縣東三十里。山勢峭拔，回旋百折，巔有涇臺，登之望見百里外。其下嘗有雲霧，又有温、冷二泉出焉。○兼山，在縣西九十里。其山兩重，因名。一統志云：「涇州之主山也。」

白石原，在縣西北。志云：白石原首起廢良原縣西南三十里，東下三十里分爲兩原，一更名良原，一更名杜原。或曰即靈臺西原也。唐永泰初回紇、吐蕃入寇，郭子儀以回紇兵破吐蕃於靈臺西原。劉昫曰：「破吐蕃處在靈臺縣西五十里，地名赤山嶺。」○望兒原，在廢良原縣東三十里。今縣東十里又有卧龍原。

三香水，在縣東北五里。源出鳳翔府麟遊縣東，亦名三交川，下流入邠州界合涇水。志云：在縣東十五里。○達溪川，在縣南二里，流達於涇河。志云：源出隴州五馬山，至邠州梁山下入於涇水。舊志：縣西七十里有妲己川，相傳妲己産於此，蓋即達溪之訛矣。

細川水，在縣東北。源出麟遊廢普潤縣之細川谷，東北流入縣境，又東北合於三交川。北魏永安三年高平賊万俟醜奴屯安定，聞魏軍未進，乃散衆耕於細川。唐初涇州鎮將劉感自高墌引還涇州，薛仁杲自南原馳下與感戰於百里、細川，感爲所擒。百里、細川，地蓋相近，胡氏曰：「靈臺百里鎮，即古細川也。」

草壁戍。胡氏曰：「在陰密東。」晉大興二年屠各路松多起兵附晉王保，據草壁，劉曜攻拔之，松多奔隴城。水經注：「隴山西南故隴城北有松多川，蓋因松多據此而名。」○棲鳳橋，在縣西五十五里。細川水經其下，南接麟遊縣境。

静寧州，府西二百三十里。南至鞏昌府秦州二百五十里，東北至固原州百六十里，西北至靖遠衛四百二十里。

漢安定郡地，唐屬原州。宋爲渭州之隴干城，慶曆中置德順軍，屬秦鳳路。金皇統二年改爲德順州。貞祐四年又升爲隴安節度。元初因之，尋改爲静寧州，以州治隴干縣省入，屬鞏昌路。明初改今屬，仍曰静寧州。編户十一里。領縣二。今因之。

州隴坂環峙，河、渭縈流。宋天禧中曹瑋築隴干城，曰：「異時涇、渭有警，此必争之地。」隆興中吴璘復秦、隴諸州，朝議棄還金人，虞允文言：「恢復莫先陝西。陝西新復州郡，係德順之存亡，一旦棄之，則窺蜀之路愈多。西和、階、成，利害至重不可不審。」蓋静寧爲隴口要地，自隴以西，保據所當先也。

隴干廢縣，今州治。宋元祐八年以外底堡置隴干縣，爲德順軍治。金因之，元省。今州城周七里有奇。登高臺置於城最高處，爲瞭望之所。

水洛城，州西南百里。水經注：「水洛亭在隴西之西，近略陽縣界。」是也。晉義熙七年西秦乞伏乾歸攻姚秦南平太守王憬於水洛城，克之。北魏永安末賊帥万俟道洛爲爾朱天光所敗，自高平走降略陽賊帥王慶雲，慶雲遂稱帝於水洛城。天光追擊之，帥諸軍入隴，至水洛城，慶雲、道洛出戰而敗，拔其東城。賊併兵趨西城，西城無水，爲天光所擒。是水洛有二城也。永熙三年賀拔岳自平凉召秦州刺史侯莫陳悦會於高平，共討曹泥於靈州，爲悦所害。

悦還入隴，屯水洛城。既而宇文泰討之，引兵上隴，悦留兵守水洛，退保略陽，泰至，水洛即降。隋爲隴城縣地，唐因之。宋咸平中曹瑋嘗經營此。范仲淹曰：「朝那之西、秦亭之東爲水洛城。」鄭戩曰：「水洛城西占隴坻，通秦州往來路。隴之二水環城西流，繞帶渭河。川平土沃，廣數百里。又有水輪銀銅之利。」慶曆三年劉滬密使城主鐸斯那內附，戩即遣滬築之以捍西夏。金升爲縣，元并入隴干。

治平城，州南八十里。宋治平四年所置砦，因名。吳璘嘗遣王中正敗金人於此。金升爲治平縣，屬德順州。元廢。○威戎城，在州西南四十里。宋爲堡，屬德順軍。金升爲縣，元省。城下有威戎川。

隴山，州南百五十里，即故隴坻之隘也。或謂之石門山，亦曰石門峽，崖石如門，山路斬截，當隴山北垂。宋劉滬嘗破羌人於此。志云：隴山亘南北數州，石門出入徑道也。鎮原之石門、石峽皆因此而名矣。餘詳見名山隴坻。

横山，州北十里。山連綿横亘，舊爲蕃部所居。又翠屏山，在州南五里，下爲白土岔。又東七里有馬連岔，州西南六十里有牡丹岔，皆隴山之支麓也。

旗鼓山，在水洛故城南一里。又州南七十里有武山，西南八十里有宋家山，又有孫家山、主山，俱在州南百五十里，與隴山岡脉相接。

水洛川，在州南。水經注：「川導源隴山，西得奴櫝川口；奴櫝川亦出隴山，流合水洛川；又西經水洛亭，又西南經石門峽亦謂之石門水；又西南入秦州界注略陽川。」元和志：「瓦亭川東北有水洛口，亦謂之洛口。」唐貞元二年吐蕃將劫盟，韓遊瓌奉詔屯洛口，即水洛口矣。志云：唐人亦以平凉川、蔚茹川、洛門川爲三川。大中十一年吐蕃降將尚延心謂秦成防禦使李承勳曰：「唐人多內徙三川，吐蕃皆遠遁于疊巖之西。」所謂洛門川，即水洛川也。

苦水河，在州西五里。水味苦，因名。即高平川之上源也。出隴山中，曲折流入莊浪縣境，又東北達於鎮原縣界。志云：州東百五十里又有通遍川，以道路四通而名。

靖邊砦，州西七十里。志云：砦西南去略陽二百里。宋天禧中置寨於此，戍守要地，屬德順軍。金人嘗改爲靜邊縣，尋復爲砦，屬隆德縣。元省。

得勝砦。州東南五十里。宋志：「砦東去懷遠城三十里。曹瑋所置，領開邊等堡。」趙元昊寇渭州，薄懷遠城，韓琦使任福將兵自懷遠趨得勝砦，至羊牧隆城出敵後是也。又高家堡，在州西四十里，舊爲戍守處。

莊浪縣，州東南九十里。東北至府城百七十里。本華亭縣地，元置莊浪路，大德八年改爲州。明洪武八年又改爲縣，屬靜寧州。今城周一里有奇。編户七里。

蓮花城，在縣東北百里。宋天聖中置。鄭戩爲經略使，率軍士按邊至此，天寒，與將佐置酒會飲。日暮塵起，有報敵騎至者，戩曰：「此必三川將按邊回，非敵騎也。」已而果然。亦謂之蓮花堡。

盤龍山，在縣南四十里。山勢回伏，狀如盤龍。又櫻桃原，在縣西三十里。

苦水川，縣西二十里。自靜寧州流入境，又北流入鎮原縣界爲高平川。縣北三十里又有曹務川，川旁舊有姓曹名務者居之，因名。又縣西南七十里有陽三川，志云：山陽有川三道合流，因名。

達舍堡。〔六〕通志云：「在縣東二十里，縣西三十里有張川堡，俱戍守之處。」

隆德縣，州東九十里。東北至固原州五十里。本平凉縣地，宋天禧初置羊牧隆城寨，慶曆中改曰隆德寨，金改爲縣，屬德順州。今城周九里有奇。編户五里。

懷遠城，在縣東南四十里。宋志：「明道三年鎮戎軍新修赤藁城，賜名懷遠。」是也。慶曆初趙元昊寇渭州，趨懷遠城。金爲懷遠砦，元省。宋志：「懷遠砦北去鎮羌砦二十七里。」

隆德城，縣西北九十里。一統志云：「縣舊治於此，後遷今治。」又有紅土城，在縣北四十里，亦宋、金時戍守處。

襟山，縣南十里。山勢延遠，狀似衣襟，因名。又美高山，在縣東南二十里。山形聳秀，底堡水出於此。

六盤山，在縣東二十里，與固原州接界。今詳見固原境内。又鶯架山，在縣西南三十里。

好水，縣東二里。源出固原州界六盤山，西南流合於莊浪縣之苦水。宋慶曆初任福敗夏人於張家堡南，輕進屯好水川，其別將屯籠絡川，相距五里，賊兵屯川口，福等循好水西行出六盤山，距羊牧隆城五里，賊伏發，皆敗没，即此也。○底堡水，在縣西二里。源出美高山，下流合於好水。

武延川，縣西北七十里。昔有武延者居此川旁，因名。宋曹瑋知渭州，與陳興、秦翰破党項章悝族於武延川是也。又有孤樹川，在縣北三十里；馬蘭川，在縣西北六十里；其下流俱合於好水。

捺龍川，在縣東南，下流入苦水川。宋慶曆元年任福趨懷遠捺龍川，與賊戰於張家堡南，賊佯北，福恃勝輕進處也。

六盤關。在縣東二十五里。唐置。今與固原州分界。又神林堡，在縣西四十里，亦舊時戍守處也。今有神林堡遞運所。又隆城驛，在今縣治西。

固原州，府西北百十里。東至慶陽府三百五十里，西北至寧夏中衛三百六十里，西至靖遠衛四百五十里。秦北地郡地，漢屬安定郡。晉爲雍州徼外地，後魏爲高平郡地。隋屬平涼郡，唐屬原州，宋屬鎮戎軍，金屬鎮戎州。元置開成路於此，至治中降爲州。明初復廢爲縣，弘治十五年改置固原州，固本作「故」，時以此城爲故原州城，諱「故」爲「固」，後遂以名州。是時套寇侵偪，因建爲州，又增置固原衛，且以靖、蘭、甘三衛隸焉，後又以洮、河、岷三衛隸焉。尋建爲重鎮，州編户九里。屬平涼府。今仍曰固原州。

州據八郡之肩背，綰三鎮之要膂。元開成志云：「左控五原，右帶蘭、會，黄流遶北，崆峒阻南，稱爲形勝。今自州以東則翼慶、延，自州以西則衛臨、鞏，自州而南則瞰三輔矣。乃其邊境則東接榆林，西連甘肅，北負寧夏，延袤蓋千有餘里。三鎮者，其固原之門墻；固原者，其三鎮之堂奥歟？成化八年撫臣馬文升言：「平、鞏爲關、陝藩籬，而固原爲平、鞏屏蔽。平、鞏有警則關、陝震驚，而固原一帶尤不可無備。」弘治十五年制臣秦紘言：「禦戎之道，以守備爲本。平涼北四百餘里舊有豫望城，固、靖北靖當作「静」，謂静寧州。三百餘里舊有石峽口及雙峰、臺城三處，皆蒙古入寇總路，修完戍守，東接環、慶，北接韋州，此第一隘也。稍南有西安州、鎮戎所、海剌都、打剌赤，見靖遠衛。黑水口、乾鹽池、亦見靖遠衛。撒都城，城一作「川」。犬牙參錯，此第二隘也。又南有固原衛、靖虜衛、平灘堡、見靖遠衛。一條城、同上。東山城、白楊城，或曰即陽武城。分布守禦，此第三隘也。又進而益南則有火龍溝、虎山溝、二溝當在平涼縣西北。金佛峽、見平涼縣。麻張溝、海子口，此二溝當在慶陽府環縣西南。乃賊深入腹裏之路，緣山傍溪，築墻立營，分兵防護，一夫守險，百人莫過，此第四隘也。賊路雖多，如此處置，曲折艱遠，賊勞我逸，賊難我易，庶幾得守備之策云。」嘉靖十五年制臣劉天和言：「固原爲套部深入之衝，前尚書秦紘修築邊墻，延袤千里，然彼大舉入寇，尚不能支。及楊一清築白馬城堡，而後東路之寇不至。王瓊築下馬房關，而後中路之患得免。惟西路自徐斌水至黄河岸六百餘里，地勢遼遠，終難保障。今紅寺堡東南起徐斌水，至鳴沙州河岸可二百二十里。總兵任傑議於此地修築新邊一道，遷紅寺堡於邊内，撤舊墩軍士使守新邊。舍六百里平漫之地，守二百二十里易據之險，又占水泉數十處，斷朔馬飲牧之區，而召軍佃種，可省餽餉，計無便於此。」議者以舊邊不可棄，遂格不行。許論等亦嘗言：「固原舊邊繇徐斌水西南至靖遠衛黄河岸凡六百五十里。其間有青沙峴者凡八十里，隨風流走，不可築墻。寇若竊發，必假途於此。繇青沙峴以北，紅寺堡以南，周環曠阻，有地數百里，水泉四十五處，草木繁茂，寇至每駐牧焉，〔七〕呼爲小河套。紅寺堡雖當其衝，而堡勢孤懸，且外高内下，四面受敵，又去水甚遠，取汲必於堡西之梁家泉，彼若據水頭駐守，則立斃矣。誠築新邊於徐斌水東北，直接鳴沙州黄河岸，所築不滿三百里，土堅易守。內包梁家泉等水泉數十處，又有林木之饒，耕屯可數百頃。惟至河凍則復守舊邊。此爲固原西路計利至厚也，而議者以棄地擾民沮之，悮矣。又花馬池一帶，固原與寧夏分險處也。往者套內充斥，嘗爲固原門户之禍，故防維戍守於此急焉。」要以固原一鎮，控扼要領，聯屬指臂，張皇詰毖，有繇來矣，豈區區爲一隅計哉？

開城廢縣，州西南四十里。漢安定郡高平縣地，唐亦爲高平縣地，屬原州。宋置開遠堡，屬鎮戎軍。元置開成路及開成縣於此，尋降爲州。明初改爲縣。景泰中議者言開成東北四十里有固原州城，修築置戍，足以固邊扞寇，乃命修築。成化三年寇破開成，因徙縣於固原。弘治中改置固原州，而以開成縣省入焉。今州城周十三里有奇，有門四。

廣安城，州東南四十里。舊志云：在開成縣東四十五里。宋咸平中置東山砦，金升爲縣，隸鎮戎州。元至元七年并入鎮原州，尋改置廣安縣，又升爲州，隸開成路。明初仍廢爲東山寨。又陽武城，在舊縣東南百里。或曰西魏時嘗置陽武縣於此，後周廢。

三川城，州東南百里。宋天聖中置三川砦，康定初趙元昊寇三川砦，連陷乾溝、乾福、趙福等三堡。時韓琦帥環慶，遣將任福夜趨七十里，至白豹城敗其兵，夏人引卻是也。金置三川縣於此，屬鎮戎州。元至元七年省入鎮原州。

豫望城，在州東二百里。宋時與西夏分界處也。明弘治十七年總制秦紘言：「固原迤北地名豫望城、騍子川、獅子川、石峽口及寧夏之韋州，延袤千里，可墾田土無慮數十萬頃，請築屯堡，議耕種。又固原北三百餘里舊有石峽口及雙峰臺城，宜以次修築。」石峽口城，蓋即平夏故城矣。今有豫望新倉。

石城，州西北百五十里。在亂山中，甚峭險。其西山頂平，可容數千人。城中有石池可汲，四圍有石墻高二丈餘，蓋昔人避兵之所。明天順中，土達滿四據此作亂，成化四年撫臣項忠討平之。今爲石城堡。其旁有青山洞、彗箒山，皆賊巢也。○古長城，亦在州西北，相傳即秦所築。成化三年套賊入犯，官軍與戰於西山長城，不克。

六盤山，在州西南三十里。曲折險峻，盤旋有六。蒙古自和林有事陝、蜀，恒屯兵於此。宋史：「紹定三年蒙古主鐵木真殂於六盤山。寶祐六年蒙古主蒙哥侵宋，次於六盤。開慶元年蒙哥入蜀，使渾都海守六盤。景定元年忽必烈立，渾都海以六盤軍叛走甘州，廉希憲使汪良臣擊平之。」元元貞二年自六盤至黄河立屯田，置兵萬人是也。上有清暑樓，元安西王所建。明初徐達定關中，屢敗敵兵於六盤，蓋亦州境之要地矣。

馬屯山，州西南四十里。本作馬毛山。晉太元十九年苻登爲姚萇所敗，奔平涼，收集遺衆入馬毛山。既而姚興自安定如涇陽，與登戰山南，執登殺之。宋元嘉五年魏將奚斤軍安定，追赫連定於平涼，別將娥清欲循水而往，斤不從，自北道邀其走路，至馬髦嶺爲所擒。胡氏曰：「馬毛山爲平涼之險要。」

天都山，州西北百五十里。宋元豐四年宦者李憲帥陝西、河東五路之師伐夏，憲自熙河趨興、靈，復蘭州，進營於天都山，焚夏人南牟內殿，次胡盧河，不至靈州而還。又元祐二年夏人與西羌相結，聚兵天都山，即此也。志云：山在西安所東南三十六里。興、靈，謂興州、靈州也。胡盧河，見寧夏鎮。○砲架山，在州西北百二十里石城堡前，極險峻。州北九十里又有須彌山。又掃竹嶺，在州西北百里。山隴迂迴峻阻，亦州境之險。

清水河，在州城東北。源出六盤山，東北流，鎮原縣之胡盧河亦流會焉，又北入寧夏衛界，亦名胡盧河，又西北入於黄河。

大黑水，在州北五十里。北流經寧夏境入黄河，又州北百二十里有小黑水流入焉。宋游師雄判德順軍，鄜延將劉瑄欲自延安入安定，師雄料賊有伏，請由他道。已而諜報黑水傍盡伏壯騎，始信其言，即此黑水也。○海子河，在州西南三十里。志云：州西北又有撒都兒川、須滅都河、硝河，俱流入大黑水云。

南川，有二：一在州東六十里，曰大南川；一在州東南五十里，曰小南川。又有乾川，在州東南百六十里。

朝那湫，有二：一在舊縣東十五里，一在舊縣東北三十里。俱出山間，土人謂之東海、西海。二水相合，方四十里，水停不流，冬夏不增減，兩岸不生草木，封禪書「湫淵祠朝那」，即此。水經注「湫水西北流出長城北與次水會，逕魏行宫故殿西，又東注若水」云。若水亦作「苦水」。通志：「今湫水一在州東南四十里，一在州西南四十里。」似誤。

六盤關，在六盤山上。關路險阻，唐爲原州七關之一。今與隆德縣接界。

制勝關，在州東南。亦唐原州七關之一，控帶隴山以西之路，舊號大振門，管沿坡小寨二十五處。宋熙寧中關廢，改置安化縣於其地，元初廢。今關與華亭縣接界。

下馬房關，州北二百四十里。南至平遠千户所四十里。嘉靖初總制王瓊築此，而後固原中路之患得免。

天聖砦，州東北百里。宋天聖中置，屬鎮戎軍。金亦爲天聖砦，元廢。又臨羌寨，在州北百里；又有定戎堡，在州西北二十里，俱宋元符初置。又天都砦，在州西北西安所東二十六里，南去天都山十里。亦宋元符初置砦，金廢。

鎮羌砦，在州東南。宋志：「砦東至三川城二十一里，紹聖四年所置也。」〇寧安砦，在州境西安所西南三十里。宋崇寧五年置，西至通安砦六十一里。今與靖遠衛接界。

張義堡，在州西南六十里。宋志：「張義堡本名安邊堡，熙寧四年廢入開遠堡，五年改置張義堡，仍屬鎮戎軍。今爲張義砦。」元省。

白馬堡，在州東北百三十里。有城，置倉於此。志云：堡西去鎮戎所百里，正德中總制楊一清築，自是固原東路之患漸少。又彭陽城堡，在州東百二十里。宋置，金因之。今亦爲戍守處。

黑水苑堡，在州西北百里。亦謂之黑水口。有倉。志云：堡東去鎮戎所四十里。嘉靖十九年套寇至固原引還，邊將周尚文邀敗之於黑水苑堡，即此。

海剌都堡，州北二百十里。亦曰海剌都營，西去西安所四十里。成化中敵寇固原，繇此西入會寧、靖寧之道也。今有海剌都營倉。其相近者曰廟山堡，弘治問嘗被侵擾。

紅古城堡，在西安所北百里。今有兵戍守。其西南十里有印子山，亦高峻。通志：「城西門外有甜水，味甘可飲，中有紅古城堡倉。」又通會堡，在西安所西五十五里。宋置。〇囉没寧堡，在西安所北三十五里，其東又有橫嶺堡，俱宋置。今廢。

徐斌水堡，在西安所北百餘里。舊邊在堡西南，新邊在堡東北，爲固原西路之要。其西北有紅寺堡，入靈州西界。

○乾鹽池堡，在西安所西北，接靖遠衛界，爲州境設險處。

甜水堡，在平遠所東北八十里，屬環縣守備戍守。輿程記：「堡北接寧夏中衛界。」是也。嘉靖四十五年寇入甜水等堡，總兵郭江等戰死。○響石溝堡，在下馬關東。其北爲萌城驛，與寧夏境韋州鹽池接界，乃固原東路之門户也。

李俊堡，在州西北百七十里。其地亦曰李俊溝，亦曰酸棗溝，天順中官軍討滿四時，分道進兵處也。州西北又有莽金佛溝及木頭溝，亦官軍討滿四時分道進兵處。

羊房堡。在州西北百七十里。其地亦名驢母川，官軍討滿四時分道處也。○黑城子，在州西北。或謂之紅城子，官軍繇此討滿四。弘治十四年賊嘗犯此，官軍敗績。通志：「州東南有永寧驛，并置倉於此。」又州西北有板井堡倉，又州東百二十里有彭陽城堡倉。

附見

固原衛。在州城内。弘治十五年建，轄千户所五。

甘州郡牧所，州西北二百里。明置監牧於此，屬行太僕寺。成化三年敵犯固原，官軍拒之不克，敵遂屯牧所城外，進陷開城縣，殺掠甚衆。

西安千户所，州西北二百三十里。本夏人南牟會新城，宋元符元年得其地，建西安州於此，仍屬渭州。金皇統間地入於夏，元省。明置今所，弘治中改屬固原衛。

鎮戎千户所，州北百二十里。本鎮原縣地，弘治中置所於此，屬固原衛。

平遠千户所，州北二百里。弘治中置，屬固原衛。

甘州千户所。州西北三百餘里。亦弘治中置，屬甘州中護衛。

校勘記

〔一〕陽音川　元和志卷三、寰宇記卷三三俱作「陽晉川」，舊唐志卷三八原亦作「陽音川」，今中華書局標點本已改爲「陽晉川」。

〔二〕筓頭山一名崆峒山　底本原無「一」字，今據職本補。

〔三〕貞觀六年至神龍初州縣俱廢　新唐志卷三七云：「貞觀六年以突厥降户置緣州，治平高之他樓城。高宗置他樓縣，隸原州，神龍元年省，更置蕭關縣。」舊唐志卷三八略同。本書引述有誤。

〔四〕地犍縣　新唐志卷三七、寰宇記卷三三並作「他樓縣」，舊唐志卷三八原作「地犍」，今中華書局標點本已更正。本書之誤蓋因舊唐志誤本所致。

〔五〕宋建炎二年金婁宿犯涇源　「二年」，底本原作「中年」，今據職本及宋史卷二五高宗紀改。

〔六〕達舍堡　「舍」，敷本、鄒本作「合」。

〔七〕寇至每駐牧焉　底本原作「當入寇每駐牧焉」，今據職本改。

讀史方輿紀要卷五十九

陝西八

鞏昌府，東至鳳翔府隴州六百六十里，南至漢中府寧羌州一千一百六十里，西南至岷州衛二百四十里，西至臨洮府二百里，西北至臨洮府蘭州四百二十里，東北至平凉府固原州六百里，自府治至布政司一千六百十里，至京師三千六百二十里。

禹貢雍州地，春秋時羌、戎所居。括地志：「自隴以西爲冀戎、䝠戎、氐、羌之地。」秦置隴西郡，以在隴坻之西也。漢因之。東漢靈帝時分立南安郡。三國魏亦爲隴西、南安郡，隴西治襄武，南安治䝠道。晉因之。後魏爲隴西、南安、安陽三郡地，兼置渭州，後周并爲南安郡。隋初郡廢，煬帝又廢州，復置隴西郡。唐仍曰渭州，天寶初亦曰隴西郡，乾元初復故，寶應以後陷於吐蕃，大中五年收復。五代時爲羈縻之地。宋初因之，皇祐中置古渭寨，熙寧五年升爲通遠軍，景福初屬於李茂貞。崇寧三年改爲鞏州。金因之。皇統三年亦置通遠軍節度。元初始置鞏昌府，尋爲鞏昌路。明洪武三年改爲府，領州三，縣十四。今仍爲鞏昌府。

府翼蔽秦、隴，控扼羌、戎。後漢初隗囂據隴西，動摇三輔。諸葛武侯伐魏，欲先取隴右，結連羌夷以圖關中。魏亦以爲重鎮，鄧艾嘗云：「狄道、今臨洮。隴西、南安、祁山，各當有守。」蓋其地山谷糾紛，川原回繞，其俗尚氣力，修戰備，好田獵，勤耕稼，自古用武之國也。誠於此且耕且屯，以守以戰，東上秦、隴而雍、岐之肩背疏，南下階、成而梁、益之咽喉壞，西指蘭、會而河、湟之要領舉，鞏昌非無事之地矣。是故唐初入長安即遣軍安撫隴右，而秦、凉之籓籬秦謂薛舉，凉謂李軌。以次摧壞。天寶以後吐蕃竊有其地，窺伺畿輔，大爲唐患。宋人議復河、湟，置通遠軍以經略之，而熙、河遂爲内地。蒙古并有鞏昌，南窺蜀口，而宋之西邊遂不支矣。夫欲保關中，先固隴右，欲固隴右，鞏昌豈非都會之所哉？

隴西縣，附郭。漢獂道縣地，後漢中平五年析置中陶縣，屬南安郡。晉因之，後魏屬南安陽郡。隋開皇初郡廢，改縣曰内陶，尋又改曰武陽，十年又改爲隴西縣，屬渭州。唐因之，寶應以後没於吐蕃。宋爲古渭寨，屬秦州，熙寧中爲通遠軍治，元祐三年復置隴西縣爲鞏州治。金因之。元爲鞏昌府治。今編户三十二里。

襄武城，府東南五里。漢置縣，屬隴西郡，後漢因之。永初五年以羌亂徙郡治此。魏亦爲隴西郡治。蜀漢延熙十六年姜維圍魏襄武，不克。晉隴西郡亦治此，後魏因之，又於縣置渭州，以水爲名也。隋亦爲渭州治，大業初爲隴西郡治。唐因之，寶應以後没於吐蕃，縣廢。宋鞏州移於今治。今郡城周九里有奇。門四：東永安，南武安，西静安，北靖安。環城有濠，稱爲險固。

獂道城，府東南二十五里。獂音桓。應劭曰：「戎邑也。」史記：「秦孝公元年西斬戎之獂王。」漢置縣，屬天水郡，騎都尉治此。後漢屬漢陽郡，靈帝時爲南安郡治。魏因之。蜀漢延熙十六年姜維圍魏南安，不克。晉南安郡亦治此。西秦乞伏氏時嘗置東秦州治焉，亦曰南安郡。宋元嘉三年夏赫連昌遣其叔韋代攻西秦南安，拔之。既而復爲秦所據。八年赫連定復遣韋代攻秦王暮末於南安，暮末窮蹙出降。後魏時改郡曰南安陽郡，縣亦曰桓道縣。隋郡廢，又省縣入隴西。

新興城，在府西南二十里。亦漢獂道縣地，後漢中平五年析置新興縣，屬南安郡。魏、晉因之。後魏屬廣寧郡，後周郡廢，隋并縣入隴西。杜佑曰：「漢靈帝析漢陽郡置南安郡，領獂道、中陶、新興三縣，皆今隴西縣地。」是也。

仁壽山，在府城南，透迤百里。又南十五里爲赤背山，山下舊有赤背鎮。○馬鹿山，在府南八十里。四圍石崖甚險，戍守要區也。又蓮峰山，亦在府南八十里。與馬鹿山並峙，有五峰分列。通志以爲即馬鹿山。

赤亭山，在府西南五十里，以近赤亭川而名。府西四十里有首陽山。山當往來通道，有關在其上。又有三巖山，在縣西北十里。其上寬平，可耕。通志作「三品山」，謂山腹有三巨石列如品字。○八角山，在縣北八十里。以山巖層峙而名。

武城山，在府東南。姜維攻祁山不克，自董亭趣南安，鄧艾拒之於武城山，即此。水經注：「渭水過獂道縣南，又東經武城縣西，武城川水入焉，蓋以山名縣也。」武城縣蓋後魏置，旋廢，故志不載。○桃花山，在府東三十里。

薄寒山，在府西南。唐會昌二年吐蕃將論恐熱舉兵自洛門川至渭州，擊其國相尚思羅於薄寒山，思羅西奔松州。四年論恐熱攻鄯州，爲鎮將尚婢婢所敗，走保薄寒山。或曰山蓋近岷州境。松州，今四川松潘衛也。

高田谷，在府東。宋元嘉七年西秦暮末爲河西王蒙遜所逼，請迎於魏，東如上邽，至高田谷爲夏人所拒，留保南安，即此。或以爲即城東三十里之妙娥谷云。

渭水，在城西一里。自臨洮府渭源縣流入境，經城北，又東歷通渭、寧遠、伏羌縣界而入秦州境。志云：渭水入城分東西南北四池，前後濬引，以資汲取。又城西十五里有頭渠，城西里許有二渠，城東有三渠，皆引渭分注，下流仍入渭。宋熙寧八年，秦、鳳提點鄭民憲自通遠軍熟羊寨導渭河至軍溉田，是也。今詳大川。

赤亭水，府東五里。源出府東十五里之東山赤谷，西流經府北，又南入於渭。亦謂之赤亭川。晉永嘉末姚弋仲起於此，所謂赤亭羌也。太元十一年姚碩德起兵應姚萇，分據翼城、隴城及南安之赤亭。亦謂之赤水。義熙十一年西秦王熾盤遣兵擊南羌彌沮康薄於赤水，降之，以王孟保爲略陽太守，鎮赤水。宋元嘉四年熾盤置梁州於此。既而仇池楊玄遣其黨苻白作圍秦梁州刺史出連輔政於赤水，破之。

廣陽水，出府西南九十里之西山，東北流注於渭。又有瀧水，出府西南四十里之石門山，下流亦入於渭。又洛門水，章懷太子賢曰：「在隴西縣西南。」東流入漳縣，又東入伏羌縣界，下流入於渭水。

南河，府南二十里。源出荆谷中，北流入渭。○六泉，在府東南五里。地記：「東晉太元十一年西秦乞伏國仁帥騎兵襲鮮卑三部大人密貴等於六泉，即此處也。」胡氏曰：「六泉當在高平境内。」

首陽關，在府西首陽山上。又府南有赤水三關，又西南有後川、藥舖二關。○錦布隘，在府北六十里。其地有錦布峪，因名。境内又有沙灣口、截道瀾、安烏隆等隘。瀾一作「深」。

董亭，在府西南。三國魏甘露元年，姜維出祁山，聞鄧艾有備，乃回從董亭趨南安是也。又宋元嘉十二年，仇池楊難當使兄子保宗鎮董亭。董或作「童」。

熟羊寨，府北四十里，又府北二十五里有三岔堡，俱宋置。

五谿聚，在府東。後漢志注：「襄武有五谿聚，建武十年來歙破羌於五谿是也。」隴西記：「襄武有五谿，楊盛分羌爲五部，錯居谿旁，每谿爲五聚，於是有五谿之號。」

山岔驛。府西南九十里。輿程記：「自山岔驛而西南七十里爲酒店子驛，又八十里即岷州衛矣。又甸子川遞運所，在府北四十里。又二十里爲錦布峪遞運所。」通志：「府治東北有通遠驛。城北二里爲北關遞運所。」

安定縣，府北百八十里。西至蘭州二百四十里，北至靖遠衛三百里。本唐渭州西市貿馬之所，宋元豐中築定西城，屬通遠軍。金大定中改爲定西縣，屬鞏州，貞祐中升爲定西州。元因之，後改爲安定州。明初改爲縣。今城周九里有奇。編户十九里。

定西城，在今縣南。宋元豐四年以蘭州西使城爲定西城，南去通遠軍百二十里。明年并入通遠軍，復以汝遮堡爲定西城。七年夏人圍定西城，熙河將秦貴敗之，即今縣治。

安西城，在縣北二十七里。宋紹聖三年章楶進築汝遮堡，賜名安西城，爲戍守處。金貞祐中升爲安西縣，屬定西州。元省。○通西城，在縣南四十八里。本宋之通西砦，金升爲縣，屬定西州。元省。

興原山，在州東二里。又東三里爲照城山，其支曰興雲山，遶城東北，又東迴一里曰鳳凰山。○西巖山，在城西二里。城南一里有南安山，以地舊屬南安郡而名，俗呼廟坡山。以上羣山皆相聯接，蜿蜒甚遠。

雙峪嶺，縣南五十里。又南四十里爲胡麻嶺，相傳張騫自西域還，種胡麻於此而名。志云：縣北百里有北亂山。其山形勢百出，稠疊萬狀，因名。

車道峴，在縣北百餘里。又有沉兒峪在其南，明初徐達敗王保保於此。○青嵐峪，在縣東三十里。又縣西十里有錦雞源。

西河，在縣西二十里。縣西北六十里有甸子川，西河源於此，流遶城西。又東河出縣南四十里麻子川，流達城東。東河味苦，亦曰苦水；西河味甘，亦曰甘水。二水交流，東西二十里，南北三十里，其間物産繁盛，實爲民利。西河上有橋，曰西土橋。○煖水，在縣西五十里。隆冬不凝，俗呼横河。縣西南二十里有得羅川，土脉肥饒，約有千頃。

巉口關，城北五十里，路通甘肅。今有巉口巡司。志云：縣北八十里地名關川，西通蘭州，北通靖遠，實爲要區。○烏龍關，在縣南東、西兩河間。亦宋置，南接隴西縣。今亦曰烏龍阸。通志：「縣境有嵩嵐峪口、大西口、雙峪口、峽口，凡四隘。」

平西砦，縣北六十里。本名青石峽，宋紹聖四年進築，賜名。北至會寧關四十四里。金亦爲平西砦，屬會州，元因之。明初洪武二年元故將擴廓襲蘭、鞏境内，三年遣徐達等禦之。達至平西，擴郭退屯車道峴，既而明軍爲所敗。宋志：「平西砦北四十里即會寧關。」今關見靖遠衛。

渚水驛。縣西北百二十里。輿程記：「自縣西北六十里至秤鈎灣驛，又六十里至渚水驛，又七十里爲定遠驛，又西北五十里而至蘭州。」通志：「縣治北有延壽驛，東六十里有西鞏驛，南七十里有通安驛。又好地掌遞運所，在縣南四十里。」

會寧縣，府北二百二十里。西南至安定縣五十里，北至靖遠衛二百七十里。本隴西縣地，金人嘗於此置西寧縣，兼置西寧州。州旋廢，以縣屬會州。元徙州治此，尋以縣并入州。明初爲會寧縣。今城周五里。編户十二里。

西寧城，即今縣。金人置縣於此。志云：縣東二十五里又有西寧城，城有三，俗呼爲西寧連城。宋宣和中嘗置剌羌城於此。

桃花山，縣東南五里。土石皆赤如桃花。又城南十里有白土峰，又南十里有青土峰。物産志：「縣産五色土，可資藻繪。」志云：縣東二里有鵶岔山。

鐵木山，縣西北百里，又縣東北百里有屈胡山，皆高險，爲縣境之屏障。

響河，在縣東百里。水出懸崖下，潺急觸石，聲聞數里，北流入於黄河。○南河，在縣城南，本名牀岔河，牀讀麇；又城東三十里有松樹岔河；皆東流合於響河。

什字河，在縣東五十里。源出縣東之隱山谷。又米峽河，出縣南六十里之蒸餅山谷中，今同寺牧場也。志云：縣境之水悉北流經靖遠衛境入於大河。

青家關。縣東九十里。有巡司戍守，并置遞運所及青家驛於此。又縣東四十五里有翟家嘴遞運所，爲往來必繇之道。通志：「縣治東有保家驛，縣北九十里有乾溝驛，又北九十里爲郭城驛。」

通渭縣，府東北六十里。西北至安定縣百五十里，東南至寧遠縣六十里。本唐隴西縣地，宋元豐中置通渭縣，崇寧五年廢爲寨。金復升爲縣，屬鞏州。今編户十六里。

甘谷城，在縣東五十里。宋熙寧初曹瑋置城於此。爲戍守處。金於此置甘谷縣，屬秦州，元廢入通渭縣。元豐志：「城在秦州西百八十五里。」

甘泉城，在縣東北九十五里。宋元豐中置城於此，爲戍守要地。又有堡川城，在縣東北八十里，東至甘泉城十八里。宋政和六年置，金廢。

照城山，在縣城北渭水上。城西南二里有發雲山，其高俯瞰城中。志云：縣南二里有屏風山，山陰有洞，深數百丈，可以保守。上有東嶽廟，俗名廟山。又十八盤山，在縣西南五十里。山路險阻，經十八盤乃得上云。○筆架山，在縣東北二百里。志云：山連延甚遠，幾二三百里，有五峰峷嵂，縣之主山也。又艾蒿山，在縣東北五十里。又東四十里有斗底山，其形如斗。志云：縣東南八十里有藺家峽，水經其下，有二十四渡。

渭水，在城北。自隴西縣流入境，又折而東南入寧遠縣界。

華川水，縣西八十里。東流經城南入於渭。其間四圍平坦，草茂水清，明置安定苑，爲牧圉之所，隸苑馬寺。又有海子川，在城東三十里；中川，在城西十五里，俱合華川水入於渭。

甘水河，城西北七里，出甘谷，引流入城，藉以取汲；又西十三里爲錦雞峽水，其下流俱入於渭河。

華川關。在縣南華川水上。又縣境有石門關、閉門關。○藺峪隘，在縣東南八十里。其地有藺家硤也。又縣境有田家硤、砥石硤、談家硤、石嘴硤、袁家硤、金帶硤，凡七隘。

漳縣，府南七十里。西南至岷州衛一百八十里。漢襄武縣地，後漢置鄣縣，仍屬隴西郡，永元初封耿秉爲侯邑。晉屬南安郡，西秦暮末置廣寧郡，後魏改爲彰縣，廣寧郡治焉。西魏又改郡爲廣安郡，後周郡廢。隋復爲鄣縣，屬渭州。唐因之，天授二年改爲武陽縣，神龍初復故，廣德後陷於吐蕃。宋熙寧六年置鹽川寨於此，後改爲鎮。金亦爲鹽川鎮，屬鞏州。元至元十七年置漳縣。今編户六里。

鄣縣故城，縣西南五里。後漢置鄣縣，本治此。後魏亦爲彰縣治，唐没於吐蕃，元因改置漳縣，訛彰爲漳也。

鹽川城，即今縣治。宋熙寧六年置鹽川寨於此，開禧二年金人分道入寇，使石抹仲出鹽川。又嘉定十三年四川宣撫司安丙分遣王仕信等會夏人之兵伐金，仕信自宕昌進克鹽川鎮，會夏人於鞏州是也。宕昌，見岷州衛。

西傾山，縣西北八十里。山勢綿延，西傾水出焉。或以爲禹貢之西傾山，非也。○箭筈山，在縣西南三十里。山有兩峰，高險插天，因名。又縣南三十五里有三岔山，縣西北十里有馬鋪山。志云：馬鋪山在縣西北十五里，四圍石崖，居民避兵處。

漳水，縣南三里。本曰鄣川，水經注謂之彰川，從後魏縣名也。源出縣西木寨坡，西傾山之西傾水自縣西北注之，箭筈山之東匝谷水自縣西南注之，並流而東北以入於渭。○洛門谷水，在縣東北。自隴西縣東南流經縣境，又東北流而入伏羌縣界。

鹽井，在縣城内。舊有井煮水成鹽，宋因置鹽川寨。

三岔驛。縣西三十里。明初置。

寧遠縣，府東九十里。東南至伏羌縣九十里。唐隴西縣地，宋元祐中置寧遠寨，崇寧三年升爲縣。金仍廢爲寨，元至元中復置寧遠縣。今城周不及二里。編户十七里。

廣吴山，縣西二十里。山下有廣吴堡故城，宋所置也。又馬宗城山，在縣南五十里。山下舊有廟兒鎮。○石門山，在縣東北五十里。四圍皆峽，僅容一門，曰石門山口，爲要隘處。山下有洞，光映如月，名夜月洞。

箭竿山，縣西南四十五里。以山峰挺峙而名。又西南二十里爲爪牛山，高五百餘丈，周迴四里。上有日月寨，〔一〕日月未出，其光先照云。又栢林山，亦在縣西南六十里，與爪牛山相望。又西南十里曰水溪山。○太陽山，在縣南百二十里。有隘可守，曰太陽山口。山出鐵，舊置鐵冶場於此。

桃花硤，縣北五里。兩山夾峙，渭水經其中。又有硯石峽，縣東南四十里。有硯石硤口，亦爲設險處。

渭水，在城北。自通渭縣流入縣境，又東南流入伏羌縣界。志云：縣東路有紅峪等新舊十三渠，西路有樂善等新舊十四渠，皆引渭溉田，民資其利。又縣北五里有桃花硤水，縣城南有古流泉水，皆資民灌汲。

廣吴水，在縣西二十五里。志云：源自岷州，流逕廣吴山下，因名。又有山丹水，亦來自岷州，流經縣西十五里山丹舖，因名山丹河。二水並流，北注於渭。

來遠鎮，縣西南三十里。宋置砦，隸秦州，熙寧五年改屬通遠軍，元豐七年廢爲來遠鎮，屬寧遠縣。開禧二年金人以韓侂胄敗盟，分道入寇，使其將完顔疄出來遠。又嘉定十三年安丙遣將宋質俊出下城，克來遠鎮是也。元以來遠鎮省入寧遠縣。下城，見今岷州衛。

魯班山口。在縣北四十里，以在魯班山下而名。縣東北又有花崖山、木林峽二口。志云：縣境魯班山口而下有石門、太陽及硯石峽，凡六隘；又有大木樹關、馬務關、水關、文盈關，凡四。

伏羌縣，府東百八十里。東至秦州九十里，東南至西和縣一百七十里。古冀戎地，秦武公十年置冀縣，漢屬天水郡，東漢爲漢陽郡治。晉亦屬天水郡，亂廢。後魏太平真君八年改置當亭縣，仍屬天水郡，後周復曰冀城縣，尋廢。隋大業初復置，亦屬天水郡。唐武德三年改爲伏羌縣，仍置伏州。八年州廢，縣屬秦州。廣德以後没於吐蕃，縣廢。宋建隆二年置伏羌寨，祥符九年知秦州曹瑋敗吐蕃於此，熙寧三年升爲伏羌城。金因之，元至元十三年升爲縣。今城周三里。編户十二里。

冀城，在今縣東。漢縣治此。後漢初隗囂據冀，漢將來歙等共攻囂。囂卒，子純復據冀。來歙破落門，純降。永初二年叛羌敗鄧騭軍於冀西。又光和末羣盜邊章等圍涼州刺史左昌於冀，漢陽長史蓋勳救却之。建安十七年馬超率羌兵擊下隴上諸郡，惟冀城、秦州郡固守，久之乃下。既而郡將趙昂等共謀擊超，超敗走。晉仍爲冀縣。太寧初涼州張茂將韓璞東略隴西南安之地，保冀城。劉曜遣將攻璞，璞拒却之。尋廢。宋白曰「古冀城即唐之隴城縣」云。又當亭城，在縣西南。舊志：在秦州西百三十里。今爲縣境。後魏太平真君八年以故冀縣地改置當亭縣，後周廢。水經注：「籍水出上邽當亭西山，東歷當亭川。」是也。

黄瓜城，在縣東南四十里。漢隴西郡上邽縣地，後魏析置黄瓜縣，屬漢陽郡，後周因之。隋又以冀城縣省入，大業初復置冀城縣，以黄瓜縣省入焉。水經注：「黄瓜水發源黄瓜谷西，東流逕黄瓜縣北，又東歸於籍水，籍水又東逕上邽城南是也。」

平襄城，在縣西南三十里。漢置天水郡治於此。闞駰曰：「古襄戎邑也。」王莽改天水曰鎮戎，仍治平襄。更始初成紀隗崔等起兵應漢，攻平襄，殺鎮戎大尹李商。又隗囂初據平襄，後據冀是矣。後漢屬漢陽郡，永初二年鄧騭遣任尚等討叛羌，大敗於平襄。獻帝起居注：「初平四年分上郡、漢陽置永陽郡，領平襄、清水、略陽等縣。」曹魏改曰廣魏郡。晉屬略陽郡。太元十三年乞伏國仁破鮮卑越質赤利於平襄，獲其子詰歸；十五年詰歸據平襄，乞伏乾歸擊之，復降，皆是城也。後魏省。志云：伏羌西南有廢城，或以爲故平襄城也。唐武德九年於廢城置鹽泉縣，屬秦州，貞觀元年改爲儀賓縣，二年廢。○永寧城，在縣西四十里。宋雍熙中置永寧寨。崇寧三年升爲縣，屬鞏州。金復爲永寧寨，元省。

朱圉山，縣西南三里，即禹貢所載之朱圉也。圉一作「圄」，俗名白崖山。又天門山，在縣南三里。山有兩穴如門，亦謂之天門山口，有事時置戍於此。志云：縣西南五里有大像山，頗高聳，緣閣道以登。上有隗囂歇涼臺。○錦纜山，在縣西南三十里。渭水經其下。又有石鼓山，在縣南五十里。志云：山有石鼓，不擊自鳴，鳴則兵起。

狐槃谷，在縣東。漢靈帝光和末，漢陽長史蓋勳以叛羌圍夏育於畜官，〔二〕馳救至狐槃，爲羌所敗。又秦苻生葬姚弋仲於此。載記：「狐槃在天水冀縣。」畜官，蓋畜牧所在，在扶風郡界。

三都谷，在縣西。水經注：「渭水又東，洛門水與三府谷水注之。」三府谷後訛爲三都谷。宋祥符九年西番宗哥族與唃厮囉等入寇伏羌寨，知秦州曹瑋敗之於三都谷，因城伏羌南市是也。又有吴谷口，天禧元年宗哥番族來寇，瑋復破走之於此。或云吴谷在寧遠縣廣吴山下。

渭水，在縣北三里。自寧遠縣流經縣界，又東流入秦安縣境。○永寧河，在縣西南四十里。源出南山中；又有沙溝河，亦在縣西南三十里，俱北流入渭。

散渡河，在縣東北五里。源出通渭縣之十八盤山，曲折流入縣界，至此入渭。○洛門川，在縣西二十里。自隴西縣東南流經漳縣境，又東北注於渭。漢落門聚以此名，或訛爲木梅川。志云：縣西有陸田、通濟、廣濟、惠民四渠，溉田數十里。

落門聚，在縣西十里。亦曰落門鎮。後漢建武十年隗囂據冀，馮異攻其落門，未拔而卒。來歙復攻拔之，純降。郡國志冀縣有雒門聚，是也。三國漢延熙十三年，姜維攻狄道，陳泰自上邽馳救，進至雒門，維糧盡引還。雒門即落門矣。唐廣德以後吐蕃得其地，置兵守之。會昌二年吐蕃國亂，洛門川討擊使論恐熱舉兵入渭州，侵掠鄯、廓以西。大中五年入朝，遣還。恐熱復歸洛門川，聚衆欲爲邊患，會久雨乏糧食，乃奔廓州。

定邊砦。在縣東北。宋建隆中置，屬秦州，熙寧八年廢爲鎮，改屬隴州，尋復爲寨，仍屬秦州。嘉定十二年四川帥安丙遣將宋質俊克來遠鎮，進敗金人於定邊城，即定邊寨矣。又相近有綏遠寨，亦宋初置，熙寧八年廢爲鎮，屬隴州，尋復故。通志：「縣有槐樹關。」

西和縣，府東南四百里。北至秦州百二十里，東南至寧羌州略陽縣三百五十里。漢爲天水郡綿諸道地，後魏太平真君二年置水南縣，尋置天水郡治焉，亦曰南天水郡。西魏改郡曰漢陽，又析置長道縣爲郡治。後周郡廢，改縣曰漢陽，屬成州。隋因之，開皇十八年復改縣曰長道，大業中屬漢陽郡。唐仍屬成州，咸通中改屬秦州。宋熙寧七年改屬岷州，建炎五年岷州徙治縣之白石鎮，改曰西和州，以長道縣爲附郭。元至元七年縣并入州，明初改州爲縣。今城周四里。編户七里。

長道城，在縣西北二十里。西魏置縣治此，隋因之，唐天寶末嘗廢，後復置。宋建炎中五路之師敗，吴玠以李永琪守岷州，移州治於白石鎮。及金人請和，改岷州爲西和州。以淮南有和州，故此爲西也。志云：白石鎮城在今縣西三里，即漢時有星隕地成白石處。唐宣宗時始築鎮城於此。宋紹興三年王彦敗劉豫將郭振於白石鎮，復秦州是也。縣舊治此，洪武初始移今治。

綿諸城，在縣東北五十里。史記：「秦自隴以西有綿諸之戎。」漢志天水郡有綿諸道。惠帝三年隕石於綿諸是也。後漢省。晉太興初南陽王保將陳安據綿諸，即故城矣。後魏復置綿諸縣，屬略陽郡，西魏省入長道縣。水經注：「綿諸水逕綿諸城北，又東入於清水。」

大潭城，縣西南三百里。西魏置潭水郡，治潭水縣，後周郡廢，縣屬成州，隋因之，唐貞觀初改屬宕州，廣德後廢。宋建隆三年復置大潭縣，屬秦州，熙寧七年改屬岷州。建炎中五路之師敗，關師古聚熙、河兵守岷州大潭是也。宋末廢。

水南城，在縣西南二十里。後魏太平真君二年置水南縣於此，爲天水郡治。後周郡廢，并廢縣入長道縣。○鹽官城，在縣東三十里。志云：有鹽井，水與岸齊，味甘美。漢時嘗置鹽官於此，唐亦謂之鹽官鎮。又城冢記云：「縣南十八里有石堡城，高百丈。上有石城，城中有石井，深一丈，水色湛然。相傳昔人避難於此，開水以飲，敵欲漏其水，左右穿鑿，不見水脉。」

祁山，在縣北七里。後漢末置城山上，爲戍守處。城極嚴固。建安十八年馬超據冀，郡將趙昂等據祁山以擊超。超奔張魯，引兵還圍姜叙於祁山，夏侯淵馳救，超敗走。其後諸葛武侯六出祁山，皆攻此城。魏明帝所云「西固祁山，賊來輒破」者也。城南三里有武侯壘，西漢水經其南。開山圖：「漢陽西南有祁山，蹊徑逶迤，山高巖險，九州之名岨，天下之奇峻也。漢建興五年丞相亮率軍攻祁山。九年復圍於祁山，製木牛馬以餽運。今武侯壘旁多豐草，猶是時所植。」武侯表云：「祁山去沮五百里，有人萬户，瞻其丘墟，信爲殷矣。」今山西南有南北二硏，古語「南硏、北硏，萬有餘家」。武侯出祁山，祁山萬户出租五百石供軍是也。延熙十九年姜維復出祁山，時鄧艾已先爲之備，維引却。景耀六年魏將諸葛緒督軍自祁山趨武街橋頭以截姜維自沓中還蜀之路，不果。晉大興初南陽王保稱晉王於上邽，尋以饑困，退保祁山。義熙八年仇池楊盛叛秦，侵擾祁山。十二年盛拔後秦祁山，進逼秦州。宋元嘉十九年平仇池，魏人來争，遣古弼督隴右諸軍自祁山南入，復遣别將督關中軍自散關西入，俱會仇池。祁山自昔爲隴右襟要矣。縣北四十里有屏風峽，宋郭中正以此爲祁山之正峰也。

寶泉山，縣北二十里。上有湫池。又雞峰山，在縣東北十五里。山形如圭，亦名圭峰。○通靈山，志云：在縣西百四十里。四山環合，二水縈流，有清泉自巖竇飛落如玉繩云。

黑谷山，縣南百里，與秦州及成縣接境。志云：黑谷大山喬木，雄跨數郡。上有黑谷關，宋紹興中郡守程俊置。開禧二年吳曦叛，導金將蒲察貞破和尚原，犯西和州。曦將王喜等方力戰，曦忽令退軍黑谷，軍遂潰，貞入成州。

獨頭嶺，在縣東南三百里。宋開禧三年，時叛帥吳曦以西和等州降金，興州將李好義、楊巨源共討誅曦，謂新帥安丙曰：「關外西和、階、成、鳳四州爲蜀要害，盍乘勝攻取之？」丙即遣好義復西和州。好義進兵獨頭嶺，會忠義及民兵夾擊金人，大敗之。七日而至西和，金將完顏欽遁去，遂復其城。關外，謂僊人關外也。○塞峽，在縣西北。宋元嘉十九年裴方明敗仇池楊難當，別將魯尚期逐北至塞峽，即此。

西漢水，在縣北一里。自秦州廢天水縣流入境。亦謂之鹽官水，以縣境舊置鹽官也。西南流入成縣境。水經注：「漢水西南逕祁山軍南，西流與建安川水會。」是也。

濁水，在縣西南五十里，即白水江也。自岷州流入境，又南流入成縣界，又東南入略陽縣及寧羌州界，復折而西南入階州境。舊志云：濁水從長道縣穿大潭入階州。悞也。

鹽井，縣東北八十里。煮水成鹽，民資其利。○九龍泉，在縣西八里。四時湛然，水旱如一，夏凉冬温，居民引以灌溉。

石營，在縣西北二百里。三國漢延熙十六年，姜維自武都出石營圍狄道。又十九年姜維圍祁山不克，出石營，經董亭趨南安，即此。○鄭公營，縣西南三里。唐初鄭國公竇軌撫定隴右，嘗營於此，因名。

栢關寨。在縣城內。宋南渡時置寨於此，以保蜀口。○屏風峽口，在縣北九十里，又縣有青陽峽、木橋阸，皆爲設險處。

成縣，府東南六百里。東至漢中府鳳縣二百七十里，東南至略陽縣二百十五里，西南至階州四百六十里。古西戎地，戰國時白馬氐居此。秦屬隴西郡，漢爲武都郡下辨道地，後漢爲武都郡治，晉因之。後魏太平真君七年置仇池鎮，太和十二年兼置梁州，正始初改爲南秦州。西魏曰成州。隋初郡廢州存，大業初改州爲漢陽郡。唐亦曰成州，天寶初曰同谷郡，乾元初復故，皆治上禄縣，大歷後没於吐蕃，咸通中復置成州，治同谷縣。五代梁初改曰汶州，李茂貞爲朱温父諱也。貞明初地入於蜀。後唐復曰成州，宋因之，寶慶初以嘗爲潛邸，升爲同慶府。元仍曰成州，以州治同谷縣省入。明初改州爲縣。今城周五里有奇。編户四里。

同谷廢縣，即今縣治。秦下辨邑也。漢初曹參攻下辨，即此。尋曰下辨道。後漢移武都郡治焉。建安二十五年先主進兵漢中，遣張飛、馬超屯下辨，曹操遣曹洪拒之。既而先主有其地，亦謂之武街城。景曜末魏司馬昭使諸葛緒出武街以侵漢。水經注：「武街，下辨縣治也。」晉太寧初，成李壽守將李稚攻仇池氐楊難敵於武街，敗死。後魏亦爲下辨縣，屬修城郡；又析下辨地置廣業郡，領白石等縣。西魏改縣曰同谷，後周又置康州治焉。隋初郡廢，大業初州廢，縣屬河池郡。唐武德初置西康州於此。貞觀初州廢，縣改屬成州，咸通中始爲州治。宋因之，元省。杜佑曰：「同谷城一名武街城，即古下辨也。」後魏時置下辨縣，又改曰下阪，〔三〕蓋在今略陽縣廢修城縣之境。王應麟曰：「成州内保蜀口，外接秦、隴，山川險阻，嘗爲襟要。」

上禄廢縣，縣西百二十里。漢置縣，屬武都郡，後漢因之。晉縣廢，永嘉末其地没於楊茂搜。後魏取其地，置仇池郡。魏收志：「太和四年置倉泉縣，仇池郡治焉。」正光末秦州賊莫折念生遣其黨楊鮓攻仇池郡，東益州刺史魏子建擊敗之，即此。隋志：「後魏置倉泉縣，又析置階陵、豐川、建平、城階四縣。後周以階陵四縣悉并入倉泉縣。隋初廢仇池郡，移成州治倉泉，大業初改縣曰上禄，爲漢陽郡治。」唐亦爲成州治，大曆後没於吐蕃，太和中寄治駱谷城，咸通末州改治同谷，縣廢。

駱谷城，縣西八十里。晉永嘉末仇池氏楊茂搜所置。宋元嘉四年仇池楊玄遣其將苻白作圍西秦梁州刺史出連輔政於赤水，城中糧盡，民執輔政以降。至駱谷，輔政逃還。十九年魏取仇池，立楊玄之子保宗爲武都王，使拓跋齊與保宗對鎮駱谷，保宗謀叛魏，齊誘執之。魏收志：「正始初改置南秦州，治駱谷城，領天水等郡。」是也。後廢。唐大和初以上禄没於吐蕃，詔修築駱谷城爲縣治，咸通中廢。

仇池城，在縣西北百里仇池山上。辛氏三秦記：「山在倉、洛二谷間，常爲水所衝激，故下石而上土，形如覆壺。上有池百頃，池左右悉白馬氏。惟東西二門，盤道可七里。上則岡阜低昂，泉源交灌，煮土成鹽，居人蓋以萬數。」水經注：「仇池山一名瞿堆。漢水東南流逕瞿堆西，又屈經瞿堆南。絶壁峭峙，孤險雲高，登其巔約二十餘里，羊腸盤道三十六迴。」開山圖謂之仇夷，所謂「積石嵯峨，嶔岑隱阿」者也。上有平田百頃，煮土成鹽，因以百頃爲號。山上豐水泉，所謂清泉湧沸，潤氣上流者也。漢武元鼎六年開置武都郡，治武都縣。說者謂天池大澤在縣之西，故謂之都。常璩、范曄云：「郡居河池，一名仇池。」獻帝建安中有天水氏楊騰者世居隴右，子駒勇健多計，徙居仇池。其孫千萬附魏，魏封爲百頃王。千萬孫飛龍浸强盛，徙略陽。飛龍以其甥令狐茂搜爲子。晉元康六年茂搜復自略陽率部落四千家還保仇池，宫室囷倉，皆立板屋，自是益强。太寧初劉曜遣將侵楊難敵，難敵南奔漢中，曜置益州刺史鎮仇池。既而難敵復據武都，襲取仇池。永和三年楊初稱藩於晉，因置仇池郡，後又兼置北秦州授之。太和五年楊纂與其叔統争立，苻秦因遣兵攻之。纂敗降秦，置南秦州，改命統爲刺史，以其先降於秦也。太元十年楊定復據仇池稱仇池公，稱藩於晉。尋取天水、略陽地，自稱隴西王。苻丕以定爲雍州牧，定尋徙歷城，置儲蓄於百頃。十九年定爲乞伏乾歸所敗，死，盛定，故隴右氏也。既而定兼有上邽，自稱秦州牧、隴西王，使其叔之子盛守仇池。復稱秦州刺史、仇池公，分氐、羌爲二十部護軍，各爲鎮戍，不置郡縣。宋元嘉二年盛卒，子玄繼之，仍附於宋。宋以玄爲北秦州刺史，鎮武都。説者謂時武都移置仇池也。六年玄卒，弟難當篡立，尋叛宋，侵擾梁、益二州。十九年遣將裴方明討之，仇池平。二十年仇池没於魏，亦置仇池郡，尋又爲仇池鎮。昇明初氏帥楊文度遣其弟文弘襲陷魏仇池，魏將皮歡喜擊却之。地形志：「真君七年置仇池鎮，太和十二年爲梁州，正始初改置南秦州，治洛谷城，仍領仇池郡。」西魏郡廢，後周并廢州。元和志：「仇池因山築城，四面壁立，峭絶險固，石角外向，自然有樓櫓却敵狀。上有平地方二十餘里，田百頃，泉九十九源。自晉楊茂搜據仇池百頃，其後浸盛，盡有漢武都地。北侵隴西、天水，南侵漢中，然亦稱藩於南北間。後拓跋魏取其武都、仇池之地，而楊氏始衰，僅據武興。正始二年楊集起等復叛魏，奉其兄子紹先爲帝。時魏已盡有漢中，三年遂擊楊氏而滅之。」事在梁天監五年。蓋仇池之興，始終凡二百一十一年。

建安城，在縣西。水經注云：「城在西縣界，去仇池百二十里。」通典曰：「在同谷郡西七里，去仇池九十里。」

魏書：「太和元年楊鼠竊據仇池，皮豹子討平之。詔曰：『仇池國之要藩，從前駱谷置鎮，奸賊息心。近由徙就建安，致有往役。可速於駱谷置城。』」蓋仇池與建安遠，與駱谷近也。唐同谷郡治上禄，本名歷城。又北有鹵城在故冀縣、西縣之間。馬超據冀，郡將姜叙自歷城舉兵擊之，進入鹵城。或曰鹵城即西城之訛矣。又苻秦將楊定自隴右徙治歷城。亦即是城也。其後改曰建安城，後魏置建平縣於此，屬仇池郡。後周廢。

武都城，在縣西北。或曰在故仇池城東南。漢武都郡、縣俱治此。後漢曰武都道，屬武都郡。晉仍曰武都縣，後魏置落叢郡於此，西魏郡縣俱廢。○白馬城，在縣西南。本白馬氐、羌所居，因置城於此。晉太和二年略陽羌斂岐叛秦，王猛擊之，克略陽。斂岐奔白馬，猛遣將追擒之。太元十年西秦乞伏國仁得其地，置白馬郡治焉。後魏廢。

栗亭城，縣東五十里。後魏置蘭倉縣，屬漢陽郡，西魏廢。唐爲同谷縣地。五代唐置栗亭縣，屬成州。宋因之。元初縣直隸行省，尋廢。○鐘提城，在縣西北。三國漢延熙十八年，姜維圍狄道不克，退駐鐘提。明年維屯鐘提，進攻祁山。胡氏曰：「鐘提當在羌中，蜀涼州界也。」又樂鄉城，在縣東北。宋元嘉二十年魏人争仇池，遣其將皮豹子等自散關而西至樂鄉，宋將王奐之禦之，敗没，遂入仇池。

寶井山，縣東南十里。宋石洵直城隍記謂唐長慶初遷郡治於寶井。新唐志：「咸通七年復置成州，徙治寶井堡。」是也。又東南爲太祖山，宋李宜記云：「巖巒聳秀，林壑深邃，下瞰數州，歷歷可辨者也。」

雞頭山，縣西南十五里。或以爲黄帝所登之雞頭，悮也。旁有五兄弟山，以五峰特起而名。○泥功山，在縣西二十里，縣境之名山也。南齊書：「建武二年氐寇漢中，楊元秀收合義兵斷賊運道，賊亦遣其南梁州刺史仇池公楊靈珍據泥功山以相拒。四年，靈珍據泥功山歸款。新唐書：「成州没於吐蕃，貞元五年於同谷西境泥功山權置行州是也。」又有兑山，在廢歷亭縣北。堯典「申命和仲，宅西曰昧谷」，鄭康成以西爲隴西，或又以此山爲仲所宅云。又秦州西五十里有崦嵫山，或謂之昧谷，亦謂之兖山。

鹿玉山，在縣東十里。蹊洞幽絶。或謂之鹿臺山。朱梁貞明元年，蜀將王宗翰克固鎮，趨秦州，李茂貞將郭守謙與戰於泥陽川，蜀兵大敗，退保鹿臺山是也。固鎮，見漢中府鳳縣。

方山，在縣東四十里。祝穆以爲晉時武都氐嘗據此。按屠飛啖鐵據方山，蓋隴州之方山原也。○固山，在縣東南。先主取漢中，使張飛屯下辨，軍於固山，即此矣。

仇池山，縣西北百里。仇池城在其上。一名百頃山。山下有飛龍峽，以楊飛龍所據而名也。○黑谷山，在縣北百里，與西和縣接界處也。

鷲峽，在仇池山北，亦謂之塞峽。晉太和六年苻堅遣苻雅等伐仇池，至鷲峽，與楊纂戰於峽中，纂兵大敗。又義熙六年仇池楊盛叛姚秦，侵擾祁山，秦王興遣將軍姚恢出鷲峽，秦州刺史姚嵩出羊頭峽，右衛將軍胡翼度出汧城以擊盛。又後魏太和二十一年氐帥楊靈珍以武興降齊，魏將李崇討之。靈珍遣其從弟建屯龍門，自帥兵屯鷲峽以拒崇。崇遣别將由他路襲破龍門，自攻鷲峽，靈珍敗走，遂進克武興。或云靈珍在武興，則鷲峽當是武興之鷲峽。胡氏曰：「水經注仇池東北有龍門戍，而鷲峽在龍門之西南，仇池之北，意靈珍已得仇池也。」羊頭峽，或云在仇池東。汧城，今隴州。武興，見漢中略陽縣。

龍峽，在縣南十里。峽南半山有洞，曰雷洞。宋紹興初金人南侵，郭執中集鄉豪守此以拒之。○魚竅峽，在縣西二十里。又縣東北有觀音洞，兩山壁立，洞在山半，至爲高險。

西漢水，在縣東南百餘里。自西和縣西南流，經縣西南接階州界復東南流，經縣南入略陽縣界。後漢書虞詡傳：「詡爲武都太守，按行川谷，自沮至下辨數十里中，皆燒石槇木，開漕船道，於是水運通利。」沮，今漢中略陽縣也。續漢志：「下辨東三十餘里有峽，中當水泉生大石，障塞流水，至春夏輒溢。詡使人燒石，以水溉之，石皆裂因鐫去石，遂無泛溢之害。」

濁水，在縣西南，即白水也。自西和縣西南流歷縣界，接階州北境復折而東南流，經縣西南又東入略陽縣境。水經注：「濁水經武街城南。」今去城甚遠。

東河，在縣治東。源出秦州，南入龍峽，又東南至略陽縣境入嘉陵江，即唐元和中山南節度使嚴礪通運道餉成州戍卒處也。又有南河，一名下辨水，出縣西南青渠堡，會東河入於龍峽。

六漢水，在縣西北六十里。源出西和縣境，流經縣之六漢堡，又西入西漢水。○建安川，在縣西百里。自階州流入境，又東合於西漢水。故建安城以此名。又洛谷川，亦出縣西山谷中，經駱谷城下，下流亦入於西漢水。

泥陽川，在縣東五十里。祝穆云：「水自天水谷發源，東南流至泥陽鎮與栗亭水合，東南入徽州界注嘉陵江。」隋志「後魏置泥陽縣，西魏廢入同谷」，即此處也。朱梁貞明初，蜀將王宗翰與李茂貞將郭守謙戰於泥陽，蜀兵敗，退保鹿臺山。○萬丈潭，在縣東南七里。相傳曾有黑龍自潭飛出。一名鳳凰潭。縣西二十里有黃龍潭，西八十里有白龍潭。又裴公湖，在縣治西南，唐刺史裴守真所創，舊爲一郡之勝。有隄曰雲錦隄。

黄渚關，在縣北百里，有巡司戍守。志云：縣東北二百二十里有白環堡，近隴州之白環谷，因名。又堡南十里有止店堡。

赤亭，在縣西北。續漢志下辨有赤亭。後漢元初二年虞詡爲武都守，羌衆攻圍赤亭，詡擊退之。宋元嘉十八年遣裴方明伐仇池，破斬楊難當將苻弘祖於濁水。難當弟和退走，方明追至赤亭又破之。

蘭皐戍，在縣南。蕭子顯曰：「武興西北有蘭皐戍，去仇池二百里。」宋元嘉十九年遣裴方明等伐仇池，楊難當遣其將苻弘祖守蘭皐是也。元豐九域志階州將利縣有蘭皐鎮。

濁水戍，在縣境。亦曰濁水城。五代志：「城在上祿縣東南武階城西北。」宋元嘉十九年裴方明伐仇池，與楊難當將苻弘祖戰於濁水，破斬之。二十年北秦州刺史胡崇之守仇池，與魏人戰於濁水，爲魏所擒。又是年宋將姜道盛與仇池楊文德攻魏濁水戍，道盛敗死。

龍門戍。水經注云：「在仇池東北。」後魏李崇討叛氐楊靈珍，靈珍於龍門北數十里中伐樹塞路，以拒魏兵，崇命別將慕容炬從他路襲破之。今縣東有龍門鎮，或曰即故龍門戍，苻秦所置。又有西安鎮，在縣西。宋置。

附見

鞏昌衛。在府城内。洪武三年建，轄左、右、中、前、後五千户所。又安邊守禦千户所，在成縣城内。嘉靖初建。

秦州，府東三百里。東至鳳翔府隴州三百五十里，東南至漢中府鳳縣三百二十里，南至成縣二百六十五里，東北至平凉府三百四十五里。

古西戎地，秦始封於此，周孝王封秦非子爲附庸，今秦亭、秦谷是其處。及并天下，置爲隴西郡。漢析置天水郡，武帝元鼎三年置，治平襄。王莽末隗囂據其地，建武中討平之。永平十七年更爲漢陽郡。治冀。三國魏增置秦州，治上邽。晉因之，又改漢陽爲天水郡，亦治上邽。其後爲氏、羌所據。後魏仍爲天水郡，亦置秦州。仍治上邽。隋初郡廢，煬帝又改州爲天水郡，隋末薛舉據其地。唐復曰秦州，天寶初曰天水郡，乾元初復故。初治上邽，復移成紀。大曆初没於吐蕃，大中三年收復，咸通四年置天雄節度治此，景福初爲李茂貞所據。五代初没於蜀，亦置天雄軍。後唐平蜀，改爲雄武節度。漢初又爲後蜀所取，周顯德二年收復。宋仍曰秦州，亦曰天水郡，雄武軍節度。金因之。又改軍曰鎮遠軍。元仍爲秦州，尋以州治成紀縣省入。明亦曰秦州。編户四十九里。領縣三。今仍曰秦州。

州當關、隴之會，介雍、梁之間，屹爲重鎮。秦人始基於此，奄有豐、岐。東漢初隗囂據此，妄欲希踪西伯也。其後武侯及姜維皆規此以連結羌、胡，震動關輔。蜀漢延熙十八年，姜維破魏雍州刺史王經於洮西，進圍狄道。魏征西將軍陳泰曰：「維若以戰克之威，進兵東向，據略陽積穀之實，略陽見秦安縣。招納羌、胡，東争關、隴，此我所惡也；而乃以乘勝之威，挫堅城之下，是我破敵之時矣。」蓋關中要會常在秦州，争秦州則自隴以東皆震矣。晉元康以後，關中多事，秦州每爲碁劫之勢。唐初薛舉據秦州與唐争關中，舉不速亡，則三輔未必能一日無事也。大曆以後秦州没於吐蕃，雍、岐之境，烽火相接矣。李茂貞兼有秦州，關中諸鎮岐爲最强。其後蜀人得此，數争岐、隴。周世宗克秦州，而孟蜀之亡兆已見於此矣。宋人南渡以後，以梁、益爲東南上游，拮據蜀口，嘗在秦、隴間。宋卒棄秦州，五路遂不可復。紹興十年吴玠復秦州，和議成，割以畀敵。三十一年吴璘收復秦州，旋棄之以堅和議。虞允文曰：「關中天下之上游，隴右關中之上游。」而秦州其關、隴之喉舌歟？

成紀廢縣，今州治。帝王世紀：「伏羲生於成紀。」漢置縣，屬天水郡。後漢屬漢陽郡。魏、晉仍屬天水郡，後魏因之，尋廢。後周復置縣，屬秦州，隋、唐仍舊。唐志：「秦州本治上邽，開元二十二年地震，移州治於成紀縣之顯親川，天寶初復還舊治，大中初又移於成紀。」宋因之，南宋以後始移天水軍治天水縣。金置秦州於成紀，元末縣省。又韓公城，即秦州東西之關也。宋慶曆二年守臣韓琦以州東西居民軍營皆附城旁，因請築外城，凡十一里，與内城聯合爲一。秦民德之，稱爲韓公城。今城周四里有奇，門四。

上邽城，在州西六十里。古邽戎邑，秦武公十年伐邽戎置縣，即此。漢曰上邽縣，屬隴西郡。邽讀圭。後漢建武八年隗囂别將保上邽，帝自將征囂，幸上邽。既而東還，使耿弇、蓋延圍上邽。囂平，改屬漢陽郡。三國魏爲秦州治。蜀漢建興九年武侯出祁山，魏司馬懿禦之，留兵守上邽，餘衆悉出，西救祁山。武侯自逆懿於上邽，敗上邽守將郭淮等，與懿遇於上邽東。懿斂兵依險，兵不得交，武侯引還，懿等尋漢軍後至鹵城。鹵城即西城之訛也。又魏正元二年陳泰屯於上邽以備姜維。晉亦爲秦州治，永嘉末南陽王保保上邽。太寧初保故將陳安亦據此以拒劉曜，爲曜所敗。咸和三年曜敗於石勒，曜子熙及胤棄長安走上邽，尋爲石虎所敗。義熙十二年赫連勃勃攻姚秦上邽，拔之，毀其城。明年上邽爲西秦所取。宋永初元年夏人復取之。元嘉四年夏主昌爲魏所攻，自統萬奔上邽。七年夏主定敗於平涼，亦走保上邽。八年上邽爲仇池楊難當所取。十三年入於後魏，亦爲秦州治。太平真君七年金城邊固等據上邽東城攻略西城，秦、益二州刺史封勑文擊平之。時上邽有東西二城也。地形志亦作「上封縣」，避魏主珪嫌名耳。隋復曰上邽，仍爲秦州治。唐因之，後没於吐蕃。大中三年收復，縣仍屬秦州。朱梁貞明六年蜀將王宗儔等伐岐還，分屯上邽是也。宋省入成紀。

天水城，州西南七十里。漢上邽縣地，唐初析置天水縣，旋廢。宋復置，屬秦州。紹興初州没於金，分置南北二天水縣。南天水縣隸成州，北天水縣亦羈附焉。嘉定初并爲天水軍，九年移於天水縣舊治。志云：天水城南去成縣二百二十里。是也。元廢。

顯親城，在州東南十里。本成紀縣地，後漢建武中分置顯親侯國，以封竇融弟友，屬漢陽郡。建安十九年韓遂屯於此。曹操將夏侯淵襲攻遂，遂敗走。晉爲顯親縣，屬天水郡。太元十七年休官權千成據顯親，自稱秦州牧，降於乞伏乾歸。休官，蓋雜夷部落也。後魏仍爲顯親縣，亦屬天水郡。孝昌二年天水民吕伯度叛，其黨莫折念生據顯親川以拒之，既而降魏。後周縣廢。劉昫曰「成紀縣舊治小坑川，開元中移治敬親川」，即顯親川也。王氏曰：「成紀城在今縣北三十里。今縣即顯親故城」云。

西縣城，州西南百二十里。即所謂西犬丘也，非子始都此，後莊公復居焉。秦并天下，改爲西縣，漢初周勃、樊噲擊破西丞是也。漢亦曰西縣，屬隴西郡。後漢建武八年來歙攻隗囂入略陽，〔四〕囂引軍攻之，既而敗奔西城。詔馮異、岑彭等圍之，彭壅谷水灌西城。城未没丈餘，囂將王元將蜀兵赴救，乘高卒至，力戰入城，迎囂歸冀是也。永平以後縣屬漢陽郡。蜀漢建興六年武侯屯西縣，使馬謖與魏張郃戰街亭，師敗，武侯進無所據，乃拔西縣千餘家還漢中。晉改爲始昌縣，屬天水郡，後魏時改置楊廉縣，後周廢。○戎丘城，在西城西。水經注：「戎丘城在西城西北，戎溪水逕其南。」建武八年吴漢圍西城，隗囂將王捷别在戎丘，登城呼漢軍亟退，因自刎以明死守處也。蜀漢建興六年武侯使馬謖與張郃戰於街亭，親引大軍屯於戎丘，即此。

望垣城，在州西南。漢縣，屬天水郡，後漢屬漢陽郡。中平二年張温使董卓討先零羌，羌兵圍卓於望垣北，卓走還扶風，即此。陳壽曰：「其地有望垣峽。」晉廢。○罕幵城，在州南。漢縣，屬天水郡。幵讀羌肩反。罕、幵本金城南二種羌也。師古曰：「漢破罕幵之羌，處其人於此，因以名縣。」後漢省。

嶓冢山，州西南九十里。此西漢水所出之嶓冢也。其旁有神馬山，馬池水出焉。開山圖：「隴西神馬山有淵池，龍馬所生。」一名龍淵水，昔人嘗於此得馬，頭骨長三尺，其旁地因名馬頭。晉義熙十二年西秦乞伏熾磐遣將鎮馬頭，以逼秦之上邽，即此。

麥積山，州東南九十里。狀如麥積，爲秦地林泉之冠。中又有豆積山。一名麥積崖。北魏正光末隴右叛亂，東侵岍、岐，李苗請固守隴東，命偏將出麥積崖以襲其後。又西魏大統六年乙弗后自殺於秦州，鑿麥積崖而葬之，號曰寂陵。山之北有雕窠谷，相傳隗囂曾據此，有避暑宮。

黑谷山，在縣西南百里。山盤紆數百里，接西和、成縣之間，保秦、隴者以黑谷爲要隘。今亦見西和及成縣。○吴砦山，在縣東八十五里。相傳紹興末吴璘復秦、隴，嘗置砦於此，山因以名。

孤山，在州西北。魏正始三年秦州賊呂狗兒屯孤山，圍逼秦州，元麗擊破之。别將李韶復掩擊孤山，覆其巢穴，狗兒遂降。胡氏曰：「時秦州治上邽。」山蓋在上邽界。

大寒嶺，在州西。晉太元二十年，西秦將乞伏益州擊苻秦故將姜乳於上邽，乳敗之於大寒嶺。胡氏曰：「嶺在上邽縣西。」○竹嶺，在州西南二百里。水經注：「竹嶺水出南山竹嶺，東北入籍水。」晉元興三年西秦乞伏乾歸與仇池楊盛戰於竹嶺，爲盛所敗。義熙十二年楊盛逼後秦秦州，上邽守將姚嵩拒却之，追盛戰於竹嶺，敗死。竹嶺之南蓋近仇池。胡氏曰：「上邽西南有南山竹嶺。」

射虎山，在州西。後漢建寧二年段熲討叛羌於凡亭山，羌衆潰奔。既而復聚於射虎谷，分兵守谷上下門。熲於西縣結木爲栅遮之，分兵夾東西山奮擊，大破之。凡亭山，杜佑曰：「瓦亭山之訛也。」射虎谷，蓋在西縣之東北。

木門谷，在州西南九十里。蜀漢建興九年武侯圍祁山，以糧盡退軍。司馬懿遣張郃追之。郃進至木門，蜀人乘高布伏，郃中飛矢而卒。水經注：「木門谷水出南山，北流入籍水以注於渭。」胡氏曰：「谷在天水縣南十里。」

金沙谷，在州東南。朱梁貞明元年，蜀將王宗綰敗李茂貞秦州兵於金沙谷，乘勝趨秦州，至上染坊，秦州迎降。上染坊，舊志云：在州南三十二里。

赤谷，在州西南七里。有赤谷川。宋嘉定十一年利州統制王逸復大散關及皂郊堡，進攻秦州，至赤谷口，沔州都統劉昌祖遽命退師，遂潰還。

狐奴阜，在上邽故城西。晉太元十一年苻登攻姚秦將姚碩德於上邽，萇馳救，登與戰於狐奴阜，大敗萇兵處也。○鐵堂峽，在天水廢縣東五里。漢姜維世居此峽。有鐵堂莊，四山環抱。

渭水，在州北二十五里。自秦安縣東流入境，循隴山之麓折而東南，入鳳翔府隴州境。今州東五十里有渭水渡。又秦水，在州東六十里。源出小隴山，西入渭。

西漢水，出嶓冢山，西南流入西和縣境，其下流合於寧羌州之嘉陵江。今附詳大川漢水。○馬池水，在州西南嶓冢山下，南流合於西漢水，即所謂龍淵水也。

西谷水，在廢西縣城北。水經注：「水出西谷，衆川匯合流成一川，東南流逕故西城北，又東南流注西漢水。」馮異攻西縣，引此水以灌城。或謂之白水，下流入西和縣境亦曰濁水。漢初樊噲別擊西丞於白水北是也。又謂之楊廉川，隗囂將楊廣守西城，因以名水。廣訛爲廉也。

籍水，在州南。志云：源出州西南九十里刑馬山，東流入於渭。水經注：「籍水出當亭西山，東歷當亭川，又東經上邽縣南，下流入於渭。」是也。杜佑曰：「籍水一名洋水，又名嶧水。」

叚谷水，在州西南。水經注：「上邽南有叚溪水，水出西南馬門溪，東北流合籍水。」杜佑曰：「上邽有叚谷泉。」蜀漢延熙十九年，姜維與鄧艾争武城山，不克，夜渡渭東行，緣山趨上邽，鄧艾與戰於叚谷，姜維大敗處也。

長離水，在州東。水經注：「瓦亭水南經成紀縣東，歷長離川謂之長離水。」漢末燒當羌據之，夏侯淵擊長離諸羌，韓遂來救，淵擊破之，即此。○三陽川，在州北三十里，東流入渭。宋三陽砦以此名。

天水湖，在州南七里。秦州記：「郡前有湖，冬夏無增減，故有天水之名。」○馬跑泉，在州東南四十里。相傳唐初尉遲敬德與番將金牙戰於此，士卒罷渴，敬德馬忽馳，泉遂湧出，因名。明初徐達定關、隴，引兵向秦州，至馬跑泉，其守將棄城遁去。

石榴關，州南九十里。又南十里有現子關，當隴川、吴山之大路。○白水關，在州西南。公孫述傳：「白水關在漢陽西縣。」蓋州境亦有白水關。

定西寨，在州西北。宋置，領寧西、牛鞍等堡。○三陽砦，在州北四十里。亦宋置，領渭濱、武安、蝸牛諸堡，皆與西夏拒守處也。

安遠寨，在州西。宋嘉定十三年，四川帥安丙遣將會夏人攻鞏州，不克。夏人自安遠退師，宋將程信邀之共攻秦州，不從，信亦自伏羌引還。宋志：「州境有安陽、保安諸砦。」

皂郊堡，州西南三十里。宋置，有皂郊搏馬務。嘉定十年金人犯皂郊堡，破天水軍。明年又焚大散關，破皂郊堡，既而利州統制帥官軍復之。未幾金人合長安、鳳翔之衆復攻皂郊堡，遂趨西和州。宋守將棄城遁，金人復犯大散關，蓋隴右之要區也。○劉溝堡，在州北。宋置。熙寧二年夏人寇秦州，陷劉溝堡，即此。

劉家圈，在州東北。宋紹興十一年，吴璘拔秦州。金將胡盞屯劉家圈，據險自固，前臨峻嶺，後控臘家城。璘進次劉家灣，遣姚仲、王彥啣枚渡河，涉峻嶺截坡上，既至，萬炬齊發，敵駭愕出戰，大敗，退堡臘家城。攻圍垂破，朝廷主和議，乃班師還。

樗泉營，在州西北。後漢永初五年，漢陽人杜琦等據上邽以叛。琦死，其黨杜季貢等將其衆據樗泉營，既而敗降於滇零羌是也。○柔凶塢，在州西南。晉永嘉末，涼州刺史張軌遣其子寔等將兵詣長安，尊輔秦王業。秦州刺史裴苞據險拒之，爲寔所敗，奔柔凶塢。

諸葛壘，州東二里。俗謂之下募城。旁有司馬懿壘，俗謂之上募城。漢建興中武侯攻天水，司馬懿拒之，此其對壘處也。○地網，在州西南故天水及長道二縣境。宋紹興中吳璘以地勢平衍，敵騎入犯，縱横無礙，乃建地網於平田間，縱横鑿爲渠，每渠闊八尺，深丈餘，連綿不斷如網，後金人來犯，騎兵始不得肆。

新店。在州西。宋建炎二年金將婁宿陷秦州，犯熙、河，經略使劉維輔逆敗之於新店，即此。○高橋，在縣南一百二十里，接成縣境。今有巡司戍守。

秦安縣，州西北九十里。東北至平涼府静寧州百八十里。漢隴縣地，屬天水郡。晉爲新陽縣地，後魏爲略陽縣地，隋爲隴城縣地，唐因之。宋爲納甲城。金正隆中置秦安縣，屬秦州。元因之。今縣城周三里有奇。編户十里。

隴城廢縣，在縣東九十里。漢隴縣，屬天水郡。後漢屬漢陽郡，爲涼州刺史治。晉縣廢。太寧初，南陽王保故將陳安保隴州，劉曜攻拔之，即此。後魏置隴城縣，爲略陽郡治。後周以阿陽縣并入，又改縣曰略陽。隋開皇二年郡廢，改縣曰阿陽，六年復爲隴城縣，屬秦州。唐武德二年改屬交州，八年州廢，仍屬秦州。宋因之。元至元七年省。

顏師古曰：「漢隴縣即唐之隴城縣。」宋白曰：「隴城，漢之冀縣，魏黃初中改曰隴城。」謬矣。今有隴城巡司置於此。

略陽城，在縣東北六十里。漢曰略陽道，屬天水郡。其地當隴口之要。後漢建武八年隗囂據隴右，漢來歙從番須、回中徑襲略陽，斬其守將，囂驚曰：「何其神也！」帝聞得略陽，甚喜，曰：「略陽，囂所依阻，心腹已壞，則制其肢體易矣。」囂盡銳爭之，斬山築隄，激水灌城，不能下。漢軍救略陽，囂走西城。永平中縣屬漢陽郡，晉屬略陽郡，晉亂縣廢。後魏置隴城縣，略陽并入焉。永安三年，爾朱天光擊平略陽賊帥王慶雲於水洛城，屯兵略陽。永熙三年，宇文泰擊破侯莫陳悅於水洛，悅退保略陽，泰遣輕騎趨略陽，悅復退保上邽，即略陽故城也。或曰時仍置略陽郡於故城中。章懷太子賢曰：「略陽城在隴城西北。」是也。

臨渭城，在縣東南八十里。本隴縣地，三國魏析置臨渭縣，置廣魏郡治焉。晉泰始中改郡爲略陽郡，治臨渭縣，後魏并入隴城縣。又安戎城，在今縣東百二十里。魏收曰：「漢天水郡之戎邑道也，後漢省。後魏置安戎縣，屬略陽郡。」後周廢。

阿陽城，通典曰：「在隴城縣西北。」漢縣，屬天水郡。呂后六年匈奴寇狄道，攻阿陽，即此。後漢屬漢陽郡，漢安二年趙沖等擊破叛羌於阿陽。又光和七年北地羌人與邊章侵隴右，漢陽長史蓋勳屯阿陽以拒賊是也。晉省入略陽。後魏復置阿陽縣，屬略陽郡。後周省入隴城。○新陽城，在縣西。漢略陽縣地，三國魏析置新陽縣，屬漢陽郡。晉屬天水郡，大興初涼州張寔救南陽王保於秦州，遣軍至新陽是也。後廢。水經注：「渭水過冀縣，又東出岑峽入新陽川。」新陽縣蓋置於此。

興國城，在縣西北。後漢初平中略陽氐築城於此，號爲興國城。氐酋阿貴據其城，自稱興國氐王處也。建安十八年馬超據冀，氐王千萬應超，屯興國。既而夏侯淵擊超於祁山，超敗走，淵因襲韓遂於顯親。遂亦走，追至略陽城，去遂三十里。或言當攻興國氐，淵以遂兵精，興國城固，乃轉擊長離諸羌以致遂。遂來救，淵破走之，進圍興國，氐王千萬遁去。千萬，蓋清水氐種也。其後羣氐恒保聚於此。晉太元中乞伏乾歸西徙羌衆，以兄子阿柴爲興國太守，蓋即故城置郡也。後魏廢。

街泉城，在縣東北。漢置縣，屬天水郡，後漢省入略陽縣。劉昭曰：「略陽縣有街泉亭。」故縣也。三國漢建興六年武侯出祁山，使馬謖與張郃戰於街亭，敗績。杜佑曰：「隴城縣有街泉亭，即馬謖敗處。」謖，所七反。時武侯軍於西縣，以街亭師敗，進無所據，乃拔西縣千餘家還漢中。郡縣志：「西縣有街亭山。」似悮。

長川城，在縣西北。後魏置安陽縣，爲安陽郡治，兼領烏水縣。西魏兼置北秦州，尋改交州。隋開皇三年郡廢，十八年改州曰紀州，又改安陽縣曰長川縣。大業初州廢，并廢烏水入長川縣，屬隴西郡。唐武德二年置交州於此，五年交州刺史權士通分道擊突厥是也。八年州廢，貞觀三年又并長川入隴城縣。○雞川城，在縣西北三十里。宋治平中置雞川砦，金升置雞川縣，貞祐四年改屬西寧州，尋還屬秦州。元省入秦安縣。志云：其地有雞川谷，雞川水出焉。又有牛駱水注之，俗謂之水洛口也。

大隴山，在縣東六十里，即隴坻之險也。其東二十里曰斷山，當略陽南北之衝，截然中止，不與諸山聯屬，爲縣境之要口，曰斷山隘。○九龍山，在縣東一里。九峰相拱，狀若龍翔，磅礴百里。志云：縣南二里有長山，延亘百里，即大隴山之支阜。

瓦亭山，縣東北二百里，所謂西瓦亭也。後漢建武七年隗囂攻圍略陽，使牛邯軍瓦亭以拒漢援軍。建寧二年段熲敗東羌於瓦亭山，羌衆潰走。晉太元十二年苻登與姚萇相持，軍於瓦亭。元興初魏主珪遣拓跋遵襲没奕干於高平，没奕干奔秦州，魏軍追之，至瓦亭而還。唐貞觀二十年，踰隴山至瓦亭，觀馬牧。宋紹興末吴璘遣將攻德順軍，使其子挺與敵戰於瓦亭，大敗之。敵悉趨德順，璘自往督師，先壁於險，且治夾河戰地。敵出戰，復敗走，遂克其城。蓋瓦亭去德順軍道里至近，且據險以臨之也。太子賢曰：「安定烏氏縣有瓦亭故關。」杜佑曰：「瓦亭在原州蕭關。」悮矣。

八龍山，在縣西六十里。山阜有八，回合如龍，其勢如羈如御，亦謂之把龍山。又曜紫山，在縣西北四十里。高峻甲於羣山。

南安隘，在縣南。胡氏曰：「南安隘在隴城縣界。」晉太寧初陳安保隴城，劉曜自將圍之，安突圍奔陝中，曜將平安追殺之。〔五〕隆安四年後秦將姚碩德伐西秦，入自南安峽，乞伏乾歸拒之於隴西是也。○小長安嶺，在縣西北百有五里。山勢修長，亦曰長安山。宋時置長安砦於此。

渭水，在縣城南。自伏羌縣流入境，又東南入秦州界。

隴水，在縣城西。源出隴山，西北流經瓦亭山南，又西南流合於瓦亭川，而西南注於渭水。又略陽川，在縣東。亦出隴山谷中，西南流合隴水，經略陽城北。隗囂聞略陽陷，悉衆攻圍，壅水灌城，即此水也。其下流同注於渭。杜氏曰：「略陽水在縣東九十里，即隴水別名」云。

瓦亭川，在縣東北。源出隴坂，西流經瓦亭山北，又西南流合隴水而注於渭。志云：瓦亭川下流即長離水也。秦州記曰：「瓦亭水出隴山東北，斜趨西南流，經成紀、略陽、顯親界，又東南出新陽峽而入於渭。」○蓮花川，在縣東七十里，亦東流入於隴水。

松多川，在縣東。源出隴山，西南流經故隴城北，又南注於秦州東境之秦水。晉建興末南陽王保嘗遣其將屠各路松多屯此，因名。北魏主燾太平真君七年，略陽人王元達聚衆屯松多川，魏秦、益二州刺史封勑文擊平之是也。

嗚蟬堡，在縣北。志云：秦州廢隴城縣有安陽城，其相近有嗚蟬堡。晉太元十六年，苻秦鮮卑別部帥没奕干與乞伏乾歸攻鮮卑大兜於嗚蟬堡，即此。載記：「時大兜蓋據安陽城。」○長山堡，在縣西南。宋置，以近長山而名。又有静戎、永固、平定等堡，皆在縣境。

鷂子嶺隘。在縣西北四十里。志云：縣境又有神偃嶺、碓兒峽二隘，皆山谷峻險，恃爲襟要，與斷山口爲四隘。通志：「縣有卧馬、躔夷移、馬頰三關。」〔六〕

清水縣，州東百五十里。東至鳳翔府隴州二百里。漢縣，屬天水。公孫述初爲清水令，是也。至後漢省。晉復置，屬略陽郡，後魏因之。西魏於此置清水郡。隋初郡廢，縣屬秦州。唐武德四年置邽州治此，六年州廢，縣仍屬秦州，大歷後陷於吐蕃，大中二年收復。五代唐移治於上邽鎮。今城周四里有奇。編户六里。

清水故城，在縣西。括地志：「縣本秦城，〔七〕非子始封。漢置縣於此，後皆因之。五代唐移置今治。」九域志：「清水故縣在秦州東九十里。」縣北又有冶坊廢縣，本宋冶坊寨，熙寧五年改爲鎮，金升爲縣，屬秦州，元省入清水縣。

秦嶺城，在縣西南百三十里。後魏置柏陽縣，屬天水郡，隋開皇中改曰秦嶺，唐貞觀十七年并入清水縣。○綿諸城，括地志：「在秦嶺縣北五十六里，即漢之綿諸道。」今見西和縣。

白石城，在縣西。志云：清水縣西有白石城及白崖堡、白沙鎮。晉義熙六年赫連勃勃寇後秦隴右，破白崖堡，遂趨清水，略陽太守姚壽都棄城走。九年西秦乞伏熾磐遣兵攻休官彝權小郎等於白石川，大破之，進據白石城。顯親休官權小成等據白阬不服，復攻斬之。其地蓋與秦州廢顯親縣相近。宋亦爲白石堡，金廢。

隴山，在縣東百里。寰宇記：「大隴山在縣境，亦曰邽山，亦曰關山，連綿凡百餘里。」又亭樂山，在縣東三十里。又東二十里爲盤龍山，山勢回環，亦謂之南山。

小隴山，在縣西南三十五里。有小隴山口，爲縣境之要隘，俗名坂坡峽。又有牛頭山，在縣西十里，亦高險。○寶蓋山，在縣北百五十里。頂平如蓋，因名。其地東連關山，北抵静寧。有川曰牛頭河，自山之青崖洞發源，又西逕牛頭山下注秦川，〔八〕入於渭。

柏陽谷，在縣西南。水經注：「伯陽水出伯陽谷，在董亭東。」又東有伯陽城，城南謂之伯陽川，蓋李耳嘗經此也。〔九〕後訛爲柏陽。晉隆安四年姚興伐西秦乞伏乾歸，使一軍屯柏陽，一軍屯侯辰谷。義熙七年乾歸攻姚秦略陽太守姚龍於柏陽堡，克之。胡氏曰：「侯辰谷與柏陽相近，後魏柏陽縣亦因以名。」

安化峽，在縣東隴山峽口也。唐貞元三年吐蕃入寇，掠汧陽、吴山、華亭丁壯，悉送安化峽西。或以爲隴州汧陽縣之安化鎮，悮也。

渭水，在縣西。自秦州流經此，又東南流入鳳翔府隴州界。輿程記：「縣西九十里爲涉水屏，又西五十里而至秦州。」秦州記「州東五十里有東阿谷橋」，蓋跨渭水上，與清水縣接界。

秦水，在縣東北。水經注：「秦水出隴山秦谷，西歷秦亭，即秦仲所封也。過清水城西南流注於清水，又西入秦州共注於渭水，亦謂之秦川。」○清水，在縣南。源出小隴山，西流合秦水注於渭。

大震關，縣東五十里，即隴關也。憑高據險，襟帶華戎，自古爲關中之襟要。今詳見名山隴坻。

軒轅谷口，在縣東南七十里。志云：縣境有玉屏山、小隴山、坂坡峽、石牛峽，與軒轅谷爲五隘。又有盤嶺巡司，在縣東七十里。

弓川寨，在縣東。五代漢乾祐初，王景崇以鳳翔降蜀，漢兵圍之。蜀遣山南西道帥安思謙出散關赴救，復遣秦州帥韓保貞引軍出汧陽以分漢兵之勢。保貞尋出新關，屯隴州，會思謙以食盡引退，保貞亦退保弓川寨。九域志：「弓川寨在秦州東一百六十五里。宋曰弓門寨。」又有永安、威塞、西顧等堡，皆在縣境，金廢。

床穰砦。在縣西北。宋置砦，兼領白石等堡。宋志：「熙寧三年改床穰爲鎮。」是也。金亦爲床穰鎮，元廢。

禮縣，州西南二百二十里。東至西和縣百六十里。本西和縣地，元置李店縣，明初改爲千户所，成化九年改置今縣。

城周三里有奇。編户十九里。

紅土山，在縣東三里，又東四里曰翠峰山，俱以土石采色而名。○雷王山，在縣南四十里。又南十里爲蔡華山，又西南十里曰金紫山。

四角山，在縣東北十里。以山分四向，截然挺峙而名。又二十里有飛鳳山，亦以形似名也。○聖湫山，在縣北六十里。又有没遮攔山，在縣西百六十里。山高廣，與岷州衛接界。

平泉河，在縣北二十里。縣城東二里爲捱城河，以近城而名也。○西江水，在縣西二十里；又聖泉水，在縣南五里：其下流俱入於白水江。

漩水鎮。在縣西百八十里。有漩水巡司。又縣東百三十里有板橋山巡司。通志：「縣有洮平、牛脊、野麻、尖岔、木樹等五關。」

附見

秦州衛。在州城内。洪武十五年建，轄千户所五。又禮縣守禦千户所，在禮縣城内。洪武十五年建，隸秦州衛。

階州，府西南八百里。東至漢中府略陽縣五百八十里，東北至成縣四百六十里，南至四川龍安府五百四十里，北至岷州衛六百三十里。

古白馬氏之國，西戎别種也。漢武帝始置武都郡，治武都縣。括地志：「初爲武都道，屬隴西，後改爲郡。」後漢因之，治下辨道。三國時屬於蜀漢。晉亦爲武都郡，後没於楊茂搜。後魏亦爲武都郡，亦曰武都鎮。西魏兼置武州。後周亦爲武都郡，又改永都郡。隋初廢郡，而武州如故，煬帝又改爲武都郡。唐復曰武州，皆治將利縣。天寶初曰武都郡，乾元初復故，大曆初没於吐蕃，大中三年收復，景福初改曰階州。宋因之，元以州治福津縣省入。明仍曰階州。編户二十一里。領縣一。今因之。

州接壞羌、戎，通道隴、蜀，山川險阻，自古爲用武之地。後漢虞詡爲武都太守，占相地勢，築營壘百八十所，以制羌裔。諸葛武侯圖兼關、隴，先取武都，爲北伐之道。晉之衰也，仇池氏楊氏竊據武都，北侵隴西、天水，南擾漢中，縱横且百餘年。蓋雖僻在西陲，而控扼噤要，用之得其道，未始不可以有爲也。若其制兩川之命，爲入蜀徑路者，則曰陰平道。

陰平道，入蜀之間道也。漢武開西南夷置陰平道，志云：邑有蠻夷曰道。非路也。屬廣漢郡，設北部都尉治焉。以其地隔礙雍、梁，實爲險塞也。即今之文縣矣。諸葛武侯於建興七年平定陰平，北至武都，謂「全蜀之防，當在陰平」。其後鍾會、鄧艾入寇，姜維聞之，請亟護陰平橋頭以防未然，後主不省。及維與會相拒於劍閣，鄧艾密言於司馬昭曰：「請從陰平縣邪徑經漢德陽亭見四川龍安府趨涪，今四川綿州。出劍閣西百里，去成都三百餘里，以奇兵衝其腹心，敵必不知所備。」昭從之。艾遂自陰平步道，懸車束馬，逕江油，出綿竹，今四川有江油、綿竹二縣。以滅蜀也。南北朝時，陰平之地恒互相窺伺。後唐時孟知祥據蜀，唐兵克其劍州，知祥遣兵趨龍州守要害，龍州即龍安府。唐兵果出文州來襲，敗還。明初傅友德奉命征四川，陽言出金牛，見漢中府金牛道。而使人覘青川杲陽俱見龍安府。皆空虚，階、文雖有兵壘，而守備單寡，遂繇陳倉攀援山谷，間行而進，克階州，進拔文州，遂引兵出青川杲陽直趨綿州。此即鄧艾陰平故道也。今自階州經龍安至綿州幾千餘里，輿程記：「自階州至文縣二百十里，繇文縣而南至四川龍安府三百三十里，又東至青川所百二十里，又東南至江油縣百九十里，折而西南至成都府之綿州一百八十里。」其間皆重巖複澗，閣道險仄，僅而得達。夫攻蜀者不可不知陰平，守蜀者顧可不知陰平乎？

福津廢縣，在州東八十里。漢武都縣地，後魏太平真君中置甑當縣，為武階郡治。魏收志武階郡治北部縣，領赤方縣。方，一作「萬」。似北部尋改甑當也。太和四年置赤萬郡，尋又改為縣，屬武階郡。西魏又於郡城東北三十里置覆津縣，為赤萬郡治。後周廢赤萬郡及甑當縣，以武階郡治覆津。隋初又廢武階郡，以縣屬武州，大業初屬武都郡。唐仍屬武州，景福元年改為福津縣。宋階州治此。元移州治於柳樹城，以福津縣省入焉，即今州治也。隋志：「西魏置萬郡，〔一〇〕統赤萬、接難、五部三縣，後周悉并入覆津縣。」今州城周二里有奇，門四。

將利城，州北三百十里。後魏太平真君九年置石門縣，為武都郡治，西魏改曰安育，後周改曰將利，武都郡仍治此。隋亦為武州治，唐因之。宋屬階州，元至元七年省。又州北境有東平城，亦後魏真君七年置縣，屬武都郡，後周并入將利縣。○羌道城，在州北。漢縣，屬隴西郡，後魏屬武都郡，晉省。魏收志石門縣有羌道故城，是也。

盤堤城，在州東北。後魏太和四年置南五部郡，尋改爲縣，屬武階郡。西魏又改爲盤堤縣，隋因之，屬武州。唐廢。舊志云：在福津縣舊治南一百三十五里。恐悮。○赤土城，在州東。魏收志武階郡有赤土縣。太和二十一年氐帥楊靈珍以武興降齊，魏主詔李崇討之，崇槎山分道，出氐不意，表裏襲之，進據赤土是也。武興，今見略陽縣。

葭蘆城，舊志云：在將利故城東南七十里。三國時姜維與鄧艾相持於此，置葭蘆戍，亦曰葭蘆城。後爲仇池氐所據。宋元嘉十九年平仇池。明年仇池爲魏所取，仇池王楊玄之子文德尋叛魏，圍仇池，不克，屯據葭蘆城。二十五年魏擊取之。二十七年宋取陰平郡地，以文德從祖兄頭戍葭蘆。孝建二年雍州刺史王玄謨言「頭守葭蘆，能藩扞漢川，若葭蘆不守，漢川亦無立理」者也。泰始二年武都王楊元和治白水，棄國奔魏。其從弟僧嗣復自立，屯葭蘆。詔以僧嗣爲北秦州刺史、武都王。元徽初僧嗣弟文度代立爲武興王，遣使降魏，魏因以爲武興鎮將。昇明初文度復叛魏，魏將皮歡喜拔葭蘆，斬文度，以楊難當族子廣香爲陰平公、葭蘆戍主。齊建元初葭蘆鎮主楊廣香請降，以爲沙州刺史。葭蘆自是没於魏，置葭蘆縣及武陽郡治焉。後周廢郡。縣并入盤堤。沙州，見四川昭化縣

建威城，在州東北三百六十里。後漢末所置戍守處也。蜀漢建興七年諸葛武侯遣兵攻武都、陰平，魏雍州刺史郭淮引兵救之。武侯自出至建威，淮退走，武侯遂取二郡。延熙中姜維請置建威諸圍戍，即此。炎興初張翼、董厥以鍾會來侵漢中，將兵詣陽安關口，至陰平，聞魏將諸葛緒將向建威，留住月餘待之。後爲仇池氏所據。後魏太平真君九年於此置白水郡，尋改爲縣，屬武都郡。既而宋取其地，泰始二年武都王楊元和治白水，棄國奔魏是也。西魏

復置白水郡，又改爲綏戎郡，後周郡廢，後改縣曰建威，屬武州。隋因之，大業初屬武都郡，唐貞觀初省入將利。

孔提城，在州東北二百里。亦仇池所置城也。後魏太平真君九年置孔提縣，屬武都郡。尋入於宋，屬北陰平郡。大明四年魏人入寇北陰平，至孔提，北陰平太守楊歸子擊破之是也。齊建元初復没於魏，仍爲孔提縣。西魏兼置孔提郡，後周郡縣俱廢入建威縣。又洪化廢縣，亦在州東。西魏置，屬白水郡，後周廢。

卧龍山，在州治北。一名北山。又州南三里有僊君山，本名僊陵。宋白曰「後魏平武都，築城於僊陵山，置武都鎮」，即此。又州境有露骨、龍峽等山，俱高勝。

武都山，州西七十里。州西面之大山也。又盤堤山，在州東南七十三里。寰宇記：「盤堤城與此山相近，因以名縣。」亦作「盤池」。

黄階嶺，在州東北。石晉天福九年蜀兵攻階州，秦州兵救之，出黄階嶺，敗蜀兵於西平。○角弩谷，志云：在州西八十里。郡國志：「武都沮水之西有角弩谷。」蜀將姜維勦殺五部氐、羌於角弩谷，或以爲即此谷云。又州境有留谷，後周主邕天和元年築武都留谷、津抗諸城，以置軍士云。

峰貼峽，州西百二十里，與蕃、羌地相接。宋時爲戍守要地。○龍帝峽，在州西南。宋雍熙三年福津縣有大山飛來，自隴帝峽壅白水江逆流，壞民田數百里，即此。又五僊洞，在州東二十里白水江南岸。溪澗幽阻，中有卧龍坪，寬廣可容百十人。又有鐵橋及黄盧木橋諸勝。

白水江，在州北三百二十里。自成縣流入境，復東南流經略陽縣及寧羌州界，復折而西南流經州南，去州二百餘里，又南入文縣境。一名白龍江，或曰白水江，即洮州衛西傾山南所出之墊江，又即桓水之異名也。今見名山西傾小注。

犀牛江，在縣東北二百四十里。即西漢水也，或謂之沮水。自成縣西南流接州界，復折而東南入漢中略陽縣境。

北峪河，在州西二里。自州北境流入，有赤沙水流合焉。又紫水河，在州東五十里。出紫泥，漢封璽書用武都紫泥是也。與北峪河俱南流注於白水江。○羌水，在州西北。漢志：「羌道有羌水，出塞外，南至陰平入白水，過郡三，行六百里。」郡三，隴西、武都、廣漢也。水經注：「羌水出隴西羌道，東南流經宕昌城東，西北去仇池五百餘里，又經葭蘆城西，下流合白水。」

建安川，在州東北。水經注：「建安水導源建威西北山，東逕建威城南，又東逕西縣之歷城南，與西漢水合。」歷城，今成縣之建安城也。

平定關，在州西北。宋置。志云：宋時於福津西界置峰貼峽砦及武平砦、沙灘砦，又置團城堡、平定關，以備禦羌人。○望賊關，在州北百八十里。有階州所兵戍守。通志：「七盤關，在州東北三百五十里。有巡司。」

楊家砦，在州北百里。其地有楊家崖，故仇池楊氏之苗裔保據爲砦處也。臨控白江，山路僅容一線，最爲險阨。宋紹興間吴玠兄弟團保蜀口，擇地爲砦，因築城守此，以犄角西入之寇。砦中素有積貯，豐於水泉，寇攻之不能陷，亦名家計砦。○尖石砦，亦在州北。後唐清泰元年郭知瓊攻蜀階州，拔尖石砦是也。

青閣。在州東。祝穆云：「福津有青閣、牛圈閣、赤閣、鵝鼻閣，舊爲往來險道。」通志：「州西百里又有殺賊橋驛，州北三百四十里有平落驛。」

文縣州南二百十里。南至四川龍安府三百三十里，東至四川廣元縣四百九十里。古氐、羌地，漢武開西南夷置陰平道，屬廣漢郡，北部都尉治焉。更始三年封陳牧爲陰平王，國於此。後漢仍屬廣漢郡，安帝永初二年改北部都尉爲廣漢屬國。三國蜀建興七年，〔一〕克魏陰平郡。華陽國志：「蜀克陰平，魏亦遥置其郡，屬雍州。蜀亡始合爲一，屬秦州。」晉永嘉六年陰平都尉董冲逐太守王鑒，叛降李雄。太寧元年楊難敵克陰平。宋元徽中魏以楊廣香爲陰平公、葭蘆鎮主，齊建元元年拜爲沙州刺史。〔二〕永明元年以楊炅爲沙州刺史、陰平王。魏紀：「太和十三年陰平國朝貢，自後累至。」西魏廢帝元年氐帥楊法琛據陰平，以爲黎州刺史。二年從平蜀回，與種人相攻，趙昶分其部落，更置州郡以處之。周明帝二年以葭蘆郡置文州，永嘉末没於楊茂搜，其後復屬於晉。宋初分置南北二陰平郡，此爲北陰平郡治。蕭齊因之。尋没於後魏，改置西晉壽郡，治陰平縣。兵亂後郡縣俱廢。西魏改置曲水縣，屬盧北郡。隋初郡廢，縣屬文州，大業初廢州，改屬武都郡，義寧二年置陰平郡治焉。唐初又改曰文州，天寶初復曰陰平郡，乾元初復爲文州。宋因之。宋末州廢。元仍置文州，以州治曲水縣省入。明洪武四年改州爲縣，屬階州。二十三年省入階州，二十八年改置文縣守禦軍民千户所，隷陝西都司。成化六年復置文縣，屬階州。今縣城周二里有奇。編户三里。

曲水廢縣，今縣治。漢之陰平道也，西魏改置曲水縣，隋末爲陰平郡治，唐爲文州治。廣記：「德宗時以州城在平地，遂移於故城東四里高原上，號曰文臺，即今城也。」宋仍爲州治，元省。其地當南北二水之曲，因名。舊志云：文州東接漢中，西通隴右，左山右江，控據深險，若出景谷達江油，則又蜀地之噤喉也。

長松城，縣西百里。本陰平縣地，西魏析置建昌縣，爲盧北郡治，兼置文州於此。隋開皇初郡廢，十八年改縣曰長松，仍爲州治，大業初州廢，縣屬武都郡。唐文州治曲水，縣屬焉。貞元六年省長松縣入曲水。○正西廢縣，在縣西南五十五里。西魏置，屬盧北郡，隋屬文州，唐因之，貞觀初省入曲水縣。

安昌城，縣東北三十二里。舊戍守處也，後魏嘗置安昌郡於此。西魏廢帝時遣儀同宇文袒殄陰平、鄧至二蕃，嘗立寧州，修築此城爲州治云。又縣西五十里有盧北城，亦昔時戍守處。志云：西魏有盧北郡，蓋置於此。

同昌城，縣西北百六十里。東北至階州三百二十里。古西戎地，西魏逐吐谷渾，置鄧州及鄧寧郡，以平定鄧至羌爲名。隋開皇七年改置扶州，治尚安縣，大業初曰同昌郡。唐移治同昌縣，仍曰扶州，天寶初亦曰同昌郡，乾元初復曰扶州，廣德後没於吐蕃，大中三年山南西道帥鄭涯奏復扶州是也。後仍爲羌、戎所據。尚安廢縣，在同昌故城西，隋扶州治也。劉昫曰：「西魏於此置武進郡，又改曰尚安郡。隋廢爲尚安縣。唐亦屬扶州，舊治爲剌利村，長安二年移治黑水堡。至德二載改曰萬全縣，後没於吐蕃，縣廢。」又貼夷城，在故同昌城南。西魏置帖夷縣，又置昌寧郡治焉。隋開皇三年郡廢，縣尋屬扶州。唐因之，萬歲通天二年改爲武進縣，神龍初復故，後廢於吐蕃。又鉗川城，在同昌故城西南百五十里。其地有鉗川山，西魏因置鉗川縣，屬鄧寧郡，隋屬扶州，唐因之，後廢。

鄧至城，在縣西南。五代志：「鄧至者，羌之别種，國於宕昌南。」李延壽曰：「白水羌也，世爲羌豪，自街亭以東，平武以西，汶嶺以北，宕昌以南，皆是其地。」齊永明元年，以鄧至王像舒爲西涼州刺史，像舒亦入貢於魏。十一年像舒傳位於其子。舊西魏主廓初，鄧至王檐桁失國奔魏，宇文泰使秦州刺史宇文導將兵納之，既而遂并其地。按齊書：「建元元年西涼州刺史東羌王像舒彭進號。」又梁書：「天監元年封西涼州刺史象舒彭爲鄧至王。」象舒彭即像舒矣。杜佑曰：「今交川郡南，通化郡北，臨翼、同昌等郡，皆鄧至之地也。」相傳鄧艾嘗至此，故名。城邑攷：「今縣南三里有鄧至城，以縣東二十二里之鄧艾山而名。」交川、通化、臨翼，今四川松潘、茂州、疊溪所是也。

鄧艾城，在縣東白水北。或以爲鄧至城。水經注：「白水逕鄧至城南，即鄧艾所屯處。」蜀漢延熙十二年姜維引軍救麴城，不克而還。魏將鄧艾留屯白水北，維遣其將廖化自白水南向艾結營，而潛軍東出襲洮城，洮城在水北，去艾屯六十里，艾覺之，即夜潛發先據洮城，維引還。洮城蓋亦在縣東北境，是時戍守要地也。志云：今縣東七里麻關谷口有鄧艾城，相傳艾入蜀時所築。旁有姜維城，爲維與鄧艾相守處。麴城，今見岷州衛。

南山，在縣治南。清水江遶其下。又有天牢山，在縣西北二里。相傳爲古羑里，文王囚於此山。上有羑里城。又龍女山，在縣西南二里。横擁縣城，即南山之支也。○龍頭山，在縣西七里。其山延袤甚遠，與四川之松藩衛疊溪所接界。又金珠山，在縣東。寰宇記「唐武德元年移文州於陰平白馬水，東接金珠山」，即此。

素嶺山，在縣西。其山高聳，冬夏積雪，因名。黑水源於此。元和志：「山在故扶州尚安縣西北。」○天魏山，在縣西北百三十里。有天魏湫，合衆山凹爲大壑，環百五十里，積水其中，水平山巔，不見畔岸。亦謂之天池山，與階州接界。又太白山，在縣南二百五十里。山谷高深，霜雪經春夏不消，因名。

青唐嶺，在縣東南。胡氏曰：「繇此入龍州爲左擔路，凡一百五十里，即鄧艾入蜀之道。」○滴水巖，在縣北。亂山矗立，劃開兩峰，如鵶髻對峙。有飛泉七尺，居人置槽引以給用。又上清洞，在縣北四十里，深邃不可窮。又縣西有飛卬洞，接天魏湫。

孔函谷，在縣西北。蜀漢末魏人來侵，姜維自沓中東還。聞諸葛緒已塞道屯橋頭，乃從孔函谷入北道，欲出緒後。緒聞之，却還三十里。維還從橋頭過，至陰平是也。

白水，在縣城東。縣城南有清水江流合焉，東南流入四川龍安府界。水經注：「白水西北出臨洮縣東南西傾山，〔三〕水色濁白，東南至陰平界，民居水上者爲白水氐。」宋元徽中晉壽民李烏奴與白水氐楊成等寇梁州，刺史范柏年説降烏奴，擊成破之是也。或曰即禹貢之桓水。源出西傾，經西和、成縣、略陽、寧羌之界，又經階州南而入文縣境，又南流經城東入四川龍安府界，又東流至昭化縣北而合於嘉陵江。蓋與西漢水並爲嘉陵江之上源。晉壽，見四川廣元縣。

黑水，在縣西。源出素嶺山，下流合於白水。水經注：「黑水出羌中，西南逕黑水城西，又西南入於白水。」宋元嘉二年，西秦乞伏熾磐遣將吉毗南擊黑水羌酋丘檐，大破之，即此。○白馬水，在縣西南。出故長松縣西南之白馬溪，北流注於白水。

大白水，縣北三十里。即羌水也，自階州流入境。漢志注：「羌水出塞外，南至陰平入白水。」或以此爲白龍江，明初傅友德自階州趨文州，州人斷白龍江阻之，友德修橋以渡，破五里關，遂入文州是也。

玉壘關，縣東百二十里，又縣北有五里關，俱唐、宋以來所置戍守處也。○鐵爐寨，在縣南四十里，又縣西八十里有陰平寨，又西爲鎮羌寨，又西南有哈南壩寨，俱宋置。又臨江寨，在縣北百二十里。其下爲臨江渡。通志：「今爲臨江關驛。」

黑水堡，在縣西黑水旁，即廢尚安縣也。唐貞元八年山南西道節度使嚴震奏敗吐蕃於芳州及黑水堡，即此處也。芳州，見洮州衞。〇臨河鎮，在廢扶縣境。唐置。儀鳳二年吐蕃寇扶州，陷臨河鎮，擒鎮將杜孝昇，既而得還，復帥餘衆拒守處也。

陰平橋，在縣治東南。跨白水上，即所謂陰平橋頭也。蜀景曜五年，姜維在沓中，聞有魏師，請護陰平橋頭以防未然，後主不省。司馬昭遣諸葛緒自祁山趨武街、橋頭，絶維歸路。維還，聞緒已塞橋頭，乃佯出北道。緒引却，維從橋頭達陰平。讀書鏡云：「史不言武街趨橋頭，或以武街爲同谷，橋頭亦在焉。」悮矣。蓋昭使緒出逕道繇祁山至武街，即從武街西南走橋頭也。時鍾會已入漢中，鄧艾方戰溷川，橋頭爲東西要會，維還必繇陰平入蜀，故司馬昭遣緒軍此。緒不知兵，鄧艾追維東還至此，即定入蜀之謀矣。水經注「白水東逕陰平故城南，又東北逕橋頭，即諸葛緒邀姜維處」，亦不言「武街、橋頭」也。

新開橋。縣西八十里，又縣有保安橋，皆白水所經，波流汹涌。〇金窟，在縣東。一統志：「金窟在縣之麻倉谷，接四川昭化縣界。窟如井，有金出焉，取之甚難。」

附見

階州守禦千户所。在州城内。洪武四年建，隸秦州衞。

徽州，府東四百八十里。西北至秦州百八十里，東至漢中府鳳縣百五十里，南至寧羌州略陽縣二百里。

秦隴西郡地，漢屬武都郡，後漢因之。晉仍屬武都郡，後没於氐、羌。後魏置廣化郡，隋初郡廢，以其地屬鳳州，大業初屬河池郡。唐仍屬鳳州，五代因之。宋亦屬鳳州。元置南鳳州於此，尋改曰徽州，又以州治河池縣省入。明亦曰徽州。編户六里。領縣一。今仍舊。

州接壤秦、隴，俯瞰梁、益，襟帶東西，稱爲要地，隴、蜀有事，河池其必争之所矣。公孫述之并漢中也，據河池以拒漢軍，來歙克之，而蜀人大震。五代梁貞明初岐、蜀相攻，蜀人出河池，遂兼秦、鳳。宋保蜀口，亦置戍河池，以絶女真窺伺之路。蒙古入蜀，河池降而鳳州以南次第崩陷。河池介秦、鳳間，其可以散地視之歟？

河池廢縣，今州治。漢置，屬武都郡。後漢建武初，漢中王嘉與延岑相攻於武都，公孫述遣其將侯丹取南鄭，嘉自武都南擊丹，不利，還軍河池、下辨。十一年公孫述使王元等據河池拒漢，來歙攻破之，遂克下辨，乘勝而前，蜀人大懼。尋亦爲河池縣，晉因之。後魏得其地，置河池鎮，尋置廣化縣，廣化郡治焉。隋初郡廢，縣屬鳳州，唐因之。五代梁貞明初，蜀遣將攻岐秦、鳳二州，王宗綰克秦州，自河池、兩當進兵會王宗瑶攻鳳州，拔之。宋亦爲河池縣。元析鳳州增置南鳳州治焉，至元初爲徽州治，七年縣并入州。今城周五里有奇。

思安廢縣，在州東南。後魏置，屬廣化郡，隋大業初省入河池。又永寧廢縣，本州東永寧鄉也，元初升爲縣，屬南鳳州，尋省。

鐵山，在州東南四十里。懸崖萬仞，石色如鐵。宋劉子羽曰：「蜀口有鐵山、棧道之隘。」蓋謂此也。一名巾子山。又蒼坪山，在川東三十里。志云：古黄沙驛倉也。

天池山，在州南三十里。山頂有池，流爲河池水。○雞冠山，在州西五十里。山勢高聳，爲州境之險。

木皮嶺，在州西十里。山甚高險。唐黄巢之亂，王鐸置關於此，以遮秦、隴。又銀椿崖，在州東北五十里。壁立萬仞，石色如銀。

嘉陵江，在州南七十里。自漢中府鳳縣西流，經兩當縣南，又西南逕州境，折而南入略陽縣界。又河池水，在州南五十里。出天池山，東流入兩當縣界合於嘉陵江，俗亦謂之白水江。○永寧水，在州東五十里，南流入嘉陵江。又有忠義水，在州南十五里，流合於河池水。

紫金水，在州北一里。志云：源出州北三十里之紫金山，東南流經嘉陵江入鳳縣之武休關，至褒城縣而爲山河堰。

太白池，州東二十里。周迴數十畝，諸山環繞其旁。又州西南二十里有龍池，或以爲即漢志所稱武都天池云。

小河關，在州南。舊志云：小河關，昔時秦、蜀咽喉也。其下有泥陽水，流入嘉陵江。今州南五十里有虞關，置巡司戍守於此。

仇鳩戍。在州西。水經注：「蜀水東南流與仇鳩水合，水發鳩溪，南逕河池縣故城西，又西南流注濁水。濁水又東南與河池水合，水出河池北谷，南逕河池戍東，西南入濁水。」北魏正光末，秦州賊莫折念生遣其都督楊柏年攻仇鳩、河池二戍，魏東益州刺史魏子建遣將擊破之，即此。通志：「州治北有徽山驛。」

兩當縣。州東八十里。東至漢中府鳳縣七十里。漢武都郡故道縣地，西晉以後没於氐、羌。後魏置兩當郡及縣，因兩當水爲名。隋初郡廢，以縣屬鳳州，唐因之。宋徙縣治於廣鄉鎮，元改屬徽州。今縣城周三里。編户二里。

尚婆城，在縣西南。水經注：「兩當縣有尚婆城，魏故道郡治也。」蓋元魏時嘗置郡於此。○開寶廢監，在縣東。宋建隆二年置銀治，開寶五年升爲監，治平元年罷監官，以監隸兩當縣，元豐六年廢。

鸑鷟山，在縣東十五里。山峰高秀，洞壑迴環，下有分水溪。又中家山，在縣東北九十里，與鳳縣接境。舊産銀。

天門山，在縣南五十里。以兩崖高險而名。又故道山，在縣南二十里。相傳故道縣以此山名。○董真峪，在縣東南二十里，爲縣境之要隘。

嘉陵江，在縣南十里。自鳳縣流入，又西南入徽州境。或謂之兩當水。水經注：「兩當水出陳倉大散嶺，西南流入故道川。」或曰故道川亦兩當之異名也。祝穆曰：「縣之得名，以自此而東抵汴京，西抵益州，皆三十六程，故曰兩當。」或云縣西界有兩山相當也。郡邑志：「大散、嘉陵，地勢險隘相當，因名。」又紅崖河在縣東，縣北又有獅子川，俱流注於嘉陵江是也。

尚婆水，在縣西南。水多盤石，本名盤石水，俗訛爲尚婆川，下流亦入嘉陵江。○琵琶洲，在縣南三十里。有渚迂迴，謂之枉渚。其下流亦注於嘉陵江。

橫山砦。在縣界。宋紹興中吴玠敗金人於僊人關，金人遁去。玠遣張彦劫橫山砦，王俊伏河池扼其歸路，金人至，又敗之。通志：「縣治東有黄花驛。」

校勘記

〔一〕上有日月寨　「寨」，底本、職本、敷本均作「空」，鄒本作「寨」，今從鄒本。

〔二〕漢陽長史蓋勳以叛羌圍夏育於畜官　「圍」，底本原作「胡」，職本、鄒本並作「圍」，今據改。

〔三〕又改曰下阪　「阪」，底本原作「陂」，今據職本及隋志卷二九改。

〔四〕後漢建武八年　「後漢」，底本原作「後魏」，今據職本、鄒本改。

〔五〕安突圍奔陝中曜將平安追殺之　「陝中」，底本原作「岐中」，職本作「峽中」，鄒本作「陝中」。晉書卷一〇三劉曜載記及通鑑卷九二晉紀一四並作「陝中」，鄒本是，今據改。又「曜將平安」，晉書及通鑑均作「平先」，此作「平安」，蓋涉上文「陳安」而誤。

〔六〕縣有卧馬躔夷移馬頰三關　底本原脱「夷」字，今據職本補。

〔七〕縣本秦城　「秦城」，底本原作「秦州」，今據職本改。史記卷五秦本紀正義引括地志云：「秦州清水縣，本名秦，嬴姓邑。」底本衍「州」字，故不從。

〔八〕下注秦川　「川」，底本原作「州」，今據職本、鄒本改。

〔九〕李耳　「耳」，底本原作「甘」，今據職本、鄒本改。

〔一〇〕西魏置萬郡　後魏志卷一〇六下赤萬縣下云：「太和四年置郡。」則此「萬郡」當作「赤萬郡」。

〔一一〕三國蜀建興七年　底本原無「蜀」字，今據職本補。

〔二二〕齊建元元年拜爲沙州刺史　「沙州」，底本原作「和州」，職本作「河州」，均誤。南齊書卷二高祖紀及卷五九氐楊氏傳皆作「沙州」，今據改。

〔二三〕白水西北出臨洮縣東南西傾山　水經漾水注「東南」作「西南」，此引誤。

讀史方輿紀要卷六十

陝西九

臨洮府，東至鞏昌府二百里，南至洮州衛三百十里，西至河州衛百八十里，北至莊浪衛四百五十里，自府治至布政司一千二百六十里，至京師四千六十里。

禹貢雍州地，春秋、戰國時爲西羌所居。秦屬隴西郡，漢屬隴西、金城郡。晉初因之，惠帝時分置狄道郡，前凉張駿又改置武始郡。其後西秦、南凉代有其地。後魏亦屬武始郡，西魏又增置臨洮郡。後周廢臨洮郡，隋初并廢武始郡，以縣屬蘭州。煬帝時屬金城郡。唐初亦屬蘭州，天寶初屬金城郡，三載分金城郡置狄道郡，乾元初改爲臨州，新唐書：「久視元年置臨洮軍於臨州。」寶應初陷於吐蕃，號武勝軍。宋熙寧五年收復，改爲鎮洮軍，尋改熙州。治狄道縣，亦曰臨洮郡。金志云：「宋又更鎮洮軍爲德順軍。」金改曰臨洮府，元因之。明仍爲臨洮府，領州二，縣三。今仍舊。

府襟帶河、湟，控禦邊裔，爲西陲之襟要。蜀漢末，姜維數出狄道以撓關、隴，魏人建爲重鎮，維不能以得志。晉之衰也，河西擾亂，大約據狄道則足以侵隴西，狄道失而河西有唇齒之慮矣。拓跋魏兼有秦、涼，以狄道爲咽喉之地，列置郡縣，恃爲藩蔽。唐拒吐蕃，臨州其控扼之道也。臨州不守，而隴右遂成荒外矣。宋承五季之轍，王官所涖，不越秦、成。熙寧以後，邊功漸啓。議者謂欲圖西夏，必先有事熙、河，及熙河路建，而湟、鄯之域以漸收舉。雖於本計似疏，而武略未盡乖也。志曰：郡土田膏腴，引渠灌溉，爲利甚溥。其民皆蕃、漢雜處，好勇喜獵，故徐達亦云：「臨洮西通蕃落，北界河、湟，得其地足以給軍儲，得其人足以資戰鬭也。」

狄道縣，附郭。漢置縣，爲隴西郡治，後漢因之。晉屬隴西郡，惠帝改置狄道郡治此。又嘗改縣爲降狄道，尋復舊。後魏屬武始郡。隋屬蘭州，唐因之。天寶三載置狄道郡治此，寶應以後廢於吐蕃。宋熙寧五年收復，六年仍置狄道縣，爲熙州治。九年省，元豐二年復置。今編户二十五里。

狄道故城，在今府治西南。漢所置也。吕后六年匈奴寇狄道，七年復入寇。文帝十二年匈奴寇狄道，即此城矣。蜀漢延熙十八年姜維圍魏王經於狄道，不克。尋又引軍出狄道，不克而還。水經注亦謂之降狄道，蓋縣之别名也。隋、唐以來，州郡皆治此。宋改築熙州城，即今治也。志云：今郡周九里有奇。門四，東大通，南建安，西永寧，北鎮遠。

武始城，在府北七十里。漢狄道縣地，前涼張駿以狄道置武始郡，置城於此。西秦亦爲武始郡治。宋元嘉四年武始羌叛，熾磐遣其左丞相曇達招慰，羌執曇達送於夏主昌。後魏太平真君八年置勇田郡，尋改勇田縣，爲武始郡治。時又析置陽素縣，與狄道並屬武始郡。隋開皇初俱廢入狄道縣。

臨洮城，府西南二百二十里。漢縣，屬隴西郡，南部都尉治此。後漢因之。建初二年羌豪布橋等圍南部都尉於臨洮，馬防討破之。永初三年鍾羌破臨洮縣。永建初校尉馬賢大破鍾羌於臨洮，於是凉州復安。鍾羌蓋羌之别種，居臨洮谷者。蜀漢延熙十七年姜維自狄道進拔河關、臨洮是也。晉亦爲臨洮縣，屬隴西郡，惠帝改屬狄道郡。前凉屬武始郡。後魏太平真君六年改爲臨洮郡，置龍城縣爲郡治。後周郡縣俱廢。隋開皇二年突厥寇蘭州，總管叱列長之守臨洮，爲所敗，即此城矣。又俱城，在臨洮故城西南。晉太元十一年，前凉張天錫子大豫攻姑臧，不克，自西郡入臨洮，掠民五千餘户保守俱城，爲吕光所敗滅，即此。

安故城，府西南百六十里。漢縣，屬隴西郡。元鼎五年西羌反，攻安故，圍枹罕。城蓋與河州接境也。後漢仍屬隴西郡。晉省，惠帝復置，屬臨洮郡。晉志：「張茂分武興、金城、西平、安故四郡置定州。」蓋張氏分金城、西平二郡置安故郡，即治安故縣。後魏廢。水經注：「洮水自臨洮縣東流，又屈而北流，逕安故縣故城西，又北逕狄道縣故城西。」唐初改置安固縣，武后久視初以吉項爲安固尉是也。尋廢爲鎮。宋白曰：「安固在蘭州南。」一統志：「在蘭州西八十里。」悮。唐時爲安固鎮。五代周廣順中自安固鎮至凉州立三州以控扼諸羌。三州，臨、河、蘭是也。

安樂城，在州西三十六里。唐武德中分狄道縣置安樂縣，屬蘭州，天寶中屬狄道郡，乾元中改爲長樂縣，後廢。宋熙寧六年置康樂寨於此，金升爲縣，屬臨洮府，元廢。

桑城，在廢安故縣西南。水經注：「洮水東北逕桑城東，又東逕安故縣西。」大興三年劉曜攻拔陳蒼諸城戍，晉王保懼，自秦州遷於桑城。胡氏曰：「保欲自桑城奔河西也。」亦謂之桑壁。晉永昌初休屠王石武以桑壁降劉曜。石武亦匈奴別種也，時據桑壁，自稱休屠王。太寧初劉曜自隴上西擊凉州，遣其將呼延晏攻凉寧羌護軍陰鑒於桑壁，即此也。

犛令城，在府西南二百五十里。吐蕃所置城也。宋熙寧六年王韶圖武勝，使德順將景思立分兵制番酋於南路，自南甲趨犛令城。或云南甲在府南三十里。又鳴鶴城，在府西南。唐至德後吐谷渾所築。又有三足城，亦吐谷渾所築也。宋廢。○安羌城，在府西。本名溢機堡，宋宣和中賜名安羌城，金廢。

長城，在府西北。史記：「秦始皇遣蒙恬發兵三十萬北築長城，起自臨洮。」唐因置長城堡，開元二年隴右節度使王晙等追破吐蕃於洮水，又敗之於長城堡，殺獲數萬是也。

嶽麓山，在府城東二里。上有超然臺。又東八里有滴水巖，巖東二十里有玉井峰，以峰頭有井而名。○夏牟山，在府西三十里。志云：山下牟麥特盛，因名。其相近者曰卧龍山，山勢蜿蜒，如龍偃卧。又有朱翠山，在府西五十里。

抹邦山，府南二十五里。宋熙寧五年王韶自通遠軍攻西羌，羌據險自保。韶曰：「既入險地，當使險爲吾有。」逕趨抹邦山，壓敵軍而陳。羌乘高下鬬，韶擊敗之。其相近者有嵐關坪，志云：坪在府南二十七里，關口險隘，坪上高敞，延袤可十餘里。

常家山，府西南六十里。宋元祐二年羌酋鬼章與西夏相結，謀復故土。夏人聚兵天都山，前鋒絕通遠境，鬼章駐常家山，大城洮州以待師期，爲宋將游師雄所破。志云：山與西傾相接。又有龍湫甚深，廣衍爲九曲十八灣。天都山，見前平凉府固原州。○西傾山，在府西南百五十里。或以爲禹貢之西傾，非也。蓋隴右諸山多以西傾名。

十八盤山，在府東南百里。山高險，有石級一十八盤。又蓮華山，在府南百五十里。山聳數峰，宛如蓮華。

馬寒山，在府北九十里。其山綿亘數百里，勢極高峻，雖炎夏冰雪不消。亦名馬銜山。又太平原，在府北三十里。其地平原百頃，可以屯軍。○摩雲嶺，在府北百五十里。雄峻參天，有摩雲嶺關，設巡司戍守。志云：山北去蘭州六十里。

竹牛嶺，在府東。宋熙寧五年王韶知通遠軍，圖武勝，進築乞神平堡，引兵度竹牛嶺，破番酋抹耳等兵，洮西震動。繼而韶破吐蕃於抹邦山，吐蕃帥木征度洮河來援，韶戒別將由竹牛嶺路張軍聲，而潛師越武勝破其前軍，遂城武勝是也。

鎖林峽，府南六十里。洮水所經。諸峰聳削，兩崖懸絶，林木森鬱，宛似封固，因名。又石井峽，在府北百二十里。中有泉水，四時不竭。

通谷，府西六十里。其谷東西出入，中容千百人往來，不踰數十步。上有大竅，可見天日。宋熙寧中置堡於谷口，曰通谷堡。又贊嘉谷，在府南六十七里，中有靈湫池。

洮河，在府西南二里。自岷州衛流入府境，經西傾山、常家山、鎖林峽及蓮花、夏牟等山，盤束千數百里，至府城南始豁然奔放，聲如萬雷，又北經石井峽而合湟水。唐會昌二年吐蕃國亂，洛門川將論恐熱舉兵入渭州，吐蕃大將思羅發等合諸部兵保洮水，焚橋拒之，尋爲恐熱所并。又宋熙寧八年提點秦、鳳鄭民憲，請於熙州南關以南開渠堰，引洮水並東山直北道下至北關是也。今詳大川洮水。

東峪河，府東二里。源出渭源縣西十五里之分水嶺，流入境，至城東又西南流入於洮河。宋王韶自東峪徑趨武勝，克之是也。○抹邦河，在府南三十里。源出蓮華山，流經抹邦山下，因名。府北三十里有打壁河，源出石井峽，西南流，抹邦河西北流合焉，共入於洮河。

邦金川，府南六十里，西流合於洮河。宋元祐中种誼等擊鬼章，夜濟邦金川，至鐵城黎明，大破之，即此。鐵城，即岷州衛之鐵州城也。○三岔河，在府西北十里；又府北六十里有結河，爲三帶水交結處；俱流入於洮河。

南關，在府城南，城北又有北關，俱宋熙寧五年置以保障近郊。今有墻垣與府城壕相連，俗名藩城。又三岔關在府西三十里，又府北三十五里有打壁峪關，俱宋置。○結河關，在府北六十里。宋熙寧七年於此置堡，後改爲關。又摩雲嶺關，在府北摩雲嶺，最爲高險。

下𦣱關，在府南百里。又府南百十里有八角關。又十八盤關，在府南百二十里。諸關皆宋置，今俱屬臨洮衛卒戍守。○臨洮堡，在府北七十里。宋置，金廢。

永寧橋。府西二里。宋熙寧中熙州洮河浮梁成，賜名永通，明初更名永寧，有關在焉。○和平驛，輿程記：「在府西六十里，又六十里至河州衛。」又沙浬驛，在府北九十里，又北百十里至蘭州。又有柳樹遞運所，在府東九十里。通志：「府治東北有洮陽驛。」

渭源縣，府東百二十里。東至鞏昌府九十里。漢爲首陽縣，屬隴西郡，後漢因之，晉仍屬隴西郡。後魏亦曰首陽縣，西魏改渭源縣，仍屬隴西郡。隋屬渭州，唐因之。開元二年吐蕃將坌達延等寇臨洮，軍蘭州，至於渭源。臨洮，謂今洮州也。未幾復寇渭源，至德後遂陷於吐蕃。宋熙寧中置渭源堡，屬熙州，金因之，元升爲縣。今城周二里。編户四里。

武街城，在縣西。水經注：「武階城在漢狄道縣東白石山西北。」或曰即武街也。晉惠帝置武街縣，屬狄道郡。前涼張駿因前趙之亡，收河南地，至於狄道，置武街、石門、侯和、漒川、甘松五屯護軍，與後趙爲界。晉永和三年石虎將王擢擊張重華，〔一〕襲武街，即此。唐志武街城爲武街驛，屬渭源縣。開元二年隴右防禦使薛訥拒吐蕃於此。

鳥鼠山，縣西二十里。俗呼爲青雀山，渭水經其下。其地鳥與鼠同穴，亦曰鳥鼠同穴山。禹貢：「導渭自鳥鼠同穴。」爾雅：「鳥鼠共穴，其鳥名鵌，其鼠名鼵。」是也。

南谷山，在縣西二十五里。上有高城嶺。蜀漢延熙十八年姜維敗魏將王經於洮西，進圍狄道。魏征西將軍陳泰馳救，從隴西濳渡高城嶺，至狄道東南高山上，舉烽火，鳴鼓角，維遁去。唐大中三年吐蕃叛將論恐熱自落門遣兵略西鄙，鄯州將尚婢婢遣將拓跋懷光擊破之於西谷，即此。舊志：嶺上有城曰渭源城，渭水出焉，三川合注，東北逕首陽縣西與别源合。酈道元云：「渭水出南谷，在鳥鼠山西北，大禹只自鳥鼠同穴導之。」是也。

七峰山，縣東北五里。有七峰錯峙，因名。又五竹山，在縣西南三十里。山多細竹，峰巒奇秀。有巖曰秀峰巖，山下有谷曰銀溝谷。○霍谷山，在縣南五十里。山高峻，爲南面之勝。又南百餘里有白樺嶺，路通岷州。嶺上多白樺樹，因名。

大來谷，在縣西北。唐開元二年吐蕃將坌達延等寇渭源，屯大來谷。隴右防禦使薛訥軍至武街，距大來谷二十里，與隴右節度使王晙軍合擊之，寇敗走。追至洮水，復敗之於長城堡是也。

渭河，在縣北二里。源出南谷山，至鳥鼠轉而東流，經縣北入鞏昌府界，又東經鳳翔、西安府境東流入於黄河。詳見大川渭水。

清源河，出縣西南之五竹山，東流入渭。其水甚清，因名。○東峪河，在縣西二十里。源出分水嶺，西流入狄道縣界，又西南入於洮河。

分水嶺關，在縣西十五里分水嶺上。自嶺以西之水悉入洮河，以東之水悉入渭河。置關於此，爲縣境之襟要。志云：今縣西二百城有石井遞運所。

乞神平堡。在縣西南。宋史：「熙寧五年王韶知通遠軍，擊降蕃部，得地二千餘里，城渭源堡；又破蒙羅角，築乞神平堡。」是也。○慶平鎮，在縣南。宋置慶平堡，金改爲鎮，元因之，後廢。通志：「今縣治東有慶平驛。」

附見

臨洮衛。在府城内。洪武三年建，轄千户所五。

蘭州，府北二百十里。東南至鞏昌府四百二十里，東北至靖遠衛三百五十里，西北至莊浪衛二百七十里，西南至河州衛三百二十里。

古西羌地，秦隴西郡地，漢屬金城郡，後漢、魏、晉因之。前凉張寔增置廣武郡。又石虎時於金城郡僑置凉州。後魏仍屬金城郡，後周因之。隋初置蘭州，大業初復曰金城郡。唐又爲蘭州，天寶初亦曰金城郡，乾元初復故，後没於吐蕃。宋元豐四年復置蘭州。金亦爲蘭州，以州治蘭泉縣省入。元因之。明初改州爲蘭縣，成化十四年復升爲州。編户七里。領縣一。今仍曰蘭州。

州控河爲險，隔閡羌、戎。自漢以來河西雄郡，金城爲最。豈非以介戎、夏之間，居噤喉之地，河西、隴右安危之機，常以金城爲消息哉？晉元康而降，河、隴多事，金城左右，求一日之安不可得也。隋、唐盛時，馳逐河、湟，未嘗不以蘭州爲關要。及廣德以後，蘭州没於吐蕃，而西凉不復爲王土。大中間蘭州亦嘗順命，而僅同羈屬矣。宋元豐四年李憲敗夏人，始復城蘭州。元祐初夏人救復得之，朝議欲割以畀敵，孫路言：「自通遠至熙州纔通一徑，熙之北已接夏境。今自北關瀕大河城蘭州，然後可以扞蔽，若捐以與敵，則一道危矣。」穆衍言：「蘭州棄則熙州危，熙州危則關中震動。唐失河、湟，西邊一有不順，則警及京都。今若委蘭州，悔將無及。」遂不果棄。明時自州以北常爲寇衝，往往設重兵駐此，保障西垂，州誠自古扞圉之地矣。

蘭泉廢縣，今州治。本漢金城縣，屬金城郡，後漢及魏、晉因之，後廢。西魏置子城縣，金城郡治焉。開皇初郡廢，大業初復曰金城縣，仍爲郡治。義寧二年改曰五泉縣。唐咸通二年復曰金城，天寶初又爲五泉縣，後廢於吐蕃。宋元豐中收復，崇寧三年置蘭泉縣，爲蘭州治。金廢。志云：州城北黄河濱有石如龜，伏城垣下，今州城亦謂之石龜城。周六里有奇。

廣武城，在州西百二十里。漢金城郡枝陽縣地，西晉末張寔分金城之令居、枝陽二縣地立永登縣，又合三縣置廣武郡，蓋治於此。永和二年石趙將麻秋等攻涼金城，張重華使將裴恒拒秋於廣武。太元末南涼秃髮烏孤據廣武，攻後涼之金城是也。後魏郡縣俱廢，隋因之。唐復置廣武縣，屬蘭州，寶應中没於吐蕃。水經注：「廣武城在枝陽縣西。」今枝陽見靖遠衞。又杜佑、劉昫皆云廣武郡隋廢爲廣武縣，屬蘭州，今隋志不載。今居，見西寧鎮。永登或曰亦在州西，前涼廣武郡蓋治永登縣云。

允吾城，在州西北二百里。漢縣，始元六年置金城郡，治允吾是也。應劭曰：「允吾讀曰鈆牙。」後漢亦爲金城郡治。建武十一年馬援擊先零叛羌，羌將其妻子輜重移阻允吾谷，援潛行掩敗之。羌復遠徙唐翼谷，援復追破之。唐翼谷在允吾西也。中元二年謁者張鴻擊羌燒當滇吾於允吾，敗績。晉徙郡治榆中，縣廢。前涼復置，屬廣武郡。太元十年後涼吕光以主簿尉祐爲金城太守，祐至允吾，襲據其城以叛，光别將姜飛擊破之。尋爲乞伏乾歸所得。隆安四年乾歸爲姚興所敗，走保允吾，降於秃髮利鹿孤是也。後魏亦曰允吾縣，屬武威郡。西魏改爲廣武縣，又置廣武郡。隋初郡廢，縣屬涼州，尋改曰邑次，後又改曰廣武，大業初復曰允吾縣，屬武威郡。唐廢。漢志注：「浩亹水東至允吾入湟，湟水亦東至允吾入河。」漢允吾縣蓋在蘭州西。杜佑曰：「允吾在廣武西南。」一云在今州西南五十里。是也。其在州西北者則隋時改廣武郡所置之允吾縣，在枝陽故縣境，與莊浪衛接界，非漢允吾縣故治也。

晉興城，在州西南百七十里。晉志：「永寧中張軌表請分西平界置晉興郡，領晉興、枹罕等縣。」郡蓋治浩亹。或曰此其故地也。張駿又分置興晉等郡，其後屢爲劉曜子虎所攻略，蓋今之河州。闞駰云：「城在允吾縣西四十里，亦謂之小晉興城。」後亦訛興晉曰晉興。晉隆安中乞伏乾歸爲姚秦所敗，降於利鹿孤，利鹿孤置之於晉興，即小晉興城云。今見西寧衛廢浩亹縣及河州注。

河關城，在州西南。漢縣，屬金城郡，後漢屬隴西郡。蜀漢延熙十七年姜維自狄道攻拔河關，是也。晉廢，惠帝時復置，屬狄道郡。後廢。或曰後涼呂光三河郡蓋置於河關縣。

榆中城，州西百里。漢縣，屬金城郡，後漢因之。中平二年董卓破羣盜邊章等於美陽，章走榆中，蓋即此。晉爲金城郡治，後魏因之，尋又爲建昌郡治，後周廢。杜佑曰：「榆中即故大、小榆谷。」悮也。水經注：「河水過大、小榆谷北，又東逕河關縣北，又東逕允吾縣北，又東過榆中縣北。」似爲得之。又太子賢曰：「榆中在金城縣東。」杜佑亦曰：「在五泉縣東。」俱悮也。○阿干城，在州南四十五里。宋元豐中置阿干堡，金升爲縣，屬蘭州，元因之，尋省。今置關於此。

河會城，在州西。晉太元初苻秦遣將梁熙等伐涼張天錫，濟自青石津，攻河會城降之。水經注：「湟河至允吾與大河會，河會城蓋在二河之會也。」○西市新城，在州東南七十里。宋時夏人所置也。元豐四年宦者李憲敗夏人於此，又襲破之於女遮谷，遂復古蘭州，城之。又大定城，在州北，亦夏人所置，元豐中與宋分界處也。近代議邊事者謂復大定城則可屯礦兵以守河北，蓋其地嘗爲寇衝云。

皐蘭山，州南五里。州之主山也。山下地勢平曠，可屯百萬兵。漢書「霍去病爲驃騎將軍擊匈奴，屯兵皐蘭山下」，即此。山峽有五眼泉，相傳去病屯兵時士卒疲渴，以鞭卓地，泉湧者五。隋因以山名州，後又以五泉名縣。山後又有蛾眉灣，志云：在今州東南三十里。又有瓦埠山，在州南十里；又州西南十五里有第一原；俱皐蘭山之支阜矣。○龍尾山，在州南三里。山形如龍，尾落黄河之壖。志云：即府北馬寒山之支隴也。又九州臺山，在黄河北五里。山形峭拔，直上如臺，登之可以望遠。

白石山，州東南八十里。漢志注「狄道有白石山」，即此山也。宇文周將梁暉引軍至此，爲羌所圍，山無水，暉禱於山，飛泉湧出，兵士取給，因呼爲梁泉。其水北與湟水合注於河。○樺林山，在州南三十里。山高聳，與馬寒、皐蘭二山並峙。又天都山，亦在州南三十里。一統志：「宋宦者李憲遣苗綬自蘭州伐夏，嘗踰此山。」悮也。今固原西安所有天都山。

琵琶山，州西百三十里。險峻曲折，如琵琶首，因名。杜佑云：「廣武縣有琵琶山。」是也。又石門山，在州西南。水經注：「灕水東北經石門口，山高峻險絶，對岸如門。」○青巖山，在州西北。隋志允吾縣有青巖山，五代志亦云：「青巖山在允吾縣。」山蓋近河濱。苻秦將梁熙等伐涼，自青石津攻河會城。胡氏曰：「津當在青巖山下。」

嵻峎山，州南百七十里。晉義熙四年，西秦太子乞伏熾磐畏姚秦之逼，築城於嵻峎山而據之。七年乾歸置武威郡，鎮嵻峎城，以子木奕干爲武威太守鎮之。八年乞伏公府殺乾歸奔嵻峎南山，熾磐討殺之。宋元嘉三年夏主赫連昌遣其將呼盧古敗西秦將曇達於嵻峎山，進攻枹罕是也。一名可狼山，俗呼爲熱薄汗山。

沃干嶺，在州西南。晉建興末劉曜等逼長安，凉州張寔遣賈騫等踰嶺入援，即此嶺也。咸和二年前凉張駿遣兵攻劉曜秦州諸郡，曜遣其子胤屯狄道。駿將韓璞赴救，度沃干嶺而軍。既而璞遣將辛巖督軍於金城，劉胤襲敗之於沃干嶺，進至璞營，璞衆大潰。胤乘勝追奔，濟河至令居。舊志云：嶺在晉興郡大夏縣東南洮水西北，自凉州濟河必度沃干嶺乃至狄道。令居，見西寧鎮。大夏，見河州。

捫天嶺，志云：在允吾東南。晉隆安中乞伏乾歸敗降秃髮利鹿孤，居於晉興，利鹿孤聞其謀遁去，遣其弟吐雷屯捫天嶺以備之。宋元嘉六年乞伏暮末遣將王伐送沮渠成都還北凉，蒙遜使沮渠奇珍伏兵於捫天嶺，執伐以歸，即此處也。

女遮谷，州東三十五里。宋李憲與苗綬城蘭州，敗夏人於此。又李麻谷，在州西四十里。志云：路通甘州。又有荔谷，在廢允吾縣界。後漢建初二年燒當羌迷吾等反，敗金城太守郝崇於荔谷，崇輕騎得脱，即此。○東岡坡，在州東二十五里。相傳唐太宗爲秦王時獲褚亮於此。又州南四十五里有硇沙洞，洞產硇沙。〔二〕

葵園峽，在州西。後漢靈帝中平二年，〔三〕張温遣周慎追叛羌邊章等於榆中，圍之。章分兵屯葵園峽，斷慎運道。慎懼，棄車重而退。○石嶮口峽，在州東二十五里。兩崖懸立，黄河經其中，東流入金縣界。

黄河，在州城北。自河州流入，經州城下洮、灘、湟三水入焉。夾河有灘，宜播五穀，引河灌溉，甚爲民利。亦謂之金城河。胡氏曰：「河流逕金城郡界，自允吾以西通謂之金城河。」漢武元狩初，渾邪王降，自金城河西西並南山至鹽澤，空無匈奴。神爵元年，趙充國擊西羌，至金城，欲渡河，恐爲敵所遮，夜遣三校銜枚先渡，渡輒營陳，會明畢渡是也。後漢光和六年，金城河水溢出二十餘里，亦即今州境矣。

洮水，在州南三十里。自狄道縣界北流入於黄河。晉咸和二年，凉將韓璞與劉曜子胤夾洮相持七十餘日是也。又灘水，在州西南十五里。源出塞外，流入州境合洮水，又流經皐蘭山下東北入於河，即河州之大夏河矣。志云：皐蘭水出皐蘭山，在州西南三里，左右翼注灘水。

湟水，在州西一百八十里。自西寧衛大、小榆谷東流入境，與浩亹河合流而注於黄河。晉太元十九年，苻登敗死，登子崇奔湟中，即帝位，蓋謂湟水之西也。或謂之金城河。

阿干河，州西三里。源出馬寒山，至分水嶺分爲二，南流入金縣爲閤門河，北流入蘭州阿干峪爲阿干河。自峽奔流至州城，灌溉之利甚溥。今州西五里曰溥惠渠，引阿干水灌田百頃。

筍籮河，州西南六里，東流入黄河。又西南里許有黄峪溝，亦流入於河。又柳溝，在州東三十里，北流入河。州東二十里又有曲柳泉，亦東流入於大河。○蓮塘池，在州西七里。其地有神泉，俗呼爲獅跑泉。洪武二十三年肅藩移駐此，瀦神泉爲池，周迴數十里，爲遊賞之勝。

石城津，州西境。闞駰曰：「石城津在金城西北。」晉太元初苻秦伐凉，軍於西河，梁熙等濟自青石津，苟萇等濟自石城津，會攻凉纏縮城是也。纏縮城見莊浪衛。一云石城津即河州之積石渡。○馬蘭灘，州東大河南岸。明初擴廓圍蘭州，别將于光自鞏昌馳救，至馬蘭灘，爲擴廓所襲，兵敗被執處也。

金城關，州北二里，當黄河西北山要隘處。本漢置。闞駰十三州記金城郡有金城關，是也。後廢。宋紹聖四年復置關於此，據河、山間築城爲固。崇寧二年王厚請移關於北境之斫龍谷，不果。今設巡司於河南岸。

京玉關，在州西北四十五里。本名把梯橋，宋元符三年置關，賜今名，金因之，元廢。今有衛卒戍守。又關西四十里有通川堡，又西四十里爲西寧衛境之廢通湟堡，俱宋置，金廢。○阿干鎮關，在州南四十五里，即故阿干縣也。明初置關，有蘭州衛卒戍守。

東關堡，州東十八里。宋元豐四年置，本名鞏哥關，六年改爲東關堡。金因之，明景泰初重築。又西關堡，在州西。亦宋元豐五年置，尋廢。金復置。金志云：「關逼臨黄河，與夏人接界。」元廢。

皐蘭堡，州西南九十五里。宋元豐四年置，六年廢，尋復置。又西古城堡在州西八十里，又西四十里爲積灘堡，俱宋置，金廢。○質孤堡，在州東五十里。宋元豐五年置，元祐以後廢置不一。金亦爲質孤堡，屬蘭州，元廢。又鹽場堡在州北，又有把石堡，皆在黄河北岸，宋元豐中置，金廢。通志：「州西北二十里有大岔堡，正統十四年置。」

安寧堡，在金城關西四十里，又西三十里爲沙井峽，北抵莊浪之道也。○候馬亭，志云：在州西北十五里。相傳漢武遣李廣利伐大宛，候龍馬於此，因名。通志：「州南一里有蘭泉驛，州東五里又有蘭州遞運所。」

鎮遠浮橋。舊在州西十里，明洪武十八年移置城西北二里金城關下。用巨舟二十四横亘黄河中，入甘肅通西域路皆出此，爲咽喉重地。敵若據此橋，則河西隔絶，餉援難通矣。又西津橋，在州西二里。永樂中建。

金縣，州東九十里。西南至府城百八十里。本宋蘭州地，金爲龕谷縣地，屬蘭州，尋屬會州，正大間置金州，治龕谷縣。

元省縣入州。明改州爲縣，又移今治，屬臨洮府，後又改屬蘭州。今縣城周三里。編户十里。

龕谷城，縣南二十里。本宋之龕谷寨，元豐四年置，元祐七年廢，紹聖中復修爲堡。金升爲縣，尋置金州治此。元縣廢，明又改置今縣。

定遠城，在縣西北四十里。唐置，寶應間陷於吐蕃。宋熙寧中种誼築城以屯戍兵，後廢。元祐七年復築，政和四年夏人攻拔之，遷其民築臧底河城。五年宋將王厚等攻之，大敗而還。六年渭州將种師道攻克之。金大定中升爲縣，屬蘭州，後改屬會州，正大間屬金州。元廢爲鎮。今爲定遠驛。

一條城，縣東七十里。亦謂之一條城堡，相傳宋狄青巡邊時所築。又平地城，志云：在縣北四十里，唐戍兵所築。

馬銜山，〔四〕在縣西南三十里。山雄秀，甲於郡境，即馬寒山也。盤亘深遠，與狄道縣及蘭州接界。

龕山，縣南二十里。宋人置寨於此，因以爲名。其下有小龕河。又有尖山，在縣西南二十五里。○豬觜山，在縣西北四十里。金於此置豬觜鎮。又縣東南三十里有駝項山，縣東四十里有鷄爪山，縣南七十里又有馬尾山，皆以形似名也。又縣南二十里有白草原，平坦可以屯軍。

亂山，在縣東北八十里。其山綿延數百里，稠疊數百峰，參差遠近，亂如列戟，黄河經其中，亦郡境之襟要也。

黄河，縣北六十里。自蘭州東北流越亂山中二百餘里，入靖遠衛界始瀉落巨川，如瀑布然。土人沿山引水，灌田甚廣。

浩亹河，在縣城南。源出馬寒山峽中，東流入黄河。亦曰閤門河，有閤門河橋在縣南門外。按漢志：浩亹水出塞外，東至允吾入湟水。蓋名同而實非也。

小龕河，縣南十五里。源出龕山，東流與浩亹河合。又有清水河，在縣東三十五里；連達溝，在縣北十五里；皆由浩亹以達於黃河。

十字川堡，縣北八十五里；又買子堡，在縣西三十里；俱宋置，金廢。輿程記：蘭州東六十里爲買子堡，又東百里爲一條城，又東九十里爲平灘堡，又九十里而至靖遠衛。○清水驛，縣東三十里，亦東出靖遠之道也。通志：縣北四十里有把石溝倉，八十九里有什字川倉，又縣北百九十里有積灘堡倉、一條城倉。

附見

蘭州衛。在州城內。洪武三年建，初置於州治東北，後移置州東，轄千户所五。又甘州中護衛，亦在蘭州治東北。舊在甘州，洪武三十二年從肅藩移建於此，弘治十四年改屬固原衛。

河州，府西南百八十里。南至洮州衛三百十里，西至生番界七十里，西北至西寧衛二百五十里，東北至蘭州三百二十里。

古西羌地，秦屬隴西郡，漢屬金城、隴西二郡，後漢屬隴西郡。漢末爲宋建所據，稱河首平漢王，曹操遣夏侯淵討平之。晉惠帝永寧中張軌奏置晉興郡。晉志：「枹罕縣，張軌分屬晉興郡。」十六國春秋：「晉咸康元年張軌分興晉郡屬河州，自是枹罕爲興晉非晉興也。」前秦苻堅始置河州，晉志：「張駿分晉興、金城、武始、南安、永晉、大夏、武成、湟中等郡爲河州。」是河州張駿所置，杜佑以爲始於苻秦。按十六國春秋：「苻堅建元三年克枹罕，以彭奚念爲涼州刺史鎮之；七年以李辨爲河州刺史，領興晉太守，鎮枹罕，徙涼州治金城。」後爲西秦乞伏乾歸所據。乞伏氏嘗置北河州，鎮枹罕。十六國春秋：「乾歸太初二年枹罕羌彭奚念來歸，以爲北河州刺史。九年奚念入朝，以翟瑥爲興晉太守，鎮枹罕。熾磐永康元年遷於枹罕，暮末永弘二年焚城邑東走，故地皆入吐谷渾。」後魏太平真君七年置枹罕鎮，尋改爲河州，宋元嘉二年枹罕爲吐谷渾所據。二十年魏主燾伐吐谷渾，別將封敕文等取枹罕，置鎮於此。尋爲河州治。後周兼置枹罕鎮。隋郡廢，仍曰河州，煬帝又改爲枹罕郡。唐復曰河州，開元二十六年置鎮西軍於城内。天寶初曰安鄉郡，乾元初復爲河州。尋没於吐蕃，宋熙寧六年收復，仍置河州。金因之，亦曰平西軍。元曰河州路。元志：「吐蕃等處宣慰司亦置此。」明洪武初置河州衛，五年設河州府，轄寧河一縣。七年建陜西行都司，十年立河州左、右二衛。十二年省行都司及河州府縣，改置河州衛。以左衛調洮州，改右衛爲河州衛軍民指揮使司，領千户所六，守禦千户所一，隸陜西都司。景泰二年按會典作「成化九年」，通志作「七年」。復分置河州，編户四十里。屬臨洮府。今因之。

州控扼番、戎，山川盤鬱，自昔西垂多釁，枹罕嘗爲戰地，蓋犄角河西，肘腋隴右，州亦中外之要防矣。明初置茶馬司於此，以制番命資國用。其後漸弛。一統志：「洪武七年於河州治東南立茶馬司，永樂九年於洮州治西亦立茶馬司。」四裔考：「洮、河二州茶馬司，蓋洪武二十五年所置。初，曹國公李景隆奉使市馬，以茶五千餘觔，得馬一萬三千五百餘匹。正統十四年遣行人四人視茶政，成化二十四年以御史一人代之。又洪武二十六年製金牌信符，頒給諸番，遇有差發，合符乃應。正統十四年停金牌，成化十七年給烏思藏諸番王及長河西魚通寧遠等宣慰司勅書勘合，令貢時四川、陝西驗入。後因亦不剌之亂，金牌散失，嘉靖二十八年兵部議「金牌不可數給，宜給勘合，如成化故事」，從之。烏思藏等詳四川諸番。弘治末都御史楊一清言：「唐時回紇入貢，即以馬易茶。宋熙寧間行之，所謂『摘山之産，易廐之良』，無害而有利者也。我朝納馬謂之差發，如田之有賦，身之有庸，非虐使於番，因納馬而酬茶，體尊名順，非互市交易之比。且西番爲中國籓籬，其人本非孝子順孫，徒以資茶於我，絶之則死，故俛首服從。此制番之上策，前代略之而我朝獨得之者也。頃自金牌制廢，私販盛行，失利垂六十年。豈徒邊方乏騎乘之用，將來彼番無資於我，跳梁自肆，將生意外之憂，撤籓籬之固，甚非計也。請申明舊制，使番族各供差發。」蓋河、洮二州，實爲西番之襟要，故茶、馬二司特設於此，至今藉其利云。

枹罕廢縣，今州治。漢縣，屬金城郡。後漢屬隴西郡。應劭曰：「枹罕羌侯邑也。」〔五〕漢因以置縣。建安十九年曹操遣夏侯淵討宋建於枹罕，破斬之。蜀漢延熙十八年姜維伐魏，自枹罕趨狄道是也。晉廢。永寧中張寔復置，屬晉興郡。張駿時爲河州治，永和三年石虎將麻秋等來攻，不能克。苻秦亦置河州於此。義熙三年姚秦叛將彭奚念據枹罕，五年西秦乞伏熾磐攻拔之。後魏太平真君四年敗吐谷渾，取枹罕城。七年置枹罕鎮，尋置州。隋、唐時州郡皆治此。宋熙寧六年置枹罕縣，而州治寧河縣，蓋析枹罕增置也。九年俱省入河州。崇寧四年升寧河砦爲縣。金貞元二年復置枹罕縣，仍爲州治，元復省。通志：「今州西七十里有枹罕廢城，疑宋所置。」今州城周九里有奇。

大夏城，在州東北八十里。漢縣，屬隴西郡，後漢因之。永元九年燒當羌迷唐寇隴西，殺大夏長，即此。晉縣廢。惠帝時張軌復置，屬晉興郡。張駿又置大夏郡治焉，取縣西大夏水爲名。永和二年石虎將麻秋克金城，進取大夏，又攻枹罕不克，退保大夏。太和二年凉張天錫擊叛將李儼，克大夏、武始二郡，儼自隴西退屯枹罕。後魏皇興三年亦置大夏郡於此，尋復爲縣，屬金城郡。隋初郡廢，縣屬河州。唐初因之，貞觀初縣廢，五年復置，廣德後没於吐蕃。會昌三年吐蕃亂，其將論恐熱屯大夏，謀并鄯州。鄯州帥尚婢婢遣將龐結心等擊之，至河州南，伏兵險阻，論恐熱來戰，大敗。宋復河州，縣廢。志云：大夏城西南二十里有金劍山及金劍城，前凉張駿時嘗置金劍縣於此。水經注：「大夏故城在枹罕西南，北臨洮水。」似悮。○疊蘭城，舊志云：在大夏城西南。晉時前凉張軌所置，義熙七年乞伏乾歸徙羌衆於疊蘭，以兄子阿柴爲興國太守鎮之。八年乞伏公府弑乾歸走保大夏，熾磐使其弟智達討之。公府奔疊蘭城，就其弟阿柴，智達復攻拔之。後爲吐谷渾所廢。

白石城，在州西。漢縣，屬金城郡。闞駰曰：「白石城在狄道縣西北二百八十里，有白石山在其東，因名。」元帝永光二年，隴西羌彡姐旁種反，遣馮奉世率任立、韓昌到隴西，分屯三處：立爲右軍，屯白石；昌爲前軍，屯臨洮；奉世爲中軍，屯首陽西極上。前軍到降同阪，先遣校尉在前，與羌争地利，又别遣校尉救民於廣陽谷。兵少，皆爲羌所敗，乃益兵破走之。後漢白石縣屬隴西郡，永元十年劉尚等討叛羌迷唐等不克，徵還。謁者王信、耿譚代領其兵，信屯枹罕，譚屯白石，叛羌以次降附。晉廢。惠帝時張軌復置，屬晉興郡，改爲永固縣。太和二年張天錫攻叛將李儼於枹罕，儼求救於苻秦，王猛自略陽馳救，使別將姜衡屯白石，即此城也。後魏縣廢。隋末李軌復置永固縣，屬河州。唐貞觀七年廢縣，改置烏州。十一年州廢，置安鄉縣，仍屬河州。天寶初改爲鳳林縣，後廢於吐蕃。其地有鳳林關。唐書吐蕃傳：「咸通中尚延心獻款，高駢收鳳林關。」是也。彡姐讀曰兖紫。

治城，在州西北百十里。晉時前凉張氏所置城也。宋元嘉六年西秦南安太守翟伯承等據罕幵谷以叛，西秦王暮末擊破之，進至治城。既而河西王蒙遜至枹罕，遣子興國攻定連，暮末逆擊興國於治城，擒之。八年赫連定滅西秦，畏魏人之逼，擁秦民自治城濟河，欲擊河西王蒙遜而奪其地。吐谷渾王慕璝使其弟慕利延等乘其半濟擊之，執定以歸。後魏時分金城郡置建昌郡，治城縣屬焉，後又析置東涇郡於此。後周郡縣俱廢。○譚郊城，在治城西北。晉義熙七年西秦乞伏乾歸克秦水洛城，徙民三千餘户於譚郊，因城其地。八年徙都之。宋元嘉六年河西王蒙遜遣子興國攻乞伏暮末於定連，暮末擊擒之於治城，追擊蒙遜至譚郊是也。

定連城在州東南。或曰晉時後凉呂光所築。宋元嘉三年西秦乞伏熾磐爲夏主昌將呼盧古所攻，自枹罕遷保定連。呼盧古入枹罕南城，秦將趙壽生戰却之。六年河西王蒙遜伐秦，秦王暮末復自枹罕遷保定連。既而所署西安太守莫者幼眷據幵川以叛，暮末討之，敗還定連。七年吐谷渾慕璝襲秦定連不克，尋没於吐谷渾。胡氏曰：「幵川亦枹罕左右地也。」

列渾城，在州西南百八十里。宋永初二年西秦乞伏熾磐遣乞伏孔子率騎擊鐵汗秃真於羅川，大破之。尋以乞伏是辰爲西胡校尉，築列渾城於汁羅以鎮之。汁羅即羅川矣。又武成故城，在州南。前凉所置武成郡也。西秦乞伏國仁亦置武城郡於此，後爲吐谷渾所廢。○赤水城，在今州南。晉義熙八年西秦乞伏乾歸擊吐谷渾阿若干於赤水，降之。水經注：「赤水城亦曰臨洮東城。」魏收志「魏真君六年改故臨洮縣爲臨洮郡，領赤水縣」，即此城矣。後周廢。

臨津城，在州西北百二十里，下臨河津。晉時前凉置臨津縣，屬興晉郡，後爲吐谷渾所廢。水經注：「河水自澆河東流，經邯川城，又東逕臨津城北、白土城南，爲緣河津渡之處是也。」隋曰臨津關，大業五年自將伐吐谷渾，出臨津關渡黄河至西平，即故臨津城矣。澆河、邯川俱見西寧衞。○石泉城，在州西北。晉義熙十二年西秦乞伏熾磐攻秦洮陽公彭利和於㴂川，沮渠蒙遜攻石泉以救之，熾磐聞之引還，遣兵救石泉是也。㴂川，見洮州衞。

鹽泉城，在州西百八十里。唐開元二十六年，隴右節度使杜希望將鄯州之衆奪吐蕃河橋，築鹽泉城於河左，置鎮西軍治焉。後没於吐蕃，亦置鎮西軍於此。會昌三年吐蕃亂，其洛門守將論恐熱舉兵謀篡，忌鄯州鎮將尚婢婢，引兵擊之，至鎮西，即此。○天成城，在州西八十里。唐天寶十三載於索恭川置天成城，又於州西百餘里置雕窠城，爲戍守處。至德初陷於吐蕃。

寧河城，在州南六十里。吐蕃所置香子城也。宋熙寧六年王厚攻拔香子城，遂平河州，因置寧河砦，崇寧四年改置寧河縣。金仍屬河州，元因之，後廢爲鎮。明初復置縣，尋廢。又宋置寧河縣，復於州東四十里置寧河砦。金廢。元至元九年復於吐蕃西界立寧河站云。○安鄉城，在州東北五十里。吐蕃所置城橋關也。宋熙寧中收復，元符二年賜名安鄉關。金因之，亦曰安鄉關城。元升爲安鄉縣，屬河州，元末廢。

定羌城，在州南九十里。本吐蕃所置阿諾城，宋熙寧六年改曰定羌。八年吐蕃木征復圍河州，王韶自熙州馳救，諸將議趨河州，韶曰：「賊圍城，恃有外援耳。」乃直趨定羌城，破西番結河川族，斷夏國通路，進臨寧河，分命偏將入南山。木征知援絶，拔柵去。金亦曰定羌城。元升爲縣，河州路嘗治此，元末廢。○木藏城，在州西南。吐蕃所置，宋熙寧中王韶破吐蕃阿諾、木藏城，此即木藏城也。

講朱城，在州西南百里。本番族所置，宋熙寧中收復。元祐二年熙河將姚兕破鬼章於此。尋復爲番族所據。元符二年復取之，尋棄不守。崇寧二年復修築講朱城。金廢。又循化城，在州西南百三十五里。本名一公城，宋元符二年收復，尋廢，崇寧二年改曰循化城。又州南有當標城，亦番族所置。元符中收復，崇寧二年改爲安疆砦。金廢。宋志：「講朱、錯鑿、一公、當標四城，俱在州南。」○來羌城，在州西北三十里；俱又有懷羌城，在州西南九十里；俱宋崇寧二年王厚開邊所取番地，因築城戍守。尋俱廢。

踏白城，在州北。亦吐蕃所置。宋熙寧七年吐蕃首領鬼章誘知河川景思立、偏將王寧會於踏白城，伏發，二將俱没。八年王韶解河州之圍，復還熙州，以兵循西山，遶踏白城後，燒賊廬帳，木征窮蹙來降是也。

平夷城，州西南四十里。唐開元二年置平夷守捉於此，後廢。又漁海城，亦在州境。郭子儀破枹罕十寨，取漁海等五縣，蓋吐蕃所置縣也。○歷精城，在州西，近西寧衛境。宋史：「治平中唃厮囉子瞎氈居龕谷，瞎氈子長木征居河州，少瞎吴叱居銀川，而唃厮囉少子董氈與其母喬氏居歷精城，即此。」龕谷，見前金縣。

積石山，州西北七十里。兩山如削，黄河中流，俗所謂小積石也。附詳名山。○鳳凰山，在州東十二里。山形若鳳，故州亦有鳳林之名。又牛脊山在州南二十里，又南四十里有驚驄嶺，俱以形似名也。

雪山，州西南百五十里。接洮州番界。四時皆有積雪，一名雪嶺。又山石如骨露，一名骨露山。宋熙寧六年王韶復河州，會洮、岷降羌復叛，韶回軍擊之，吐蕃木征遂據河州。韶進破阿諾、木藏城，穿露骨山南入洮州境，道陿隘，釋馬徒行，木征復自河州尾官軍，韶擊之而走，即此也。

萬頃原，在州北二里。四望寬平，居民稠密。其上又有重臺原。志云：州東西百里，南北五十里，唐及五代俱名廣大原，昔時番、漢所駐牧地也。

葵谷，在州東。晉太和二年涼張天錫擊叛將李儼於隴西，别將常據敗儼兵於葵谷，即此。亦謂之奴葵谷。義熙八年西羌彭利髮襲據枹罕，乞伏乾歸討之，至奴葵谷，利髮棄衆南走，乾歸遣將追擊之於清水。清水在今金縣界。○罕幵谷，在州西。宋元嘉六年河西王蒙遜伐西秦，西秦南安太守翟承伯等據罕幵谷以應河西。水經注：「隴右白石縣東有罕幵渡，又東則枹罕故城也。」

沙阜，在州東。晉永和三年石趙將麻秋等據大夏，略涼河南地，張重華使謝艾等拒之。别將楊阜敗趙將劉寧於沙阜，寧退屯金城。

黄河，在州北。志云：黄河下渡直州北六十里之剌麻川，路通莊浪，謂之剌麻川渡；黄河上渡直州西北百二十里之積石關，路通西寧，謂之積石渡。積石渡亦謂之石城津，晉太元初苻秦將苟萇濟自石城津，〔六〕蓋謂此。

大夏河，在州南三里，即灕水也。一名白水，其上源爲白石川。水經注：「白石川水南經白石城西而注灕水。灕水又經白石城南，東至枹罕，下流入於河。」是也。今有大夏橋，在州西三里，跨水上。志云：大夏川在故大夏縣西，縣以此名。唐會昌三年吐蕃叛將論恐熱屯大夏川，即此。○洪河，在州西南二里。又州南二十里有牛脊河，州東六十里有廣通河，俱合大夏河入於黃河。

湫池，在州西北積石關西。周迴三十里。池岸萬木森然，雅著靈異，土人號爲顯神池。一統志「州西北六十里有龍湫」，即湫池矣。又州東三十里有淺湖橋，相傳上古時州地皆湖，禹疏鑿入於河，湖始爲陸。今州東十里有槢橋，開鑿之迹猶存。王象之曰：「州東有地名河川，川東西二里，南北十五里，即舊湖地」云。

積石關，州西北百二十里。明初置茶馬司於河州，此爲市易之處，有官軍戍守。東去積石山五十里。○土門關，在州西九十里。又州西北九十里有老鴉關。二關俱有官軍防戍。

殺馬關，州西南百二十里。輿程記：「州西南六十里爲寧河驛，又西六十里爲殺馬關。其林麓控搤足以守禦，自此而西舉足浸高。又行一日至嶺西，其地益高，蓋與西域相出入處。」元遺都實訪河源，路出於此。

雞項關，在州西北。唐大中四年吐蕃叛將論恐熱遣兵於雞項關南造橋，以擊尚婢婢於鄯州。胡氏曰：「關在河州界。」又河藍關，亦在州西北，近黃河岸。唐志：「河州有河蘭關。」○通會關，在州東南五十里。宋志：「熙寧七年置。」通略云：「紹聖五年置。」金置寨於此，元廢。又鳳林關，在州西鳳林廢縣。見上白石城。又安鄉關，在州東北安鄉廢縣。臨津關，在州西北故臨津城。俱見前。又州西有綏遠關，亦宋崇寧三年置。金廢。

曲柳戍，在州東北。前凉張氏置戍處。晉永和三年石趙將麻秋等擊凉，據大夏攻枹罕，進軍屯河南，别將劉寧、王擢略地晉興、廣武、武街至於曲柳。胡氏曰：「曲柳在洪池嶺北。」似悞。時趙軍未渡河而北也。

赤岸戍，在州西北。水經注：「河水自左南而東逕赤岸北，亦謂之河夾岸。」秦州記：枹罕有河夾岸。蓋戍守要處也。晉永和三年石趙將麻秋等克凉金城、大夏諸郡，張重華使謝艾拒之，進軍臨河，秋敗退。既而重華使章瑁屯於河夾，麻秋襲敗之。河夾即赤岸戍也。

南川砦，州西南七十里。宋熙寧七年置南川堡，尋改爲南川砦，元符二年羌帥鬼章城洮州以居，引兵攻宋之南川砦，即此。金仍爲南川砦，元廢。又回樂砦，在州南境。宋熙寧六年吐蕃木征復入河州，王韶遣將度洮略定南山地，築回樂砦結河、當川二堡，破訶訥城，又城香子，盡逐南山諸羌，遂取河州城之。訶訥即阿諾城之訛矣。

東谷堡，州東十五里。唐會昌四年吐蕃叛將論恐熱攻鄯州，爲尚婢婢所拒，退保東谷。婢婢爲木栅圍之，絶其水源。恐熱脱圍走保薄寒山，衆皆降於婢婢是也。宋熙寧七年置東谷堡於此。薄寒山，見鞏昌府。

通津堡，州西南百六十里。本番境之南達堡，宋熙寧中收復，崇寧三年改名通津堡。其東四十里即安疆寨矣，西北至西寧衛境之大通故城亦四十里。○來同堡，在南川砦東九十里，番名甘撲堡，熙寧中收復，崇寧中改築，賜名來同。又臨灘堡，在安鄉關西四十里。堡北至黄河四十里。宋志：「州西南又有閻津堡，亦宋崇寧中置。」通志：「今州北百八十里有大通河堡，州西北百二十里有弘化寺堡，俱爲戍守處。堡各有倉。」

銀川驛。在州西六十里。舊志云：踏白城東有銀川站，黄河所經，驛蓋因舊名也。又西六十里曰長寧驛。又和政驛，在州南六十里。又南六十里有定羌城驛，與州治西南之鳳林驛爲五驛。

附見

河州衛。在州治西。詳見河州沿革。又河州茶馬司，在衛治東南。詳亦見前。

歸德守禦千户所。在衛城西七百里。永樂四年建，隸河州衛。

洮州衛，東至岷州衛一百五十里，南至廢疊州生蕃界一百二十里，西至生番界九十里，北至河州三百十里，自衛治至布政司一千六百七十里，至京師四千二百二十里。

禹貢雍州地，秦、漢以來皆諸戎所居。括地志「秦地西至臨洮」，即洮州也。後屬吐谷渾，爲沙州地。李延壽曰：「吐谷渾部内有黄沙，周數百里，因號沙州。」晉太元中乞伏乾歸以吐谷渾視羆來降，拜爲沙州牧是也。後魏敗吐谷渾，取其地置洪和郡，屬河州。後復没於吐谷渾。後周武帝逐吐谷渾，以其地置洮陽郡，尋立洮州。隋初郡廢而州如故，大業初改州爲臨洮郡。唐復爲洮州，開元十七年併入岷州。旋復置臨州，二十七年又改爲洮州，通典：「儀鳳二年置漠門軍於城内，屬隴右節度。」天寶初亦曰臨洮郡，乾元初復曰洮州。後没於吐蕃，號臨洮城。後唐長興四年内附，置保順軍。置軍於洮州，兼領鄯州。尋復爲西番所據。宋元符二年收復，尋棄不守。大觀二年復得臨洮城，仍置洮州。宋史：「大觀二年收清臧川以爲洮州。」金、元因之，明洪武四年置洮州衛軍民指揮使司，領千户所六，皆在衛城内。隸陝西都司，弘治中改屬固原鎮。今仍爲洮州衛。

衛西控番、戎，東蔽湟、隴，據高臨深，控扼要害。明太祖嘗言「洮州西番門户」，今衛西、南兩境皆接生番，而人性勁悍，善憑險阻，西偏保障，有攸賴矣。

臨潭城，衛西南七十里。即古洮陽城也，亦謂之會城。沙州記：「嶓城東北三百里有會城，城臨洮水。」漢章帝建和三年羌攻南部都尉於臨洮，帝遣馬防、耿恭救之，諸羌退聚洮陽，即此城也。蜀漢景曜五年姜維伐魏侵洮陽，即此。晉惠帝時嘗置洮陽縣，屬狄道郡，後爲羣羌所據。宋元嘉四年洮陽羌叛，西秦乞伏熾磐使其將吉毗招慰之，爲羌所敗。既而吐谷渾據之。後魏太平真君中敗吐谷渾，置洪和郡，吐谷渾附屬焉。太和十五年吐谷渾王伏連籌輒修洮陽城，魏攻拔之，其後魏亂，遂有其地。後周初賀蘭祥伐吐谷渾，拔其洮陽、洪和二城，置洮陽郡，兼置洮州。隋廢郡，州治美相縣，以洮陽縣并入。唐貞觀四年置臨潭縣，屬旭州。八年廢旭州，以縣屬洮州，是年徙州治焉。後没於吐蕃，曰臨洮城。宋大觀中仍置洮州，開禧二年金人以韓侂胄敗盟，遣將分道入寇，完顏綱出臨潭，即此城也。元移州於今治，故城遂廢。宋白曰：「唐臨洮郡城本名洮陽城，前臨洮水，甚險固，即吐谷渾故城」云。今衛城，蓋明初所修築，周九里有奇。

美相城，在衛南。即侯和城也。水經注：「洮水經洮陽城，又東經洪和山南，〔七〕城在四山中，又東經迷和城北。」蜀漢景曜末姜維侵洮陽，魏鄧艾與戰於侯和，維敗績。晉咸和中涼張駿因前趙之亂，收河南之地，至於狄道，置武街、石門、侯和、漒川、甘松五屯護軍，與後趙分境。侯和以下皆在今衛境。又太和二年苻秦將王猛討叛羌斂岐於略陽，岐奔白馬，猛遣將追之，使別將王撫守俟和。後魏太和十五年吐谷渾王伏連籌輒修洮陽、泥和二城，置戍。枹罕鎮將長孫百年攻拔之，置洪和郡，領水池、藍川、覃川等縣。後周改置美相縣，屬洮陽郡。按俟和、迷和、泥和、洪和即一城也，音轉耳。隋爲洮州治，唐貞觀八年移州治洮陽川，仍置美相縣，屬洮州，天寶中并入臨潭。○水池城，在衛北百六十里。後魏真君四年伐吐谷渾，置水池郡，尋改爲縣，屬洪和郡。神龜初河州羌却鐵忽反，自稱水池王，詔源子恭討平之是也。西魏以覃川縣省入，後周改縣曰覃川，隋初郡廢，縣屬河州。唐廢。衛北又有覃川城，後魏延興四年置，屬洪和郡，西魏廢入水池縣。

洮源城，在衛南。後周置金城縣，并立旭州，又置通義郡治此。隋開皇初郡廢，十八年改縣爲美俗，大業初州廢，又改縣曰洮源，屬臨洮郡。唐初亦置旭州，武德五年吐谷渾寇洮、旭、疊三州，岷州總管李長卿擊破之是也。貞觀八年州廢，縣并入臨潭。後周書「武帝置旭州於河州之鷄鳴防」，即此城矣。

廣恩城，衛西百六十里。後周置廣恩縣，并置廣恩郡。隋初郡廢，縣屬洮州，仁壽初改縣曰洮河，大業初又改洮陽。唐縣廢，置廣恩鎮。天寶十三載隴右節度哥舒翰奏於所開九曲地置洮陽、澆河二郡，洮陽郡蓋置於此。後沒於吐蕃。又衛境有汎潭廢縣，後周置，隋開皇十一年改曰臨潭，亦屬洮州，唐初廢。澆河，見西寧衛。

疊州城，衛南百八十里。歷代爲羌、戎地，後周武成三年逐諸羌始置恒香郡，〔八〕尋又置疊州，治疊川縣。隋開皇初郡廢，大業初州廢，以縣屬臨洮郡。唐復置疊州，治合川縣，天寶初曰合川郡，乾元初復曰疊州。志云：以羣山重疊而名也。後沒於吐蕃。○合川廢縣，唐疊州治也。後周置疊州，治疊川縣，而於合川縣置西疆郡。隋開皇初郡廢，唐爲州治。又有樂川縣，亦後周置，屬疊州，隋屬洮州，唐初亦屬疊州。貞觀五年又置安伏、和同二縣，以處黨項，尋俱省入合川縣。劉昫云：「合川縣舊治吐谷渾馬牧城，〔九〕武德三年移於交戍城」云。

常芬城，在衛南。後周置，又立恒香郡治焉。隋初郡廢，以縣屬扶州，大業中屬同昌郡。唐武德元年置芳州於此，兼領恒香、丹嶺二縣。神龍初廢芳州，以常芬縣隸疊州，又以恒香、丹嶺二縣省入。後廢。宋白曰：「後周武成三年逐吐谷渾，乃於三交築城置甘松防，又爲三川縣，隸常香郡。建德三年始改三川爲常芬縣，置芳州，以地多芳草而名也。」○封德城，在衛境。西魏置，〔一〇〕又置芳州及深泉郡治焉。隋初郡廢，大業初州廢，縣屬同昌郡。唐武德初以縣省入常芬。又理定廢縣，在封德故城西，西魏置，隋初廢入封德縣。

甘松城，在衛西南。蜀漢景曜末姜維敗於侯和，退屯沓中，司馬昭遣鄧艾自狄道趨甘松、沓中以綴姜維。志云：甘松本生羌地，張駿置甘松護軍於此。乞伏國仁時置甘松郡。後魏以白水羌朝貢亦嘗置甘松縣，以甘松嶺爲名。今四川松潘衛境之甘松山是也。新唐書：「甘松山在洮水之西。」吐谷渾居山之陽。

漒川城，在衛南。晉義熙十一年西秦熾磐攻姚秦洮陽公彭利和於漒川，元熙元年復遣將攻之，利和奔仇池，因置益州鎮漒川是也。亦謂之南漒，宋元嘉三年西秦征南將軍吉毗鎮南漒，隴西人辛澹據城逐之，澹旋奔仇池，熾磐因移置梁州於南漒，亦即此城矣。七年没於吐谷渾，城廢。

西傾山，衛西南二百五十里。此即禹貢之西傾也。恒水、洮水皆源此，亦曰彊臺山。詳見名山。

東隴山，在衛城東。番人於此耕種。明洪武十二年洮州十八族番長汪舒朶兒等叛，沐英討之，賊遁去，築城於東隴山南川，留兵戍之。疏聞，上曰：「洮州爲西番門户，城之，是扼其喉矣。」命置洮州衛於此。英進討叛酋，悉破擒之。○玉笋山，在衛北五里。志云：山高聳，登眺可見數百里外。

石嶺山，在衛北十五里。山勢峭拔，草木不生。上有關曰石嶺關。又白石山，在衛西九十里。山多白石。衛志云：洮州形勝，白石峙其西，黑石距於東。是也。今衛東有黑石關。

素羅汗山，在州西。唐書：「武后萬歲登封初王孝傑、婁師德與吐番戰於此，敗績。」○黑松嶺，在衛東三十里。上多松樹，松嶺關在其上。

哥龍峪，在衛東北。宋元祐二年种誼自洮東擊鬼章，使岷州番將爲前鋒，由哥龍峪宵濟進至洮州，壁青臧峽，大敗鬼章兵，遂克洮州。青臧峽，或云在衛城東。今衛城亦曰青臧城。○五牟峪，或云在衛北境。宋熙寧九年吐番鬼章寇五牟峪，敗去，即此。又冷地峪，在衛東五十里，與岷州衛分界處也。

洮河，衛南三十五里。源出西傾山，其上源亦曰强川，東北入岷州衛境，下流合湟水入於大河。詳見大川洮河。○南河，在衛城南。源出白石山，亦東北流入於洮河。

白水江，在衛西南五百里。源出香臧族，東流經廢疊州，又東入岷州境。紀勝云「西傾山綿亘深遠，接番族中。白水江出其陽，即禹貢之桓水」云。

朶的河，衛西三百里。源出川撒兒朶的族，南流入洮河。又納憐河，在衛西七百里。源出哈臧族，西北流入於黄河。○野庬河，在衛西。源出西傾山，經西番東境，北流五百餘里入黄河。

莫何川，在西傾山北。晉義熙初吐谷渾爲乞伏乾歸所敗，其王大孩走死，樹洛干嗣立，帥衆奔莫何川，沙、漒諸戎悉附之。又宋元嘉三年西秦乞伏熾磐爲沮渠蒙遜及赫連昌所敗，徙其境内老弱畜産於澆河及莫何、仍寒川是也。仍寒川，或曰在西傾西南。胡氏曰：「州境又有莫何山，在西傾東北。」

磨環川，在衛西。唐天寶十三載，隴右節度使哥舒翰破吐蕃於臨洮西關磨環川，於其地置神策軍。宋祁云：「軍置於洮州西磨環川也。」會要云：「時置洮陽郡於此，又於郡内置神策軍，去臨洮郡二百里。至德中淪於吐蕃。」沈括曰：「宋熙寧五年王厚平河州，又出馬蘭川，擒木征母弟結吴叱，破洮州。」馬蘭，即磨環之訛矣。

度周川，舊志云：在臨洮塞外龍涸之西。晉隆安二年，乞伏乾歸弟益州敗吐谷渾王視羆於此，視羆走保白蘭山，遣子爲質以請和。白蘭山，見後西寧衛及西番。

長柳川，在衛西南。晉義熙九年乞伏熾磐擊吐谷渾支旁於長柳川，破之。又擊破吐谷渾别統掘逵於渴渾川，其地亦在洮州西南。又乞伏乾歸破鮮卑於渴渾川，應在今靖遠衛界。

泣勤川，在衛南。晉義熙九年，西秦乞伏熾磐遣兵擊吐谷渾别部句旁於泣勤川，大破之。又堯杆川，在州西南。晉義熙十三年，熾磐遣其子安樂將軍木奕干擊吐谷渾樹洛干，破其弟阿子干於堯杆川，樹洛干走保白蘭山。或曰川蓋洮水支流，隨地異名也。

石嶺關，在衛北石嶺山上。又松嶺關，在衛東黑松嶺上。○洮州關，在衛西南三十里。又舊橋關，在衛東南四十里。新橋關，在衛西南四十里。諸關俱有官軍戍守。

黑石關，在衛東四十里。又衛東四十五里有三岔關，衛東五十里有高樓關。○羊撒關，在衛北六十里。又衛北九十里有大嶺關，衛北百四十里有八角關，亦俱有官軍防守。

沓中戍，在衛西南。姜維與鄧艾戰於侯和，敗績，退住沓中。既而司馬昭侵漢，遣鄧艾自狄道趨甘松、沓中以綴姜維。艾奉命遣王頎等攻維於沓中。胡氏曰：「沓中在諸羌中，即沙、漒之地。晉義熙十一年乞伏熾磐攻後秦漒川，師次沓中，即此地也。」

通岷砦，衛東南四十里。宋置。又衛南有甘溝砦。○定秦堡，在衛東北。吐蕃所築。唐大歷三年鳳翔帥李晟出大勝關，至臨洮，破吐蕃定秦堡是也。又劄龍溝堡，在衛東南百里。明成化十年栗林等番族嘗攻此。栗林見岷州衛。志云：衛東六里有鶴城鎮，吐谷渾所置。

納憐站。在衛西。洪武十二年洮州十八族番酋三副使汪舒朶兒、癭嗉子、阿卜商等叛，據納憐七站，命沐英討擒之，即此。

岷州衛，東北至鞏昌府二百四十里，南至階州六百三十里，西至洮州衛百五十里，北至臨洮府百五十里，自衛治至布政司千五百五十里，至京師四千一百里。

禹貢雍州地，後爲西羌所居。秦屬隴西郡，一統志云：爲臨洮縣地。漢、晉因之，西魏始置岷州及同和郡。其地名渠株川。北史：「大統十六年宕昌國亂，羌酋傍乞鐵忽據渠株川，史寧討平之，因置岷州。」隋初郡廢，大業初州廢，以其地屬臨洮郡，義寧二年復置岷州。〔二〕唐因之，天寶初改曰和政郡，乾元初復曰岷州，後陷於吐蕃。宋熙寧中收復，仍置岷州。亦曰和政郡。紹興初没於金，置祐州。十二年收復，改置西和州。徙治長道縣之白石鎮。即今鞏昌府西和縣。元復置岷州於此。明洪武十一年置岷州衛軍民指揮使司，領千户所四，守禦軍民千户所一。隸陝西都司，弘治中改屬固原鎮。嘉靖二十四年增設岷州，四十年復故。今仍爲岷州衛。

衛東連秦、隴，西達河、湟，北阻臨、鞏，南控階、文，雖僻在一隅，而道路四通。一縱一横，未易當也。豈惟形援河、洮，爲西偏之翼蔽而已哉？

溢樂城，今衛治。本秦臨洮縣地，西魏置溢樂縣，爲岷州及同和郡治。隋改爲臨洮縣，大業初屬臨洮郡，義寧二年復改爲溢樂縣。唐爲州治。宋省入祐川縣，其城遂廢。明初建衛，因舊基築城二，東西相連，周九里有奇。志云：今衛城即秦時臨洮故城。悮。

祐川城，在衛東五十里。本西魏溢樂縣地，後周置祐川郡，治基城縣，隋郡縣俱廢。唐初復置基城縣，屬岷州。又置祐川府，屯兵於此。先天二年避玄宗諱改曰祐川，後廢。宋崇寧三年復置祐川縣爲岷州治，紹興中屬西和州。元廢。○和政城，在衛東八十里。後周置洮城郡，郡尋省，保定初置和政縣。隋初屬岷州，大業初屬臨洮郡，唐復屬岷州，後没於吐蕃。

當夷城，在衛西。後周置縣，又置洪和郡於此。郡尋廢，以縣屬同和郡。隋改屬岷州，煬帝初改屬臨洮郡。唐仍屬岷州，神龍初并入溢樂縣。又衛境有博陵城，後周置博陵郡，領博陵、寧人二縣，隋初俱省入當夷縣。

宕州城，衛南百二十里。古西羌地，晉末西羌別種保聚於此，曰宕昌國。宋元嘉初宕昌王梁彌忽遣子彌黄入貢於魏。尋爲仇池所并。九年楊難當以兄子保宗爲鎮南將軍，鎮宕昌是也。既而羌復有其地。昇明二年宕昌王梁彌機初立，魏主宏遣使拜爲征南大將軍、梁益二州牧、河南王。齊永明初亦拜彌機爲河、梁二州刺史。三年彌機死，國亂，魏拜彌機兄子彌承爲宕昌王。六年齊以彌承爲河、凉二州刺史。梁天監四年魏以宕昌世子梁彌博爲宕昌王。既而梁亦以彌博爲河、凉二州刺史、宕昌王。大同七年宕昌王梁仚定爲下所殺，弟彌定立。大寶初國亂，西魏遣將宇文貴、史寧討定之。後周保定四年梁彌定屢寇周邊，周將田弘擊滅彌定。天和初置宕州，兼置宕昌郡。隋初郡廢，大業初復改州爲宕昌郡。唐復曰宕州，天寶初曰懷道郡，郡治懷道縣。舊志云：懷道縣亦後周置，兼置甘松郡於此。隋初廢郡，以縣屬宕州。唐始移宕州治此，乾元以後没於吐蕃。宋熙寧六年王韶拔宕州，通洮山路，吐蕃木令征以岷州降，因置宕昌堡，屬岷州。時運蜀茶市馬於岷。及金人據洮州，遂并番市於此，歲市馬數千。今衛南百二十里有宕昌驛。一統志云：「宋綱馬憩息之所也。」

陽宕城，在衛東南百十三里。後周所置縣，爲宕昌郡治。隋開皇初郡廢，十八年改爲良恭縣，大業初仍爲郡治。唐屬宕州，後没於吐蕃，大中間收復，廢縣爲鎮。宋建隆三年以良恭鎮并入大潭，熙寧中復爲良恭鎮。元廢。又和戎城，在衛東南。亦後周置，屬宕昌郡，隋屬宕州，唐因之，後廢入良恭縣。○階陵城，在衛東南二百八十里，近鞏昌府成縣界。後魏志：「太平真君四年置階陵縣，屬仇池郡。」後周并入倉泉縣。倉泉，今成縣之廢上禄縣也。

索西城，在衛東北九十里。後漢建初二年金城、隴西羌反於臨洮，車騎將軍馬防討之。道險車不得方駕，防設奇破之。索西、迷吾等羌降，防乃築索西城，徙隴西南部都尉戍之，悉復諸亭候。元和三年迷吾乃退居河北之歸義城。水經注：「洮水自臨洮縣東北流過索西城，又北出門峽，又東北逕桑城東。」通典：「索西城一名臨洮東城，又名赤城。」今桑城見狄道縣。

麴城，在衛東百里。其地名翅上，亦曰烏翅，蓋翅訛爲麴也。蜀漢延熙十二年姜維出隴西伐魏。因麴山築二城，使其將句安等守之。魏雍州刺史陳泰曰：「麴城雖固，去蜀險遠，當須運糧，雖維來救，山道險遠，非行兵之地也。」遂圍麴城，斷其運道及城外流水。維來救，不能達。麴城降於魏，因置戍守於此，爲拒蜀要地。後廢。

鐵城，在衛東北。宋熙寧六年收復岷州，明年置鐵城堡。元置鐵州於此，與岷州並屬脱思麻路。後廢。明太祖命李文忠討西番，從洮州鐵城取道而出是也。一統志：「西和州東十八里有鐵城。」〇梅川城，在衛東北三十里。今爲梅川寨，兼置遞運所於此。又酒店城，在衛東北四十里。今爲酒店子寨，并置驛於此。又有顛角城，在衛南百三十五里。亦曰顛角砦。一統志：「梅川、酒店與顛角爲三古城，今俱有官軍戍守。」又下城，在衛北。宋嘉定十二年四川帥安丙遣王仕信、宋質俊等伐金。發宕昌及下城，宋質俊自下城克來遠鎮是也。來遠鎮，見鞏昌府寧遠縣。

岷山，在衛城北。山黑無樹木，洮水逕其下，州以此名。相傳禹見長人受黑玉書於此。又城南里許有金通山，山勢嵯峨，亦名金童山。〇崆峒山，在衛西二十里。通典「秦蒙恬築長城起於崆峒山，自山傍洮水而東。今州境有古長城」云。宋祁曰：「漢武帝踰隴西登崆峒蓋在此。」悮矣。

冷落山，衛東五十里。盛夏陰晦即雨雪，因名。今有冷落山寨，爲官軍戍守處。又衛東百二十里有遮陽山，以日影爲山所蔽也。又貴清山，在衛東百五十里。頂平衍，可耕種。

牛頭山，在衛東南。魏收志階陵縣有牛頭山。五代志：「牛頭山在成州上禄縣界，又東北即麴山也。」姜維伐魏，依麴山築城，使將守之。魏陳泰圍麴城，維引兵救之，出牛頭山，與泰相對。泰敕諸軍各堅壘勿與戰，使郭淮轉趨牛頭截維還路。淮進軍洮水，維懼退走，麴城遂降於魏。胡氏曰：「牛頭山在洮水南，以形似名。」

普魯嶺，衛東七十五里，爲岷、鞏衝要處。或云即左要嶺也。宋熙河路總管關師古與劉豫兵戰，敗於此，遂以洮、岷地降。今有普魯嶺寨，官軍屯戍於此。○分水嶺。在衛南四十五里。下有分水嶺河。又摩雲嶺，在衛東南百五十里。下臨白水江。宋有臨江砦，初屬秦州，熙寧中改屬岷州，砦蓋置於此。

望曲谷，在衛西。後漢建初二年馬防破諸羌於臨洮，其衆皆降，惟封養種豪布橋等屯望曲谷不下，防復擊破之。水經注：「望曲在臨洮西南，去龍桑城二百里。」龍桑或即桑城矣。見前臨洮府狄道縣。

洮河，在衛城北。自洮州東北流至此，又北流入臨洮府界。詳見大川。○疊藏河，在衛城東門外，源出分水嶺，下流入於洮河。

茘川河，衛東南九十里。舊有茘川砦，以此爲名。東南合於閭井河。○閭井河，在衛東南百四十里。源出秦州禮縣之没遮攔山，流入馬淳河。宋亦置閭川寨於此。又馬淳河，在衛東南百八十里，合諸川之水俱東北流入漳縣境合於漳水。又衛東南二百八十里有良恭河，舊良恭縣以此名。其下流入於白水江。

白水江，在衛南百五十里。自洮州流入境，又東北流入西和縣境。鄧艾屯白水以拒姜維處也。三國志：「姜維自牛頭引去，鄧艾料維且復還，郭淮因留鄧艾屯白水北。」又有洮城，去鄧艾屯六十里。姜維使廖化軍白水南，自引軍渡白水襲洮城。艾覺之，潛軍馳據其城，維引還。今洮州城去白水甚遠，或衛境更有洮城歟？張舜民畫墁録：自岷州趨宕州，沿水而行，稍下行大山中，入棧路，或百十步復出，略崖險岑，不可乘騎，必步至臨江寨，得白江，至階州復七八日。」其所經皆使傳所不能達也。

石關，在衛東百五十里。或以爲前凉張駿所置石門護軍即此關云。○茶埠峪寨，在衛東十五里；衛東六十里有永寧堡寨，又東十五里爲弄松堡寨；又鵶山寨，在衛東南三十五里；俱官軍戍守處也。

曹家堡，在衛西十五里。又西有中寨、野狐橋、冷地峪三寨。志云：野狐橋在衛西四十里。又十五里爲冷地峪，衛與洮州接界處也。○木昔寨，在衛西南十里。又西南有胡麻溝、鹿兒壩、柏樹植、鎮羌、三岔五寨，俱官軍戍守處。

栗林寨，衛南十五里。又南爲陵兀赤、分水嶺、哈答川、賞家族、脚力、高樓鋪、何家鋪、顛角、宕昌、老鼠川凡十寨，衛軍戍守於此。○水磨溝寨，在衛北五十里；又北二十里有馬崖子寨；向俱設官軍防守。

床川砦，在衛南。宋志：「元豐二年岷州之床川、荔川、閭川寨及通遠軍寨置牧養十監。」是也。通遠見鞏昌府。

遮陽堡。衛東百二十里。宋熙寧五年置，屬岷州，七年改隸鞏州，元豐初復隸岷州，以遮陽山而名。又宋志：「岷州北有轂藏堡，亦熙寧中置。」一統志：「在西和縣西十里。」悮。○西津驛，在衛西四十里，又九十里而至洮州衛。志云：衛治西今有岷山驛。

西固城軍民千户所。在衛南四百里。元置漢番軍民上千户所，明初改今名，隸岷州衛。城周三里有奇。今仍曰西固城。

沙川，在所西十里。有橋跨其上。又所城北有三眼泉，引流而北，與沙川俱北入於白水江。

化石關。所北九十里，又所西南三十里有平定關，皆官軍戍守處。

校勘記

〔一〕晉永和三年石虎將王擢擊張重華　「永和三年」，底本原作「永初二年」，晉無「永初」年號，鄒本、晉書卷一〇七石季龍載記、本書同卷曲柳戍下均作「永和三年」，今據改。又「王擢」，底本「擢」作「櫂」，誤，今亦據鄒本及晉書石季龍載記改正。

〔二〕有硇沙洞洞産硇沙　「硇」，底本原作「硐」，敷本、鄒本作「硇」。宋史卷四九〇高昌傳云：「北庭北山出硇砂。」敷、鄒本作「硇」是，今據改。硇沙，礦物名，可供藥用，亦可作火藥。

〔三〕後漢靈帝中平二年　「中平」，底本原作「初平」，按初平爲漢獻帝年號，此必有誤。今核諸後漢書卷八靈帝紀、卷七二董卓傳，張温遣周慎追圍榆中事在靈帝中平二年，則此「初平」乃「中平」之訛，今據改。

〔四〕馬銜山　底本原作「馬衔山」，今據鄒本改。大明一統志卷三六、明志卷四二作「馬寒山」，本書同卷狄道縣馬寒山下云「亦名馬銜山」，則馬銜山即馬寒山也。

〔五〕枹罕羌侯邑也　漢志卷二八下有金城郡枹罕縣，應劭注云：「故罕羌侯邑也。」本書誤「故」爲「枹」。

〔六〕苟葨濟自石城津　「自」，底本原作「白」，今據職本、鄒本改。

〔七〕又東經洪和山南　「洪」，底本原作「共」，今據鄒本及水經河水注改。

〔八〕恒香郡　「恒」，底本原作「五」，今據鄒本及隋志卷二九、元和志卷三九、寰宇記卷一五五改。

〔九〕合川縣舊治吐谷渾馬牧城　「縣」，底本原作「城」，今據舊唐志卷四〇、寰宇記卷一五五改。

〔一〇〕封德城在衞境西魏置　封德之設，諸本隋書均作「後魏置」，惟明毛氏汲古閣本及清淮南書局本作「後周置」，而考諸周書卷六武帝紀及元和志卷三九、寰宇記卷一五五，此地秦、漢及後魏皆諸羌所有，至後魏爲吐谷渾侵據，周明帝武成中西逐諸戎，始有其地，則建州立縣當在後周，非西魏也。

〔一一〕義寧二年復置岷州　底本原無「二」字，今據職本、鄒本及舊唐志卷四〇補。

讀史方輿紀要卷六十一

陝西十

榆林鎮，東至山西偏頭關百六十里，西至寧夏後衛七百二十里，南至延安府綏德州三百里，北至黄河千餘里，自鎮治至布政司一千一百二十里，至京師二千五百里。

春秋時白翟地，戰國屬趙。秦始皇時爲上郡地，漢屬西河郡，後漢因之，建安中荒棄。魏志：「漢建安二十年省雲中、定襄、五原、朔方郡。」晉爲并州徼外地，其後屬於苻秦，尋爲赫連夏所據。後魏仍爲上郡地。後周置開光郡，隋廢郡以地屬綏州，大業中屬雕陰郡。唐屬銀州，開元中屬銀川郡。宋没於西夏。元屬綏德州，明初因之。正統間河套多故，景泰中乃設戍守於榆林舊堡。成化九年陝撫余子俊改築舊城，置榆林衛，統千户所五，俱在衛城内，弘治九年又展築焉。尋爲重鎮。今爲榆林鎮，亦設榆林衛。

鎮截河套之衝，固延、綏之守，自鎮以北，皆戰國時雲中、九原地也。史記：「趙武靈王二十六年復攻中山，攘北地至燕、代，〔一〕西至雲中、九原。二十七年西北略胡地，〔二〕欲從雲中、九原直南襲秦。」其後趙益衰，匈奴强，遂入居河南。秦始皇三十三年使蒙恬斥逐匈奴，收河南地，爲四十四縣。築長城，因地形用制險塞，起臨洮，至遼東，延袤萬餘里。又渡河據陰山，逶迤而北，謂其地爲新秦。薛瓚曰：「秦逐匈奴，收河南地，徙民以實之，謂之新秦。」漢亦曰新秦中，元狩二年徙貧民於關以西及充朔方以南新秦中是也。又元鼎五年北出蕭關，從數萬騎獵新秦中。楚、漢之際，匈奴復熾，乘間南渡河，冀復收蒙恬所奪地，大爲邊患。漢武元朔二年斥逐匈奴，遣衛青等度西河，歷高闕，收河南地。是時遣衛青、李息等出雲中以西至隴西，擊走匈奴樓煩、白羊王，遂取河南地。主父偃言：「河南地肥饒，外阻河，蒙恬城之，以逐匈奴，內省轉輸戍漕，廣中國，備邊之本也。」乃築朔方城，立朔方郡，繕故秦蒙恬所爲塞，因河爲固。自朔方築而匈奴始衰，其後遂入朝於漢。及後漢順帝永建初，隴西羌亂，西河、上郡、朔方皆殘破。四年虞詡上疏，謂：「三郡沃野千里，水草豐美，土宜產牧，宜復營城邑，事耕屯。」從之。自魏、晉以降，中原多故，其地遂淪於異域。及劉衛辰據之，亦雄長河西。赫連勃勃復起於此，兼有關、隴。後魏之季，宇文泰亦以夏州發跡，遂并關中矣。唐貞觀以後，聲教訖於漠外，而邊備未密，河西、朔方時有闌入之慮。景龍二年張仁愿擊突厥，奪取漠南地，於河北築三受降城，首尾相應，以絶其南寇之路。大曆二年郭子儀言：「朔方國之北門，西禦羌、戎，北虞玁狁，五城相去五城謂靈武、定遠及三受降城也。凡三千里。」蓋自秦至唐，禦戎上策恒在大河以北也。唐末拓跋恭據有夏州，延及宋世，强狡益甚，陝西六路皆爲困弊，歷祚三百餘年，始爲蒙古所并。豈非關中上游恒在朔方之驗歟？明初李文忠定大同，西略豐州，遂即勝州城東勝以統套內之地。九邊攷：東勝州統套內獨樂、木禾、白土、奢延、臯狼、圁陰、鴻門、圁陽、朔方、窳渾、渠搜、臨戎十二縣。按諸縣俱漢舊名，屬上郡、朔方、西河三郡，後代久廢，豈明初嘗以置城堡歟？又圁陽或訛爲羅陽。是時自東勝迤西路通寧夏皆有墩臺墻塹，永樂初見亡元遠遁，始移治延、綏，棄河不守。正統中稍稍多事，乃築榆林等城堡二十有三，於其北三十里沙漠平地築瞭望墩臺，往南三十里硬土山溝則埋軍民種田界石，列營積糧，以絕寇路。成化七年撫臣余子俊言：「延、慶邊山崖高峻，乞役丁夫，依界石一帶山勢曲折剷削，令壁立如城，高可二丈五尺，山坳川口，連築高垣，或掘深塹，相度地形，建立墩堠，添兵防守，此不戰而屈人兵之計。」九年修築始就。五邊考：「正統中有寧夏副總兵黃鑑奏：『於偏頭關、東勝州黃河西岸，地名一顆樹起，至榆溝、沙迷、都六鎮、沙河、海子山、火石腦兒、鹻石海子、回回墓、紅鹽池、百眼井、甜水井、黃沙溝至寧夏黑山觜、馬營等處，共立十三城堡、七十三墩臺，東西七百餘里，實與偏頭、寧夏相接，惟隔一黃河。』議者以地平漫難據，已之。繼而延、綏鎮守都督僉事王禎始奏築榆林城，創沿邊一帶營堡墩臺，累增至二十四所，列營積糧，以爲固。景泰中邊臣徐亨奏禎擅棄原守寨堡移入腹裏，恐邊寇占據所棄寨堡以爲巢穴，於是勅禎候春暖河開，仍往原寨守備，事不果行。蓋榆林邊堡，實自王禎始之也。又景泰中總兵石亨議將延、綏一路營堡移從直道，以府谷堡移柴關故城等處，孤山、東村二堡移野蘆川，神木堡移楊家城，柏林、高家二堡移石落澗，雙山堡移直溪灘，榆林城移樺林白澗灘，響水、波羅二堡移白土窯，土門堡移白臘峰，大兔鶻堡移濫柴闕，龍州城移北城，塞門堡移古窯，清邊營移蒯河，寧塞營移察罕腦兒等處，直與安邊、定邊相對。時亦以徙置煩勞，不果。成化二年兵部郎中楊琚條列邊事，謂如黄鑑之説，既省戍兵，且易偵望，而寧夏東路與偏頭關河邊營堡俱在内地，與列堡數十而棄膏腴於境外者孰優？石亨移堡之説，猶未如鑑之包括盡善也。議亦不行。是年邊臣王復言：『延、綏境府谷等一十九堡俱極邊要地，必須增置那移，庶爲易守。宜將府谷堡移出芭州舊城，東村堡移出高漢嶺，響水堡移出黑河山，土門堡移出十頃坪，大兔鶻堡移出響鈴塔，白洛城堡移出磚營兒，塞門堡移出榆柳莊，不唯東西直捷，亦水草便利。内高家堡至雙山堡，雙山堡至榆林城，寧塞營至安邊營，安邊營至定邊營，相去隔遠，合於交界處地名崖寺子、三眼泉、柳樹澗、瓦楂梁各添哨堡，以相聯絡。』從之。七年余子俊復徙平夷、清平、鎮靖三堡於舊城。以平夷水脉頓涸，清平、鎮靖又去水太遠，因復徙舊城，而新堡亦撥兵戍守。九年以後，營堡始鮮議徙者矣。」東起清水營紫城巖，西訖寧夏衛花馬池邊界，創修安邊營及置建安、常樂、把都河、永濟、安邊、新興、石澇池、三水、馬跑泉八堡邊墻，東西長一千七百七十餘里，而榆林漸爲完固。弘治中撫臣文貴以屯田多在邊外，於是修築大邊，防護屯田，而以子俊所築者爲二邊。正德初制臣楊一清言：「河套之地，饒水草，宜五穀，本吾内地，初非寇巢。其地有受降城，據大河三面之險，當千里之蔽。國初舍受降而衛東勝，已失二面之險，又輟東勝以就延、綏，則以一面之地，遮千餘里之衝，遂使套中六七千里之沃壤，爲寇甌脱，外險盡失，寧夏屯卒反備南河，此陝西邊患所以相尋而不可解也。宜因時設策，一舉而廓清之，復收東勝，因河爲固，東接大同，西接寧夏，耕屯牧放，亘千百里，以壯軍實，以息內運，庶陝西可息肩耳。」時劉瑾專政，議遂寢。嘉靖十年督臣王瓊復議修榆林邊，謂：「大邊中間率多平地，築墻高厚不過一丈，可壞而入，當先修之，務使崖塹深險，墻垣高厚。」然功卒不成。二十五年督臣曾銑又言：「邊墻歲久傾頽，不異平地，宜分地定工，次第修舉。西自定邊，東至龍川堡，計長四百四十餘里，爲西段；自龍川堡而東至雙山堡，計長四百九十餘里，爲中段；自雙山堡而東至黃甫川，計長五百九十餘里，爲東段。今鎮分三道，以西段爲靖邊道，中段爲榆林道，東段爲神木道。歲修一段，期以三年竣事。」又言：「河套爲我必守之地，自寇據套爲穴，深山大川，勢反在彼，彼得出没自由，東西侵掠，守禦煩勞，三秦坐困，故套患不除，中國之禍未可量也。臣嘗審度機宜，較量彼我，當秋高馬肥，弓矢勁利，糾合醜類，長驅深入，彼聚而攻，我分而守，此彼利而我詘之時也。及冬深水枯，分帳散牧，馬無宿藁，日漸羸瘠，比及春深，賊勢益弱，我則淬勵戈矛，多備火器，練兵秣馬，乘便而出，此我利而彼詘之時也。爲今禦邊者不乘彼之詘，而用吾之利，常使得因其利而制吾之所詘，是以有敗無勝。爲今之計，宜益練士卒，多備矢石，每於春夏之交，攜五十日之餉，水陸竝進，乘其無備，直擣巢穴，材官騶發，礮火雷激，則寇不能支矣。歲歲爲之，每出益厲，寇勢必折，將遁而出套恐後矣。俟其遠去，然後因祖宗之故疆，竝河爲塞，修築墩臺，建置衛所，處分戍卒，講求屯政，以省全陝之轉輸，壯中國之形勢，此中興大烈也。夫臣方議築邊，又議復套者，蓋築邊不過數十年計耳，復套則驅斥凶殘，臨河作障，乃國家萬年之計也。」未幾銑爲嚴嵩、仇鸞所搆，論死。自是無議及河套者。隆慶中套寇吉能以俺答內附，亦願款塞，朝廷因而羈縻之云。九邊考：「明初設東勝衛於套北，又設延綏鎮於套南，藉如帶之河相爲犄角，與雲川、玉林衛所聲勢聯絡，以故關、陝、晉、雲之間宴無邊警。套地長幾二千里，横數百里，山川環列，原田沃饒。黄河自寧夏横城繞入北地，至山西老牛灣入中國。其中地與關中郊圻相接，若畫地而守之，每年防禦，唯在冬春四閲月，較易爲力。今棄爲異域，使寇雄長其中，南犯榆林則關、陜戒嚴，東犯偏關則晉、雲驚擾。唐築受降城能遏敵於河外，今守榆林乃養敵於套中，誠不知計所出也。又套以内地廣田腴，亦有鹽池、海子，初時敵少過河，軍士多耕牧套内，益以樵採圍獵之利，故諸堡皆稱豐庶。自套内充斥，諸利盡失，鎮城四望黄沙，不產五穀，不通貨賄，一切資糧皆仰給腹裏。又以邊邑凋敝多災傷，西安、延、慶三府悉改本色爲折色，於是軍用益窘，鎮城將士恒有枵腹之憂。説者謂榆林地險而防嚴，將士敢勇，戰不貫胄，敵每憚之，呼爲『騌駝城人馬』。然迫於寇門，糧道險遠，彼若以重兵壓境，更以奇兵駐魚河之地，即糧道阻絶，不三月而鎮城坐困矣。今黄河自陜城而上至綏德近境，春初皆可舟行，若計沿河郡縣，改徵本色，水陸接運而上，榆林可以少蘇。又添設倉場於延、寧、甘、固適中之地，以户部官主之，每鎮給與鹽銀十餘萬，令其糴買儲畜，一旦客兵應援，緩急不至無備，疆埸無事，儲蓄可以益廣。又或謂葭州至府谷逆流，舟楫可通，宜建倉庾於瀕河，徵本色於近縣，造舟轉運，以濟清水、木瓜、孤山等處。既以河流險峻，不果行，要皆非勝算矣。夫周命南仲城朔方而玁狁于襄，後世舉關、河要地拱手畀敵，使横據其中，長驅突犯，形勢日蹙，邊害日劇，獨何歟？萬曆中寧夏遊擊金城者建造四艘，蓄健兵器械於其中，乘黄河泛漲時自横城順流而東，月餘至老牛灣始還，頗有斬獲。兩岸敵騎聚觀，矢石莫敢近，内外共奇其功。夫復套、搜套，籌略之士有言之者，此亦出奇之一策歟？」

榆林城，今鎮城。故榆林莊寨也，屬綏德州。亦曰榆林堡。成化中始置衛於此，因舊城改築。弘治九年增拓舊城，建爲雄鎮。正德十三年幸榆林，明年始還。城周十四里有奇。西四門，東二門，南一門，凡七門。

夏州城，在鎮西北二百里。東南至綏德州四百里。周之朔方，秦爲上郡地，後没於匈奴。漢元朔二年逐匈奴，始置朔方郡，後漢末廢。晉亂，石勒并朔方，兼置朔州。義熙九年赫連勃勃於朔方水北、黑水之南築城，曰統萬，遂都焉。宋元嘉初勃勃名其四門，東曰招魏，南曰朝宋，西曰服凉，北曰平朔。後魏主燾始光三年襲統萬，大掠而還。明年復襲統萬克之，因置統萬鎮。太和十一年改置夏州及化政郡。魏史：「初，勃勃築統萬城，高十仞，基厚三十步，廣十步，宫墻高五仞，其堅可以礪刀斧。」太武克之，每言：「屈丐蒸土築城，而朕滅之，守國豈在城也。」永熙中宇文泰爲夏州刺史，因并賀拔岳之衆。大統二年東魏高歡襲取夏州，留兵鎮守。既而西魏復取之，改郡曰弘化。隋廢郡，復曰夏州。開皇六年，遣崔仲方於朔方以東緣邊險要，築數十城是也。大業三年改爲朔方郡。十三年梁師都據朔方，尋稱帝。唐武德五年延州總管段德操攻之，克其東城，師都保西城，會突厥救至，德操乃還。貞觀二年柴紹引軍攻取之，復置夏州。天寶初亦曰朔方郡，乾元初復故。貞元三年嘗置夏州節度。廣明初賜號定難軍，以授拓跋思恭，遂世據其地。宋淳化四年李繼捧鎮定難軍，以夏州合於繼遷，遣李繼隆入夏州執之。朝議夏州深在沙漠，奸雄因以竊據，乃毁其城，遷其民於綏、銀。既而復爲西夏所據，亦謂之平夏城。咸平中李繼遷徙綏州吏民之半置平夏，以爲巢穴。又黨項在夏州境者，亦曰平夏部也。元廢。宋白曰：「赫連勃勃於晉義熙九年蒸土築城，其城土白而堅，南有亢敵峻險，非人力所攻，迄今堆堞雖久，崇墉若新。」後唐長興四年遣安重進等攻李夷興於夏州，州城堅如鐵石，劚鑿不能入，又爲黨項所抄掠，糧運不繼，引還。夏人常恃爲險云。○朔方廢縣，唐夏州治也。本漢縣，屬朔方郡，晉廢。後魏置巖緑縣爲化政郡治，隋爲夏州治，唐貞觀二年改爲朔方縣。舊唐書巖緑亦作「巖銀」。

寧朔城，在廢夏州南。本朔方縣地，後周析置寧朔縣。隋因之，仍屬夏州。唐武德二年靈州總管郭子和襲梁師都寧朔城，克之。六年置南夏州於此。貞觀二年州廢，縣仍屬夏州。四年突厥亡，分突厥所統地置順、祐、長、化四州都督，又分頡利之地爲六州，左置定襄都督府，右置雲中都督府，以統其衆。劉昫曰：「時僑置定襄都督府治寧朔，雲州都督府亦僑置於朔方之境。」

長澤城，在廢夏州東南。漢置三封縣，爲朔方郡治。後漢朔方郡遷治臨戎，以三封縣屬焉。漢末廢。〔三〕後魏太和十三年置闡熙郡，〔四〕治山鹿縣，西魏析置長澤縣，又置大安郡及長州治焉。隋開皇初郡廢，大業初州廢，縣仍屬朔方郡。唐貞觀七年亦置長州於此，十三年州廢，還屬夏州。宋没於西夏，縣廢。又新囶城，亦在夏州東。後魏置，屬闡熙郡，隋開皇三年與山鹿縣俱廢入長澤。囶國同。

德靜城，在廢夏州北。本漢朔方縣地，或謂之什賁城。括地志：「夏州朔方縣北什賁城，即漢武遣蘇建所築朔方城也。」什賁之號蓋出蕃語。隋義寧二年置德靜縣，屬朔方郡。唐貞觀七年屬北開州，八年改北開州爲化州，十三年廢化州，縣仍屬夏州。宋白曰：「什賁故城即德靜縣治。」是也。

石堡城，在廢夏州東南。隋末梁師都所置。唐武德初延州總管段德操擊梁師都石堡城。三年師都將石堡留守張舉來降，既而其城復爲師都所取。五年段德操復自延州攻石堡城，師都自將救之，敗去。師都平，城廢。宋時夏人復置戍於此，元豐四年种諤克米脂，進攻銀、夏二州，破石堡城，遂進至夏州是也。

宥州城，在廢夏州西二百二十里。南至寧夏後衛百四十里。舊唐書：「調露初以突厥降户置曾、麗、含、塞、依、契凡六州於靈夏南境，以唐人爲刺史統之。長安四年并六州以爲匡、長二州，神龍三年置蘭池都督府，仍置六州隸之。開元九年蘭池州人康待賓反，誘諸降户攻陷六州地，進逼夏州。十年復分置曾、麗、契、塞四州，十一年克康待賓，遷其人於河南、江、淮之地。十八年又於此置匡、長二州。二十六年自江、淮放迴遷户，因於鹽、夏間置宥州處之，治延恩縣。天寶初曰寧朔郡，至德二載改爲懷德郡，乾元初復曰宥州，寶應後廢。元和九年李吉甫請復宥州，以備回鶻、党項，從之，因復於經略軍置宥州，十五年移治長澤縣，爲吐蕃所破。長慶四年夏州節度使李祐復於舊經略城置州。宋没於西夏。元豐中吕惠卿出鄜、延復宥州，旋復爲夏所陷。元廢。○延恩廢縣，故宥州治也。唐開元二十六年以廢匡州置。志云：天寶中王忠嗣奏置經略軍於榆多勒城，去宥州故城東北三百里，尋移經略軍於靈州城内，元和九年以宥州寄治經略軍，長慶中始移治於故經略城，延恩縣亦隨州移治焉。宋白曰：「六降州俱置於德静縣北。」

歸仁城，在廢宥州西南。唐初爲蘭池州之長泉縣，開元二十六年置歸仁縣，屬宥州。又懷德城，亦在廢宥州南，唐初爲塞門縣，旋廢。開元二十六年改置懷德縣，屬宥州。宋皆没於西夏，縣廢。○威戎城，在廢宥州東南。宋紹聖四年吕惠卿復宥州，築威戎、威羌二城是也。旋廢。

奢延城，在故夏州西南。漢縣，屬上郡，以在奢延水旁而名。後漢因之，漢末廢。又白土城，亦在夏州南。漢縣，屬上郡。高七年白土曼丘臣、王黄立故趙將趙利爲王以叛，即此。後漢仍屬上郡，後廢。漢志注：「圜水出白土縣西。」是也。

窳渾城，在故夏州西北。漢縣，屬朔方郡，西部都尉治此。漢志注：「縣有道，西北出雞鹿塞，又有屠申澤在縣東。」水經注：「屠申澤東西百二十里，闞駰以爲渾澤也。」後漢縣廢。○臨戎城，在廢夏州西北。漢縣，屬朔方郡，後漢爲朔方郡治，後廢。縣北即高闕塞也。又臨河城，在臨戎城東。漢初屬朔方郡，武帝封代恭王子賢爲侯邑，後漢省。或曰唐西受降城即其地。

沃壄城，在廢夏州西。漢縣，屬朔方郡，後漢末廢。晉末赫連勃勃復置城邑於此，後魏平赫連置沃野鎮。後魏紀：「延興元年統萬、沃野二鎮勅勒叛，源賀討平之。正光四年沃野鎮民破六韓拔陵聚衆反，殺魏將。孝昌初拔陵爲柔然所破，乃棄沃野南徙渡河。」魏志沃野縣屬偏城郡，蓋於鎮城兼置縣也。後周保定四年楊忠約突厥伐齊，因引兵出沃野，尋引還。隋并縣入豐林。志云：縣地沃衍，水土盡黑，功省數倍，七月成熟，又有鹽官，後魏置鎮於此，又於沃野縣鹽澤北之黑池西置凉城郡。今故城猶在焉。胡氏曰：「魏平赫連置統萬、沃野二鎮，不在六鎮之列。」唐志：「魏沃野鎮城在天德軍北六十里。」風土記：「後魏改朔方故城爲沃野鎮，去統萬八百里。」似悮。○渠搜城，亦在廢夏州北。孔氏曰：「即禹貢所云渠搜之戎也。」漢爲渠搜縣，屬朔方郡，中部都尉治此，後漢廢。後魏太和二年亦置渠搜縣，屬代郡，蓋是時僑置郡於朔方境內。又廣牧城，在廢夏州東北。漢縣，朔方東部都尉治此，有鹽官。〔五〕三國魏省朔方，以縣屬新興郡，晉因之。魏收志廣牧縣屬朔州附化郡，蓋僑置於河東也。又魏末斛斯椿爲廣牧富昌人，豈廣牧嘗別爲一郡歟？

三交城，在廢夏州西。晉義熙初姚興以三交五郡鮮卑及雜部二萬餘落配赫連勃勃，使鎮朔方，勃勃因以叛。王氏曰：「朔方西有三交城，以旁有三交谷而名。」唐大中四年以平夏黨項未平，詔討之，定遠城使史元破黨項九千餘帳於三交谷，叛部悉定，即此地矣。蓋與寧夏衛東北接界。

烏延城，在廢夏州西南。唐長慶四年李祐爲朔方節度使，築烏延、祐川、臨塞、陰河、陶子等五城於蘆子關北，以護塞外。亦謂之五城。志云：五城俱在朔方縣境。或曰烏延城一名烏水城，亦曰烏城。唐武德八年突厥屯河南，入塞圍烏城，即此城矣。唐志朔方有烏水城。王氏曰：「烏城蓋在鹽州五原縣烏鹽池旁。」

木城，在故夏州東。晉義熙四年姚興遣將齊難討赫連勃勃於朔方，勃勃聞秦兵且至，退保河曲。齊難以勃勃遠遁，縱兵野掠，勃勃潛師襲敗之。難退走，勃勃追至木城，悉俘其衆是也。又幹羅孩城，在廢夏州東北。宋開禧三年蒙古攻西夏，克其幹羅孩城。唐志：「夏州北又有彌峨城。」○察罕腦兒城，在臨戎廢縣東。永樂中寧夏總兵柳升請修之，景泰中石亨請移寧塞營於此，皆不果。

勝州城，鎮東北四百五十里。北至黄河五里，東至黄河五十里，古戎狄地。孔氏曰：「戰國時林胡所居。趙武靈王北破林胡，其後李牧降林胡，皆此處也。」亦爲趙之雲中郡地，秦始皇伐趙取雲中、及秦并天下，此爲雲中、九原二郡地。亦謂之榆溪塞。史記：「秦却匈奴，樹榆爲塞是也。」漢爲雲中、五原二郡地，後漢末没於匈奴。隋開皇二十年始置勝州。大業三年改爲榆林郡，是年北巡至榆林，欲出塞耀兵，經突厥中指涿郡，突厥奉詔發榆林北境至其牙東達薊，長三千里，開爲御道。時又築長城，西距榆林，東至紫河。隋末爲梁師都所據，唐討平之，復置勝州。天寶初亦曰榆林郡，乾元初復故。宋亦曰勝州，尋没於西夏。遼人置東勝州於河東，後皆因之，而勝州遂廢。通典：「勝州東渡河至馬邑郡四百二十里，東南至合河關去樓煩郡二百五十里。」馬邑、樓煩，今山西朔州及嵐縣也。○榆林廢縣，故勝州治也。杜佑曰：「榆林，漢沙南縣地，屬雲中郡，後漢末廢。隋開皇六年置榆林縣，尋爲勝州治，唐因之。」五代梁貞明二年契丹阿保機破振武軍，勝州之民皆趨河東。石晉初以代北地割屬契丹，因置東勝州，縣亦遷治焉。

河濱城，在故勝州東南。古榆林縣地，或曰古河濱戍也。晉太寧三年劉曜遣劉岳擊斬後趙將石陀於河濱，蓋在此。唐貞觀三年置雲州於河濱，因置河濱縣。四年改爲威州，八年州廢，以縣屬勝州。通典：「縣東臨河岸，因名。」遼東勝州亦兼領河濱縣，金廢。

金河城，在故勝州黄河東岸。隋志：「開皇三年置陽壽縣及油雲縣，又置榆關總管，五年改置雲州，十八年改陽壽曰金河。二十年突厥啓民可汗來降，因移雲州於河東之大利城，遣將趙仲卿爲突厥啓民可汗築金河城，二縣俱廢。仁壽二年又置金河縣，帶關，屬勝州。」唐縣廢。○富昌城，在勝州西南。漢縣，屬西河郡，後廢。隋開皇十年復置，屬勝州。唐廢。漢志注：「富昌縣有鹽官。」

五原城，在故勝州西。漢置五原縣，屬五原郡，後漢因之。永和五年以南匈奴叛亂，徙朔方郡治五原。亦曰五原塞。晉志：「自北地郡北行九百里得五原塞。」地志：「五原：龍遊原、乞地干原、青嶺原、岢嵐正原、横槽原也。」環繞縣境，漢因以名縣。晉縣廢。後魏亦置五原縣，屬朔方郡。魏主嗣泰常五年，如五原。魏主詡正光五年，元彧與破六韓拔陵戰於五原，軍敗。明年元深擊拔陵，被圍於五原，深乘間還朔州。西魏大統五年宇文泰奉太子欽巡撫境内，自北長城東趣五原，還至蒲州。後周縣廢。隋開皇十九年使長孫晟築大利城以處突厥啓民可汗。晟以染干部落歸者益衆，大利雖在長城内，猶被雍虞閭抄掠，請移五原，以河爲固，於夏、勝二州間，東西至河，南北四百里，掘爲横塹，令處其内，使得任情畜牧。從之。時隋立染干爲啓民可汗，使與雍虞閭相攻殺也。魏收志朔州附化郡有五原縣。杜佑曰：「漢五原縣城在榆林縣西。」大利，見山西朔州。○太安城，在故勝州東北。魏收志「魏延和二年置太安郡於漢五原界，屬朔州」，即此。

曼柏城，在故勝州西。漢縣，屬五原郡，後漢因之，永平十八年置度遼將軍屯營於此，以防南、北匈奴交通也。永元六年南單于安國欲誅其右谷蠡王師子，師子遁入曼柏城。又延光二年鮮卑攻南匈奴於曼柏，即此。漢末廢。

美稷城，在故勝州西南。漢縣，屬西河郡，屬國都尉治焉。後漢建武中詔南匈奴徙居美稷之虎澤，又令使匈奴中郎將亦屯焉。永初三年南單于叛，圍中郎將耿种於美稷。永和五年南匈奴別部酋圍美稷，殺朔方、代郡長吏。又永壽元年南匈奴別部叛寇美稷。中平中以南匈奴寇亂，寄治於隰城縣界。今汾州府西北亦有美稷故城，是也。後漢末廢。

稒陽城，在廢勝州西南。漢縣，屬五原郡，東部都尉治此，後漢因之。漢志注「稒陽北出石門障得光祿城，又西北得支就城，又西北得頭曼城，又西北得虖河城，又西得宿虜城」云。後漢末廢。後魏主燾畋於稒陽，即此。○臨沃城，在稒陽縣東。漢縣，屬五原郡，後漢末廢。水經注「懷朔鎮城在稒陽縣光祿城東北」云。

金肅城，在故勝州東北。宋慶曆四年契丹主宗真伐夏，出金肅城，又分兵出南路、北路，三路濟河長驅入夏境四百里，不見敵，據德勝寺南壁以待。北路將蕭惠敗元昊兵於賀蘭山。後元昊僞請和，契丹主進次河曲待之。元昊敗其前鋒，乘勝攻南壁，契丹主大敗之。宣和五年遼主延禧爲金人所敗，夏人請遼主臨其國，遂自雲内渡河入夏境，次金肅軍北。遼志：「金肅州，契丹重熙十二年伐夏時置。」

河清城，在今肅州東北。遼志：「西夏歸遼，開直路趨上京，重熙十二年因建城，號河清軍。」宋靖康元年金人許以天德、雲內、金肅、河清四軍及武州等八館地界夏，約攻麟州，以牽河東之勢。夏人遂由金肅、河清渡河，取天德、雲內、武州河東八館之地。既復爲金人所取。

豐州城，在鎮西北七百里。通典云：「北至黄河四十里，西至黄河百三十里。」是也。自古爲外國地，戰國屬趙，秦屬九原郡。始皇三十五年使蒙恬通道，自九原抵甘泉，塹山堙谷千八百里。又三十七年東巡道死，行從井陘抵九原，從直道至咸陽是也。漢爲九原縣，五原郡治焉。元鼎五年匈奴入五原，謂此。後漢仍爲五原郡，漢末没於匈奴。苻秦得其地，亦置五原郡，後爲赫連夏所據。後魏延和二年置五原鎮，尋改曰懷朔，爲六鎮之一。太和十八年，魏主如懷朔鎮。正始初柔然侵魏之沃野及懷朔鎮，命源懷出行北邊。懷至雲中，柔然遁去。正光四年沃野鎮民破六韓拔陵叛，其黨衛可孤圍武川鎮，遂攻懷朔鎮，鎮將楊鈞拒守經年，外援不至，繼而武川陷，懷朔亦潰。孝昌中改鎮爲朔州，其後荒棄，以朔州寄治并州境内。水經注：「懷朔鎮城在漢光禄城東北。」胡氏云：「在漢五原郡稒陽塞外，其實即五原舊城矣。」隋開皇五年始置豐州於此，大業初又改爲五原郡，義寧初太守張長遜奏改歸順郡。唐初復曰豐州，武德五年突厥遣其郁射設入居五原，雲州總管略陽公道玄逐出之，斥地千里餘。六年州廢。貞觀四年以突厥降附，復置豐州，二十一年廢，二十三年復置。永淳二年突厥畔部寇豐州，議者欲遂棄之，遷百姓於靈、夏。唐休璟言：「豐州阻河爲固，居賊衝要，秦、漢以來列爲郡縣，土宜耕牧。隋季喪亂，遷百姓於寧、慶二州，致外寇深侵，以靈、夏爲邊境。貞觀之末募人實之，西北始安。今廢之，則河濱之地復爲賊有，靈、夏等州人不安業，非國家之利也。」乃不果棄。天寶初亦曰九原郡，乾元初復曰豐州。五代唐曰天德軍。石晉初爲契丹所有，曰應天軍，尋復爲豐州。後入於宋，慶曆初復爲夏人所陷，紹興中又没於金。金志：「皇統九年升州爲天德總管府，州守爲天德尹，大定初降爲天德軍節度。」元仍曰豐州，明初省。舊志：豐州東南去夏州五百里，去雲中故城四百二十里。一統志云：「廢豐州在大同府西北四百二十里。」悮矣。○九原廢縣，漢五原郡治也，後漢末廢，隋復置，大業末又廢。唐貞觀中豐州不領縣，惟領蕃户，永徽四年始復置縣爲州治。契丹得之，更置富民縣。金因之，元省縣入州。志云：豐州城前後有雞延城及郎君城，漢、唐時屯戍處也。明洪武七年敗寇於豐州，置戍於此。後廢。

永豐城，在故豐州東。後周保定三年置永豐鎮，隋開皇五年置縣。唐志：「武德六年省，永徽元年復置，屬豐州。」後爲契丹所廢。又安豐廢縣，亦在豐州東南。隋開皇十一年置安化縣，屬豐州，後廢。唐永徽中改置安豐縣，仍屬豐州，唐末廢。○蒲澤廢縣，亦在故豐州東。漢元朔中置，屬國都尉治焉。後漢廢入九原縣。

宜梁城，在故豐州東。漢縣，屬五原郡，後漢末廢。闞駰曰：「宜梁城在五原西南六十里，世謂之石崖城。大河經宜梁、九原二縣間，其津濟之處謂之金津。」○西安陽城，在故豐州東北。漢縣，屬五原郡，後漢末省。

成宜城，在豐州界。漢縣，屬五原郡。漢志注：五原中部都尉治原高，西部都尉治田辟。顔師古曰：「辟讀壁。二都尉皆治縣界。」後漢建武二十六年詔立南匈奴庭，去五原西部塞八十里，時南匈奴單于比屬漢，與北匈奴分二國也。又縣有鹽官。後漢末縣廢。○河陰城，在豐州西南。漢縣，屬五原郡，後漢末廢。又有河目城，在廢豐州東。亦漢縣，屬五原郡，後漢省。

中受降城，在廢夏州北八百里。戰國時屬趙，秦爲九原郡地，漢屬五原郡，後漢末没於外。唐爲豐、勝二州地，景龍二年張仁愿於黄河北岸築三受降城：以拂雲堆爲中城，南直朔方；西城，南直靈武；東城，南直榆林。三城各據津要，相距皆四百餘里，地皆大磧，斥地三百里而遠。開元二年移安北大都護府治中受降城，置屯田。杜佑曰：「安北府東至榆林三百五十里，西至九原三百五十里，北至回紇界七百里，南至朔方八百里，即中受降城也。」二十一年置朔方節度使於靈武，三受降城皆屬焉。宋白曰：「中城西行二百里至大同川，北行二百四十餘里至步越多山，又東北三百餘里至帝割達城，又東北至諾真水」云。又曰：「中城西北至天德軍三百里，南至麟州四百里，北至磧口五百里。」

西受降城，在廢豐州西北八十里。志云：本漢朔方郡臨河縣舊理所，唐景龍二年張仁愿置城於此。開元初爲河所圮，總管張説於城東别置新城。元和七年河溢，城南面多毁壞。八年振武帥李光進請修受降城兼理河防，李吉甫請移治於天德故城，李絳、盧坦以爲：「舊城當磧口，據敵要衝，得制匈奴上策。又豐水美草，邊防所利。今避河患，退二三里可矣，奈何捨萬代久安之策，爲一時省費之謀？况天德故城僻處确瘠，去河絶遠，烽候警急，不相應接，寇忽唐突，勢無由知，是無故而蹙國二百里也。」城使周懷義奏，利害與絳、坦同，上卒用吉甫策，於是西城遂廢。通典：「西城去靈武千餘里。」宋白曰：「西城西南至定遠城七百里，東北至磧口三百里。」

東受降城，在廢勝州東北二百里。本漢雲中郡地，唐景龍二年張仁愿置城於此，天寶初王忠嗣并受降、振武爲一城。元和七年振武河溢，東城毁。寶曆元年振武節度使張惟清以東城濱河，徙置綏遠烽南。其城在勝州東北八里，朔州西北四百里。會昌二年回鶻爲黠戛斯所敗，屯天德、振武北境，李德裕請修東、中二受降城以壯天德形勢是也。通典：「故東城去靈武千六百餘里。」宋白曰：「東受降城東北至單于都護府百二十里。」〇振武城，在廢勝州東北。唐天寶初王忠嗣置振武軍於東受降城東百餘里，既而合東城、振武爲一。賈耽曰：「振武城在朔州北三百五十里，本漢定襄郡之盛樂縣。」今詳見山西大同府廢盛樂縣。

天德城，在中受降城西二百餘里。古大同川地，隋大同城故墟也。宋白曰：「大同城故墟在牟那山鉗耳觜之地，東南至中受降城二百里，西南渡河至豐州百六十里，西至西受降城百八十里，北至磧口三百里，西北至橫塞軍二百里。」天寶八載朔方節度使張齊丘於中城西二百餘里之木剌山築城，號橫塞軍，以郭子儀爲軍使，譯語謂之可敦城。十二載安思順奏廢軍，請於大同川西築城，改名天安軍。乾元中復西南移四里，權居永清柵，號天德軍。元和八年河溢，西受降城西南面多毀壞，李吉甫密陳便宜，請修天德城以安軍鎮，曰：「西城是開元十年張說所築，今河水毀其半，不堪重修。其子城猶堅，量留千人足得居住。按天德舊城在西城正東微南百八十里，其處現有兩城，永清柵即隋大同城，去本城約三里，城甚牢小，今隨事宜置，仍存天德軍額。北城周迴十二丈，天寶十二載安思順所置。其城居大同川中，當北戎大路，屬禄山，有事爲賊將破毀，遂移永清柵。今別置理所於西城，力所不足，實非遠圖。若於天德舊城隨事增飭，因有移換，仍取西城隸天德軍，別置使名，自爲雄鎮，可以讋服殊鄰。」詔從之。於是移天德理舊城，舊城即安思順所築也。唐回鶻傳：「元和末回鶻以三十騎至鸊鵜泉，詔天德城備禦。會昌中嗢没斯降，以天德爲歸義軍，授嗢没斯爲軍使。」乾符初黨項、回鶻寇天德軍。唐末屬於李克用，既而契丹阿保機襲黨項，破天德，盡掠吏民以歸，城遂廢。其後契丹置招討司，漸成井邑，於是復置天德軍治焉，屬西京道。宋政和中遼主延禧爲女真所逼，亡走天德，即此。金廢。唐志：「中城西二百里大同川有天德軍，大同西有天安軍，皆天寶十二載置。」又會要云：「天寶八載張齊丘於木剌山置橫塞軍，十三載郭子儀爲軍使，以地偏不可耕，徙築永清，號天德軍。」似俱未核也。

大同城，在中受降城西二百二十里。古大同川也，東去木剌山二十里，西南去永清柵五里。有古大同城，隋所置也。開皇十九年突厥謀攻大同城，遣漢王諒等分道擊却之，即此。唐天寶三載朔方節度使王忠嗣築大同、靜邊二城，徙清塞、橫野軍實之。後改置天安軍，尋復移永清柵。貞觀中渾瑊破阿布思，復與諸軍城永清軍及天安軍，後復廢。舊書「貞元十五年置安樂戍，在河西壖；其東壖有古大同城，元和八年李吉甫奏移西受降城於天德軍」云。永清柵即隋大同城，其實非一城也。宋祁曰：「自夏州北渡烏水，行五百三十餘里過橫水，又行百十九里至安樂戍。」或曰橫水在山西大同境，祁說亦悮也。

安北城，在黃河北岸。唐貞觀二十一年鐵勒、回紇等十三部内附，永徽初即古單于臺置燕然都護府，分領羈縻府州。龍朔三年改爲翰海都護府，移置於磧北回紇部落。總章二年又改爲安北都護府，開元二年王晙移治中受降城，十年移置於豐、勝二州間。天寶四載置陰山縣爲府治，至德初又改爲鎮北都護府，大歷八年又徙治天德軍。新志鎮北都護兼領大同、長寧二縣，蓋大曆後於天德境内置。元和志：「單于臺在今西受降城東北四十里，漢武北巡登單于臺是也。」劉昫曰：「安北府北至陰山七十里，至回紇界七百里。」

單于城，在安北府東，黄河北岸。唐永徽初置翰海都護府，分領羈縻府州。龍朔三年改燕然都護府爲翰海，而徙翰海都護府於雲中古城，號雲中都護，磧以北蕃州悉隸翰海，南隸雲中。麟德元年更爲單于大都護府，垂拱二年改鎮守使，聖曆元年又改屬安北都護。開元二年復置單于都護，天寶四載府置金河縣，大曆八年徙置振武軍。杜佑曰：「單于都護府南至榆林郡百二十里，東南至馬邑郡三百五十里。」胡氏曰：「二都護所領羈縻府州，分合錯雜，記載詳略不同，當時賈耽、李吉甫或未殫究矣。」

大成城，在鎮東北。漢置縣，屬西河郡，後漢屬朔方郡。亦曰大城。永元六年鄧鴻等擊南匈奴逢候於牧師城，追破之於大城塞，即此。晉義熙三年柔然獻馬於姚秦，〔六〕至大城，赫連勃勃掠取之，遂叛秦。五年勃勃掠秦民實於大城，置幽州牧鎮之。既又略後秦略陽，徙其民於大城。後魏廢。牧師城，今見山西汾州府。

增山城，在鎮東北。漢縣，屬西河郡，〔七〕後漢廢。漢志注：「縣有道，西出眩雷塞，爲北部都尉治。」又鴻門城，在鎮東。亦漢縣，屬西河郡，後漢廢。漢志注「縣有天封苑，又有火井，火從地出」云。○平定城，在鎮東南境。漢縣，屬西河郡，後漢初爲西河郡治。東觀記：「平定縣南去離石五百九里，永和五年以南匈奴別部敗亂，乃徙治離石。」

虎猛城，在鎮東北。漢置縣，屬西河郡，西部都尉治焉。王莽天鳳二年，匈奴遣使至虎猛制虜塞下。六年莽遣使至制虜塞，誘脅匈奴大帥須卜當，即此。後漢省。

敬本故城，在中受降城北四十里。壕塹深峻，可以堅守。賈耽古今述：「以地理求之，前代九原郡城也。趙武靈欲從雲中、九原直南襲秦，即此地矣。」又范夫人城，在黄河北岸。漢將所築。應劭曰：「范夫人，漢將妻也。嘗保此，因名。」征和三年李廣利出五原塞，匈奴要擊廣利於夫羊勾山陿，廣利擊破之，乘勝追北至范夫人城。服虔曰：「夫羊，地名，勾山，西山也，俱在五原塞外。」

代來城，在鎮北。亦謂之悦跋城。晉太元初苻秦滅代，分代地自河以西屬劉衛辰，以東屬劉庫仁。既而衛辰叛，劉庫仁擊破之，追至陰山西北千餘里。堅尋以衛辰爲西單于，屯代來城。太元十六年拓跋珪破衛辰之子直力鞮於鐵岐山南，乘勝追之，自五原金津南濟河，徑入衛辰國，直抵其所居悦跋城是也。又魏主燾神䴥三年，徙勑勒降户於河西，勑勒謀西奔凉州，使劉絜屯五原河北，安原屯悦跋城以備之。胡氏曰：「代來城在北河西，金津當在五原郡宜梁、九原二縣間。」

黑城，在鎮境黄河北。舊志云：在五原河北。是也。晉太元十二年劉衛辰屯代來城，遣子直力鞮出稒陽塞，侵魏及黑城。二十六年慕容垂遣子寶伐魏至五原，收穄田百餘萬斛寘黑城，進軍臨河，時魏已滅劉衛辰居河南也。○龍州城，在鎮西南二百五十里。或以爲即西夏所置龍州也。元廢。今爲戍守要地。

屋竇城，在鎮北。北魏主嗣泰常七年，自雲中西巡，至屋竇城。志云：城西有薛林山。又綏遠城，在衛東北。唐志：古雲中城西五十里有綏遠城，靈、夏以北蕃落所居也。又西南六十里有定戎城。又落思城，在塞北。宋開禧初蒙古鐵木真攻西夏，破力吉里塞，經落思城，大掠而還。○筆架城，在鎮西北。嘉靖四十五年套寇嘗陷此。

紅山，在鎮北五里。山皆紅石，地近沙阜，因築紅山墩於上龍峽。有水自沙漠來，從石穴流下，陡落數千仞，合於黑水。又馬神山，在鎮東北二里。秋祭馬社於此，因名。

黑山，在鎮南十里。水草甘美，正統中朔騎内侵，率由此駐牧。成化中始築塞堡，并種柳萬株，以防衝突，山下黑水出焉，合大川河流遶衛城。又有黑山，在中受降城正北稍東八十里，亦謂之殺胡山，亦謂之呼延谷。晉義熙十年北燕馮跋遣其將萬陵帥騎送柔然斛律還國，陵憚遠役，至黑山殺斛律而還。後魏神䴥二年伐柔然，自將出東道黑山，師還至黑山，以所獲班賜將士。唐調露初，裴行儉大破突厥餘黨阿史那泥孰匐於呼延谷。開元四年突厥降户畔，郭知運以朔方兵邀擊於黑山呼延谷，大破之。至德初同羅、突厥諸部作亂，朔方帥郭子儀約回紇兵討之。回紇至帶汗谷，與子儀軍合，大破叛部於榆林河。帶汗谷即呼延谷之訛矣。又元和初，回鶻以三千騎至鸊鵜泉，振武以兵屯黑山。會昌三年麟州刺史石雄出振武，大破回鶻之衆於殺胡山。胡氏曰：「黑山在振武北塞外。五代周顯德初，契丹主兀欲如雲州，遂獵於黑山，或謂即此山。」

跋那山，在鎮東北。晉太元十九年，後魏將長孫肥追斬柔然曷多汗於上郡跋那山，時魏俘柔然族屬置於雲州，曷多汗帥衆西走至此也。又義熙九年魏將奚斤破越勤部於跋那山西，徙其二千餘家於大甯。通典「勝州西北百二十里有紇那山」，即跋那山矣。又有郁對原，亦在鎮東北。後魏將于謹追破柔然於此。大甯見北直保安州。

鐵岐山，在鎮東北大河北岸。晉太元十六年匈奴劉衛辰遣子直力鞮攻魏南部，拓跋珪拒破之於鐵岐山南，乘勝追之，自五原金津南濟河是也。又薛林山，在鎮北。魏記云：在屋竇城西。晉元熙初魏主嗣西巡至雲中，從君子津西渡河，大獵於薛林山，即此。○馬梁山，在鎮西北。明嘉靖二十五年套寇由寧塞營入犯保安、慶陽、環縣諸處，督臣曾銑帥兵駐塞門，遣將李珍出塞搗其巢於馬梁山後，即此。

木根山，在廢夏州西北。晉興寧三年秦苻堅使鄧羌擊匈奴左賢王劉衛辰於木根山，擒之。太元十六年魏拓跋珪討劉衛辰，直抵其所居悦跋城。衛辰與其子直力鞮出走，將軍伊謂追擒直力鞮於木根山，衛辰爲其下所殺。西魏廢帝二年突厥擊破柔然於沃野北木賴山，或曰即木根山矣。唐武德七年突厥寇原州，詔靈州都督楊師道趨大木根山，即此山也。胡氏曰：「木根山在五原縣西。」又勿根山，在塞外陰山之北。晉太元十四年拓跋珪會後燕慕容德等兵討賀蘭部帥賀訥，德追奔至勿根山，訥窮迫請降。或以爲即木根山，悮。

拔鄰山，在廢夏州東北。後魏主燾始光四年襲夏主昌，濟君子津至拔鄰山，築城捨輜重，以輕軍倍道襲統萬。李延壽曰：「山去君子津三百餘里。魏主謂拔鄰山去平城二千餘里，又隔大河，是也。」〇契吴山，在廢夏州北七十里。赫連勃勃嘗遊此，嘆曰：「美哉斯阜，臨廣澤而帶清流。吾行地多矣，自馬嶺以南，大河以北，未有若斯之壯麗者！」因築城曰吴城。隋置白城鎮於此，旋廢。

盧朐山，在廢夏州塞北。漢武太初三年遣光禄勳徐自爲出五原塞數百里，遠者千餘里，築城障列亭，西北至盧朐山。晉灼云：「自五原稒陽北出石門障，即得所築城。」杜佑曰：「盧朐山在麟州銀城縣北。」悮。

狼山，在廢豐州塞外。唐調露元年裴行儉討破突厥於黑山，餘黨走保狼山。唐書：「突厥歌邏禄右厢部落所居，永徽初置狼山州，屬雲中都護府。」是也。又薩河内山，亦在廢豐州塞外。唐天寶三載朔方節度王忠嗣乘突厥亂，抵薩河内山，擊其左厢河波達干十一部，破之。〇大娥山，在故五原塞外北，亦曰大娥谷。晉隆安三年拓跋珪遣庾真等擊庫狄、宥連、侯莫陳三部，皆破之，追奔至大娥谷，置戍而還。又魏主燾神䴥二年伐柔然，自東道向黑山，使長孫翰自西道向大娥山，同會柔然之庭，即此。

鐵山，在廢豐州北。唐貞觀四年李靖破突厥，餘衆竄入鐵山，靖復追敗之於陰山。亦謂之鐵建山。開元九年張説督朔方軍破蘭池叛人康待賓，賊潰走，西入鐵建山。或曰即陰山北麓也。〇雞秩山，在廢勝州塞北。漢本始初分道伐匈奴，田廣明出西河塞千六百里，至雞秩山，是也。

錯子山，在西受降城北五百里。唐會昌元年回鶻爲黠戛斯所敗，其十三部近牙帳者立烏希特勒爲烏介可汗，南保錯子山。新志：「鸊鵜泉北十里入磧，經麚鹿山、鹿耳山至錯甲山。」錯甲山或以爲即錯子山也。李德裕云：「錯子山東距釋迦泊三百里。」麚讀葭。

牛頭牟那山，在廢中受降城西北。唐景龍中張仁愿築三受降城，又於牛頭牟那山北置烽堠千八百所，自是突厥不敢度山畋牧，減鎮兵數萬人是也。或訛爲牛頭朝那山。永淳初突厥入寇，豐州將崔智辨與戰於朝那山，敗績，即此。朝，一讀邾。〇草心山，在中受降城北。唐景龍三年論弓仁爲朔方軍前鋒遊奕使，〔八〕時張仁愿築三受降城，弓仁以兵出諾真水、草心山爲邏衛是也。

陰山，在中受降城東北，去衛千餘里。黄河逕三受降城南者，漢人謂之北河。河之外陰山横亘，中外大限，常以此分。史記：「趙築長城，自代並陰山下。」又始皇西北斥逐匈奴，自榆中傍河以東屬之陰山，以爲三十四縣。或謂之陽山。蒙恬傳：「恬築長城，渡河據陽山逶迤而北。」是也。漢元帝竟寧初，呼韓邪願保塞，因議罷邊備塞，吏卒郎中侯應曰：「北邊塞至遼東，外有陰山，東西千餘里，草木茂盛，多禽獸，本冒頓依阻其中，治作弓矢，來出爲寇，是其苑囿也。孝武出師征伐，斥奪此地，攘之於幕北，建塞徼，起亭隧，築外城，列屯戍以守之，然後邊境得用少安。幕北地平，少草，多大沙，匈奴來寇，少所蔽隱；從塞以南，徑深山谷，往來差難。邊長老言：『匈奴失陰山之後，過之未嘗不哭也！』」續漢志五原郡西安陽縣北有陰山。徐廣云：「陰山在河南，陽山在河北。」水經注：「大河逕高闕南，又自臨河縣東逕陽山南。」陽山即陰山矣。晉太元十一年拓跋珪以國有内難，自盛樂北踰陰山，依賀蘭部。魏主燾始光四年，伐木陰山，大造攻具，謀伐夏統萬城。太延五年魏將稽敬等大破柔然於陰山之北。太平真君四年魏主如陰山。六年復如陰山之北，謀擊柔然。是時起殿於陰山北，殿城而仇池楊難當來朝，命曰廣德宫。九年如廣德宫，既復如陰山，遂西擊柔然，無所見而還。明年復如陰山，分道伐柔然，大敗之。十一年復如陰山。蓋魏都平城，去陰山近，自太武燾以後，其主皆數遊畋於陰山，無歲不至，或一歲再至焉。孝文帝宏太和十八年如陰山，明年遂遷洛，自是陰山無復輪蹄之跡，而行宫别殿大都頽廢矣。唐貞觀四年李靖破突厥頡利於陰山，軍於磧口，遂斥地自陰山北至大漠。景龍二年張仁愿築三受降城，陰山皆爲塞内地。至德以後回鶻盛强，陰山爲所侵據。宋初屬於契丹，後屬女真，不復爲郡縣也。志云：陰山一名鍾山，〔九〕一名金山。元初置宣慰司於和林，分置都元帥府於金山南，以爲重鎮，即陰山南也。九邊攷：「自陰山而北皆大磧，磧東西數千里，南北亦數千里，無水草，不可駐牧。中國得陰山，則乘高一望，寇出没踪跡皆見，必踰大磧而居其北，去中國益遠，故陰山爲禦邊要地。陰山以南即爲漠南，彼若得陰山則易以飽其力而内犯。此秦、漢、唐都關中，必逾河而北守陰山也，奈何使黄河以南寇得窟穴其中哉！」

青嶺，在廢夏州西南。亦曰青嶺門。舊志：夏州有青嶺門，即漢上郡橋山之長城門也。亦曰橋門，見前名山橋山。○紫城巖，在鎮東清水營西。明成化中余子俊築榆林邊墻，剷山削崖，築垣掘壍，始於紫城巖，即此。

拂雲堆，即中受降城也。唐志：「朔方軍與突厥以河爲界，北厓有拂雲祠，突厥入犯必先謁禱。景龍二年，時突厥悉兵西擊突騎施，張仁愿請乘虚取漠南地，於河北築三受降城，絶其南寇路，因以拂雲爲中城。元和九年置關於此。十三年高霞寓爲振武節度使，吐蕃攻鹽、豐二州，霞寓以兵五千屯拂雲堆，寇引去是也。」又牛心堆，在鎮東北，舊爲戍守處。○大石崖，在鎮西北五百里。明洪武七年李文忠敗賊於大石崖，又敗之於豐州是也。

索家平，在廢夏州城南。宋元豐四年种諤伐夏，破石堡城，進至夏州，駐軍索家平，糧盡引還，即此。○美原，亦在廢夏州南。唐天祐三年静難節度使楊崇本將兵攻夏州，軍於美原，夏州帥李思誠求救於朱全忠，全忠遣將劉知俊擊敗之，崇本引還。

滿夷谷，在鎮東北。胡氏曰：「在美稷縣西北。」後漢永元初，遣竇憲與南匈奴會兵討北匈奴，南單于出滿夷谷。六年南單于諸降人叛，立其日逐王逢侯爲單于，遣鄧鴻等討之。兵至美稷，逢侯方圍單于師子于牧師城，乃解圍，乘冰度隘向滿夷谷。鴻等追破之於大城塞，任尚要擊之於滿夷谷，復大敗之。

高渠谷，在鎮西北。東觀記：「在九原縣界。」一作「高梁谷」。後漢安帝永初三年，雁門烏桓、鮮卑與南匈奴叛，寇五原，太守與戰於高渠谷，大敗。又大石谷，在故豐州境。唐元和四年豐州奏吐蕃騎至大石谷，是也。○帶汗谷，或云在衛南黑山下。唐至德初回紇入援，至帶汗谷，與郭子儀合軍處也。

赤坑，在鎮東北境。後漢延熹初，張奐爲北中郎將，屯美稷，時匈奴、烏桓燒度遼將軍門，引兵屯赤坑，烟火相望，奐以次破降之。賢曰：「時度遼將軍蓋屯五原，赤坑與五原相近也。」

黃河，在鎮北千餘里。自寧夏鎮靈州所橫城堡西折而北，過平虜城東百餘里，又東北流過古豐州西北，折而東逕三受降城南，至廢東勝州西又折而南，至黃甫川東九里，其中皆爲河套地，周迴數千里。史記鼂錯傳「秦時逐匈奴，築河上塞」，漢二年，繕治河上塞，皆此地也。杜佑曰：「河經靈武郡西南便北流，凡千餘里，過九原郡乃東流。自靈武以北漢人謂之西河，自九原以東漢人謂之北河。」然北河之名已起於秦矣。秦紀：「惠文王後五年遊北河，昭襄王十八年又之上郡北河。」漢書：「武帝元朔二年衞青絕梓嶺，梁北河。又元封元年行自雲陽，北歷上郡、西河、五原，出長城北登單于臺，至朔方臨北河，遣使告單于是也。」晉太元二十年慕容垂遣子寶伐魏，拓跋珪悉徙部落畜產西渡河千餘里以避之。燕軍至五原，進軍臨河。珪亦治兵河南，進軍臨河。又使拓跋虔將五萬騎屯河東，拓跋儀將十萬騎屯河北，〔一〇〕拓跋遵將七萬騎塞燕軍南。相持久之，燕軍夜遁。時河冰未結，寶以魏兵必不能渡，不設斥堠。會暴風冰合，珪引兵濟河，追敗寶於參合陂。西魏末宇文泰北巡，渡北河乃還。後周保定四年楊忠會突厥伐齊，至北河而還。水經注：「河水東經沃野故城南，又北屈而南河出焉。河水又北迤，西溢於窳渾縣故城東，又屈而東流爲北河，東逕高闕南」，即今鎮境之大河矣。

奢延水，在鎮西。亦曰朔方水，即無定河也，下流逕米脂縣入綏德州境注於黃河。水經注：「奢延水源出奢延縣西南赤沙阜，東北流逕奢延縣故城南，又逕朔方城南，又東黑水流注焉。」赫連勃勃築統萬城於朔方水北、黑水之南，是也。宋元豐四年内侍王中正出麟州，渡無定河，循水北行，水皆沙濕，士馬多陷没，糗糧不繼，恥於無功，遂入宥州，即此。

黑水，在鎮西北。水經注：「黑水出奢延縣之黑澗，東南流歷沙陵注奢延水。」赫連勃勃築統萬城於黑水南，是也。後魏主燾始光三年襲統萬，軍於黑水，去城三十餘里，即此。一云黑水出朔方縣契吳山之麓。今城南有黑山，出黑水，與紅山之水合流爲大川河，遶鎮城又西流入於奢延水。

諸次水，在鎮東北。水經注：「上郡諸次縣有諸次山，諸次水出焉。其水東逕榆林塞爲榆谷水，即榆溪也。下流入於黃河。」○宜水，亦在鎮東北。宋宣和四年金取遼東勝州，夏人遣李良輔將兵救遼，金斡羅等擊敗之於宜水，追至野谷澗，水暴至，夏人漂没者不可勝計。

令鮮水，在廢夏州西。後漢靈帝建寧元年，段熲破羌於高平之逢義山，遂追之出上郡橋門，與戰於奢延澤、落川、令鮮水上，連破之，又破之於靈武谷。杜佑曰：「熲言橋門以西，洛川以東，故宫縣邑，更相通屬，蓋今金城、會寧平涼郡地也。」胡氏曰：「奢延澤即奢延水。」靈武谷，在寧夏廢靈武縣。洛川，在奢延水南。令鮮水，在奢延澤西南，靈武谷東北。逢義山，今見平涼府鎮原縣。○諸真水，在中受降城東北。唐志「張仁愿築三受降城戍諸真水爲邏衛」，即此。

烏水，在廢夏州境。或曰烏水上有烏城，唐武德九年突厥郁射設屯河南，入塞圍烏城，命元吉督諸將救之，即此。貞觀七年朔方縣開延化渠，引烏水入庫狄澤，溉田二百頃。又大曆十年回紇寇夏州，州將梁榮宗破之於烏水。

咸應渠，在廢豐州界。唐志：「豐州九原縣有咸應渠，又有永清渠。貞元中刺史李景略以豐州地瘠鹵，乃開二渠，溉田數百頃。」〇陵陽渠，亦在廢豐州界。唐史：「建中三年宰相楊炎奏開陵陽渠，屯田於豐州，京兆尹嚴郢以爲不便，請復五城舊屯，不聽，既而渠卒不成是也。」又呼延渠，在中受降城境。通典：「安北都護府有呼延渠。」

肆盧川，在鎮西北。晉永嘉四年，并州寇劉虎爲劉琨所破，收餘衆西度河，居朔方肆盧川。或曰其地即戰國時樓煩胡所居，是時劉聰以虎爲宗室，封樓煩公。或以爲山西忻州之肆盧川，悮。又吐俱麟川，在衛東北。唐志：「過金河經後魏沃野鎮城，又傍金河過古長城九十二里至吐俱麟川。」〇三岔川，在鎮南十里。或曰即黑水上源也。黑山之水分流並導，會合於此，因有三岔之名。

虎澤，在鎮東北。漢志注：「西河郡穀羅縣，武澤在其西北。」胡三省曰：「虎澤應在五原曼柏之北。」後漢建武二十六年，詔南匈奴徙居西河美稷之虎澤，亦即此澤也，蓋境相接矣。後漢永初三年南單于反，圍中郎將耿種於美稷。四年梁瑾等擊之於屬國故城，南單于敗還虎澤。漢復攻之，單于乞降。唐諱虎，謂之武澤。

地斤澤，在廢夏州東北三百里。宋端拱二年李繼捧以夏州歸宋，其族弟繼遷走地斤澤以叛。又有安慶澤，亦在夏州北。宋淳化初定難節度使趙保忠與李繼遷戰於安慶澤，繼遷敗走。保忠即李繼捧也。

釋迦泊，在中受降城西北塞外。舊爲蕃、戎駐牧之地，唐會昌二年回鶻烏介掠横水，退屯釋迦泊東，即此。横水，見山西大同府。

芹菜溝，在鎮西。源自沙漠來，水際常産芹菜，因名。志云：衛西境有小芹河墩，隆慶初寇嘗由此入犯。又有扇馬溝，在鎮東南。

胡落池，在鎮北境。唐食貨志：「安北都護有胡落池，歲得鹽萬四千斛，給振武、天德兩軍。」郡縣志云：「宥州長澤縣亦有胡落鹽池。」遼志豐州有大鹽濼，蓋緣河多鹵地也。又鹽澤，亦在鎮北境。漢志：「朔方縣南有金連鹽澤及清鹽澤。」今堙廢。

紅鹽池，鎮西北三百五十里。成化中套寇入寧夏，韋州總督王越知其屯於紅鹽池，乃從安邊營北境紅山兒出邊，晝夜兼行百八十里，至白鹽灘，又行百五十里至紅鹽池，寇大創，渡河北遁。紅山兒，王復云：「自花馬池東走環慶之道也。」○石澇池，在鎮西。正德初督臣楊一清議於延綏定邊營迤東石澇池至寧夏横城三百里内邊墻增築高厚處也。

野馬澗，在鎮西安邊舊營東北。天順中寇犯安邊，官軍敗之於野馬澗。又東爲柳樹澗，景泰中石彪禦敵於安邊營口，追至昌平墩，大敗之於野馬澗半坡，轉戰六十餘里至柳樹澗是也。

娘娘灘，在鎮東黄甫川東九里。五邊攷「寇入套之路多自黄甫川南焦家坪，以兩岸夾山，冰先合後泮也。此外則娘娘灘、羊圈子渡口，冬月冰堅，隨在可渡」云。○神水灘，在鎮東。五邊考：「套寇每歲聚衆處也。」

鸊鵜泉，在西受降城北三百里。一作「拂梯泉」。唐貞觀中以回紇歸附，詔於磧南鸊鵜泉之陽置過郵六十八所。元和四年振武奏吐蕃騎至拂梯泉。八年振武、天德軍復奏回鶻數千騎至鸊鵜泉，邊軍戒嚴。遼志豐州有九十九泉，鸊鵜蓋其最著者。○奈王井，在宥州西。宋元豐四年分道伐夏，内侍王中正引河東兵入宥州，自宥州行至奈王井，糧盡引還。

榆林關，在廢勝州東。秦置榆中關。隋志：「開皇三年城榆關，置榆關總管。又仁壽二年置金河縣，帶關。」唐志：「勝州榆林縣東有榆林關，又有河濱關，俱貞觀十三年置。」孔氏曰：「榆林關在榆林縣東四十里，東北臨河。」

雲迦關，在天德軍城北。新唐書：「單于府有雲迦關，後廢，大和四年復置，時李泳爲振武節度，以兵千人戍守。開成五年回鶻潰亂，侵逼西城，詔振武節度使劉沔屯雲迦關爲之備。又會昌二年回鶻烏介可汗寇横水柵，略天德、振武軍，沔屯雲迦關却之是也。」

榆溪塞，在廢勝州北。戰國策：「趙武靈王變服，率騎入荒，出於遺遺之門，踰九限之固，絶五徑之險，至榆中，闢地千里。」又蘇厲爲齊遺趙惠文王書：「秦之上郡近扞關，至於榆中者千五百里。」史記：「秦始皇三十三年蒙恬爲秦將，北逐匈奴，開榆中地數千里。三十六年徙民三萬餘家於北河榆中，置榆中關是也。」漢爲榆溪塞，亦曰廣長榆塞。漢書：王恢議伐匈奴曰：「蒙恬侵北，辟地數千里，以河爲境，累石爲城，樹榆爲塞，匈奴不敢飲馬於河。」武帝曰：「衛青西定河南地，按榆溪塞，絶梓嶺，梁北河。」又淮南王臣伍被曰：「廣長榆，開朔方，匈奴絶翅傷翼。」又枚乘曰：「秦北備榆中之關。」皆謂此也。宣帝甘露二年呼韓邪款五原塞。正義：「五原塞即五原郡榆林塞，在勝州榆林縣西四十里。其地亦謂之榆中，亦謂之長榆。」晉太康志：「自北地郡北行九百里得五原塞，或謂之榆林山。」水經注：「榆林山，漢之榆溪舊塞，自溪以西，悉榆柳之沙，緣歷沙陵，屆龜兹縣西出，因謂之長榆。」〔一一〕孔氏曰：「榆溪塞在北河北岸。」通典謂在榆林郡南界，似悞。扞關，史記作「挻關」，吕氏謂晉陽扞蔽之備，非關名也。

光禄塞，在廢勝州西北。亦名光禄城。漢志注：「稒陽縣出石門障得光禄城。」太初三年光禄徐自爲出五原塞，築城障，西北至盧朐山，謂之光禄塞。宣帝甘露三年單于入朝，歸國，自請願留居幕南光禄塞下，即此。

稒陽塞，在稒陽城北。稒一作「固」。戰國時魏地。史記：「魏惠王十九年築長城，塞固陽。」又秦孝公十一年衛鞅圍魏固陽，降之。漢亦置稒陽塞，後漢永元初竇憲出雞鹿塞，鄧鴻出稒陽塞，皆會涿邪山。後廢。後魏主燾太延初畋於稒陽。二年復如稒陽，驅野馬於雲中，置野馬苑。杜佑曰：「稒陽塞在銀城縣北。」蓋唐自勝州南至麟州不過百五十里，地相近也。胡氏曰：「稒陽有連山，東至河，西南接夏、會數州界。」銀城，今見神木縣。

雞鹿塞，在故夏州西北。漢志注：「朔方窳渾縣，有道，西北出雞鹿塞。」甘露三年遣長樂衛尉董忠將騎發邊郡士馬，送呼韓邪單于出朔方雞鹿塞。明年北單于款塞，南匈奴請襲擊之，因遣騎出雞鹿塞圍北單于，北單于僅免。後漢永元初竇憲出雞鹿塞伐匈奴，是也。

高闕塞，在廢豐州西黄河外。史記：「趙武靈王北逐林胡、樓煩，築長城，自代傍陰山下，至高闕爲塞。」漢書：「元朔二年，衛青渡西河至高闕，破匈奴。五年大將軍青將六將軍伐匈奴，出朔方高闕。」後漢永平十六年祭彤并將南單于兵擊北匈奴，出高闕塞九百餘里，至小山，南匈奴左賢王信妄以爲涿邪山也，遂還。後魏正光五年六鎮叛亂，元深奏言「高闕戍主御下失和，遂至爲變」，即此。地志：「朔方郡臨戎縣北有連山，險於長城，其山中斷，兩岸雙闕雲舉，望若闕焉，名曰高闕。」水經注：「河水自窳渾縣東，屈而東流逕高闕南，自闕北出荒中，闕口有城，跨山結局，謂之高闕戍，自昔置重捍以防塞道。」杜佑曰：「高闕在豐州河西，黄河自豐州西折而東，漢史因謂之西河也。」劉昫曰「高闕北距大磧口凡三百里」云。

符離塞，在豐州河西北。漢元朔二年匈奴入上谷、漁陽，遣將軍衞青、李息出雲中，至高闕，西至符離，收河南地，置朔方、五原郡是也。又眩雷塞，在廢增山縣西北。漢初爲匈奴中地，元封初西置酒泉通月氏、大夏，結烏孫，分匈奴西方之援，又北益廣田至眩雷塞是也。

翁龍埤，〔二〕在廢勝州北。漢志：「元朔四年置西河南部都尉，治塞外翁龍埤。」又有匈歸障，亦在勝州塞外。漢有匈歸都尉，置於匈歸障。○益壽塞，亦在廢勝州東北。王莽始建國三年，匈奴入雲中益壽塞，大殺吏民，即此。

北假戍，在廢豐州西北。酈道元曰：「自高闕以東，夾山帶河，陽山以西，皆北假也。」史記：「秦始皇三十三年使蒙恬渡河取高闕、陽山、北假，中築亭障以逐匈奴。」漢書：「元帝初元五年罷北假田官。」王莽傳：「五原北假，膏壤殖穀，遣趙竝屯田北假。」是也。

永清柵，在中受降城西二百餘里。唐開元中所置，天寶十一載突厥叛酋阿布思入寇，圍永清柵，柵使張元軌擊却之。乾元中天德城寄治於此。又歸唐柵，在中受降城北八十里。唐志：「呼延谷口有歸唐柵，入回鶻使臣所經道也。」○王亭鎮，在廢夏州南。宋將安守忠討李繼遷，敗績於王亭鎮，即此。

清水營，在鎮東三百九十五里。又東十五里爲黃甫川，又東去黃河九里，渡娘娘灘，入山西偏頭關界。明成化五年立營屯兵，爲鎮境東路要口。志云：黃甫川堡，在鎮東四百五里，北寇入犯之衝也。永樂初山西奏寇犯灰溝村、黃甫川，嘉靖四十四年寇襲陷黃甫川堡，守禦最切。

安邊營，鎮西五百七十里。有二：舊營地名深井，成化中移治迤南中山坡，曰新安邊營。五邊考：「西路參將駐新安邊營，分守一十二營堡。」○寧塞營，在鎮西四百六十里，又東六十里爲靖邊營。舊志：寧塞營在延安府保安縣北百八十里，舊名兀剌城，正統三年改築寧塞城，設軍備禦。又靖邊營，亦在保安縣東北。正統十三年修築舊城。設靖邊營，成化中改屬榆林衛，爲西路要地。嘉靖二十五年寇自寧塞營入犯延、慶諸城鎮，督臣曾銑遣將擊却之。

定邊營，在鎮西六百六十里。又西六十里即花馬池，爲西路之衝要。嘉靖中總制劉天和言：「定邊、寧塞二營之間，套寇所由入也。議者請自定南八墩至寧朔墩十七里，創築新墻，以杜乾溝深入之路。自寧朔墩至昌平墩九十里，增修舊墻，以衛舊安邊孤懸之勢，所宜及時修舉。」從之。輿程記「自舊安邊營九十里至定邊營，又西至花馬池爲外邊，自新定邊營以西至三山、饒陽等堡爲内邊，與固原邊形勢相接」云。

神木堡，鎮東二百三十五里，即神木縣城。舊置神木塞，屬綏德州。成化中改今屬，東路參將駐守於此，分轄神木等九堡。○鎮羌堡，在神木堡東四十里。邊略云：「自正統初孛來入套，鎮羌爲最衝，寇東西突犯，恒取道於此。」

孤山堡，神木堡東八十里。舊爲孤山寨，屬綏德州。成化三年寇入榆林孤山，參將楊胤勣戰死，尋改今屬。又東四十里爲木瓜園堡，又東四十里即清水營也。○大柏油堡，在神木堡西十五里。〔一三〕又西十五里爲柏林堡，舊爲柏林砦，屬綏德州，成化九年改今屬。又西四十里曰高家堡，亦綏德州屬寨也，後改今屬。又西四十里曰建安堡。自神木堡以下所謂東路九堡也，皆置兵戍守。

長樂堡，鎮東三十里。成化中置。五邊攷：「中路參將駐榆林城，領長樂等十二堡。」隆慶六年寇攻康家砦，不能陷，轉入榆科澗，官兵敗之。又入長樂堡，敗去。康家砦在堡東南，亦戍守處也。又雙山堡，在長樂堡東四十里。舊爲雙山砦，屬綏德州，後改今屬。邊略云：「套寇入綏德，每由雙山堡入，至爲衝要。」嘉靖三十五年寇犯寧塞營，尋犯雙山堡。堡東四十里即東路建安堡。又歸德堡，在縣南三十城，亦成化中置。

響水堡，鎮西四十里。舊爲綏德州屬砦，成化二年邊臣王復議移黑河山，改名平夷堡。七年余子俊以平夷水泉枯涸，復還故治。其南又有新添堡。成化中所置也。〇波羅堡，在響水堡西四十里。舊爲波羅寺砦，屬綏德州，後改今屬。邊略云：「景泰中石亨議移砦於濫柴關，不果。成化二年王復請移於堡北響鈴塔，即今堡也。又西四十里爲懷遠堡，又西五十里爲威武堡，俱成化九年置。」

靖平堡，在威武堡西五十里。舊爲白洛城，天順中守將房能請移於城北磚營兒，不果。成化二年王復復奏移之，改今名。七年余子俊以去水太遠，復還舊治。嘉靖二十五年寇入梁家塘，復犯靖平堡。隆慶初寇犯小芹河墩，官兵却之。復攻靖平堡，不能陷。又東四十里爲龍州城，城稍東曰龍州堡。

魚河堡，在鎮南百餘里。舊爲魚兒河寨，屬綏德州，成化中改今屬。五邊攷：「魚兒河，榆林轉輸之要道也。其西北有亂峰墩、野猪峽，乃直衝魚河之逕。寇入魚河，則榆林、綏德斷而爲二矣，故防禦最急。自長樂堡以下，榆林中路所守之十二營堡也。」

永濟堡，在新安邊營東四十里。成化中移置迤南上洪寺，屬西路參將戍守。又把都河堡，在永濟堡東四十里。亦名畢家梁。又東三十里即寧塞營也。

鎮靖堡，在靖邊營東九十里。本名塞門堡，天順中房能請移於堡北榆柳莊，不果。成化二年王復又請移於榆柳莊，改今名。既又移於迤北白塔澗口，就快灘河迤南之險。其河深二十丈，遠百里。九年余子俊復移還故城。又東四十里即中路龍州城也。嘉靖四十四年寇犯鎮靖堡，參將魯聰戰死。

新興堡，在新安邊營西六十里。本治堡北，成化中移就迤南海螺城，即今堡也。正德四年套寇伏大隊延綏塞內，遣輕騎攻新興堡，即此。五邊攷：「新安邊營西二十里有磚井砦，亦成化中置。又石澇池堡，在新興堡西百五十里。其東即乾溝等墩也。」

三山堡，在石澇池堡西五十里。又西三十五里爲饒陽水堡，堡北即定邊營也。又有瓦楂梁塞，在三山堡西。○鹽池堡，在定邊營南。自永濟堡至鹽池堡即西路參將所統十二營堡也。五邊攷：「榆林三路皆爲寇衝，而西路爲甚。自鎮靖堡、瓦楂梁、安邊、定邊諸處，川原平曠，與花馬池相接，迫近敵壘，此邊一潰，則南之綏德、延安，西之環慶、平固皆受其患矣。」

白城子，在鎮西懷遠堡北。舊爲寇壘，隆慶中陝督王崇古自花馬池長城關出邊，與敵戰於此，敗之。○者者口，在河套北，北敵入套之衝也。明初置墩四十於黄河南，列障者者口以爲守禦。又有加塔、剌馬、安赤步等口，俱爲守禦處云。

黑河墩。在鎮西。其相近者有蒺藜川，嘉靖中寇嘗入此，敗去。又乾溝墩，在龍州城西北。五邊攷：「衛西乾溝、乾澗、定南、定北諸墩，俱延綏要害，爲官軍戍守之處。」○紅山墩，在安邊營北。隆慶五年西戎吉能請開市，詔予市紅山墩，即此。

校勘記

〔一〕攘北地至燕代　史記卷四三趙世家作「攘地北至燕、代」，此「北地」二字誤倒。

〔二〕略胡地　「胡」，底本原作「邊」，今據職本及史記卷四三趙世家改。

〔三〕漢置三封縣至漢末廢　按上文已云三封縣後漢屬朔方郡，則下文不得再云「漢末廢」。據晉志卷一四，朔方郡廢於後漢靈帝末，三封屬朔方，其廢棄亦當在後漢末，故此「漢末廢」當作「後漢末廢」。本書同卷奢延城、曼柏城下「漢末廢」並同。

〔四〕後魏太和十三年置闡熙郡　「十三年」，後魏志卷一〇六下作「十二年」。

〔五〕有鹽官　據漢志卷二八下，此當作「莽曰鹽官」。

〔六〕晉義熙三年柔然獻馬於姚秦　各本「晉」下原有「廢」字，據晉志卷一四，武興郡統武興、大城等縣，則大城縣晉代未廢；又據晉書卷一一八姚興載記及卷一三〇赫連勃勃載記，勃勃掠馬叛姚秦，事在晉義熙三年，則此「廢」字爲衍文無疑，今據刪。且下文又云「後魏廢」，若大城縣果廢於晉，中間未見復置之事，安得於後魏再廢？此亦可證晉未廢大城至確。

〔七〕漢縣屬西河郡　「西河郡」，底本原作「河西郡」，今據職本、鄒本及漢志卷二八下改。

〔八〕唐景龍三年論弓仁爲朔方軍前鋒游奕使　據舊唐書卷九三張仁愿傳、新唐書卷一一〇論弓仁傳，論弓仁爲朔方軍前鋒游奕使在神龍三年，此「景龍」乃「神龍」之訛。

〔九〕陰山一名鍾山　職本與此同，敷本、鄒本「鍾」並作「鎮」。

〔一〇〕拓跋儀　「拓」，底本原作「拔」，今據職本、鄒本改。

〔一一〕水經注至因謂之長榆　水經河水注原文作：「榆林山，即漢書所謂榆溪舊塞者也。自溪西去，悉榆柳之藪矣，緣歷沙陵，届龜兹縣西北，故謂廣長榆也。」此引有字誤。

〔一二〕翁龍埤　漢志卷二八下西河郡下云：「南部都尉治塞外翁龍、埤是。」師古曰：「翁龍、埤是，二障名也。」本書作「翁龍埤」誤。下注同。

〔一三〕在神木堡西十五里　「在神木堡」，底本原作「舊爲木堡」，今據職本、鄒本改。

讀史方輿紀要卷六十二

陝西十一

寧夏鎮，東南至後衛三百六十里，南至慶陽府環縣五百七十里，西南至中衛三百六十五里，西至賀蘭山邊界百里，北至西瓜山邊界二百九十里，自鎮治至布政司一千四百里，至京師三千六百四十里。

春秋時羌、戎地，秦屬北地郡，二漢因之。晉仍屬北地郡，尋没於諸國，最後屬赫連夏。後魏爲薄骨律鎮地，尋屬靈州。後周爲普樂郡。隋初郡廢，仍屬靈州，大業初屬靈武郡。唐仍屬靈州，天寶初亦屬靈武郡，乾元初復故。宋仍屬靈州，天禧中爲夏人所陷，乾興二年趙德明始城靈州之懷遠鎮爲興州，後又升爲興慶府，復曰中興府，都於此。至蒙古滅之，改爲寧夏路。明初曰寧夏府，洪武五年廢，九年改置寧夏衛，尋又增置寧夏前衛及左右二屯衛，凡四衛。隸陝西都司。今爲寧夏鎮。

鎮爲關中之屏蔽，河、隴之噤喉。漢濱河置障，畿輔緩急，視北地之安危。晉邊備不修，雄疆盡成戎藪，故涇、渭以北遂無寧宇。後魏既并赫連，緣邊列鎮，薄骨律與高平沃野相爲形援，而後關、隴無禍患者幾百年。西魏以迄周、隋，亦以靈州爲關中藩捍。唐開元中建朔方節度於此，用以捍禦北方，士馬盛强，甲於諸鎮。及天寶之亂，朔方僚屬崔漪等謀曰：「靈武兵食完富，若北收諸城兵，西發河、隴，勁騎南向，以定中原，此萬世一時也。」因共奉牋迎太子，遂爲中興之本矣。廣德初僕固懷恩以朔方叛，與吐蕃、回紇共肆狓猖，戎馬遂入於郊甸。郭子儀收復朔方，中外之防，藉以少固。迄於唐之末造，朔方猶列版圖，窺伺者未敢争也。宋咸平四年何亮言：「靈州地方千里，表裏山河，爲中外必争之地。」楊億曰：「靈州，朔方之故墟，僻介西鄙數百里間，無有水草，烽火亭障不相連屬。」是也。五年靈州陷於趙保吉，自是西夏遂成强敵。天聖以後，涇原、環慶關門不啓，而東至鄜、延，西至秦、鳳亦皆殘敝，蓋靈州據諸路上流，縱横四出，關中且不知所備也。蒙古起於西北，數侵夏境，夏既困憊，遂獮取之。明初既逐擴廓，亦建爲雄鎮，議者謂：「寧夏實關中之項背，一日無備，則胸腹四肢舉不可保也。」九邊考：「寧夏之境，賀蘭山環於西北，黄河繞其東南，舊時邊墻東起大鹽池，抵延綏定邊界，西至石空寺，抵固原蘆塘界，凡千八百里。今蘭、靖以北皆爲固原邊，自蒲塘接莊浪界長二百里。地險固，田肥美，屹爲要會。然自正統以後，鎮常爲寇衝。蓋明初寇遁漠北，間有侵軼，不過河西一帶。自游牧套内，患乃更在河東。若其禍切而備急者，則尤在於花馬池，必花馬池之備密，而寧夏之肩背始可稍息。何也？河西所當備者若平羅，若洪廣，若玉泉，若廣武，若中衛，雖皆爲窺伺之所，而猶山溪隔礙，有險可憑；花馬池則川原平曠，朔騎馳突，於此最易。由花馬池而西則興武營，興武營而西北則爲靈州。靈州居寧夏之中，迫近大河，其南與固原邊相接。靈州者，南北之喉舌也。靈州失，則寧夏隔爲外境而環、固危，環、固危則陝危，然則急靈州更不得不急花馬池矣。」輯略明申用懋輯。云：「今鎮城南北不過百餘里，東西不過二百餘里，然號爲雄邊者，以地利得也。夫縣寧夏而言固原，則固原實爲堂奥。固原邊之響石溝至靖遠邊之花兒岔，皆爲庭除。而寧夏與榆林竝爲藩籬，花馬池正其門户也。若夫賀蘭山盤峙鎮西，套寇闌入河西，往往取道於此。而徐斌水在衛境西南，又爲固原西路之險，河凍則守舊邊，春融則守新邊，此前人成算也。詳見固原州總論。夫恃河爲險，實非遠猷。明萬曆中嘗得松山之地，說者謂：自索橋而上，直接鎮番，增築保障，廣布耕屯，則賀蘭以西皆爲内境，而黄河之險，敵不敢與我共，將莊、凉、蘭、靖以迄固原之間，皆可安枕而卧矣。」

寧夏前衛，治鎮城内。明洪武十七年置。

寧夏左屯衛，同上。

寧夏右屯衛，同上。又有寧夏中護衛，明建文三年爲慶府置。

懷遠廢縣，即今鎮治。本漢北地郡富平縣地，後周置懷遠縣，并置懷遠郡治焉。隋開皇三年郡廢，以縣屬靈州，唐因之。宋初爲懷遠鎮，天禧中夏人升爲興州，又升爲興慶府，尋改爲中興府。元寧夏路治此，明初改置今鎮。志云：鎮城周十八里，東西倍於南北。元末寇賊侵擾，棄其西之半。正統間生齒日繁，復修築之，謂之新城。門六，東西各一，南北各二。

靈武城，在鎮南。漢置縣，屬北地郡，後漢省。靈帝建寧初，段熲大破叛羌於靈武谷，即故縣境也。後魏亦置靈武縣於此，屬靈州。後周改置建安縣，又置歷城郡治焉。括地志：「後魏永和初，平三齊，嘗徙歷下人居此，周因置郡曰歷城。隋開皇三年郡廢，十八年改縣爲廣閏縣。仁壽初避太子諱復曰靈武縣，屬靈州。唐因之。」廣德二年河西將柏文達攻破僕固懷恩摧沙堡、靈武縣，以救京師，即此城也。宋没於西夏，縣廢。摧沙堡見平涼府鎮原縣。

安靜城，在鎮西南八十里黄河北岸。亦漢富平縣地，隋開皇十一年置弘靜縣，屬靈州。唐初因之，神龍初改爲安靜縣，至德初又改爲保靜縣。五代唐天成四年，定遠軍使李匡賓據保靜鎮作亂，朔方不安，既而靈州帥康福討定之。宋初仍屬靈州，後没於西夏。元廢，明爲屯軍所居。

定遠城，鎮東北六十里。唐志云：城在靈州東北二百里。先天二年郭元振置，天寶中屬朔方節度，後升爲縣，屬靈州，貞元八年吐蕃寇靈州，詔河東、振武救之，復遣神策軍戍定遠及懷遠城，吐蕃乃退。景福二年靈武節度韓遵表爲警州。宋初置定州於此，西夏因之，亦曰定州城，蒙古初廢。元和志：「靈、鹽接境，相距三百里。」定遠城置於黄河北岸，蓋鹽州邊戍也。○田州城，在鎮北六十里。西夏所置，蒙古廢。

清遠城，在鎮東。宋置清遠軍於此。咸平中趙保吉陷清遠軍，復攻定州懷遠，又進掠輜重，至唐龍鎮，曹璨以蕃兵擊敗之，乃却。宋史：「真宗以趙保吉作亂，出環、慶、清遠軍地圖指示輔臣，又指靈州西榆木天澗路，且議戰守方略。」唐龍鎮，舊志云：在衛西南百七十里。本蕃族也。宋大中祥符二年麟府路言社慶族依唐龍鎮爲援，侵擾別部，即此。又榆木天澗在靈州所西，宋時自靈州通原州之道也。

新昌城，在鎮東北。唐志：「靈州黄河外有豐安、定遠、新昌等軍，豐寧、保寧等城。時謂之塞下五城。」大曆十一年增朔方五城戍兵以備回紇，是也。蓋五城皆屬朔方節度。豐安，見靈州所。○羊馬城，亦在鎮東北。唐志：「城幅員十四里，信安王禕所築。」

賀蘭山，鎮西六十里。山盤踞甚遠，衛境倚以爲固。通典：「安静縣西有賀蘭山、樓樹山、空青山。」蓋賀蘭山峰巒錯峙，一山而有數名也。山麓爲黄安峽、赤木峽等口，舊皆壘石置驛。嘉靖中寇從赤木口折墻闌入，官軍禦却之，後設戍防守。詳見前名山。

峽口山，鎮西南百四十里。兩山相夾，黄河經其中，水經注謂之上河峽。或謂之峽石。唐武德八年安州都督李靖與突厥戰於靈州之硤石是也。俗亦謂之青山，又名大石山。長慶初靈武帥李進誠奏敗吐蕃於大石山下，即此。一統志：「峽口山一名青銅峽，上有古塔一百八座。」

省嵬山，在鎮東北百四十里。有省嵬口，爲防禦要地。一統志：「黄河東岸舊有省嵬城，横枕河濱。」又西瓜山，在鎮東北二百八十里，以形似名。山外即敵界也。

斷頭山，鎮東北三百里。明初湯和北征，敗績於此。又景泰間石亨言賊將犯大同，其巢穴在斷頭山，去寧夏不遠，是也。○石嘴山，在鎮東二百里，山巖突出如嘴。又東百里曰麥垛山，山勢高聳，如麥垛然。

金積山，鎮南二百里。山多赭土，日照則色如金。東麓有滚泉，清潔可愛。又三山，在鎮東南三百六十里。有三峰列峙。其南爲桴子山，溪洞險惡，豺虎所居，人跡罕到。山出桴子木，因名。

不老山，在鎮北塞外，北寇聚牧處也。明永樂初寧夏鎮臣何福言：「諜報塔灘賊在不老山，將寇寧夏。」上曰：「此時賊不出槍桿、野狐二嶺及雲州之地，必向山西大同。」已而山西奏寇犯灰溝村、黄甫川。五邊考：「衛西北境有寧羅山，又西南爲龜山，松山、梢次山，與莊浪衛相接，皆爲險塞可憑。」槍桿、野狐、雲州，俱見北直宣府。黄甫川，見榆林。○大青山，在賀蘭山後。隆慶三年寧夏官兵擊套寇於大青山，敗之。

宗高谷，在鎮西北。唐天祐三年靈武帥韓遜奏吐蕃營於宗高谷，將西擊涼州。趙珣聚米圖經「靈武自賀蘭山路西至涼州九百里」，谷蓋在賀蘭山後。

黄河，鎮東南四十里。自寧夏中衛流入界，過峽口而東至靈州所北，又折而東北出衛界入廢豐州境。志云：黄河嘗爲中國患，而衛獨受其利，引渠灌溉凡數萬頃，田者無旱潦之灾。司馬遷河渠書：「自武帝宣房塞，後用事者争言水利，朔方、西河、河西、酒泉皆引河及川谷以溉田。」後漢西羌傳：「順帝從虞詡言，復朔方、西河、上郡，使激河濬渠爲屯田，省内郡費歲一億計。」是也。

三岔河，在鎮東南黄河西岸，即河流曲折處也。成化中寇犯韋州還，總兵劉聚邀敗之於三岔河。又黑水河，在衛東。番名哈喇兀速河，自榆林境西流注於黄河。

清水河，在鎮南三百五十里。河流甚狹，自平涼府固原州流經此，經寧夏中衛鳴沙故城南注於黄河。一名胡盧河。

宋元豐四年宦者李憲自蘭州伐夏，至胡盧河而還，即此矣。

金波湖，在鎮城北。又鎮東北三十里有三塔湖，鎮東南三十五里有巽湖。明萬曆二十年哱拜作亂據平夏，官軍攻之。衛城西北卑下，與金波、三塔諸湖相近，東南又近漢延、紅花等渠，形如釜底，官軍因繞城築堤以灌之，城多崩壞，遂克之是也。○觀音湖，在鎮西九十里。賀蘭山之水多聚於此。又有月湖，在衛北七十里。長湖，在衛西北百二十里。

漢延渠，在鎮城東南。支引黃河水遶城溉田，可萬餘頃。又唐來渠，在衛城西南。亦引黃河水遶城而西，溉田亦萬餘頃。弘治十二年撫臣王珣言：「衛西山下更有漢、唐舊渠，首尾三百餘里，兩岸高峻，中廣二十餘丈。今大半淤塞，請疏鑿成河，修築東岸，積土削墻，山口要害，各設營堡，沿河按伏，以遏賊衝，且便軍民耕種」云。

紅花渠，鎮南五里。分唐來渠水東南溉田七百餘頃，復引入城中，民汲甚便。又新渠在鎮城南，亦分唐來渠之水溉田數百頃。○秦家渠在黃河東南，分河水溉田數百頃。又漢伯渠在黃河西南，亦分河流溉田二百餘頃。

御史渠，在鎮東北黃河外。唐史：「郭子儀請開豐寧軍御史渠，溉田二千頃。」是也。又尚書渠在衛東，亦唐所開。舊唐書：「大曆十三年回紇馬重英以四萬騎寇靈州，塞御史、尚書、光祿三渠水口以擾屯田，朔方留後常謙光逐出塞。後李聽爲都督長史，復導三渠。」光祿渠，今見靈州所。

千金渠，在鎮南。元和志：「渠在靈武縣北四十二里，長五十二里，闊十里。又有漢渠在靈武縣南五十里，從漢渠北流四十餘里始爲千金大陂。其左右又有胡渠、御史、百家等渠，共溉田五百餘頃。」○東壩，在衛境。天順四年寧夏總兵張太破敵於東壩，是也。

鹽池，在鎮界。唐食貨志：「靈州有温泉、兩井、長尾、五原、紅桃、回樂、弘静池。」今五原池見後衛，回樂池舊在靈州所，餘當在衛界。通志：「今在衛北四十里曰大鹽池，衛北百七十里者曰小鹽池，衛城東南者紅鹽池，衛城西者曰長鹽池，然皆湮廢。」

廣武營，在鎮西南百七十里；其東北爲大壩堡，其西爲棗園堡；又西爲石空寺堡，與中衛接界；俱戍守要地也。輿程記：由廣武營而南五里渡黄河，即寧夏中衛之鳴沙州。

玉泉營，鎮西百三十里。其東北爲平羌堡，其西即大壩堡也。一統志：「大壩堡與中衛分界，西至中衛二百十里。」又瓦窯墩，在平羌堡西北。嘉靖八年寇由此入犯，官軍禦之於平羌堡，敗績。○靈武營，在鎮北百里。正統十一年建營於此，爲北面之蔽。又河西砦，在黄河西岸。河東岸又有河東砦。

潘昶堡，鎮東二十五里。自堡而東南又有金貴、李祥、魏敬、王信、王貴、任春、葉誠凡八堡，俱屬寧夏鎮。又王澄堡，在鎮東北三十五里。自堡而東北又有張政、魏政二堡，俱屬寧夏左屯衛。○謝保堡，在鎮北十五里。自堡而北又有張亮、李信、丁義、周澄凡四堡，俱屬寧夏前衛。

楊顯堡，鎮西南三十五里。自堡而西北又有陶容、雷福、桂文、常信、洪廣、高榮、姚福凡七堡，俱屬寧夏右屯衛。○王景堡，在鎮西南四十里。自堡而西南又有李俊、邵剛、瞿靖、林皋、蔣鼎、陳剛凡六堡，屬寧夏左屯衛。

高臺。在鎮東十五里。地勢崇高，登眺極山河之偉觀，趙元昊嘗建寺於此。

靈州守禦千户所，鎮南九十里。南至慶陽府環縣五百里。漢置靈洲縣，〔一〕屬北地郡。後漢因之，晉縣廢。其後赫連夏據其地，後魏主燾滅之。太延二年置薄骨律鎮，在河渚上。孝昌中改置靈州，初在河北，後於果園所築城爲州治，兼置普樂郡。後周因之。隋初郡廢，煬帝又改曰靈武郡。唐仍曰靈州，開元九年置朔方節度治於此，天寶初復改州爲靈武郡。安禄山之亂，太子至靈武，即位於郡城南樓是也。五代仍爲朔方軍治，宋初改曰翔慶軍，咸平五年没於西夏謂之西平府。元復曰靈州，明初改爲千户所，正德元年升爲守御千户所。今亦設靈州所。

迴樂廢縣，在所西南。本漢靈洲、富平二縣地，後魏置縣，爲普樂郡治。隋爲靈州治，大業中爲靈武郡治，唐初因之。宋没於西夏，元省縣入州。志云：所城舊在河東，明洪武十七年圮於水，移築於舊城北七里。宣德三年又爲河水所衝決，移築於城東北五里。今所城周七里有奇，惟南北二門。

靈洲城，在所北。漢縣舊城也。漢志注：「惠帝二年置縣，〔二〕有河奇苑、號非苑。」顏師古曰：「苑謂馬牧。水中可居者曰洲。此地在河之洲，隨水高下，未嘗淪没，故號靈洲，又曰河奇也。二苑皆在縣北。」後漢元初三年，鄧遵大破叛羌於靈州，即此。西魏置臨河縣，又置臨河郡治焉。隋開皇初改郡曰新昌，三年郡縣俱廢。

富平城，在所西南。漢置縣，屬北地郡。後漢因之。永初三年，任尚等大破先零叛羌狼莫於富平河上是也。中平中以羌亂，富平寄治安定郡彭陽縣界，〔三〕自晉以後益徙而南，故城遂廢。漢志注：「縣有神泉障，爲北部都尉治。又有渾懷障，在塞外，渾懷都尉治焉。」○眴卷城，在所西南二百里。漢安定郡屬縣也，讀曰旬箘，後漢廢。水經注：「河水東北逕眴卷故城西，又東過富平縣西。」是也。

典農城，在富平故城西。城有三：其西南城世謂之胡城；又東北有城曰上河城，世謂之漢城；又東北有城，世謂之呂城；河水皆經其東。薛瓚曰：「上河在西河富平縣，漢馮參爲上河典農都尉，分屯以事農處也。」

豐安城，所北百八十里。杜佑曰：「在靈武西黃河外。」隋開皇十年置縣，屬靈州，大業末廢。唐武德四年析迴樂縣復置豐安縣，兼置迴州治。貞觀十三年州廢，縣并入迴樂。萬歲通天初置豐安軍，神龍初突厥默啜寇鳴沙縣，因移縣治於豐安城。先天二年郭元振復修築焉，仍爲豐安軍，屬朔方節度使。

丁奚城，在所南。後漢永初六年，漢陽賊杜季貢降於滇零羌，別居丁奚城。東觀記：「丁奚城在北地郡靈洲縣。」元初二年司馬鈞等分道擊叛羌，鈞獨進攻拔丁奚城。既而任尚復擊破杜季貢於此。明年尚復遣兵擊破先零羌於丁奚城。太子賢曰：「丁奚城在慶州馬嶺縣西北。」

薄骨律鎮城，在所北。水經注：「河水北逕薄骨律鎮城，城在河渚上，赫連果城也。桑果餘林，仍列洲上。相傳赫連之世有駿馬死此，取馬色爲邑號，故目城爲白石騮，〔四〕後訛爲蒲骨律也。」又雄州城，志云：在所西南百八十里。本名承天堡，唐中和間徙雄州治此，因名。

燕然廢州，唐志：「州寄治迴樂縣界。」貞觀二十年鐵勒歸附，於靈州界置皐蘭、高麗、祁連三州，竝屬靈州都督府，永徽元年並廢。調露元年又置魯、麗、塞、含、依、契等六州，總爲羈縻州，開元初廢。既又復置東皐蘭、燕然、燕山、雞田、雞鹿、燭龍等六州，仍寄靈州界，而燕然、雞鹿、雞田三州俱在迴樂縣界，突厥九姓部落所處也，至德後俱廢。

平山，在所東北八十里。山頂平衍，因名。○歡喜嶺，在所東。成化中寇入所東永隆墩諸戍，官軍追敗之於此。又囉龐嶺，在所西。宋乾道六年夏相任得敬脅其主仁孝欲分夏國，仁孝分西南路及靈州之囉龐嶺與之。上表於金，金人不許，得敬尋伏誅。

磨齊隘，〔五〕在所南百餘里。宋元豐四年劉昌祚引涇原兵伐夏，次磨齊隘。夏人據險以拒，昌祚大破之，遂薄靈州。慶州兵亦至，共圍之。夏人據黄河七級渠以灌昌祚營，〔六〕復鈔絶糧運，昌祚引還。

黄河，在所城北。自寧夏中衛流入界，又東北入衛境。志云：黄河經靈州西爲河曲。河千里一曲，自澆河至故眗卷縣率東北流，至富平始曲而北流。漢志注：「河水自眗卷別出爲河溝，東至富平北入河。」河水於此有上河之名，前漢馮參爲上河典農都尉，後漢任尚破先零羌於富平上河是也。後魏永熙二年，雍、秦諸州都督賀拔岳擊靈州帥曹泥，會秦州刺史侯莫陳悦於高平，使先行至河曲，岳爲悦所害。西魏大統二年，宇文泰遣軍圍曹泥於靈州，引水灌其城，不没者四尺。高歡發阿至羅兵三萬騎徑渡靈州河，遶出魏師之後，魏師退，泥得脱歸歡。唐貞元七年吐蕃寇靈州，陷水口支渠，敗營田。五代唐長興中，朔方帥張希崇引河渠，興屯田以省漕運，民便愛之。今所境田多沃饒，恒無暵涸之患，賴黄河之灌溉也。

浦洛河，在所南，北流入大河。宋至道元年邊將白守榮護芻糧赴靈州，李繼遷邀擊於浦洛河，盡奪之，即此。亦曰溥樂河，宋人議築溥樂城，以河爲名也。○蒲草湖，在所東南十里。又所南三十五里有草場湖。

七級渠，在所城南。唐大曆八年吐蕃寇靈州，郭子儀敗之於七級渠。宋元豐中劉昌祚圍靈州，夏人決七級渠灌之是也。○特進渠，在所西。志云：迴樂縣有特進渠，唐長慶四年開，溉田六百頃。

光禄渠，在所東。唐史：「靈鹽部有光禄渠，久廢。李聽爲夏綏銀宥節度使，引渠溉塞下地千頃，以省轉餉。」志云：渠在靈州，本漢時導河溉田處也。

旱海，在所東南。宋張洎曰：「自威州抵靈州有旱海七百里，斥鹵枯澤，無谿澗川谷。」張舜民曰：「今旱江平即旱海，在清遠軍北。」趙珣曰：「鹽、夏、清遠軍間並係沙磧，俗謂之旱海。自環州出青剛川本靈州大路，自此過美利寨漸入平夏，徑旱海中至耀德、清邊鎮入靈州。」是也。威州，見慶陽府環縣。

輝德鎮，在所南。舊爲靈州戍守處。石晉開運二年朔方帥馮暉赴鎮，過旱海，至輝德，党項扼要路據水泉拒暉，暉擊敗之，乃得入靈州。亦謂之耀德。宋咸平四年趙保吉作亂，張齊賢等議棄靈州。何亮言靈州不可捨，請築溥樂、耀德二城以通河西糧道。蓋靈武居絶域之外，不築此二城爲脣齒，與捨靈武無異也。溥樂，見上浦洛河。

清水營，在所東八十里。志云：在衛城東南百二十里黄河東南。正統七年建，弘治十八年爲套寇所陷。五邊考：「套寇犯靈州必由清水營入。」清水營者，靈州之咽喉也，特設重兵戍守。隆慶五年以西番順命，設馬市於此。

横城堡，在清水營西北八十里黄河東岸。輿程記：「由清水營而西北四十里爲紅山堡，又四十里爲横城堡，西三里即黄河渡，渡河處有關，亦曰鎮遠關，又西北四十里即寧夏鎮也。」〇毛卜剌堡，在清水營東南三十五里。又東南三十里即興武所，亦戍守要地。

萌城堡，在所東南二百二十里。輿程記：「所南四十里有大沙井堡，亦曰大沙井驛，又東南四十里爲石溝驛，又六十里爲小鹽池，亦曰鹽池驛，又東南四十里爲隰寧堡，又四十里曰萌城堡，亦曰萌城驛，與慶陽府環縣接境，皆出入襟喉，守禦要地也。又鹽池驛分道而西，凡一百二十里即中衛之廢鳴沙州。」○紅寺堡，在所西百四十里。嘉靖十四年陝西總制劉天和議築新邊，言紅寺堡東南起徐斌水至鳴沙州河岸可二百二十里處也。詳見固原州。

紅城子。在所東北黃河東岸。成化九年套寇犯韋州，制臣王越督軍敗賊於此。又弘治十三年總兵朱暉從紅城子出兵擣河套。又東北有三岔溝，亦成化九年官軍邀敗套寇處也。

興武所，在鎮東南三百二十里。東至花馬池百二十里，西至橫城堡百四十里。其間沙漠平漫，向爲寇徑。正統九年置興武營，正德初改置興武守禦千户所，所城周三里有奇。今設興武營於此。

高橋兒砦。在所西南。正德初總制楊一清言：「寧夏花馬池興武營直抵高橋三百餘里，爲寇入邊門户，諸部多屯牧其處。」又西接靈州之萌城驛。○磁窑砦，在所西。成化九年撫臣馬文升議築堡於此，以接靈州邊界。從之，因置寨屯守。

韋州所，鎮東南二百六十里。西夏置韋州於此，又爲靜塞軍。元廢。明弘治十年以地當寇衝，增置韋州千户所。所城周二里有奇。今廢。

打狼山，在所東南。套寇由韋州而南犯鎮原、平凉之道也。一統志「寧夏衛東南二百九十里有狼山」，即此山矣。○蠡山，在所西二十里。層巒蒼翠，其峰如蠡，有泉名曰富泉。其東又有小蠡山，亦曰螺山，寇入嘗駐牧於此。志云：蠡山在寧夏衛南二百六十里。是也。

東湖。所東三十里。湖北三里又有鴛鴦湖，互相縈注，所境田疇多藉以灌溉。

平虜所，在鎮北百六十里。東至黄河十五里，西至賀蘭山六十里。洪武中置平虜千户所，城周四里有奇。今爲平羅所。

老虎山，在所東北百八十里黄河岸上。九邊考：「自老虎山而西爲長流水、蒲草泉等險，距中衛境可數百里，皆可收爲外險。」

蒲草溝，在所西北二百里。弘治十一年，制臣王越討賀蘭山後叛部，分兵擊賊於花果園、蒲草溝，賊從沙窩遁去，乃合兵追至大把都，又追敗之於柳溝兒，寇西遁。花果園，紀事云：「在所北二百里。」

鎮遠關，所北六十里，爲寧夏之衝要。嘉靖中總制王瓊築花馬池新邊，棄關不守，自是山後之寇益恣，議者引爲瓊咎。九邊考：「平虜當北面之衝，而鎮遠關實爲外險。舊自鎮遠關以至火沙溝皆有臺堡相接，以斷北寇西行之路，外險既失，平虜雖有扼塞可憑，而終虞單薄矣。」

黑山營，所北八十里。永樂元年建，與鎮遠關相應援，嘉靖九年廢。議者謂河西營堡，惟平虜城三面受敵，河凍時套寇踏冰入犯，非墩墻所能禦也。冰泮後寇每用渾脱浮渡，擾我耕牧，則棄黑山營鎮遠關而守平虜，殆非長算矣。

威振堡，所西北二十里。嘉靖九年總制王瓊言：「平虜城北威振堡、五岔溝與沙湖、黄河相連，舊有溝渠，年久湮廢，宜濬治之，西南接賀蘭山大水口以爲限蔽云。」又新興堡，在所西北五十里。嘉靖九年王瓊請自威振堡以西築臨山墩爲堡，又沿溝尖、塔兒墩、新興墩各築一堡是也。今臨山堡在新興東，新興以西則爲鎮朔堡。

洪廣堡，所西八十里。又西爲鎮北堡。九邊考：「洪廣、玉泉、廣武與寧夏中衛俱爲河西之蔽，然中衛僻在西隅，塹山堙谷，有險足恃，而洪廣、玉泉、廣武皆在賀蘭山南，寇入套後，患亦差少。」

打磑口。所北四十里，在鎮遠關内，爲山後賊衝。嘉靖十六年寇由此入犯，官軍禦却之。議者謂欲復鎮遠關，必先固打磑之守是也。

寧夏後衛，東北至榆林鎮七百二十里，南至慶陽府五百里，西南至固原鎮六百二十里，西北至寧夏鎮三百六十里，自衛治至布政司一千一百二十里，至京師三千三百七十里。

古羌、戎地，秦屬北地郡，兩漢因之。晉仍屬北地郡，後爲赫連夏所據。後魏置大興郡，西魏改爲五原郡，兼置西安州，尋改爲鹽州。隋初郡廢，大業初又改州爲鹽川郡。唐初爲梁師都所據，貞觀二年復置鹽州，舊唐書：「武德初鹽州及五原縣俱寄治靈州，貞觀初州縣俱廢。明年平梁師都，復於舊城置鹽州及五原縣。天寶初曰五原郡，乾元初復故。貞元二年陷於吐蕃，唐史：「時吐蕃陷鹽州及夏州。」八年收復。明年置鹽州節度，尋廢。十七年又陷於吐蕃，旋復得之。唐志：「貞元十九年置保塞軍於此。」五代時亦曰鹽州。宋初因之，咸平以後爲西夏所據。元以其地屬環州。明初屬慶陽府，正統九年置花馬池營，成化中爲守禦花馬池千户所，正德元年改置寧夏後衛，隸陝西都司。今爲寧夏所。

衛控扼朔方，翼蔽内郡，北面之險也。赫連氏桀驁於統萬，梁師都倔强於夏州，皆取途於此，以窺伺關中。唐失鹽州而塞防無復保障，吐蕃往往繇此阻絶靈武，侵迫鄜、坊。貞元八年復城鹽州，繼又增立軍府。由是靈武、銀、夏、河西獲安。五代梁乾化初保塞節度使高萬興奏取鹽州，先是開平三年鹽州屬李茂貞，朔方帥韓遜附全忠攻取之，至是爲高行存所據，自爲刺史，萬興遣將攻降之。其略曰：「鹽州與吐蕃、黨項犬牙相接，爲二境咽喉，地又有烏池鹽鹺之利，戎、羌意未嘗息。唐建中初爲吐蕃所陷，砥其墉而去，繇是銀、夏、寧、延暨於靈武，歲以河南、山東及江、淮諸道兵士分護其地，謂之防秋。貞元初副元帥渾瑊復取其地，建百雉焉，自是邊塵乃息，寇患遂止。今纔動偏師，遽收襟要，國之右臂，瘡疣其息哉！」蓋鹽州與靈武諸州脣齒之勢也。宋時爲西夏所據，种諤等議復鹽州以遏其衝，不果。終宋之世，卒不能得志於西夏。明自河套有事，花馬池爲西陲肘腋之患，南擾則禍在慶、環，西掠則憂在平、固，西北則瞰靈州阻寧夏，故防維爲最切。弘治中制臣楊一清言：「花馬池東至延綏安邊營，西至寧夏黄河邊横城堡，横亘四百餘里，黄沙野草，瀰望無際，無高山巨塹爲之阻限，非創築邊墻不足以禦腹心之患。」從之。正德以後，屯戍日密，議者猶謂宜擇便利之地，大建城堡，增設將領，分屯重兵於清水、興武等營，令三百里間旗幟相望，刁斗相聞。又於鐵柱泉水草大路盡建墩堡，斷其出入之徑，始爲制馭良策耳。九邊考曰：寧夏鎮禦敵之路有四：一曰中衛，險在棗園、柔遠、舊安寨諸處；一曰平虜，險在鹽山、新興、靈武諸處；一曰鎮城，險在赤水、寧化、玉泉、馬跑泉諸處；一曰花馬池，險在定邊營、楊柳屯、清水營、興武營、鐵柱泉諸處。然四路情形，花馬池最急。花馬池者，寧、固、蘭、靖諸邊之門户也。」

五原廢縣，今衛治。古眴衍戎地，漢置眴衍縣，屬北地郡。眴讀煦，一讀劬。後漢廢。後魏置大興縣，爲大興郡治。西魏曰五原縣，後又改爲大興。隋亦曰五原縣，爲鹽州治，大業末爲梁師都所據。唐初與鹽州俱寄治靈州，貞觀初廢。二年復於舊治置縣，爲鹽州治。宋初因之，後没於西夏。元廢。今衛城周七里有奇，有東西南三門。

白池城，在衛西。本興寧縣也，隋末析五原縣置，屬鹽川郡。唐初亦寄治靈州，仍屬鹽州。貞觀初廢，龍朔三年復置於舊治。後改爲白池縣，以近白鹽池而名也。宋陷於西夏，縣廢。又括地志云：「白池東北九十里有白土城，漢上郡屬縣。」按漢志注圁水出白土縣西，蓋在今廢夏州南境，括地志悮也。今見榆林鎮。

龜兹城，在衛東北。漢縣，屬上郡。顔師古曰：「龜兹讀丘慈。」時龜兹國人來降附者，處之於此，因名。亦爲上郡屬國都尉治，有鹽官。後漢曰龜兹屬國。永壽初南匈奴别部叛，寇美稷，東羌復應之，安定屬國都尉張奐勒兵出長城，遣將王衛招誘東羌，因據龜兹縣，使南匈奴不得與東羌交通是也。又西羌傳「雍州有龜兹鹽池，爲民利」，即今大小兩鹽池矣。晉廢。後魏主燾太延五年伐姑臧，自雲中濟河至上郡屬國城，即故龜兹城也。

鐵角城，在衛境。或曰即三角城也，與鹽池相近。初爲官軍屯戍處，近代賊常據爲巢穴，耕牧其中。其相近者又有盧保嶺，賊黨分據於此，犯平涼、固原諸境。

方山，在衛東北百餘里。正德九年寇入花馬池，掠官馬而去。參將尹清追之，戰於方山，敗没。○翳犢山，在衛東北。後魏主嗣泰常五年如翳犢山，遂至濁滷池。李延壽曰：「山在五原東。」胡氏曰：「濁滷池即唐鹽州之鹽池。」

花馬池，在衛城西。舊屬慶陽府，去府城五百餘里。池周迴四十里，與馬槽、孛羅、濫泥、鍋底等池相近。其地平衍，無谿谷之阻，寇入套後往往由此闌入爲邊患。弘治十二年火篩分道寇固原、寧夏諸邊，從花馬池入，西北大擾。十八年復自花馬池毀垣入，掠隆德、静寧、會寧諸處。正德四年又入花馬池。九年復自花馬池犯固原塞。嘉靖初入花馬池大掠，南至西安、鳳翔。十三年復入花馬池，掠固原，殘安定、會寧二縣。蓋防禦雖密而突犯不免，地勢然也。

鹽池，在衛城西北。舊亦屬慶陽府，去府城五百里，北至寧夏鎮三百五十里。池周迴八十里，謂之大鹽池。魏土地記：「大鹽池鹽色青白，名曰青鹽，又名戎鹽。」晉太元十六年魏主珪破劉衛辰軍於鹽池，自河以南諸部悉降。宋白曰：「即唐鹽州五原縣青、白鹽池也。」唐志：「鹽州管四池，曰烏池、白池、瓦窑池、細項池。」又云：「青白鹽出烏、白兩池，亦曰青、白鹽池，在鹽州北。」唐元和十五年吐蕃入寇鹽州，營於烏、白池，未幾復圍烏、白池。宋至道二年夏州、延州行營言兩路合勢破賊於烏、白池，賊首李繼遷遁去。既而西羌擅以爲利。明時邊儲多取給於此。其地亦名三山兒。

小鹽池，在衛西二百里。池周二十七里，自慶陽至寧夏此爲中頓之地。五邊考：「小鹽池與萌城驛爲寧夏後衛、靈州所及慶陽府環縣三境之要會，套寇入犯，往往以此爲捷徑。弘治十三年官軍敗寇於此。池西北去靈州所百二十里，去寧夏衛三百七十里，與大鹽池皆不假人力自凝爲鹽。」西魏置鹽州，蓋以邊鹽池而名也。

天池，在衛西。成化九年撫臣馬文升議築堡於此，接興武千户所界。又紅柳池在衛東南，亦去慶陽府五百里，周迴二十六里。又有石溝池在其西，蓮花池在其東，相近者又有東小池與馬槽等池，俱産鹽硝。

青沙澗，在衛東北。五邊圖「衛東北跨馬梁、青沙澗，與榆林衛清平、定邊相對，離花馬池五百里。又東北有敖忽澗、五坐山諸險，皆可守之境」云。

長城關，在衛東。或云正德初所置。隆慶三年督臣王崇古發寧夏鎮兵從花馬池長城關出邊，擊套寇部落於白城子，敗之。白城子蓋在衛東北邊外。

洪門鎮，在衛東南。唐志：「貞元八年邠寧節度張獻甫請復鹽州及洪門、洛原鎮兵。」洛源即慶陽府廢洛源縣。又石昌鎮，在衛南。宋史：「西羌地瘠，以池鹽易穀於邊。及李繼遷爲寇，陝西漕臣鄭文寶禁青白鹽，戎人乏食，寇石昌鎮，屠小康堡。淳化三年錢若水馳傳撫定之。」小康堡蓋近石昌鎮。

定邊營，衛東六十里，即榆林邊界也。○叱利砦，在衛東。唐會昌五年黨項叛衆屯聚於此。唐會要：「鹽州有叱利砦。」又清塞砦，在衛西。亦曰清塞堡。長慶元年吐蕃寇清塞堡，鹽州刺史李之説擊却之，即此。

楊柳堡，在衛東北三十里。本楊柳墩，弘治七年制臣秦紘增築，其相近者有石臼墪，俱寇徑也。嘉靖初寇從此入，官軍敗之。寇退走，伏兵又敗之於青羊嶺。嶺在衛東北邊墻外。

鐵柱泉堡，衛西南六十里。有泉百步，寇入必飲馬於此。嘉靖十五年制臣劉天和改築舊堡，包鐵柱泉於堡中，設兵據守。十九年寇犯固原，自鐵柱泉引還，鎮將任傑等迎擊，敗之。五邊考：「堡與小鹽池俱套寇入犯之衝也。」

井兒堡，在衛西。嘉靖初，套寇由此撤墻入，犯固原、平涼、涇州諸境，殺傷甚衆。又高平堡，在衛西四十里，又西二十里爲安定堡，俱設兵戍守。

沙湃口。在衛西北。萬曆中哱拜作亂，結套寇爲應援，遂入沙湃口，旋敗去。○平山墼，在衛北。成化中邊臣言：「寧夏東路自花馬池至黄河，東至平山墼，西至黑山營，中間相去二百里，雖有黄河可恃，而冬月凍合，實爲可憂，應築邊墻戍守。」從之。黑山營，見寧夏平虜所。

寧夏中衛，東北至寧夏鎮三百六十五里，南至固原鎮西安所三百十里，西至莊浪衛二百六十里，北至觀音山邊界七十里，自衛治至布政司一千一百十里，至京師三千九百里。

古羌、戎地，秦屬北地郡，兩漢因之。晉爲雍州徼外地，後魏屬靈州，隋因之。唐亦爲靈州地，宋没於西夏。元置應理州，屬寧夏路，明初廢。洪武三十二年移建寧夏中衛於此，領千户所五，俱在衛城内。隸陝西都司。今亦設寧夏中衛。

衛倚賀蘭之險，阻洪河之阻，左聯寧夏，右接莊浪，誠邊陲要地也。説者曰：賀蘭雖稱天險，而通城隘口甚多，自鎮關墩至勝金關九十餘里，俱朔騎出没處。若修觀音口、鎮關墩至黄河百八十里之邊，則内而廣武、玉泉、大壩亦得所捍禦矣。夫誠能保有松山，爲西蕃外障，豈憂山後之寇哉？

温池廢縣，在衛治東南。漢北地郡富平縣地，隋爲弘静縣地。通典：「後魏薄骨律鎮倉城在此。唐神龍初置温池縣，屬靈州。廣德後没於吐蕃，大中間收復，改置威州。」胡氏曰：「温池縣有鹽池，唐大中四年以温池鹽利可贍邊陲，委度支制置。」是也。宋没於西夏，縣廢。今衛城周七里有奇。

鳴沙城，衛東南百五十里。後魏時戍守處也。其地北枕黄河，人馬行沙上有聲，因名。後周保定二年移置會州於此，建德四年改立鳴沙鎮。隋開皇十九年置環州及鳴沙縣。志云：環州以大河環曲而名也。大業三年州廢，縣屬靈武郡。唐武德四年置西會州，鳴沙縣屬焉。貞觀六年州廢，改置環州於此。九年復廢環州，縣仍屬靈州。咸亨二年又置安樂州以處吐谷渾部落。神龍二年突厥默啜寇鳴沙，敗唐兵，進寇原、會二州。是年移鳴沙縣治豐安城。大曆四年吐蕃寇鳴沙，尋爲吐蕃所據。貞元三年吐蕃尚結贊等入寇，陷鹽、夏諸州，退屯鳴沙，尋置長樂州於此。元和十三年靈武奏破吐蕃長樂州，克其外城是也。大中三年收復，改置威州。五代晉徙州治方渠，以鳴沙爲屬縣。宋没於西夏。元復於此立鳴沙州，明初廢。志云：自城北渡河五里即寧夏衛之廣武營也。方渠，見慶陽府環縣。

燕山廢州，在廢温池縣界。唐開元初復置六降州，寄治靈州境，以東皐蘭州寄治鳴沙界，而燕山、燭龍二州寄治温池界，俱突厥九姓部落所處也。詳見靈州千户所。

沙山，衛西五十里。因積沙而成。或云即萬斛堆。晉泰始六年鮮卑樹機能作亂，秦州刺史胡烈討之，至萬斛堆，兵敗被殺。元志「應理州東阻大河，西據沙山」，即此。○觀音山，在衛北五十里。山有觀音洞。又米鉢山，在衛南七十里。衛東七十里又有石空寺山，又東十里爲石空洞。又有羚羊洞，亦在衛東南百里。

黄河，在衛城南十五里。自靖遠衛東北流入境，分流入城仍合於大河，東北流注寧夏衛。

温圍水，在衛西南。其下流入於黄河。晉咸寧五年馬隆討涼州鮮卑，度温圍水，〔七〕是也。胡氏曰：「温圍水東北即萬斛堆，漢武威郡有媼圍縣，此水或因以名。媼訛爲温也。」義熙三年赫連勃勃擊傉檀，至枝陽，大獲而還。傉檀追之，其臣焦朗曰：「勃勃未可輕也。不如從温圍北渡趨萬斛堆，阻水結營，扼其咽喉，百戰百勝之術也。」不從，果爲勃勃所敗。宋元嘉十六年魏主燾議伐涼州，李順等謂自温圍水以西至姑臧，即此也。枝陽，見靖遠衛。

馬槽湖，衛東北二十五里。以形似名，東南流入於大河。又蒲塘，在衛北四十里。塘中多産蒲草，因名。下流亦注於河。

中渠，衛南五里。引大河之流，溉田百餘頃。又蜘蛛渠，在衛西二十里，東北流，溉田幾二百頃。白渠，在衛東二十里，溉田九十頃。羚羊渠，在衛南四十里，溉田三百八十餘頃。石空渠，在衛東七十里，溉田九十頃。棗園渠，在衛東九十里，溉田九十五頃，元於此置屯田。又七星渠，在衛東南一百二十里，溉田一百二十餘頃。已上諸渠，皆引大河而成。

裴家川，在衛西南，接靖遠衛北境。五邊考：「其地有腴田萬頃，軍民歲以寇患不得田作。隆慶五年督臣王之誥請於寧夏扯木峽舊堡河口至五方寺、塔兒灣、白草川墩增築邊墻、墩臺、大小堡寨，駐將領於此，以遏寇出入要路，并築東西大小隘口。自是裴家川爲内地，更置軍營曰永安營，軍民賴之。」扯木峽即寧夏赤木峽也。

鎮虜營，衛東四十里。正統二年建。又石空寺營，在衛東八十里。永樂二十二年建。又棗園營，在衛東百二十里。永樂二年建。又廣武營，在衛東百九十里。正統九年建。○五百户堡，在衛南三十里。永樂二十二年建。又羚羊堡，在衛南六十里。正統元年建。又回回墓堡，在衛南百二十里。宣德六年建。已上營堡，向俱設官軍戍守。

黑山嘴。在衛北二十五里。又衛西有西沙嘴，成化十三年鎮臣請修寧夏西路永安墩至西沙嘴一帶邊墻是也。○黄沙口，在衛東北百二十里。又衛東北百四十里有觀音口。又大佛寺口有二：一名大佛寺北裏口，在衛東北百九十里；一名大佛寺北外口，在衛東北二百十里：俱衛境之衝要也。

靖遠衛，東南至固原鎮四百五十里，西南至臨洮府蘭州三百五十里，西北由直路至莊浪衛三百里，東北至寧夏中衛二百十五里，南至鞏昌府會寧縣二百七十里，自衛治至布政司一千二百二十里，至京師三千六百三十里。

古西羌地，秦屬隴西郡，漢屬金城、安定二郡，後漢屬金城、武威二郡，晉爲凉州徼外地。西魏置會州，後周廢。隋爲原州地，大業初屬平凉郡。唐初復置會州，舊唐書：「武德二年以平凉郡會寧鎮置西會州。」九年突厥寇西會州，是也。貞觀中改爲粟州，以足食故也。尋又改爲會州。天寶初曰會寧郡，乾元初復曰會州，廣德後没於吐蕃，大中間來歸，尋復爲番、戎所據。宋天聖以後屬於西夏，元符二年收復，仍置會州。金圯於河，僑治會川城，號新會州。元又遷於鞏昌北境。元遷會州治西寧，即今鞏昌府會寧縣也。明正統二年復修廢城置靖虜衛，領千户所四，俱在衛城内。屬陝西都司，弘治九年改屬固原鎮。今改爲靖遠衛。

衛面山背河，地勢險阻。九邊考：「靖遠去敵最近，北面濱河，遇冬凍合，一望平地千里，寇若從賀蘭山後踏冰馳踔，勢如風雨，未易禦也。沿河置戍，固不可緩，而徐斌水以西舊邊一帶，冬防可倚也。要之折衝無術，而從事於補苴，計斯末矣。」

會寧廢縣，今衛治。漢金城郡枝陽縣地，晉廢。後魏置會寧縣，屬高平郡。西魏置會州。後周廢州，尋并廢縣。隋開皇十六年復置會寧縣，屬原州，大業三年屬平涼郡。七年分置西突厥部落於此。十三年西突厥闕度設據會寧川自稱闕可汗，降於李軌，尋爲軌所滅。唐武德二年平李軌，置西會州治焉，尋爲會州治。後陷於吐蕃。宋元符中收復，仍置會州，崇寧三年置敷文縣爲州治。金改爲保川縣，後徙州治於會川城，縣遂廢，明復建衛於此。今衛城周六里有奇。

枝陽城，在衛西南。漢縣，屬金城郡，後漢因之，晉廢。前涼張寔復置，屬廣武郡。隆安二年西秦乞伏乾歸遣其弟益州攻涼枝陽、鸇武、允吾三城，克之。又義熙三年赫連勃勃擊南涼禿髮傉檀，至枝陽，大獲而還，即此。後魏縣廢。允吾，見蘭州。

祖厲城，衛西南百三十里。漢縣，屬安定郡，後漢屬武威郡，晉廢。前涼張軌復置，仍屬武威郡。後魏移縣治於平涼縣境，屬隴東郡，故縣久廢。祖讀罝，厲讀賴。○烏蘭城，在衛南百十里。漢祖厲縣地，後周置烏蘭關於此，唐武德末置烏蘭縣，屬會州，後没於吐蕃，縣廢。劉昫曰：「烏蘭，後周所置縣也。初置於會寧關東南四里，唐天授二年移於關東北七里。」

勇士城，衛西南二百里。漢縣，屬天水郡，武帝元狩初置天水屬國治此。後漢屬漢陽郡。元初二年罷參等擊叛羌，兵至勇士東，爲杜季貢所敗。晉縣廢。咸安初秦苻堅使王統攻隴西鮮卑乞伏司繁於度堅山，司繁降，因置勇士護軍於勇士川，使乞伏吐雷撫其衆，尋使司繁鎮之。其子國仁因苻堅之敗遂叛秦，太元十年國仁築勇士城而都之是也。後魏廢。亦曰健士城，顔師古曰：「隋初避太子諱也。」

苑川城，在衛西南。水經注：「苑川水出勇士縣之子城南山，北逕牧師苑，故漢牧苑之地也。有東西二苑城，其城相去七里。」〔八〕晉咸和中隴西鮮卑乞伏述延始居苑川，咸安初乞伏司繁拒秦將王統於苑川，敗降秦。其後乞伏國仁據勇士城，苻登封爲苑川王。乞伏乾歸復自金城遷於西城，即苑川西城也；既又遷都苑川，蓋即苑川東城云。宋元嘉三年西秦王熾磐侵河西王蒙遜，夏主昌遣將呼盧古乘虚攻其苑川及南安，熾盤引還。後魏神䴥中城廢。

鸇陰城，在衛西。漢縣，屬安定郡，後漢屬武威郡，晉廢。宋白曰：「會寧縣本鶉陰縣地。河水東過勇士縣北，東流即鸇陰縣。漢順帝建康初趙沖追擊叛羌於建威鸇陰河，即此。」賢曰：「涼州姑臧縣東南有鸇陰縣故城，縣因水爲名。」續漢書：建威本作「武威」。又曹魏黄初二年涼州盧水部反，遣張既討之，賊胡拒既於鸇陰口。胡氏曰：「鸇陰河口也。」或訛爲鸇武城。晉隆安二年西秦將乞伏益州攻涼，克鸇武，即鸇陰矣。後魏始移置縣於平涼縣境，舊城遂廢。○麥田城，在衛北。水經注：麥田山在安定西北六百四十里。山東北有麥田城。又北有麥田泉，西南流注於河。」晉咸和四年乞伏述延見趙亡，懼，自苑川遷於麥田，即此城也。

會川城，衛西南七十里。宋元符二年進築，賜名會川，屬會州。金末僑置會州於此，謂之新會州。元廢。新泉城，在衛西北三百里。唐大足初郭元振置新泉軍，初屬朔方，天寶中屬河西節度使，後廢。宋志：「會州城南四十里有新泉砦。」宋元符初置，蓋因舊城以名。金廢。

德威城，在衛西。本名清水河，宋政和五年童貫遣秦鳳將劉仲武出會州，至清水河築城屯守而還，賜名曰德威。城西去黄河四里。宋志：「城南二十五里爲遠羅谷口，政和中置正川堡於此，隸德威城。」

烏蘭山，衛南百二十里。上有關，唐置烏蘭縣，以此山名。或謂之南山，晉義熙三年禿髮傉檀爲赫連勃勃所敗，自陽武下峽奔南山。胡氏曰：「枝陽之南山也，西連武威倉松之境。」

度堅山，在衛西。晉時隴西鮮卑乞伏氏先自漠北南出屯高平川，又自高平西南遷麥田山，乞伏司繁又自麥田遷度堅山。咸安初苻秦使王統攻之，司繁拒統於苑川，統潛襲度堅山，克之。義熙五年乞伏乾歸自苑川徙都度堅山，七年置秦興郡治焉。胡氏云：「度堅山在苑川之西。」

大小松山，在衛北六百里。舊時寇駐牧於此，爲莊、凉、蘭、靖諸邊之患。萬曆二十六年撫臣田樂、鎮臣達雲收復其地，於是邊患始少。○雪山，在衛北百二十里。山勢高峻，積雪不消，套寇入犯，往往駐牧於此。又三岔山，在衛北。又有猪肝岔，在衛東北大河南岸，成化十年寇從此内犯。

陽武下峽，在衛東北。晉隆安初後凉吕光攻乞伏乾歸於西城，遣其將梁恭等出陽武下峽，與後秦秦州刺史没奕干攻其東，不克。義熙三年赫連勃勃擊南凉，入枝陽，驅掠而還。禿髮傉檀引兵追之，勃勃於陽武下峽鑿凌埋車以塞路，逆擊傉檀，大破之。胡氏曰：「陽武下峽在高平西，河水所經也。」

黄河，在衛北五里。自蘭州東北流至衛境，過祖厲故城西，又經衛北入寧夏中衛界。其間山峽險隘，垂流直下，高數十丈。又衛城北有黄河堰，唐刺史安敬忠築此以捍河流。衛西南又有北卜渡。元志：「自蘭州而東過北卜渡至鳴沙河，過應理州正東行，至寧夏路。」鳴沙河即寧夏中衛鳴沙山南黄河也。

祖厲河，在城東，又北注於河。其水苦惡不可食。水經注：「水出祖厲南山，北流經祖厲縣，又北注於河。」漢元鼎五年幸雍，遂踰隴，登崆峒，西臨祖厲河而還是也。唐史：「祖厲城西有河池，因雨生鹽。」衛志：城中無清泉，祖厲水復鹹苦，汲者必涉祖厲而後達於河取以供日用，一遇雨潦，即漲溢不可渡。乃量工命役，截其上流，去衛五里地有江嘴，決而導之，使北入河，於是故道堙平，往來便易。又亥刺河，在衛北，西流注於河。明初邊將陳德敗敵於此。

渴渾川，在廢勇士縣東北。晉太元十二年，乞伏國仁襲鮮卑三部於六泉，鮮卑没奕干等連兵來襲勇士，遇戰於渴渾川，没奕干等大敗，三部皆降於國仁。六泉，今見平涼府鎮原縣。

三不剌川，在衛北境。其西爲五郎口，明初孫興祖戰死於此。○裴家川，在衛北黄河外。其地便於屯營，爲戍守之要，隆慶六年設永安營於此，東接寧夏中衛界。今詳見中衛。

大沙溝，在衛北黄河外。嘉靖中邊臣李承勛言：「寧夏自鎮遠關至大沙溝，舊有臺堡相接，以斷北寇西行之路。」是也。又蘆塘，亦在衛東北黄河外。亦曰蘆溝，寧夏、固原邊接境處也。今有蘆塘營。

會寧關，衛西南百三十里。舊名顛耳關，宋元符初進築，賜名通會，尋改曰會寧關，金改爲會安關。南至鞏昌府安定縣一百里。○烏蘭關，在衛南烏蘭山上。唐志烏蘭縣西南有烏蘭關，是也。

永安營，在衛北裴家川。又蘆塘營，在衛東北蘆塘上，俱衛境要地，設官軍戍守於此。○通安砦，在廢會川縣東六十里。宋崇寧五年置，屬西安州。金仍曰通安塞，改屬會州。元廢。又有同安堡，在通安西三十里。亦宋置，金廢。

懷戎堡，衛東六十里。宋崇寧二年置。宋志：「堡北至柔狼山界堠四十里，與夏國西壽監軍對境，繇枯砦谷至柔狼山地皆險阻。」又有水泉堡，在懷戎堡西二十里。○静勝堡，在衛西南百八十里。宋志：「政和六年賜清水河新城曰静勝堡，其城在黄河南石觜上，與河北夏國卓羅監軍地分相對。」又有通泉堡，在衛西南八十里黄河南嶺上。亦宋置，金廢。

迭烈孫堡，衛北九十里。西夏所置，元因之。明初元將賀宗哲攻鳳翔不克，自固原之六盤山遁去，明師追之，復由迭烈孫渡河遁。後設巡司於此，每歲冬增兵戍守。○打剌赤堡，衛東七十里。其地本名亂麻川，天順中滿四據石城作亂，官軍討之，分道出此。又東五十里爲乾鹽川堡，接固原州西安所界，爲北騎入寇之徑道，向皆設兵戍守。石城見固原州。又平灘堡，在衛西九十里。又西九十里即蘭州金縣之一條城也，爲往來之要道。志云：衛西四十里曰虎豹口，衛境要口也，向設官軍戍守。

烏蘭橋。在衛西南百里。唐志：「在烏蘭關外黄河上。」其地亦名烏蘭津。西魏大統初渭州刺史可朱渾道元帥所部西北渡烏蘭橋抵靈州，因靈州刺史曹泥資送至雲州，降於高歡。唐貞元十六年靈州兵破吐蕃於此。元和八年吐蕃作烏蘭橋，又築月城守之。先是吐蕃欲作橋，每先貯材於河側，朔方常潛遣人投之於河，終不能成。至是朔方帥王佖貪，吐蕃先厚賂之，遂并力成橋，自是朔方禦寇不暇。

校勘記

〔一〕漢置靈洲縣　「洲」，漢志卷二八下作「州」。

〔二〕惠帝二年置縣　「二年」，漢志卷二八下作「四年」。

〔三〕富平寄治安定郡彭陽縣界　「寄」，底本原作「繼」，今據職本、鄒本改。

〔四〕故目城爲白石騮　「石」，水經河水注作「口」。按該城名後訛爲「薄骨律」，骨、口音近，當以口爲是；骨、石音異，非是。

〔五〕磨齊隘　「齊」，各本均作「哆」，按字書無「哆」字，宋史卷三四九劉昌祚傳作「磨齊隘」，今據改。

〔六〕夏人據黄河七級渠以灌昌祚營　底本原無「渠」字，今據鄒本及宋史卷三四九劉昌祚傳補。

〔七〕度温圍水　晉書卷五七馬隆傳及通鑑卷八〇晉紀二俱作「度温水」，無「圍」字。

〔八〕其城相去七里　水經河水注作「七十里」，此引脱「十」字。

讀史方輿紀要卷六十三

陝西十二

甘肅鎮，東至臨洮府蘭州黄河一千一百七十五里，南至西寧鎮黄河一千五百七十五里，西至肅州衛嘉峪關五百七十里，北至亦集乃地一千五百里，自鎮治至布政司二千六百四十五里，至京師五千四百里。

禹貢雍州地，自漢以前爲月氏國地，後爲匈奴所據。漢記：「月氏故居敦煌、祁連間，爲强國。匈奴冒頓破月氏，使昆邪王居之。」武帝太和元年始開置張掖等郡，以斷匈奴右臂。昭帝以後與酒泉、武威、敦煌、金城並稱河西五郡。後漢因之。魏、晉仍爲張掖等郡，永嘉以後爲張寔所據，稱前涼。呂光繼之，爲後涼。沮渠蒙遜都張掖，稱北涼。後魏以其地屬涼州，西魏又置西涼州，尋改爲甘州。後周復置張掖郡。隋初郡廢，煬帝又改甘州爲張掖郡。唐初爲李軌所據，武德二年復置甘州，天寶初亦曰張掖郡，尋没於吐蕃。大中間始復内屬，尋又没於羌、戎。宋天聖以後爲西夏所據。蒙古得其地，仍置甘州，至元初置甘肅路總管府，八年改甘州路總管府，十八年置甘肅等處行中書省治此，以控河西諸郡。明洪武二十四年置甘肅等衛，二十六年置陝西行都指揮使司，領衛十二，守禦千户所三。今爲甘肅鎮。

鎮河山襟帶，扼束羌、戎。漢武開河西，遏絶羌與匈奴相通之路，使不得解讎合約爲中國患。劉歆言：「武帝西伐大宛，并三十六國，結烏孫，起敦煌、酒泉、張掖以隔婼羌，婼羌，羌別種。見曲先衛。裂匈奴之右臂。」歆又云：「孝武表河曲，列四郡，開玉門，通西域，以斷匈奴右臂，隔絶南羌、月氏，單于失援，由是遠遁，而幕南無王庭。」蓋其地跨越邊塞，保阻險，定畜牧，自古稱涼州之畜，爲天下饒也。漢書志：「自武威以西本匈奴渾邪、休屠王地，武帝時攘之，初置四郡，隔絶南羌、匈奴。地廣民稀，水草宜畜牧，故涼州之畜，爲天下饒。保邊塞，二千石治之，咸以兵馬爲輔。昭帝時益置金城郡，所謂河西五郡也。」天下多事，羣雄恒睥睨於此。更始初竇融私謂其兄弟曰：「天下安危未可知。河西殷富，帶河爲固，張掖屬國精兵萬騎，一旦緩急，杜絶河津，足以自守，此遺種處也。」乃求爲張掖屬國都尉，卒保有五郡，挈以歸漢。晉永康二年張軌以天下方亂，陰有保據河西之志，乃出爲涼州刺史。蓋祖竇融故智也，遂世有涼土，保境息民，復以兵威懾服西域，雄長一隅幾七十年。太元初苻秦并涼，使梁熙爲刺史。十年關中亂，熙亦圖據涼州。會呂光平西域，引兵還至宜禾，時光未至敦煌之宜禾縣，當是火州之伊吾谷。詳見後。高昌太守楊翰言於熙曰：「呂光新破西域，兵彊氣鋭，聞中原喪亂，必有異圖。河西地方萬里，帶甲十萬，足以自保。若光出流沙，其勢難敵。高梧谷口，見後火州。險阻之要，宜先守之，而奪其水，可以坐制；如以爲遠，伊吾關亦可拒也。見哈密衛。度此二阸，雖有子房之策，無所施矣。」熙不從，光遂據涼州。後十餘年秃髮、沮渠以及李暠之徒，後先角立，分裂其地，亦皆一再傳而後亡，豈非以山川阨塞，負隅易固哉？北魏主燾平統萬及秦、涼，以河西水草豐美，用爲牧地，畜甚蕃息，馬至二百餘萬匹，橐駝半之，牛羊無數。隋之末也，李軌竊有其地，唐武德二年克平之，漸有事於西域。昔人言：欲保秦、隴，必固河西；欲固河西，必斥西域。漢人繇此，而羌、戎賓服者二百餘年。光武以中土初定，未遑外略，閉玉門，謝貢獻。明帝時復通西域，耿秉所謂「破伊吾折匈奴左角」者也。班氏父子世修其職，厥功炳焉，於是敦煌以東，風塵無警。唐初得河西地，貞觀中地益拓，置四鎮。咸亨初爲吐蕃所陷，長壽元年復收四鎮，議者請廢之，崔融曰：「太宗踐漢舊跡，竝南山抵葱嶺，割裂府鎮，烟火相望，吐蕃不敢内侮。高宗時棄四鎮不能有，而吐蕃遂張入焉耆之西。今若又棄之，使彼得四鎮，必臨西域，西域震則威憺南羌，南羌連衡，河西必危矣。」乃復守四鎮。唐書吐蕃傳：「初，太宗平薛仁杲得隴上地，擒李軌得涼州，破吐谷渾、高昌開四鎮，玄宗繼收黄河、磧石、磧一作「積」。宛秀等軍，中國無斥候警者幾四十年。輪臺、伊吾屯田，禾菽彌望。開遠門揭候署曰『西極道九千九百里』，示戍人無萬里行也。自乾元以後，河西軍鎮多爲吐蕃所陷，而安西、北庭猶爲唐守，貞元中始陷於吐蕃，自是隴坂以西皆爲異境，畿輔震驚，烽火時至，蓋河西强兵足食之本也。」武后時陳子昂言：「涼州歲食六萬斛，甘州所積四十萬斛。觀其山川，誠河西咽喉。地廣粟多，户止三千，勝兵者少，屯田廣野，倉庾豐衍，瓜、肅以西，皆仰其餫，一旬不往，士已枵饑，是河西之命係於甘州矣。且其四十餘屯，六典：「甘州十九屯。」水泉良沃，不待天時，歲取二十萬斛，但人力寡乏，未盡墾發。今甘州積粟萬計，兵少不足以制賊，若吐蕃大入，則河西何以守？宜益屯兵，外得以防盜，內得以營農。」其後吐蕃入寇，終後世爲邊患。又徐邈傳：「邈爲涼州刺史，修武威、張掖、酒泉鹽池，以收敵穀；又開廣水田，以足邊儲。」宋時河西没於夏，夏以富强。元置行省於甘肅，而西域諸國悉爲附庸。明初馮勝出蘭州，略甘肅，先破元兵於別力篤山，在涼州北塞外。取西涼，至永昌，下甘州；又敗元兵於虎刺罕口，在甘州西北。進拔肅州；又進至掃林山，在肅州北。取亦集乃路，次別駕山，在肅州西塞外。抵瓜、沙州，分布戍守，扼塞關隘而還。永樂二年建哈密等衛，領袖諸番，藩籬內地。成化以後，哈密爲土魯番殘破，嘉靖中徙其部落於肅州近境，而棄其地於土魯番，自是西域隔絶，嘉峪以西聲教不至矣。嘗考河西水草豐饒，訓兵足賦，於屯牧爲宜。昔人云：屯修於甘，四郡半給；屯修於甘、涼，四郡粗給；屯修於四郡，則內地稱甦矣。夫耕屯之政，冏牧之設，舊章具在，明初置行太僕寺於都司城內，後皆因之。可勿講歟？

甘州左衛，附郭。本匈奴昆邪王地，漢置張掖郡，取張國臂掖之意，後漢因之。晉仍爲張掖郡。西魏置甘州，取州東甘浚山爲名。隋、唐因之，亦曰張掖郡。宋時西夏改爲鎮夷郡，尋曰宣化府。元初仍曰甘州，至元初改爲甘肅路，八年曰甘州路，尋置行中書省於此。明洪武二十四年置甘肅衛，二十六年置陝西行都指揮使司治此，二十九年分置甘州五衛，此爲左衛。今衛城周十二里有奇，門四。

甘州右衛，附郭。建置同上。今仍設左右二衛。

甘州中衛，附郭。建置同上。

甘州前衛，附郭。建置同上。

甘州後衛，附郭。建置同上。

張掖廢縣，即今鎮治。漢爲觻得縣，張掖郡治焉。應劭曰：「觻得，匈奴王號也。觻讀禄。」後漢仍爲郡治。晉改曰永平縣，後魏因之。後周爲張掖郡治。隋大業初改爲張掖縣，唐因之，州郡皆治此。元省。劉昫曰：「後魏置張掖軍，孝文改爲張掖郡及縣。」又通典云：「張掖縣西北有漢張掖郡故城。」

屋蘭城，在鎮東北。漢置縣，屬張掖郡。元鳳三年匈奴犯屋蘭，敗去。後漢仍屬張掖郡，晉因之，後廢。又昭武城，在鎮西北。漢縣，屬張掖郡，後漢因之。晉諱昭，改曰臨澤，仍屬張掖郡，後廢。

氐池城，在鎮東。漢縣，屬張掖郡，後漢因之，晉省。隆安五年沮渠蒙遜自西安舉兵襲段業，至氐池，衆逾一萬，進逼候塢，業軍皆潰是也。舊志：候塢在氐池西，去張掖百里。○西安城，在鎮東。後凉吕光置西安郡，晉隆安二年段業取西安，因城其地。五年沮渠蒙遜求爲西安太守，因舉兵擊業而代之。又宋元嘉三年乞伏熾磐遣太子暮末伐河西王蒙遜，攻西安不克，又攻番禾是也。後魏廢。

候官城，在鎮北。後漢志：「武帝置屬國都尉以主蠻夷降者，後漢安帝時張掖屬國別領五城。五城，候官、左騎、千人、司馬官、千人官也。」晉廢。○祁連城，在鎮西北百九十里。晉志：「永興中前凉張祚置漢陽縣以守牧地，張玄靚改爲祁連郡，呂光因之，後廢。」唐開元十六年吐蕃寇甘州，凉州將杜賓客破吐蕃於祁連城下，即故城也。胡氏曰：「城在祁連山旁。」

臨松城，在鎮東南。晉志：「前凉張天錫別置臨松郡，太元中呂光置中田護軍，鎮臨松。」隆安五年南凉禿髮利鹿孤遣將襲沮渠蒙遜於張掖，至萬歲、臨松。義熙五年禿髮傉檀遣軍伐蒙遜，掠臨松千餘户，蒙遜因掠南凉之顯美以報之。宋元嘉二年西秦乞伏熾磐遣兵襲破臨松，徙其民五千餘户於枹罕。十七年魏拔姑臧，沮渠無諱起自晉昌，復拔酒泉，圍張掖不克，退保臨松。後魏亦爲臨松郡，領安平、和平二縣。尋改郡爲臨松縣，以二縣并入。後周復省入張掖縣。五代志：「後魏臨松縣有臨松山。」顯美，見凉州衛。

建康城，鎮西二百里。前凉張駿置建康郡，屬凉州。後凉因之，後魏廢。唐嗣聖末，王孝傑置建康軍，天寶初屬河西節度使，後廢於吐蕃。名勝志：「高臺所西南四十里有故建康城。」

蓼泉城，在故建康城西百二十里。晉義熙十三年，沮渠蒙遜遣張掖太守沮渠廣宗詐降以誘西凉李歆，歆發兵應之。蒙遜將兵三萬伏於蓼泉，歆覺之，引兵還。蒙遜追破之於鮮支澗，城建康，置戍而還。宋永初二年歆東襲蒙遜，大敗於懷城，勒兵復戰於蓼泉，爲蒙遜所殺。唐置守捉城於此。新唐書：「祁連山北有建康軍，軍西百二十里有蓼泉守捉城。」○弱水城，在鎮西南三百里。西秦乞伏熾磐遣兵破吐谷渾覓地於弱水南，覓地降，置弱水護軍是也。或云在西寧衛境。

居延城，在鎮西北千二百里。漢縣，屬張掖郡，郡都尉治此。元狩初又置屬國都尉治焉。其東北有居延澤，亦曰居延海，古文以爲流沙。太初三年使路博德築遮虜障於居延澤上是也。漢書武帝紀：元狩二年夏，霍去病、公孫敖出北地二千餘里，過居延。太和三年夏，路博德築居延。天漢二年夏，詔李陵出遮虜障，陵將兵出居延北千餘里。後漢志注：「郡都尉治居延。」永平十六年耿秉等出張掖居延塞擊北匈奴。安帝時改置張掖居延屬國，別領西海郡。晉因之，仍領居延一縣，後廢。後魏正光二年柔然國亂，其王阿那瓌、婆羅門相繼來降。凉州刺史袁翻請並存之，分統其民，修西海故城以處婆羅門。且曰：「西海在酒泉北，去高車所居金山千餘里，實北寇往來之衝要，土地沃衍，大宜耕稼，其北即鄰大磧，野獸所聚也。」魏主從之。所謂西海。即居延矣。括地志：「漢居延故城，在今張掖縣東北千五百三十里，有遮虜障。」通典：「居延城亦曰居延塞。」王應麟曰：「顏師古謂居延蓋匈奴中地名，張掖所置縣，以安處所獲居延之人而名。」其説非也。河西之未入漢也，霍去病欲攻小月支，則先望居延而濟，乃至天山。李陵欲陟單于庭，必先自居延北出，乃至浚稽。則知居延之出匈奴，乃其要路也。漢既全得月支之地，立爲四郡，則居延又爲酒泉要路，故築塞其上，以扼其來，名以遮虜，可見其實也。通典既於張掖著居延塞，又於酒泉著遮虜障者，甘州之西即肅州之東，寇之來路亘乎兩州之間，故障塞之設亦亘兩郡。李陵之軍自遮虜障北出，亦望遮虜障南入，可見寇路出入，無不由此也。居延塞即遮虜障。元志：「甘州北一千五百里有漢西海郡居延故城，夏人嘗立威福軍於此。元至元二十三年立亦集乃路總管府。」城東北有大澤，西北俱接沙磧。明初馮勝拔肅州進至掃林山，取亦集乃路是也。

受降城，在居延東北，謂之漢受降城，其東近漢五原縣界。漢武太初元年遣因杅將軍公孫敖築塞外受降城。天漢二年詔李陵出遮虜障至東浚稽山南龍勒水上，徘徊觀望，即無所見，還抵受降城休士。又昭帝元鳳初，匈奴遣騎屯受降城，以備漢。二年匈奴復遣騎屯受降城。宣帝甘露三年呼韓邪單于入朝，既遣歸，請留居幕南光禄塞，有急保受降城是也。後魏太平真君九年伐柔然，至受降城無所見，因積糧於城内，置戍而還。因杅讀因於，匈奴中地名也。光禄塞，見榆林鎮。

石城，在居延城北。明正統初蒙古阿魯台爲脱歡所敗，死。其部落阿台及朶兒只伯竄據亦集乃路，屢犯甘、凉，詔邊帥任禮進勦，破之於石城，復追破之於梧桐林，至黑泉而還。别將趙安等又破之於刀力溝，逐出塞千餘里，寇衆幾盡。梧桐林諸處，俱在今塞外。

祁連山，在鎮西南百里。山甚高廣，爲河西之鎮，亦曰天山。今詳見名山。

合黎山，在鎮西北四十里。禹貢「導弱水至於合黎」，即此山也。括地志：「合黎山亦名蘭門山。」晉隆安五年北凉沮渠蒙遜欲圖段業，約其兄男成同祭蘭門山。又名要塗山，一名羌谷。廣志云：「肅州廢會川縣東北有合黎山。」

○人祖山，在城東北四十里。其山不毛。又東北五里爲人祖山谷口，戍守處也。

甘浚山，鎮西南八十里。山綿亘甚遠，距山丹衛三十里，中有泉，味甘冽，州以是名。一名紺峻山。○臨松山，在鎮南一百里。前凉於此置郡。山巖有神驥足跡,亦謂之馬蹄山。一統志:「馬蹄山有臨松、青松、丹霞三名。」

三木樓山,在鎮東北塞外。後漢永平十六年,分遣耿秉、秦彭出張掖居延塞伐北匈奴,絶幕六百里,擊匈奴句林王於三木樓山。建初八年北匈奴三木樓山部落款五原塞降,蓋匈奴保聚處也。

川巖,在鎮西南三百三十里。宋永初元年北凉沮渠蒙遜欲伐西凉,引兵攻西秦浩亹,潛師還屯川巖。西凉李歆因東襲蒙遜,進入都瀆澗,蒙遜擊之於懷城,大敗之。懷城蓋在川巖之北,都瀆澗之東。○大柳谷,在鎮東南百里,與山丹衛接境。曹魏青龍三年張掖柳谷水溢,寶石負圖立於川西,時以爲司馬氏之讖也。又晉泰始二年張掖太守焦勝言氐池縣大柳谷口水溢,有玄石之瑞。隋志張掖縣有大柳谷。

弱水,在鎮西。禹貢:「導弱水至於合黎。」淮南子:「弱水源出窮石山。」曾氏曰:「弱水出於窮谷。」通釋「弱水出吐谷渾界窮石山,自甘州删丹縣西至合黎山,與張掖河合。其水力不勝芥,然可以皮船渡,環合黎山東北入居延澤,居延澤即古流沙」云。晉元熙元年,西秦將乞伏孔子擊吐谷渾覓地於弱水南,大破之,覓地降,拜爲弱水護軍。其地蓋在今西寧鎮之西塞外。餘詳見川瀆異同。

張掖水,在鎮城西十里。經合黎山下,弱水入焉。水經注:「張水歷紺峻山南與張掖河合,一名鮮水,亦謂之合黎水,又名羌谷水,自吐谷渾界流入。」一統志:「張掖河源出擺通川,經祁連山西出合黎,北流入亦集乃界。河西岸有泉數十處,俱生蘆草,飼秣資焉。」○黑水,在鎮西十三里。即張掖河之别名。或曰即張掖河之支流也。從衛西南山谷間流經此,有黑河橋跨其上,其下流仍合於張掖河。明正德九年,土魯番部長之弟真帖木兒嘗羈寓甘州，〔一〕謂甘州城南黑河可引灌城，因導叛寇滿速兒謀犯邊云。

沮渠川，在鎮東南。或曰即盧水也。北史「沮渠蒙遜世居張掖臨松盧水」，即此川矣。後人因謂之沮渠川。唐武德八年凉州將安修仁破叛人睦伽陀於沮渠川，是也。○蒲離侯水，在鎮北塞外。漢本始元年分道擊匈奴，范明友出張掖塞千二百餘里，至蒲離侯水，即此。

居延海，在故居延城東北。亦曰居延澤。志云：渡張掖河出合黎峽口，傍河東壖屈曲行千五百里至居延海。唐書：「居延海在寧寇軍東北。」武后垂拱初同羅、僕固等部叛，命劉敬同等出居延海討之，同羅、僕固皆敗散。寧寇城，見山丹衛。

千金渠，在鎮西。漢志注：「千金渠西至樂涫入澤中，或謂之觻得渠。」〔二〕樂涫見肅州衛。○陽化渠，在鎮南六十里。又南十里有陽化西渠。又有梨園堡渠，在鎮南百里。舊志云：衛境之渠以數十計，俱有溉田之利。

赤柳澗，在鎮西南三百三十里，與肅州衛分界處。通典：「赤柳澗在肅州東南二百里。」○赤泉，在廢氐池縣北。晉義熙二年禿髮傉檀伐沮渠蒙遜，蒙遜嬰城固守，傉檀至赤泉而還。又窮泉，在衛東南。晉義熙六年禿髮傉檀伐沮渠蒙遜，戰於窮泉，大敗而還。

均石戍，在鎮東。晉時爲張掖、西郡分界處。義熙三年南凉禿髮傉檀自姑臧伐沮渠蒙遜，蒙遜與戰於均石，大破之，遂克西郡是也。

人祖山口，在鎮東北四十五里。又鎮西南七十里有大、小磁窑山，又西南有甘浚山口，俱戍守處。○通遠山口，在鎮南八十里。又南十里爲順化口，又十里爲宣政、陽化、和寧諸口，又十里爲大慕化、小慕化及洪水等山口，諸口皆通祁連山，設兵戍守。

沙河堡，在鎮西八十里。又西有甘浚、高臺二堡。又小滿堡，在沙河堡南。又東南有黑城堡。已上五堡屬甘州左衛，有官軍戍守。

長樂堡，在鎮西北。又衛南有大滿、順化二堡，西北有平原堡，俱屬右衛官軍戍守。○鎮平堡，在鎮東南。又鎮南有小慕化堡，西有撫彝堡，西北有平川、胭脂，共五堡，向俱屬甘州中衛官軍戍守。

柳樹堡，在鎮西北。又鎮東南有古城、洪水、東樂三堡，向俱屬甘州前衛官軍戍守。志云：古城堡在鎮東南四十里，又東四十里爲東樂城，又東五十里即山丹衛云。

板橋堡，在鎮西北二百里，向屬甘州後衛官兵戍守。嘉靖末寇嘗犯此，督臣王崇古等議移兵於高臺所以便聲援是也。又張欽堡，在鎮西南。嘉靖初官軍敗土魯番於此。

鞏筆驛。在鎮西南。唐開元十五年回紇部人護輸襲殺河西節度使王君㚟於此。○仁壽驛，在鎮東南十里。又西城驛，在鎮西四十里。又西四十里即沙河堡，又西四十里即撫夷驛，又西四十里則高臺千户所也。

肅州衛，鎮西五百十里。西至廢瓜州五百二十里，北至廢亦集乃路五百里，西南至赤斤蒙古衛界五百里。

漢以前爲月支國地，後爲匈奴所據。武帝太初元年開置酒泉郡，劉昫曰：「城下有金泉，其味如酒，因以爲名。」後漢及魏、晉因之。西凉李暠遷都於此。後魏亦爲酒泉郡。劉昫曰：「後魏初置酒泉軍，太和中改爲郡。」通典亦曰後魏有酒泉郡，今魏收志不載也。隋初郡廢，始置肅州，煬帝初州廢，以其地屬張掖郡。唐復置肅州，天寶初亦曰酒泉郡。宋没於西夏。元爲肅州路，明初改爲肅州衛。今因之。

衛迫臨邊徼，通道羌、戎，河山環帶，稱爲要會。邊略：「甘肅邊自金城至嘉峪長一千六百餘里，西控西域，南迫羌界，北當要衝，而肅州地居絶塞，孤懸天末，尤爲控扼之要。」明洪武五年馮勝下河西，雖直抵玉門，而嘉峪以外皆爲羈縻地。嘉靖中割棄哈密，嘉峪益爲極邊矣。夫棄燉煌而事酒泉，則玉門以外聲勢遥隔，此蕃、戎所以生心，邊備所以日棘也。有遠馭之略者，其亦取鑒於漢、唐之成算哉？

酒泉廢縣，今衛治。漢福禄縣也。通典曰：「縣有古長城，漢遮虜障也。隋初廢酒泉郡，置酒泉縣爲肅州治，煬帝初州縣俱省，義寧元年復置酒泉縣。唐武德二年仍爲肅州治，後没於吐蕃。」今衛城周八里有奇，門三。

福禄城，衛東南五十里。漢縣，爲酒泉郡治，魏、晉因之。隋亦爲福禄縣，初屬肅州，大業初屬張掖郡。唐改屬酒泉郡。劉昫曰：「唐福禄縣，漢樂涫縣地也。武德二年於樂涫故城置福禄縣。」

樂涫城，在衛東二百五十里。漢縣，屬酒泉郡，後漢因之。晉仍屬酒泉郡。前凉張氏分樂涫屬建康郡。隆安初沮渠蒙遜起兵臨松，其從兄男成亦聚衆數千屯樂涫，進攻建康，推太守段業爲凉州牧是也。義熙初西凉李暠以張體順爲建康太守，鎮樂涫。後周廢樂涫入福禄縣。

玉門城，在衛西二百里。漢縣，屬酒泉郡，後漢因之。闞駰曰：「漢罷玉門關屯，徙其人於此，因名。」晉仍屬酒泉郡。五代志：「後魏嘗置玉門郡於此。」西魏大統十二年涼州刺史宇文仲和據州叛，瓜州民張保據州城應之，晉昌民吕興亦據郡應保。宇文泰遣史寧至涼州，保遣州主簿令狐整將兵救仲和。整行及玉門，還擊保，先克晉昌，進擊瓜州，保奔吐谷渾。所謂玉門，即此城也。唐志：「河西節度使統玉門軍，在酒泉郡西二百里，即漢故縣城矣。」宋白曰：「縣石門周匝山間，徑二十里，衆流北入延興海。」唐開元十五年吐蕃陷瓜州，進攻玉門軍。五代晉天福三年，高居誨使于闐記：自肅州西渡金河百里出天門關，又西百里出玉門關，亦即玉門城矣。

綏彌城，在衛西。漢縣，屬酒泉郡。後漢改曰安彌，魏、晉因之。晉太元十年吕光自西域還，涼州刺史梁熙遣其子胤等拒之於酒泉，光遣將彭晃等與胤戰於安彌，破擒之。或訛爲安珍縣。義熙二年沮渠蒙遜襲李暠於酒泉，至安珍，即安彌也。後魏廢。○延壽城，在衛西南。後漢置縣，屬酒泉郡，晉因之，後廢。又騂馬城，在衛西。晉置縣，屬酒泉郡，後廢。

會水城，在衛東北。漢縣，屬酒泉郡。闞駰曰：「衆水所會，故曰會水。」又縣有偃水障，爲北部都尉治；東部障，爲東部都尉治。後漢因之，晉仍屬酒泉郡，後廢。

乾齊城，在衛西北。乾讀干。漢縣，屬酒泉郡。有西部障，西部都尉治。後漢因之。晉改屬敦煌郡，後廢。○沙頭城，在衛西二百五十里。漢縣，屬酒泉郡，後漢因之。晉惠帝分屬晉昌郡。隆安四年北涼酒泉太守王德叛，稱沙州刺史。段業使沮渠蒙遜討之，德奔晉昌，蒙遜追破之於沙頭是也。

會稽城，在玉門故城西。漢沙頭縣地，晉惠帝元康五年分置會稽縣，屬晉昌郡，西涼李暠因置會稽郡，後魏因之。五代志：「會稽郡在漢玉門縣界，後周廢郡，并會稽、新鄉、延興三縣地爲會稽縣。隋開皇中改爲玉門縣，以漢玉門縣并入焉，屬瓜州。」唐亦爲玉門縣，屬肅州，貞觀中縣廢。通典：「苻堅徙江、淮人萬餘户於敦煌，中州人有田疇不闢者亦徙七千餘户，西涼武昭王遂以南人置會稽郡，中州人置廣夏郡。」廣夏城，今見沙州衛。

涼寧城，在衛東北。後涼所置郡也，晉隆安五年，沮渠蒙遜所部酒泉、涼寧二郡叛降於西涼。魏收志涼寧郡領園池、貢澤二縣。西魏廢。○威遠城，在衛北。唐志肅州有酒泉、威遠二守捉城。又曲尤城，在衛西。衛北又有胭脂城，蓋西夏時所置。

威虜城，在衛東北。又有天倉墩、毛目等城，皆近塞，接亦集乃城。志云：衛東北有白烟墩等城堡，俱嘉靖間築。又白城子，在衛東北百二十里。元志：「在黑水河西。」五邊考：「嘉靖末嘉峪關屬部落曰羔剌等族，因哈密失守，徙居肅州之白城山，即白城子矣。」

金塔寺城，衛東北六十里。亦曰金佛堡。嘉靖七年遷哈密種於此。其相近者又有魏城及魏里城。又鉢和寺，亦在衛北。嘉靖中以鉢和寺境外閒地給哈密種人寄住是也。

崆峒山，在衛東南六十里。括地志：「古西戎地。司馬遷謂黃帝披山通道，西至崆峒，指此山也。」九州要記：「近崆峒山頂有魏太祖埒。」魏太祖，拓跋珪也。○嘉峪山，有衛西六十里。山之西麓即嘉峪關，一名玉石山，一名壁玉山。穆天子傳「天子巡黑水，至壁玉之山」，即此。

崑崙山，在衛西南二百五十里，南與甘州山連。其巔峻極，經夏積雪不消，俗呼雪山。志云：山有崑崙之體，因以爲名。或曰即禹貢之西戎崑崙也。周穆王西巡至崙丘，見西王母於此。漢平帝時金城塞外羌獻魚鹽之地，遂得西王母石室云。或謂之小崑崙。○九龍山，在衛南二百里。通典酒泉縣有九龍山，是也。又有獨登山，志云：在廢玉門縣北，有鹽出巖石上，美於海鹽。其相近者又有神雨山。

西倿山，在衛西北塞外。漢本始元年分道伐匈奴，趙充國出酒泉塞千八百餘里，至西倿山是也。亦作「倿山」。○黑山，在衛北。屹立沙漠中，黑水經其下，爲北面之形勝。

討來河，在衛北百里。源出雪山，東流三百里入於鎮夷所之黑河。○沙河，在衛東四十里，源亦出雪山；又清水河，在衛北四十里；下流俱會於討來河。

黑水，在衛西北十五里。自沙漠中南流，經黑山下，又南合於白水。通典「即禹貢之黑水也。出張掖郡西北境之雞山，南流至敦煌郡，經三危山」云。○白水，在衛西南二十里。源出衛北山谷中，黑水流合焉。又有紅水，在衛東南三十里。源亦出衛南山谷中，西流會於白水，入西寧鎮之西海。

金河，在衛西。高居誨使于闐記「從甘州而西始涉沙磧，又西北行五百里至肅州，渡金河西百里出天門關」云。唐人有金河戍。

呼蠶水，在衛東。亦名福禄水。漢志注：「呼蠶水出南羌中，東北至會水入羌谷。」羌谷水即張掖河也。寰宇記：「呼蠶水一名潛水。」○榆樹泉，在嘉峪關外。嘉靖中邊臣楊博請建墩臺於榆樹泉，以厚邊防是也。

嘉峪關，在衛西嘉峪山下。山之西即關口。明初收河西地，西抵玉門，北至沙漠，而仍以嘉峪爲中外巨防。弘治七年閉嘉峪關，絶西域貢。八年甘肅巡撫許進等出嘉峪關入哈密，土魯番遁走。正德十六年土魯番大掠嘉峪附近諸部。自嘉靖以後，土魯番侵擾益甚，嘉峪之防日急，隆慶以後勢始衰息。

文殊山口，衛西南三十里，又西南二十里有硫磺山口，東南有寒水石山口、紅山口、觀音山口，俱衛卒戍守。

土隗口，在衛北塞外。宋大中祥符二年，契丹伐回鶻，破肅州。先是契丹將蕭圖玉伐回鶻入甘肅，至是復破肅州，盡俘其民，修土隗口故城以寔之。

永寧堡，在衛東。又衛南有衛安、永清等堡，衛東南有永定、鹽池等堡。志云：鹽池堡在衛東百三十里。亦曰鹽池驛，接鎮夷千户所。○臨水堡，在衛東四十里，亦曰臨水驛。又東四十里爲河清堡，亦曰河清驛，成化中罕東番賊嘗犯此。又老鸛窠堡，在衛西。嘉靖七年土魯番嘗犯此。

土兒壩，在衛西境。又西爲沙子壩，正德中土魯番入寇，官軍敗績於此。又儸人壩，亦在衛西境，番族所居也。○守樂烽，在衛西南三百四十里。宋白曰：「唐肅州與瓜州分界處。」

馬廟。在衛東。晉義熙六年沮渠蒙遜伐西凉，敗其世子歆於馬廟。蓋祭馬祖之處，因名。

山丹衛，鎮東南百八十里。東至永昌衛一百九十里，南至番界二百七十里。

漢張掖郡地，東漢末屬西郡，晉因之。後魏仍屬西郡，西魏郡廢，縣屬甘州。大業初仍屬張掖郡。唐屬甘州。宋爲西夏所據，置甘肅軍於此。元爲山丹州。明初改置山丹衛。

今亦設山丹衛。衛密邇張掖，聯屬諸城，南隔番、戎，北控沙漠，甘肅有事，衛其肘腋地也。哽咽爲虞，可無意外之防哉？

删丹廢縣，即今衛治。漢縣，屬張掖郡。後漢末改屬西郡，晉因之。後魏曰山丹縣，仍屬西郡，西魏屬甘州。大業初復曰删丹縣，仍屬張掖郡。唐屬甘州。西夏亦爲删丹縣。元曰山丹州，明初改州爲衛。今衛城周七里有奇。

日勒城，在衛東南。漢縣，屬張掖郡。元鳳三年匈奴分三隊入寇日勒、屋蘭、番和，皆敗去。漢志注：「縣有澤索谷，郡都尉治此。」澤讀鐸。後漢因之，獻帝分置西郡，治日勒縣。晉亦爲西郡治。志云：自姑臧西北出張掖，其間有大嶺，度嶺而西，西郡當其要。嶺，謂删丹嶺也。隆安二年後凉段業據建康，使沮渠蒙遜攻克西郡，於是晉昌、敦煌諸郡皆降。後魏改置永寧縣，爲西郡治。西魏郡廢，又改縣曰弱水，後周復省縣入山丹。○金山廢縣。在衛東。後周置縣，屬甘州，尋省。

萬歲城，在衛東南。晉置縣，屬西郡。南凉禿髮利鹿孤遣將襲沮渠蒙遜，至萬歲、臨松，此即萬歲城也。後廢。宋白曰：「隋煬帝始并萬歲縣入删丹。」○焉支城，亦在衛東南。後魏置縣，屬番和郡，因焉支山以名，隋并入番和縣。番和，今見永昌衛。

寧寇城，在衛北。唐志：「渡張掖河西北行，出合黎山峽口，傍河東壖，屈曲東北行千里，有寧寇軍。初曰同城守捉，屬删丹縣。武后初同羅、僕固等部叛，劉敬同討破之於居延海，敕僑置安北都護府於同城以納降者，即守捉城也。天寶二年改爲寧寇軍。通典「張掖郡北界傍張掖河屈曲過同城鎮至峽口烽，總三千七十八里。又寧寇軍東北即居延海」云。胡氏曰：「寧寇軍在凉州東北千餘里。」

焉支山，衛東南百二十里。舊志云：在番禾縣界。漢元狩二年霍去病擊匈奴，過燕支山千餘里。匈奴既失此山，歌曰：「失我燕支山，使我婦女無顏色。」是也。隋大業五年煬帝伐吐谷渾，還出張掖，至燕支山，高昌、伊吾及西域二十七國皆謁於道左。唐哥舒翰嘗建神祠於山麓。西河舊事云：「焉支山東西百餘里，南北二十里，上有松柏五木，水草茂美，宜畜牧，與祁連山同。」一名删丹山，亦曰删丹嶺，又名丹嶺。餘見凉州衛洪池嶺。

甘浚山，衛西北三十里，連亘於甘州境內。中有三石洞，下有泉。又紅寺山，在衛北二十里。其山土色多紅。志云：衛城北三里有花門山。

葱谷，在衛東。晉隆安初沮渠蒙遜據金山，吕光遣子纂敗之於葱谷。胡氏曰：「葱谷在删丹縣境內。」是也。

南草湖，在衛城南。周迴九里。又西草湖，在城西十里，周迴九里。與南草湖水皆可溉田。

紅鹽池，在衛北五百里，池產紅鹽。又居延澤旁亦有池，產白鹽，采之不竭。

紅寺山口。衛北二十五里。志云：衛南百餘里有靜寧山、和寧山、無虞山、寧番山等四口。○石峽口，在衛東八十里。兩峰相對，下有石井。今石峽口堡及石峽口驛俱置於此。又東四十里即永昌衛之水泉兒驛。

新河堡，衛東四十里。正德中邊將張鵬等敗寇於新河北山坡，即此。又東四十里即石峽口堡也。○永興堡，在衛東南。又東南有暖泉、大黃山等堡，衛西南又有洪水山、洪水店等堡。

靖安堡，在衛西。成化中寇嘗犯此，官兵禦却之。又寧遠堡，在衛東二百里。本屬永昌衛，隆慶中改今屬。衛境口堡，向俱設官軍戍守。

赤亭。在衛西北。唐開元八年突厥將暾欲破拔悉密於北庭，還出赤亭掠涼州羊馬，唐兵邀之於删丹，爲所敗。唐志删丹縣有赤亭。

永昌衛，在鎮東南三百十里。東至涼州衛百五十里，西至山丹衛一百九十里。

漢張掖、武威二郡地，後漢及魏、晉因之。後魏置番和郡，後周改置番和鎮。隋屬涼州，大業中屬張掖郡。唐仍屬涼州。宋初爲西涼府地，時爲西番所據，羈屬於宋。景德中没於西夏。元初仍屬西涼府，至元十五年置永昌路。以永昌王宫殿所在而名。明初改置永昌衛。衛城周七里有奇，門四。今因之。

衛脣齒姑臧，形援張掖，襟山帶水，戰守有資，河西一線，衛其東西孔道也。

番禾城，在衛西。漢置番禾縣，屬張掖郡，農都尉治此。番讀曰盤。後漢曰番和縣。晉仍曰番和，改屬武威郡。後涼吕光置番禾郡，後魏因之，亦曰番和郡。西魏末突厥假道番和襲吐谷渾。隋曰番和縣，屬涼州。唐復曰番禾，仍屬涼州。天寶三載以山出醴泉，改爲天寶縣，後廢於吐蕃。○彰縣城，亦在衛西。魏收志番和郡領彰縣及焉支縣。隋志：「開皇中併力乾、安寧、廣城、彰、焉支五縣入番和縣。」

鸞鳥城，〔三〕在衛西南。漢置鸞鳥縣，屬武威郡，後漢因之。建光初護羌校尉馬賢自金城令居追叛羌於鸞鳥。又永康初段熲擊破西羌於鸞鳥是也。晉縣廢，唐以其地置神烏、嘉麟二縣，屬凉州，後没於吐蕃，縣廢。劉昫曰：「鸞鳥讀曰鶴雀。唐置嘉麟縣於此鸞鳥故城，〔四〕其神烏縣則鸞鳥縣地也。」

金山，在衛北二里。晉隆安初沮渠蒙遜攻後凉臨松郡，拔之，屯據金山。又義熙十三年沮渠蒙遜遣其將襲烏啼部，大破之。烏啼部蓋在金山之西。舊志：山本屬山丹。魏氏春秋云「刪丹縣金山玄川溢」，五代志張掖郡刪丹縣有金山，山蓋亘於番和、刪丹兩縣間也。

青松山，衛南八十里。一名大黄山，一名瑞獸山，一山而連跨數處。又鸞鳥山，在衛西南。漢縣以此名。羣山連亘，與青松、白嶺諸山皆相接。○白嶺山，在衛西南。山頂冬夏積雪，望之皓然，寒氣異於他處，鳥飛不下。其東與凉州南山相連，亦名雪山。

水磨川，衛西南二十里。一名雲川。源出鸞鳥山之平羌腦兒都山口。水勢汹激，能轉水磨，因名。今城東有三岔河流合焉。又考水河，在衛西南六十里，東北流入於水磨川。○蹇占口渠，在衛東二十里。源出雪山，經蹇占山口下流合水磨川，分爲九渠，衛境之田，藉以灌溉。

恩宿川，在衛西。晉太元初苻秦將苟萇等伐凉至河西，遣别將馬暉等西出恩宿邀張天錫走路，期會姑臧，暉等行澤中，值水失期處也。○暖泉，在衛西南三十五里。二穴湧出，四時嘗温，東北流入水磨川。通志：「衛東北有白鹽池、青鹽池。」

水磨川關，在衛西二十里。又衛西有白石崖山，衛西南有平羌山、腦兒都山、鸞鳥山，衛南有一顆樹山，衛東南有土魯干山、長城山，凡七口，向俱設衛卒戍守。

樂善堡，在衛東。又真寧堡，在衛東二十里，真寧驛亦置於此。又東二十里即凉州衛之沙河堡。○水磨川堡，在衛西四十里。又西五十里爲水泉兒堡，有水泉兒驛，接山丹衛界。又高古堡，在衛西八十里，天啓中設守備駐守於此。又有永寧堡，在衛西北六十里。其相近又有官家堡。衛境口堡，俱官軍戍守處。

苕藋戍。在衛西。舊志云：在漢張掖郡番禾縣界。晉隆安初後凉三河太守沮渠麴粥以吕光猜忌，謂其兄羅仇曰：「若勒兵向西平，出苕藋，奮臂一呼，凉州不足定也。」義熙七年南凉秃髮傉檀自樂都伐北凉，五道俱進，至番和苕藋，掠五千餘户而還。九年沮渠蒙遜自姑臧西如苕藋，遣兵襲卑和等部是也。

凉州衛，在鎮東南五百里。東至靖遠衛六百里，東南至臨洮府蘭州六百三十里，南至西寧鎮三百六十里，北至鎮番衛百九十里。

周時爲狄地，漢初爲匈奴休屠王地。通典：「秦興，匈奴既失甘泉，使休屠、渾邪王居此。」劉昫曰：「秦時月支戎所據也。」甘泉，見西安府涇陽縣。武帝元狩二年地理志作「太初四年」，悮。匈奴休屠王降，置武威郡。後漢因之。魏、晉時凉州並理於此。前凉張軌，後凉吕光，皆據其地。吕光改武威太守爲凉都尹。北凉沮渠蒙遜亦嘗遷都於此。後魏亦曰武威郡，兼置凉州。隋初郡廢州存，煬帝初復改州爲郡。唐初爲李軌所據，武德二年復置凉州，景雲初置河西節度，治於此。開元中又置赤水軍於城内。天寶初曰武威郡，廣德初没於吐蕃，咸通四年收復，旋又荒棄。後唐長興四年復來屬，置歸義軍於此。周顯德中涼州復絕於中國。宋初爲涼州府，西番所據也。尋没於西夏。元初仍曰西涼府，尋改西涼州，屬永昌路。明初改置涼州衛。今因之。衛山川險阨，土田沃饒，自漢開河西，姑臧嘗爲都會。魏、晉建置州鎮，張軌以後，恒以一隅之地，争逐於羣雄間。魏太武燾滅北涼，勑太子晃曰：「姑臧城東西二門外湧泉合於城北，其大如河，自餘溝渠流入漠中，其間乃無燥地。」五代史：「唐之盛時，河西、隴右三十三州，涼州最大，土沃物繁，而人富樂。」其地宜馬，唐置八監，牧馬三十萬匹。漢班固所稱「涼州之畜，爲天下饒」是也。西夏復涼州，故能以其物力侵擾關中，大爲宋患。然則涼州不特河西之根本，實秦、隴之襟要矣。

姑臧廢縣，今衛治。漢置縣，爲武威郡治。晉因之，又爲涼州治。張軌、呂光並都於此。後魏武威郡治林中縣，或曰即故姑臧也。西魏仍曰姑臧，隋、唐皆因之。宋没於西夏，元廢。西河舊事：「姑臧城，秦月氏戎所據，匈奴謂之蓋臧城，語訛爲姑臧也。」王隱晉書：「涼州城有龍形，一名卧龍城，南北七里，東西三里，本匈奴所築，張氏居之又增築四城箱，各千步，并舊城爲五。」張駿傳：「駿於姑臧城南築五殿，四面各依方色，四時遞居之。其中又起謙光殿。宮門南曰端門，東曰青角門。中城之門曰廣夏門，北曰洪範門，南曰涼風門，東曰青陽門。又東城亦曰講武城，北城亦曰玄武圃。太元初苻秦滅涼，改謙光堂曰宣德。十年呂光據有姑臧，復曰謙光。隆安初郭麐作亂，以二苑之衆燒洪範門，不克，據東苑以叛。三年呂纂作亂，帥壯士踰北城攻廣夏門，其弟弘率東苑之衆斧洪範門，呂紹將齊從守融明觀拒之，不克。纂入自青角門，升謙光殿，紹登紫閣自殺。四年弘復以東苑之兵作亂，敗死。又是年纂襲北涼，圍張掖。

南涼秃髮傉檀聞之，乘虚襲姑臧，纂弟偉憑北城自固，傉檀置酒朱明門，大饗將士，耀兵青陽門，掠八千餘户而去。五年後秦將姚碩德伐涼，取姑臧。義熙二年後秦主興以姑臧授秃髮傉檀，徵涼州刺史王尚還長安。傉檀逼遣尚，尚出自青陽門，傉檀入自涼風門，大燕羣臣於宣德堂。蓋姚秦復改謙光曰宣德也。四年姚興遣子弼等襲姑臧，不克，弼退據西苑。興復遣姚顯等繼進，顯至，遣善射者孟欽等挑戰於涼風門，傉檀遣將斬之乃還。六年姑臧入於沮渠蒙遜。八年蒙遜自張掖徙姑臧。宋元嘉十六年，北涼爲後魏所滅。敦煌雜録：「姑臧城内有沮渠蒙遜所造七級木浮圖，因名七級城。又檀道鸞築土爲城，若盤龍狀，四隅有頭尾兩翅，一名烏城也。」新唐書：「武威大城之中，小城有七：舊城匈奴所築，張氏增築四城，餘二城又後人所築也。其東、西廂城亦曰東、西苑城。」至德二載河西兵馬使蓋庭倫與武威九姓商胡安門物等作亂，殺節度使周泌，武威七城破據其五，度支判官崔稱等以二城堅守，討平之。廣德初爲吐蕃所陷。咸通四年沙州防禦使張義潮收復涼州，尋爲西番所據。後唐長興四年涼州内附，周顯德二年復没於西番。宋初亦爲羈屬地。至道二年丁惟清知西涼府，言涼州周迴二十里，東界源州，南界雪山、吐谷渾、蘭州，西界甘州，北界吐蕃，州城周四十五里。又有融明觀，亦前涼所建，在廣夏門内是也。夏人仍爲西涼府治，元爲西涼州治。志云：今衛城周十一里有奇，門四。東北二里又有姑臧舊城遺址。

武威城，在衛西北。漢縣，屬武威郡。後漢因之，晉省入姑臧。

休屠城，在衛東北。漢縣，屬武威郡，因故休屠王城以名。漢志注：「縣有熊水障，武威都尉治，又北部都尉治休屠城。」太初三年伐大宛，置居延、休屠屯兵以衛酒泉是也。後漢仍屬武威郡，晉縣廢。隆安初後凉張捷等招集戎夏三千人反於休屠以應郭麐，即此。水經注：「姑臧城西有馬城，東城即漢休屠故縣。」

顯美城，在衛西北。漢縣，屬張掖郡，後漢改屬武威。三國魏黄初二年，凉州刺史張既擊盧水叛部於顯美，破平之。晉仍屬武威郡。隆安五年南凉秃髮傉檀攻後凉昌松太守孟禕於顯美，即此。後周廢入姑臧縣。○宜盛城，在衛西。魏收志凉州武安郡領宜盛一縣。隋志注：「後魏置武安郡，治襄武縣，並西魏廢。」

武興城，在衛西北。晉永寧中張軌以秦、雍移人置武興郡。魏收志武興郡領晏然、馬城、休屠三縣。王莽時改休屠爲晏然，張軌蓋析休屠置晏然、馬城二縣也。晉隆安三年，後秦姚碩德攻後凉吕隆於姑臧，以降將姜紀爲武威太守，屯據晏然，即武興矣。西魏時郡縣俱廢。唐武德八年凉州叛，睦伽佗寇武興，即故城也。

石頭城，在衛東。晉太寧初，劉曜軍河上，聲言攻凉州，張茂屯石頭以拒之。胡氏曰：「石頭在姑臧城東。」志云：衛西南八十五里有石頭山。○清塞城，在衛東南。晉太元初苻秦將梁熙、荀萇等伐凉，凉將馬建退屯清塞。既而萇等敗凉常據兵於洪池，遂入清塞。清塞蓋與洪池嶺相近。又金昌城，在衛南。晉太元初秦將荀萇等入清塞，敗凉兵於赤岸，張天錫自金昌城出戰，敗還姑臧。胡氏曰：「金昌城在赤岸西北。」

白亭城，在衛西北五百里。唐白亭軍也。武后長安初以郭元振爲凉州都督、隴右諸軍大使。先是州境廣輪不過四百餘里，突厥、吐蕃頻歲奄至城下，元振始於南境硤口置和戎城，北境磧中置白亭軍控其衝要，拓境千五百里，自是寇不復至城下。開元中亦曰白亭守捉城。和戎城，今甘州東南古浪所也。

大斗城，在衛西二百里。新唐書：「本赤水守捉城也，亦曰赤水軍，本名赤烏鎮，有赤烏泉。西魏時置戍於此。廢帝欽二年吐谷渾叛魏，通使於齊，涼州刺史史寧覘知其還，襲執其使者於赤泉。唐因置赤水軍，幅員五千一百八十里，軍之最大者。開元十六年改爲大斗軍，因大斗拔谷爲名，屬河西節度使。天寶六載河西、隴右節度使王忠嗣以部將哥舒翰爲大斗軍副使是也。」通典：「赤水軍在涼州城内。」蓋改赤水爲大斗，因移軍於城内，仍存舊名也。

交城，在衛西二百里，亦曰交城守捉。又衛南二百里有烏城守捉，俱唐開元中置，屬河西節度使。或謂之張掖守捉城。一統志：「衛東北三十里有永昌城，元永昌路本治於此。」

天梯山，衛南八十里。山路崎嶇，層折而上，因名。晉大興二年京兆人劉弘客居涼州天梯山，以妖術惑衆處也。宋元嘉十六年魏主燾議伐涼州，李順等言姑臧城南天梯山上冬有積雪深至丈餘，春夏消釋，下流成川，居民引以灌溉，後以虛妄獲罪是也。○臧南山，在衛西南百二十里。上多積雪，亦名雪山。一統志：「姑臧界有第五山，清泉茂林，懸崖石室，自昔爲隱士所居。」又西山，在衛西二十里。中有蓮花峰，甚高聳。

大斗拔谷山，衛西二百里。山甚高險。隋大業五年伐吐谷渾，自張掖東還，經大斗拔谷山，路隘險，魚貫而出，風雪晦冥，士多凍餒死者。唐武德初西突厥闕度設爲李軌所敗，竄於達斗拔谷，尋爲軌所滅。貞觀八年李靖討吐谷渾還，上遣使勞軍於大斗拔谷。又開元十四年吐蕃自大斗谷攻甘州，焚掠而去是也。亦作「達斗拔谷」云。

石驢山，在衛西南。志云：在姑臧西南長寧川之西北。張寔討曹祛於晉昌，自姑臧西逾石驢。又禿髮傉檀爲沮渠蒙遜所敗，其將折掘奇鎮據石驢以叛是也。長寧川，見西寧鎮長寧谷。

洪池嶺，在衛東南。涼州之大山也。晉太元初，苻秦梁熙等伐涼張天錫，遣將常據軍於洪池，爲秦所敗。隆安二年羌酋梁饑攻後涼西平，禿髮烏孤欲救之，左司馬趙振曰：「吕氏尚强，洪池以北未可冀也，嶺南五郡庶幾可取。」烏孤擊饑，大破之，遂取嶺南五郡。嶺即洪池嶺；五郡，廣武、西平、樂都、湟河、澆河，皆在洪池嶺南也。唐志涼州有洪池府。又姑臧有二嶺，南曰洪池嶺，西曰删丹嶺。後涼楊穎諫吕纂曰：「今疆宇日蹙，崎嶇二嶺間。」是也。自删丹嶺以西謂之嶺西，張氏以後西郡、張掖、酒泉、建康、晉昌皆謂之嶺西地云。

可落峐，在衛東南。隋開皇二年突厥寇蘭州，涼州總管賀樓子幹敗之於可落峐。志云：山無草木曰峐。○高越原，在衛西北塞外。隋開皇三年秦州總管竇榮定等出涼州，與突厥相拒於高越原，却之。

白亭海，在衛東北。衛西南有五澗谷水流入，以水色潔白，故名。一名小闊端海子。高居誨使于闐記：「自靈州過黄河三十里，始涉沙入黨項界，曰細腰沙、神樹沙，至三公沙，宿月支都督牙帳。自此沙行四百餘里至黑堡沙，沙尤廣，遂登沙嶺。沙嶺，黨項牙也。渡白亭海乃至涼州。」蓋自靈州西出涼州，白亭海爲必經之道。

豬野澤，在衛東北三百里。一名都野澤，亦曰休屠澤，又名涼澤，禹貢「原隰底績，至於豬野」是也。漢志注：「休屠澤在武威縣東北，古文以爲豬埜。其上承武始澤。」晉元興初禿髮傉檀攻後涼，至昌松，徙涼澤、段冢民五百餘户而還。段冢，其地與涼澤蓋相近。○武始澤，在衛西。亦曰武始大澤。晉永和十一年涼張祚之亂，宋琨起兵武始大澤以攻姑臧是也。

五澗，在衛東。水經注：「五澗水出姑臧城東，西北流注馬城河。」晉義熙二年姚興以姑臧授禿髮傉檀，傉檀軍於五澗，遂入姑臧是也。又有五澗在洪池嶺南。宋永初二年沮渠蒙遜遣沮渠鄯善伐西秦，敗於五澗，既又遣沮渠成都耀兵嶺南，遂屯五澗，爲西秦將出連虔所敗。○赤彌干川，在衛西五十里，與衛東南百五十里之黄羊川，俱分流灌田，民資其利。

三岔溝，在衛東南。成化中土達滿四作亂，四本名俊，明初徙降部於邊地，俊居涼州三岔溝，謂之滿家營，至是據石城作亂，官軍討平之。石城，見固原州。○靈泉池，在衛治南。後涼呂光嘗宴羣臣於此。又有紅泉，一統志：「在衛東五十里，水色微紅。」

甘泉關，在衛西。唐志涼州有甘泉關。又雜木口關，在衛東三十里。衛西南又有奄公山，衛南有倘哥兒山、東山、乾溝山，衛東南有黄羊川、下古城等口，向設衛卒戍守。○白雅孤口，在衛北。明正統中王驥討叛人，使趙安由涼州逾白雅孤口，北抵赤林、鐵門諸關爲犄角，蓋其地皆近塞外。

赤岸戍，在衛南。晉太元初秦苟萇等敗涼兵於洪池，入清塞，張天錫使其將趙充哲拒戰於赤岸，敗死。天錫出金昌城自戰，城内又叛，天錫奔還姑臧。胡氏曰：「赤岸在枹罕。」按自清塞至姑臧，皆在百里内外，枹罕去姑臧遠矣。○胡阬戍，在衛西。晉隆安五年禿髮傉檀攻後涼，耀兵姑臧，壁於胡阬，即此。義熙六年沮渠蒙遜圍姑臧，傉檀遣司隸校尉敬歸及子佗爲質於蒙遜以請和，歸至胡阬逃還。

姚家砦，在衛東北。正德中邊將蘇泰等敗敵於此。又暖泉砦，在衛東。衛東北又有紅水砦。○扒里砦，在衛東北，與衛東之暖泉砦及莊浪衛之扒沙城俱爲甘肅寇門。又有苦水墩，在衛西。嘉靖初官軍大破西海寇於此。

懷安堡，在衛西五十里，有懷安驛；又西四十里有柔遠堡，有柔遠驛；皆戍守要地也。又武威堡，亦在衛西。衛西四十里又有懷遠堡，又西五十里爲沙河堡，接永昌衛界。

大河堡，在衛東三十里。正德中邊將蘇泰等敗寇於大河灘，即此堡也。今大河驛置於此。又靜邊堡，在衛東八十里。有靜邊驛。又東三十里爲雙塔堡，又東三十里即古浪千户所也。志云：衛東有雜木口堡，衛北又有永昌舊堡，俱爲官軍戍守處。

楊塢。在衛西五十餘里。晉太元十一年前涼張大豫攻吕光，進逼姑臧，保據楊塢是也。○劉林臺，在縣治西北五里。相傳漢竇融所築，本名竇融臺，明初百户劉林與寇戰死其下，〔五〕因易今名。又有靈鈞臺，在衛治北。晉明帝太寧初張茂所築，遺址尚存。

鎮番衛，在鎮東五百五十里。南至涼州衛一百九十里，東南至莊浪衛四百二十里。

漢武威郡地，後漢因之，晉仍屬武威郡。隋、唐時爲涼州地，宋没於西夏。元置小河灘城，明初改置鎮番衛。衛城周六里有奇，東西南三門。今因之。

衛南蔽姑臧，西援張掖，翼帶河、隴，控臨絶塞，地形陡絶，戎馬之場也。

來伏山，衛西北八十里。其山脊高首俯，如拜伏然，因名。又蘇武山，在衛東南三十里。俗傳蘇武嘗牧羝於此，蓋傳訛也。

小河，衛南十五里。自涼州五澗谷來。又有黑河，在衛西四里。志云：即張掖河也，自甘州衛東北流經衛境云。

新中沙白鹽池，在衛東五十里。志云：衛東四十里有小池，衛南三十里有三壩白鹽池，衛西二百二十里有鴛鴦白鹽池，又有小鹽池，俱産鹽。

黑山關，衛西南六十里。黑山驛置於此。志云：黑山關西南十里有紅崖子，土色皆赤，亦戍守處也。

蔡旗堡，衛東六十里。又南六十里爲三岔堡、有三岔驛，南達涼州之道也。輿程記：「涼州衛西北四十里即三岔堡。」○東安堡，在衛東。又衛東南有土門堡，萬曆中設守備駐守於此。

西樂堡。在衛西。又有護衛堡二，俱在衛城西南，舊屬甘州中護衛。又永寧堡，亦在衛西南。萬曆中設守備駐守於此。

莊浪衛。鎮東南九百四十里。東南至臨洮府蘭州二百七十里，西至涼州衛三百七十里，西南至西寧鎮四百十里。

漢武威郡地，後漢因之，晉仍爲武威郡地。隋屬涼州，唐亦爲涼州地，宋没於西夏。或曰夏人置洪州於此，以其地有洪源谷云。元置莊浪衛，屬永昌路，明初改今屬。衛城周八里有奇。今設莊浪所。

衛黄河南繞，松山東峙，河西之肘腋也。五邊考：「衛東百二十里有大小二松山，東扼黄河，南綴蘭、靖，北阻賀蘭，延袤千餘里，號爲沃壤。隆、萬間番部賓兔盤踞其中，時肆侵掠，内地削棄，僅存一綫。萬曆二十六年撫臣田樂克復其地，建堡築城，屯戍相望，乃割蘆塘等處屬固原，蘆塘，見靖遠衛。紅水河、三眼井等處屬臨洮，阿壩嶺、大靖城、土門兒等處屬甘肅，自靖遠衛界黄河索橋起，至土門山共長四百里，而蘭、靖、莊浪千四百里之衝邊始安。第蘆塘、三眼井等處土疏易圮，時費修葺，若按初年舊址，自鎮番直接寧夏中衛通樹長邊，則外鑰尤壯矣，蓋棄地猶六七百里云。

蒼松廢縣，在衛西。漢縣，屬武威郡。後漢作「倉松」，晉因之。太和二年涼張天錫擊李儼於隴西，分遣前軍向金城、左南、白土諸郡，自將屯倉松是也。志云：張氏置昌松郡，後涼呂光因郭麐之讖改爲東張掖郡。後魏復置昌松郡，後周郡廢爲昌松縣。隋開皇初改縣曰永世，後復曰昌松，屬涼州。大業三年李軌據河西，薛舉遣將常仲興擊之，戰於昌松，仲興敗没。唐亦曰昌松縣，仍屬涼州，乾元以後陷於吐蕃。宋時夏人置洪州於此，元廢。左南、白土，見西寧鎮。○漠口城，在衛西南。晉義熙四年後秦姚興遣其子弼等襲禿髮傉檀於姑臧，自金城濟河進至漠口。地形志漠口縣屬昌松郡，謂之昌松漠口，並爲險要。

允街城，在衛東南。漢神爵二年置允街縣，屬金城郡。允讀曰鉛。後漢因之。明帝初滇吾羌寇隴西，敗太守劉盱於允街。又延熹四年勒姐零五羌圍允街，護羌校尉段熲擊破之。晉仍屬金城郡，前、後涼因之，後魏廢。周地圖：「允街城地勢極險阻，沮渠蒙遜增築以爲防守之所。」杜佑曰：「允街城臨麗水，亦名麗水城。」○街亭城，在衛南，後涼所置城也。晉隆安初禿髮烏孤自廣武取後涼金城，呂光遣竇苟伐之，戰於街亭，大敗。水經注：「逆水出允吾縣參街谷，東南流經街亭城南。」通典：「街亭城，沮渠蒙遜所築，地勢險隘。」胡三省曰：「金城北有街亭城。」允吾，今見蘭州。

揟次城，在衛西北。漢縣，屬武威郡。揟讀胥，次讀咨。後漢因之。三國魏黄初二年凉州盧水胡反，遣張既討之，賊逆拒既於鸇陰口，既揚聲軍從鸇陰，乃濳繇且次出武威，賊以爲神，引還顯美，既擊平之。且次即揟次也。晉志謂之揖次，仍屬武威郡。太元十一年魏安人焦松等迎故凉張天錫之子大豫於揖次，攻拔後凉昌松郡。又元興初後凉焦朗據魏安，秃髮利鹿孤遣其弟傉檀擊滅之。晉書以揖次爲魏安，蓋據後魏所置郡也。魏收志揟次縣屬昌松郡，後又析置魏安郡。胡氏曰：「後魏置魏安郡，蓋治於揟次。後周郡廢，尋并揟次縣入昌松。」又白山縣，後周改魏安郡置，尋廢。

長最城，在衛東南金城河北。晉永和三年石虎將麻秋等濟河擊張重華，遂城長最。凉將謝艾軍神烏，敗後趙兵，進擊麻秋，秋遁歸金城。隆安初後凉呂光擊乞伏乾歸軍於長最，遣其子纂攻金城，拔之。神烏，蓋亦在衛東南。或以爲今永昌衛廢鸞烏縣地，悮矣。〇纏縮城，亦在衛東南。晉太元初苻秦將苟萇、梁熙伐凉，會攻纏縮城，拔之。或云與蘭州故廣武城相近。

振武城，在衛東南。晉咸和二年趙劉曜遣子胤敗張駿將韓璞之兵於沃干嶺，追奔濟河至令居，進據振武，河西大駭。永和二年石趙將麻秋等攻凉金城，金城降趙，凉將謝艾引兵出振武擊麻秋破之是也。胡氏曰：「振武在姑臧城南廣武西北。」沃干嶺，見蘭州。〇扒沙城，在衛西北一百里，又西北去凉州二百五十里。正統中以其地爲控禦之要，議建城，調靖邊中所於此。又有速罕秃地，在衛東南黄河北岸，亦爲要害，議築城於此，以遏寇衝。

大松山，衛東百二十里。山多大松。又有小松山，在衛東北百二十里。近代議邊事者，謂二山控禦邊陲，爲衛境之要地。〇蒲萄山，志云：在衛西北百三十里，與雪山相拒，大通河所經也。又東山，在衛東一里。又東北三十里有石佛山。

南山，在衛南。漢志：「武威郡蒼松縣有南山、松峽。」〔六〕起自羌中，連延西平、金城之界，東出秦、雍，至於終南，皆曰南山。

分水嶺，衛西百五十里。嶺嶠有泉分流，南爲莊浪河，北爲古浪河。其北又有平嶺。嘉靖中總兵姜奭禦敵於分水嶺，敗之，遂北至平嶺。敵大集，奭乃伏兵於嶺南岔口，佯退以誘之，敵大敗。

洪源谷在衛西北。唐武后聖曆二年吐蕃將論贊婆來降，使將其衆守洪源谷。又久視元年吐蕃將麴莽布反，寇涼州昌松縣，入洪源谷，隴右諸軍大使唐休璟擊敗之。又洪池谷，亦在昌松界。唐貞觀十七年有瑞石産於此。

大通河，在衛南百二十里。北流過衛城西，有大通橋跨其上，又北入於沙漠。又莊浪河，亦在衛南。下流合於大通河。

瓦窯渠，在衛西二里。又衛南五十里有青寺河渠，又南四十里有野狐渠，俱引大通河之水資以灌溉。

裴家川，在衛東。東北流，綿亘於靖遠衛及寧夏中衛之境，爲戍守要地。萬歷間設官兵駐守於此。〇嘉泉，在廢揟次縣界。晉太寧三年黄龍見涼州之嘉泉，涼臣氾禕等勸張駿改年以彰休祥，駿不許，即此泉也。

南大通河口堡，〔七〕衛東四十里。又東南四十里爲紅城子堡，又東南六十里爲苦水堡，又南三十里爲安寧堡，又東三十里即蘭州之金城關也。〇西大通河口堡，在衛西南百六十里。又西八十里爲西寧鎮之老鴉城堡。

武勝堡，衛西北三十里。又西北四十里爲岔口堡，又西北五十里爲鎮羌堡，皆衛境之衝要也。又西四十里爲古浪所之打班堡。

野狐堡，在衛東南。其西北有青寺、通遠二堡，俱戍守要地。一統志：「衛東有應理州堡，又東有泗水堡」云。○沙井兒驛，在衛南百九十里。志云：衛境諸堡多置館驛於此，以地當往來衝要云。

楊非亭。在衛東南。水經注：「逆水東南流經街亭城南，又東逕楊非亭北，又東南歷廣武城西。今逆水源流不可復辨也。載記：楊非在支陽西北三百餘里。」晉太元初苻秦伐涼張天錫，使馬建等拒秦軍於楊非，秦兵濟河攻纏縮城，建懼，自楊非退屯清塞。或訛爲陽妃谷，五代時有楊妃谷首領，即此地矣。清塞，見涼州衛。

鎮夷所，鎮西北三百里。故張掖縣地，明洪武二十九年置鎮夷守禦千户所於黑河之北，後爲河水衝決，天順間始移今治。志云：所東抵高臺，西接酒泉，南拒番夷，北鄰蒙古，廣袤二三百里，爲戍守之要。城周四里有奇，有南面二門。今改設鎮夷衛。

狼心山，在所北。明正統中王驥出鎮夷討叛部，與總兵蔣貴等約，至狼心山舉火爲應。貴敗敵於石城兒泉，又敗之九魯乃地。其地去鎮夷三百餘里。又追敗之於梧桐林，至肅州亦集乃地。又追至野狐山、青華山，至黑泉而還。轉戰二千餘里，虜衆大衄。

黑河，在城南四里，有黑水渡。即古張掖河也，流經硤口入居延海。志云：所境有永豐等渠二十，分流溉田。又有鹽池，在所西四十里，産白鹽。

馬營堡。在所東。向爲官軍戍守處。

古浪所，在鎮東南六百四十里。漢武威郡地，唐亦爲凉州地，於此築和戎城。元爲古浪城，立巡簡司，屬永昌路。明正統間置古浪守禦千户所。志云：所境東至扒沙，西連武威，南界湟河，北抵煖泉，廣袤四五百里。所城周二里有奇，有東南二門。今亦設古浪所。

古浪水，在所南，流遶關城，所以此名。志云：所境有暖泉等渠，分引溉田。

黑松堡。所東南三十里，亦曰黑松驛；又東南三十里爲打班堡，即安遠驛也；又東四十里爲莊浪衛之鎮羌堡；皆往來衝要處。

高臺所，鎮西北百六十里。漢張掖郡地，唐爲建康軍地。明正統中始置高臺守禦千户所。曰高臺者，以其地稍高，控扼戎、番之要衝也。所城周四里，惟南面一門。今亦設高臺所。

白城山，所西北百餘里，爲甘、肅二境接界處。成化以後哈密遺種多遷於此。

紅城渠，所西北三十五里。又所東南三十五里有豐稔渠。志云：所境之渠十有二，分溉境内之田。

黑泉堡。所西五十里。又西五十里爲深溝堡，又西五十里即鎮夷所也。○紅崖堡，在所西南百餘里。又所北有八壩、九壩等堡。

校勘記

〔一〕土魯番部長之弟真帖木兒　「土魯番」，底本原作「火魯番」，明史卷三三二九西域傳土魯番下有「其弟真帖木兒」之文，本書卷六三、六四、六五亦有多處作「土魯番」，則此「火魯番」乃「土魯番」之訛，今據改。

〔二〕西至樂涫入澤中或謂之鰈得渠　「涫」、「鰈」，底本原作「琯」、「濼」，今據鄒本及漢志卷二八下改。

〔三〕鸞鳥城　「鳥」，通典卷一七四、元和志卷四〇、輿地廣記卷一七俱作「烏」。漢志卷二八下本作「鳥」，今中華書局標點本已改爲「烏」。

〔四〕唐置嘉麟縣於此鸞鳥故城　底本原脱「於」字，今據舊唐志卷四〇、寰宇記卷一五二補。

〔五〕劉林　底本原作「劉休」，今據職本及上文「劉林臺」改。

〔六〕有南山松峽　漢志卷二八下作「南山，松陝水所出」，此引有誤。

〔七〕南大通河口堡　「河」，底本原作「山」，今據鄒本改。

讀史方輿紀要卷六十四

陝西十三

西寧鎮，甘州衛東南一千三百五十里，東北至臨洮府蘭州六百三十里，東南至臨洮府河州二百五十里，北至莊浪衛四百十里，西至生番界百五十里，自衛治至布政司二千一百里，至京師四千九百里。

古西羌所居，謂之湟中。漢屬金城郡，後漢因之，建安中分置西平郡。晉因之，東晉末爲禿髮烏孤所據，稱西平王。其弟利鹿孤復都西平，是爲南凉也。後魏置鄯州，後周又置樂都郡。隋初郡廢，仍曰鄯州，煬帝改州爲西平郡。唐初復曰鄯州，開元二年置隴右節度治此，尋又置臨洮軍於城内。天寶初亦曰西平郡，乾元初復爲鄯州。上元二年没於吐蕃，大中間收復，尋又爲番人所據，號青唐城。宋元符二年收復，仍置鄯州，亦置隴右節度。〔一〕明年復没於吐蕃，崇寧三年復收其地，改爲西寧州，仍建隴右節度，亦曰西平郡，又改軍號曰賓德。南渡後荒棄。元得其地，仍置西寧州。明初改爲西寧衛，屬陝西行都指揮使司。今爲西寧鎮，亦設西寧衛。

鎮河、湟環帶，山峽紆迴，志云：西寧萬山環抱，三峽重圍，紅崖峙左，青海瀦右。扼束羌、番，屹爲襟要。漢武使霍去病破匈奴，因斥逐諸羌，不使居湟中。宣帝時趙充國留屯金城，盡平諸羌，闕、隴寧謐。後漢建武十一年，馬援等擊破先零諸種羌，時議者以金城破羌之西，塗遠多寇，欲棄之，援因上言：「破羌以西，城多堅牢，易可依固，其田土肥壤，灌溉流通；如令羌在湟中，則爲害不休，不可棄也。」從之。其後馬賢、龐參，往往樹績于此。晉室多故，張氏據有河西，亦能綏輯羣羌，保其險阻。呂光繼之，河、湟漸爾多事。晉隆安二年時，禿髮烏孤屯據廉川，羌酋梁饑攻後凉西平，烏孤欲救之，議者多以饑兵强爲疑。趙振曰：「使羌得西平，中外震動，非吾利也。」烏孤亦曰：「饑若得西平，保據河山，不可復制矣。」遂進擊饑，破之，於是據有嶺南之地。嶺謂洪池嶺，見凉州衛。又楊統言于烏孤曰：「呂光衰耄，諸子乖離，若使浩亹、廉川乘虛疊出，不過二年姑臧可圖也。」烏孤從之，後凉益困。其後北凉、西秦互相争逐于河、湟間。西秦之亡，其地没于吐谷渾，後周皆規取之，以藩蔽秦、隴。隋大業中勤兵遠略，地亦益斥。唐貞觀中平吐谷渾，開元中又建雄鎮於鄯州，其時兵威震疊，薄于西海。天寶以後，吐蕃乘中國之亂，蠶食河、湟，東及秦、隴，于是唐之邊備近在邠、岐、涇、原之境，西平誠西面之保障矣。宋關中戍守不越秦、鳳，熙寧以後始務遠略，圖復河、湟以制西夏。議者謂河、湟復而宋祚傾，夫豈探本之論乎？元人控馭西番，恒以西平爲要地。明初置衛屯兵，兼設茶馬司於此，用以馴制番部云。考略：

「衛居萬山之中，漢、土番、彝，雜處耕牧。附近有巴海、臨番、巴哇等一十三番族，各授官領印，中納金牌茶馬。正德以後，逋寇盤據，青海番族多爲所戕滅，亦有叛附之者，洮、岷間勢且益急，然則西寧爲內外之防，不可不慎也。」

湟水廢縣，今鎮治。漢爲破羌縣地，屬金城郡。後漢建安中置西都縣，爲西平郡治。晉因之。晉亂，張軌、吕光等相繼有其地。隆安二年秃髮烏孤敗羌酋梁饑于西平，明年使其弟傉檀鎮焉，後又爲西秦所據。宋元嘉三年夏主昌遣將呼盧古等伐西秦，進攻西平，大掠而還。尋没于吐谷渾。大明四年魏人侵吐谷渾，軍至西平，濟河而返。尋置鄯州，仍治西都縣。後周又爲樂都郡治。隋初郡廢，開皇十八年改縣曰湟水，仍爲鄯州治。唐因之。劉昫曰：「武德二年平薛舉置鄯州，治故樂都城。」蓋以後周樂都郡治而名也。後没于吐蕃，謂之青唐城。宋元符二年洮西安撫使王贍收復其地，仍置湟水縣，爲鄯善治。靖康以後荒棄。元仍置西寧州治焉。一統志：「衛城西南有西寧廢州，宋置州于此，元移今治。」今衛城周八里有奇。

令居城，在鎮東北。西羌傳：「武帝北却匈奴，西逐諸羌，乃渡河、湟築令居塞。元鼎五年先零羌攻零居，六年李息討平之是也。昭帝時置縣，屬金城郡。」令讀零。趙充國謂西羌反時嘗攻令居是也。宣帝置護羌校尉治此。後漢元初二年，時諸羌相率叛亂，護羌校尉龐參以次招降之，還治令居，通河西道，蓋先是徙治張掖也。又延光初校尉馬賢擊叛羌麻奴于牧苑，不利，麻奴等又敗武威、張掖郡兵于令居。牧苑即令居之閑牧地矣。晉省入西都縣。胡氏曰：「漢創築三城，光禄、居延、令居是也。」

浩亹城，在鎮東。舊志云：在蘭州廣武縣西南百餘里。漢縣，屬金城郡。孟康曰：「浩亹讀合門。」顏師古曰：「浩讀誥，水名也；亹者，水流峽中，岸深若門也。」杜佑曰：「浩讀若閤。」漢神爵初先零諸羌犯塞，遣義渠安國備羌，至浩亹，爲羌所敗，還令居。後漢亦爲浩亹縣，或謂之浩亹隘。建武十一年先零羌與諸種羌寇金城、隴西，據浩亹隘，隴西太守馬援深入討擊，大敗之。又中元二年西羌寇隴右，馬武將兵討之，戰金城浩亹，復追擊到東、西邯，大敗之。劉昫曰：「浩亹有雒都谷，馬武破羌處也。」晉仍屬金城郡。永寧中張軌置晉興郡，蓋治浩亹。張駿時郡屬涼州，即此。隆和三年禿髮烏孤使從叔吐若留鎮浩亹。義熙十年西秦乞伏熾磐滅南涼，以王基爲晉興太守，鎮浩亹是也。隋志：「浩亹縣，後周并入湟水縣。」

臨羌城，在衞西二百八十里。漢縣，屬金城郡，在浩亹河西。神爵中趙充國擊西羌，西至西部都尉府，或曰即臨羌也。又充國奏：「臨羌東至浩亹，羌人故田及公田，民所未墾可二千頃以上。」又云：「循河、湟漕穀至臨羌，以示羌人。」是也。後漢亦爲臨羌縣。地記：「漢地自臨羌以西，即爲塞外。」胡氏曰：「漢宣帝置護羌校尉治金城令居，東漢初治安夷，章帝建初二年徙臨羌，安帝永初二年徙狄道，四年又徙治張掖，元初二年徙令居。」晉仍爲臨羌縣，屬西平郡，後魏廢。隋大業四年，吐谷渾爲鐵勒所破，走入西平境内，遣使求救，詔安德王雄出澆河、宇文述出西平迎之。述至臨羌，吐谷渾畏述兵盛，帥衆西遁，即漢臨羌故城矣。水經注：「羌水出湟中西南山下，經護羌城東，故護羌校尉治也，又東逕臨羌城西。」是護羌校尉嘗治臨羌西界也。沈括曰：「吐蕃有臨江砦，至安鄉城東西千餘里。」臨江即臨羌之訛矣。

安夷城，在鎮東北。漢金城郡屬縣，後漢因之，建初二年以西羌叛，詔護羌校尉自安夷徙屯臨羌。晉仍爲安夷縣，屬西平郡，隆和三年南涼禿髮烏孤以其弟利鹿孤鎮安夷是也。後廢。水經注：「湟水東合安夷川水，又東逕安夷縣故城，在漢西平亭東七十里。」〔二〕破羌城，在鎮西北。漢宣帝神爵二年置縣，屬金城郡。後漢因之，永初三年叛羌攻没破羌縣是也。晉省。

樂都城，在鎮西北二百三十里。水經注：「湟水逕樂都城南，又東逕破羌故城南。」是樂都在破羌西也。前涼置城于此，後涼吕光因置樂都郡，晉隆安三年禿髮烏孤自西平徙治樂都。又義熙六年禿髮傉檀自姑臧還樂都。十年西秦乞伏熾磐襲樂都，傉檀世子虎臺拒守。其臣梁肅以外城廣大難守。請聚國人守内城。虎臺不聽，城潰。熾磐入樂都，置涼州刺史鎮焉。宋元嘉五年河西王蒙遜攻樂都，克其外城，絶城中水道，乞伏元基擊却之。其後没于吐谷渾，城廢。

龍支城，鎮東南八十里。城西有龍支堆，因名。漢爲金城郡允吾縣地，後漢時置城于此。和帝使曹鳳爲金城西部都尉，屯龍耆，即此城也。晉隆安二年，南涼禿髮烏孤擊羌酋梁饑于西平，饑退屯龍支堡，烏孤攻拔之。後魏時置北金城縣，西魏又改爲龍支縣。後周屬涼州，隋因之。唐改屬鄯州，儀鳳三年鄯州都督李敬玄奏敗吐蕃於龍支是也。後没于吐蕃，號爲宗哥城。宋大中祥符中吐蕃唃厮囉徙居邈川，其相李立遵居宗哥，請命于宋，宋命爲保順軍節度使。元符二年王贍取其地，旋復陷于吐蕃。崇寧三年王厚收復，後廢。又衛南有龍居廢縣，隋志：「西魏時置龍居、路倉二縣，後周廢入西都縣。」

歸義城，在鎮西南。漢築城以招徠諸羌，因名歸義。後漢元和三年燒當迷吾順命，因退居河北歸義城是也。章懷太子賢曰：「河北者，逢留大河之北。黃河至大、小榆谷北則有逢留之名。」後漢永元中金城長史上官鴻開置歸義、建威屯田二十七部，侯霸復置東、西邯屯田五部，又增置逢、留二部，列屯夾河，合三十四部，永初中羌叛而廢。歸義城，蓋屯戍處。

白土城，在鎮南。晉置白土縣，屬金城郡。或曰縣本曹魏所置。十三州志：「左南津西六十里有白土城，城在大河之北，爲緣河津濟處。其西北有白土川，因名。」晉太和二年涼張天錫討叛將李儼於隴西，使常據自左南，張統向白土，即此。後涼呂光置三河郡，治白土縣。三河，謂金城河、賜支河、湟河也。時光自稱三河王，因置三河郡。義熙八年西秦乞伏熾磐攻南涼三河太守吳陰于白土，克之。後魏郡縣俱廢。水經注：「河水經邯川城南，〔三〕又東經臨津城北、白土城南。」是也。

左南城，在鎮東南。舊志云：在白土城東六十里。前涼置晉興郡，左南縣屬焉。縣亦張氏所置也。十三州志：「石城西百四十里有左南城，河水經其南曰左南津，又東接枹罕界。」晉太和二年涼張天錫討李儼，使常據自左南進，敗儼兵于葵谷，天錫自倉松進屯左南。又義熙十年南涼王傉檀西討乙弗部，西秦王熾磐入其樂都，傉檀詣熾磐降，至左南，熾磐因賜傉檀爵左南公，即此。後魏縣廢。葵谷，今見河州。倉松，見莊浪衛。

長寧城，在鎮西。漢臨羌縣地，晉析置長寧縣，屬西平郡，後魏廢。水經注：「西平城西北四十里有長寧亭，晉置長寧縣。」又鄯城廢縣，在鎮西南。唐儀鳳三年析湟水縣置，屬鄯州，上元中没于吐蕃。劉昫曰：「漢西平故城在縣西。」〇廢興城，在故龍支城東，前涼所置城也。晉太元十年，後涼呂光將尉佑以允吾叛，敗奔興城。隆安二年後涼將李鸞以興城降于禿髮烏孤。胡氏曰：「興城在允吾之西南，白土之東。」允吾，今見蘭州。

廉川城，在鎮西南百二十里。漢破羌縣地，晉太元二十年禿髮烏孤擊降乙弗折掘等部，築廉川堡而都之。隆安二年後涼楊軌等舉兵攻姑臧不克，尋敗屯廉川，收集彝、夏，衆至萬餘，既而降于烏孤。三年烏孤使從弟洛回鎮廉川，其後爲北涼所取。宋元嘉三年西秦王熾磐伐河西王蒙遜至廉川，即此。後魏廢。胡氏曰：「廉川在湟中。」是也。

湟中城，在鎮西北。胡氏曰：「湟水兩岸之地通謂之湟中。湟中城置於西平、張掖間，本小月支之地，因謂之小湟中。」東漢永元初，鄧訓擊迷唐羌，發湟中卒，縫革爲船，置于箄上以渡河，掩擊迷唐，大破之是也。永初末羌豪麻奴等復叛據湟中，屢侵金城、武威諸邊郡，延光初校尉馬賢討破之。建安十九年夏侯淵自興國討宋建于枹罕，別遣張郃等渡河入小湟中，河西諸羌皆降是也。水經注：「湟水經湟中城，又東經臨羌、破羌、允街、枝陽、金城而合于大河。」○廣武城，在鎮東北。前涼張氏置廣武郡，屬涼州，蓋分西平置郡也。後廢。或訛作「須武」，云在衛西南，恐誤。又臨谷城，在鎮西百里。宋史「仁宗寶元初，吐蕃唃廝囉居鄯州，西有臨谷城，通青海，服屬于宋」云。

廓州城，鎮南百八十里。古西羌所居澆河地。後漢延熹中諸羌燒當結澆河大豪寇張掖，段熲斬澆河大帥于其地，遂定西羌是也。漢末屬西平郡。前涼以其地置湟河郡，晉隆安二年禿髮烏孤敗梁饑于西平，湟河太守張稠以郡降。明年烏孤使其叔素渥鎮湟河，即此。義熙十一年西秦乞伏熾槃襲北涼湟河郡，克之。宋元嘉三年夏主昌遣將伐西秦，攻其沙州刺史出連虔于湟河，不克。後魏亦爲湟河郡，屬鄯州，尋没于吐谷渾。後周逐吐谷渾得其地，改置澆河郡，兼置廓州。隋初郡廢而州如故。開皇三年突厥寇廓州，州兵擊走之。煬帝又改州爲澆河郡。唐復爲廓州、開元二十六年置寧塞軍于城内，天寶初曰寧塞郡，乾元初復故，上元初没于吐蕃。宋元符中收復，置寧塞城，尋復爲廓州，明年復棄不守。崇寧三年王厚復取之，後廢。志云：州城舊治河北，後嘗移河南。今廢州城南去黄河不及一里。○廣威廢縣，唐廓州治也。本後魏之石城縣，西魏廢帝以縣有化隆谷，因改爲化隆縣。後周曰廣威縣。隋志：「西魏置澆河郡於此，後周廢，仁壽初復改爲化隆縣，屬鄯州。」唐改爲廓州治，先天元年改爲化成縣，天寶初復曰廣威，後没于吐蕃。宋亦爲廓州治，崇寧五年縣廢。九域志：「廓州東南至河州鳳林縣二百八十里。」

河津城，在廢廓州西。隋志：「後周澆河郡領澆河、廣威、安戎三縣，隋初改置河津縣，爲廓州治。」唐廓州改治廣威縣，河津城遂廢。又達化城，在廢廓州西南。後周置達化郡及縣，隋開皇初郡廢，以縣屬廓州。唐因之。開元二十九年吐蕃屠達化縣，即此。上元以後没于吐蕃。又綏遠城，在廢廓州境。後周所置縣也，隋初并入達化縣。

澆河城，在達化廢縣西百二十里。通典曰：「晉時吐谷渾阿豺所築。」水回洑曰澆，城蓋置於澆河回曲處。或曰後涼所置澆河郡也。晉隆安二年禿髮烏孤拔龍支堡，梁饑單騎奔澆河。既而澆河太守王稚以郡降于烏孤，明年烏孤使其叔若留鎮澆河。宋元嘉三年西秦乞伏熾磐爲夏所侵，徙其境内老弱畜産於澆河。後魏亦爲澆河郡。魏主宏延興三年吐谷渾王拾寅寇魏澆河，魏遣長孫觀擊降之，尋廢。又唐天寶十三載隴右節度使哥舒翰奏于所開九曲地置澆河、洮陽二郡。杜佑曰：「澆河城在廓州達化縣賀蘭山下。」宋祁曰：「澆河郡置於積石軍西，當即故澆河城也。」洮陽郡，見洮州衛。

邯川城，在廢廓州東南。禿髮傉檀時所置邯川護軍也。水經注：「河水自西平郡東流逕澆河郡故城北，又東逕石城南，又東逕邯川城南。」杜佑曰：「後漢和帝時侯霸置東、西邯屯田五部。邯，水名也，分流左右，在寧塞郡東。」劉昫曰：「廓州化隆縣東即古邯川地。」○米川城，在廢廓州東南。本漢枹罕縣地，唐貞觀五年置米州及米川縣，十年州廢，以縣屬廓州。〔四〕後没于吐蕃。宋崇寧三年收復，置米川城。王厚云：「米川城沿河西至廓州約六十里，過河取正路至結雍城約九十里。」又膚公城在廢廓州北二十里，吐蕃結羅城也，宋崇寧中收復，賜今名。志云：城北三十里有綏平堡，本名保敦谷，宋崇寧三年興築，賜名綏平，尋廢。

積石城，在廓州西百八十里。本吐谷渾地，唐貞觀八年平吐谷渾，十三年置靖邊鎮于此，儀鳳二年改爲積石軍。開元十四年吐蕃寇甘州還，自積石而西，王君㚟引軍躡其後是也。天寶中哥舒翰敗吐蕃于積石城，尋爲吐蕃所陷。宋時番名溪哥城。元符二年吐蕃瞎征之族杓椮據溪哥城，瞎征攻殺之。大觀二年收復，仍置積石軍。宋志：「軍西至青海百里，南至蓋龍峗八十里。其城西臨大澗，北枕黄河。或曰即隋之河津縣治也。」金人亦置積石州於此，元因之，明初廢。○廢貴德州，在積石西南。元置州於此，隸土番等處宣慰司。至元十七年都實窮河源，自崑崙還至貴德州約半月程，地名必赤里，始有州治官府，又四五日至積石城是也。

河源城，在鎮西南。隋大業四年伐吐谷渾置河源郡，郡治於赤水城。唐儀鳳二年復置河源軍，蓋與積石山相近。永隆初軍使黑齒常之敗吐蕃贊普于良非川，常之以河源衝要，欲加兵戍之，而轉輸險遠，乃廣置峰戍七十餘所，屯田五千餘頃，繇是戰守有備。乾元初没于吐蕃。大中三年吐蕃叛將論恐熱謀并鄯州，引兵軍于河州。鄯州將尚婢婢軍河源以拒之。諸將欲進戰，婢婢不可。諸將不從，乃據河橋以待之。諸將果敗，婢婢收餘衆焚橋奔歸鄯州。

城蓋與河州接界。通典：「河源軍在鄯州西百二十里。」

赤水城，在鎮西南。吐谷渾所築。隋大業四年宇文述出西平至臨羌城，進拔吐谷渾曼頭、赤水二城，因於赤水城置河源郡，兼領遠化、赤水二縣，尋廢。唐貞觀八年討吐谷渾，分軍出赤水道。天寶六載河西、隴右節度使以李光弼充赤水軍使是也。隋志赤水管下有曼頭城。曼讀萬，以曼山而名。

臨番城，在鎮南。唐志河源軍西六十里有臨番軍，蓋開元中所置，後没于吐蕃。大中四年吐蕃鄯州刺史尚婢婢遣兵據臨番城，拒叛將論恐熱于白土嶺，不利，復遣將據氂牛峽以拒之，爲恐熱所敗。氂牛峽，在臨番西北。○白水城，在臨番西六十里。唐開元五年置。二十七年吐蕃寇白水軍。通典：「軍在鄯州西北二百五十里。」

洪濟城，在鎮西南。舊志：在達化縣西二百七十里。後周武帝逐吐谷渾置洪濟鎮，其後吐蕃亦置洪濟城于此。唐天寶二載皇甫維明攻洪濟城，克之。唐志云：「廓州西南百四十里爲洪濟橋，其相近有金天軍，天寶十三載所置。」又有漁海、遊奕等軍，在洪濟橋東，亦吐蕃所置。天寶初河西節度使王倕攻破吐蕃漁海及遊奕等軍，是也。至德後俱没于吐蕃。漁海，今亦見河州。

大漠門城，在鎮西二百餘里，近故榆谷中。唐景龍初吐蕃得河西九曲地，因置洪濟、大漠門等城以守之。開元十五年，河西節度使蕭嵩等破吐蕃於渴波谷，又追拔其大漠門城，焚其駱駝橋是也。駱駝橋，在大漠門西，濱河。

宛秀城，在鎮西南。唐志：「寧塞郡西有寧邊軍。又西八十里爲宛秀城，有威勝軍。」其地即所謂河西九曲也。景龍元年吐蕃贊普請其地，詔與之。九曲者，水甘草凉，宜畜牧，自是蕃益雄張。開元六年郭知運敗吐蕃兵于九曲。天寶十三載哥舒翰破吐蕃洪濟、大漠門等城，收黃河九曲，置洮陽郡，築神策、宛秀二軍，尋又没于吐蕃。

綏和城，在鎮西南二百五十里，唐開元二年置綏和守捉于此；又合川城，在衛南百八十里，唐貞觀中所置合川守捉城也；俱至德後廢。○百谷城，唐志云：「在廓州東南八十里，有武寧軍；又有耀武軍，在廓州南二百里黑峽川；俱天寶十三載置，至德後陷于吐蕃。」

定戎城，在鎮西南。唐志：「定戎軍，天寶十三載置。」自鄯州至河源軍西行百二十里至白水軍，又西南六十里至定戎城，又南隔澗七里即石堡城矣。

石堡城，在鎮西南三百里。本吐蕃鐵仞城，亦曰石堡城，唐咸亨中取其地，後復没于吐蕃。開元十七年朔方節度使信安王禕出隴西，拔石堡城。初，吐蕃陷石堡，因侵擾河、隴，至是拔之，據守要害，河、隴諸軍遊奕拓境千餘里，因更名石堡城曰振武軍。二十九年吐蕃攻承風堡，又襲攻振武軍，蓋嘉運不能守。天寶四載隴右節度皇甫惟明攻石堡，不克。六載詔河西、隴右節度使王忠嗣攻之，忠嗣言：「石堡險固，吐蕃舉國守之，今頓兵其下，非殺數萬人不能克，請俟其有釁然後取之。」不聽，遣將軍董延光將兵攻取，命忠嗣分兵助之，果不克。八載隴右節度哥舒翰復攻石堡，其城三面險絶，惟一徑可上，吐蕃以數百人守之，唐兵死者數萬，僅而克之。翰遂以赤嶺爲西塞，開屯田，備軍實，詔以石堡城爲神武軍，又謂之天威軍。至德初復没于吐蕃。長慶二年吐蕃請定疆候，遣大理卿劉元鼎往就盟。元鼎逾成紀武川，至龍支城，過石堡城，崖壁峭立，道回屈，譯曰：「此鐵仞城也。」續通典：「石堡城在龍支縣西，四面懸崖數十仞，石路磐曲長三四里，西至赤嶺三十里。」

神威城，在青海上。唐天寶七載哥舒翰築神威軍於青海上，又築城于青海中龍駒島，時有白龍見，因名應龍城。及明年冰合，吐蕃大至，戍龍駒島者悉没。至德初城陷于吐蕃。○威戎城，在衛西北三百十里。唐開元二十六年鄯州將杜希望拔吐蕃新城，以其地爲威戎軍是也。志云：城在鄯州星宿川西北三百五十里。又有制勝城，在衛西。天寶十三載置，至德初與威戎城俱没於吐蕃。

大嶺城，在鎮西境。旁有大嶺谷。吐蕃置城于此。武后長壽末，武威道總管王孝傑破吐蕃于大嶺谷。又天寶初隴右節度使皇甫惟明奏破吐蕃大嶺谷，及破其青海營屯是也。○安人城，亦在衛西。通典云：「在星宿川西。」開元七年置安人軍，屬隴右節度使。二十七年吐蕃寇安人軍。二十九年吐蕃復寇安人軍渾崖峰，騎將臧希液破却之。至德後俱陷于吐蕃。

樂州城，鎮東南二百餘里。本漢金城郡地，唐屬鄯州，後没于吐蕃爲邈川城，宋大中祥符中吐蕃唃厮囉自宗哥城徙居邈川是也。元符二年洮西安撫使王贍自河州引兵趨邈川，降之，因置湟州。建中靖國初荒棄，崇寧二年收復，仍置湟州及邈川縣爲倚郭。五年縣廢，大觀三年又升爲嚮德軍，宣和初改爲樂州，後没于金，州廢。○來賓城，在廢樂州西南百四十里，南去黄河不過十里。崇寧三年置。志云：城西三十里有青丹谷。

宣威城，鎮北五十里。唐天寶十三載置宣威軍，後没于吐蕃，謂之氂牛城，又誤爲猫牛城。宋元祐二年趙元昊攻吐蕃唃厮囉猫牛城，又攻青唐、宗哥等城是也。元符二年收復，崇寧三年復置宣威城。四年夏人合羌部逼宣威城，知鄯州高永年出禦之，行三十里爲羌人所執。既而羌衆復焚大通河橋以叛，尋討平之。後廢。又仁多泉城，在鎮北百七十里。宋政和五年童貫使劉法、劉仲武合熙、秦之師攻夏仁多泉城，屠之，即此。

震武城，在鎮東北。本名古骨龍城，政和五年童貫遣將劉法出湟州，法敗夏人于古骨龍城，因建爲震武軍，其北即統安城也。宣和元年夏主弟察哥敗劉法於統安城，乘勝攻震武。其城在山峽中，熙、河兩路不能餉，屢爲夏人所困，至是又將陷，察哥曰：「勿破此城，留作南朝病塊。」遂引去。靖康末復爲夏境。又統安城，在震武北，宋與西夏接境處。宣和初童貫使劉法攻夏統安城，兵敗，走至蓋朱峗爲夏守塞兵所殺。志云：其地在湟、鄯間。又德通城，亦在震武城北。吐蕃所置，曰瞎令古城，宋政和七年收復，改爲德通城。

大通城，在鎮東南。本吐蕃所置達南城也，形勢險要，控扼夏境，宋崇寧間收復湟、鄯，于此築寨把守。志云：大通城屬樂州，其西六十里有菊花河，東四十里接河州境之通津堡。○綏邊城，在鎮東北三十里。宋置。番名宗谷城，崇寧三年進築，賜名綏邊，亦曰綏邊砦。其北有乳洛河。又寧西城，在鎮西四十里，亦宋置。

伏俟城，在青海西十五里。本吐谷渾國都也，梁大同六年吐谷渾王夸呂始稱可汗，居伏俟城。後周主邕建德五年遣太子贇伐吐谷渾，至伏俟城而還。隋大業五年伐吐谷渾，別將劉權出伊吾道至青海，乘勝追奔至伏俟城，因置西海郡，統縣二，曰宣德，曰威定，皆在青海之西。隋亂廢。唐貞觀八年李靖帥諸軍討吐谷渾，次伏俟城，吐谷渾退保大非川，靖擊平之。亦謂之伏延城。後爲吐蕃所據。

西海城，在青海上。王莽諷卑禾羌獻西海地，置西海郡，東漢初廢。永元中護羌校尉侯霸擊滅叛羌，西海及大、小榆谷無復羌寇，從隃麋相曹鳳言，繕修故西海郡，徙金城西部都尉治之。後復廢。晉時爲吐谷渾所據，唐永徽以後吐蕃擊吐谷渾而有其地，置青海節度于此。後廢。○臘城，在青海西南。唐至德後吐蕃所置，有臘城節度使屯戍于此。貞元中韋皋帥蜀，遣將王有道帥精卒與東蠻自故嶲州臺登北谷進擊吐蕃，破其青海、臘城二節度而還。蓋深入掩擊也。臺登，見四川建昌衛。

樹敦城，在衛西曼頭山北，吐谷渾舊都也。志云：周穆王時犬戎樹惇居此，因名。西魏末突厥假道于涼州以襲吐谷渾，宇文泰使涼州刺史史寧隨之，至番禾，吐谷渾覺之，奔南山。史寧曰：「樹敦、賀真二城，吐谷渾之巢穴也，拔其本根，餘衆自散。」遂與突厥分道趨之，突厥從北道，寧從南道，大破之，與突厥會于青海。唐天寶九載隴西將王難得擊吐蕃，克五橋，拔樹敦城，即此。番禾見永昌衛，賀真城、五橋俱與樹敦城相近。○寧頭城，在鎮西塞外白蘭東北。宋元嘉二十二年後魏主燾遣拓跋那擊吐谷渾于白蘭，至寧頭城，吐谷渾王慕利延擁其部衆西渡流沙是也。白蘭，見後西番。

積石山，在衛西南百七十里。舊志：在龍支縣西南九十里。即禹貢所云「導河自積石」者也。今詳見名山。

峽口山，在衛東南。地極險阻，爲湟、鄯往來咽喉地。漢時謂之湟陿，趙充國屯田奏「治湟陿以西道橋七十所，令可至鮮水左右」是也。唐人嘗修閣道，宋築者章城控制要害。亦名綏遠關。

四望山，在衛東百里，湟水經其陽。亦曰四望陿。顏師古曰：「山峭夾水曰陿也。」漢神爵元年趙充國擊西羌至金城渡河，遣騎候四望陿中，無人，夜引兵上至洛都，喜曰：「吾知羌不能爲軍矣！使發數千人守杜四望陿中，兵豈得入哉！」隋志湟水縣有土樓山，即四望山也。洛都，即破羌故城之雒都谷。

拔延山，在衛南二百餘里。隋大業五年大獵于拔延山，長圍亘二十餘里。隋志西平郡化隆縣有拔延山。通典：「在廓州廣威縣，煬帝征吐谷渾時經此。廣威，即隋化隆也。」又連雲山，亦在州西南二百餘里。隋志達化縣有連雲山。

濁渾山，在衛西北。舊志云：在赤海之西。唐貞觀九年李大亮破吐谷渾于濁渾山，即此。又熱水山，在衛西南五百里。志云：山南出暖水，流入青海。山北有冷泉，即西寧河源。

豐利山，在衛西青海東。隋開皇初吐谷渾寇涼州，遣將元諧擊破之于豐利山，又敗之于青海。又爾汗山，在衛西。隋開皇三年行軍總管梁遠破吐谷渾于此。○庫山，亦在衛西。唐貞觀八年李靖等討吐谷渾，任城王道宗敗之于庫山，靖因與道宗等分道窮追是也。

曼頭山，在衛西北。宋泰始六年北魏主弘遣其將長孫觀西擊吐谷渾王拾寅，敗之于曼頭山。唐貞觀八年李靖等伐吐谷渾，自庫山分兩道，靖趨北道，其部將薛孤兒敗吐谷渾于曼頭山。志云：隋置河源郡，有曼頭城，城蓋因山得名也。○車我真山，在衛西六百餘里。隋大業五年煬帝追吐谷渾可汗伏允于覆袁川，〔五〕分命元壽南屯金山，段文振北屯雪山，楊義臣東屯琵琶峽，張壽西屯泥嶺，四面圍之，伏允潛遁，遣其名王詐稱伏允保車我真山是也。金山，亦在衛西界。

赤嶺，衛西三百二十里。續通典：「石堡城西三十里有山土石皆赤，北接大山，南連小雪山，號曰赤嶺，去長安三千五百里。自鄯州鄯城縣西行二百里即赤嶺也。」北魏主詡時，宋雲等奉使西域，自洛陽行四千里，至赤嶺乃出魏境，又西行再朞，至乾羅國，得佛經一百七十部而還。唐儀鳳三年婁師德使吐蕃，吐蕃迎之于赤嶺。開元十九年吐蕃請交馬于赤嶺，互市於甘松嶺，宰相裴光庭曰：「甘松中國之阻，不如許赤嶺。」乃聽以赤嶺爲界，表石刻約。二十二年又立碑於赤嶺，分唐與吐蕃之境。二十六年命河西節度蕭景、隴右節度杜希望，分道經略吐蕃，碎赤嶺碑。天寶八載哥舒翰克吐蕃石堡城，復以赤嶺爲西塞。長慶二年吐蕃復請定疆候，大理卿劉元鼎過石堡城，西行數十里土石皆赤，名曰赤嶺。蓋隴右故地，距長安三千里，即開元中與吐蕃分界處也。甘松嶺，見四川松潘衛。

承風嶺，衛西二百九十五里。唐儀鳳三年李敬玄與吐蕃戰于青海，兵敗還頓承風嶺，阻泥溝自固。賊屯兵高岡以壓之，別將黑齒常之引軍襲擊其營，賊敗遁去。杜佑曰：「嶺在廣威縣西南，東北去鄯州三百十三里。」〇白草嶺，在衛西北近甘州界。水經注：「西平鮮谷塞東南有白草嶺。」劉宋元嘉初，西秦乞伏熾磐遣太子暮末等出貂渠谷，攻北涼白草嶺、臨松郡，皆破之。

勒姐嶺，在衛東。闞駰曰：「金城安夷縣東有勒姐河，與金城河合。」勒姐嶺，勒姐河所出也。漢時勒姐羌居之。晉義熙十一年沮渠蒙遜攻拔西秦廣武郡，又敗西秦兵于浩亹，西秦王熾磐遣將折斐等據勒姐嶺邀其還路，蒙遜擊擒之，即此。姐讀子。又白土嶺，在衛東南。嶺蓋與白土故城相近。唐大中四年吐蕃叛將論恐熱遣兵擊鄯州帥尚婢婢于白土嶺。胡氏曰：「嶺在河州鳳林縣西。」〇星嶺，在故龍支城西北。隋大業四年征吐谷渾，度星嶺而北是也。吐蕃置城于此，曰帶星嶺城。宋元祐二年趙元昊攻吐蕃唃廝羅宗哥城及帶星嶺城，即此。

榆谷，在衛西。水經注：「河水逕西海郡南，又東逕允川，西歷大、小榆谷北。」〔六〕二榆土地肥美，本先零羌所依阻，後漢建武中燒當羌滇良集諸種擊破先零，奪居大、小榆谷地，由是始强。章和末，燒當豪迷唐據大、小榆谷，侵擾河、湟間，護羌校尉鄧訓發兵掩擊迷唐于寫谷。羌乃去大、小榆居頗巖谷，衆悉離散。永元四年聶尚代鄧訓爲校尉，招迷唐等復居大、小榆谷，迷唐遂叛寇金城塞。五年校尉貫友攻迷唐於大、小榆谷，破走之，因作河橋於逢留大河以度兵。十一年迷唐降，入居金城，詔將其種人還大、小榆谷。迷唐以爲漢作河橋，〔七〕兵來無常，故城不可復居，辭不肯徙，校尉吳祉等促使出塞，遂復叛還賜支河曲。十四年，時迷唐衰息，西海及大、小榆谷左右無復羌寇，隃麋相曹鳳上言：「西羌爲寇，常居大、小榆谷，土地肥美，有西海魚鹽之利，阻大河以爲固，緑山濱水，可廣田畜，故强大常雄諸種。請及時規固二榆，屯田積穀，隔塞羌、胡交關之路。」從之，永初中以羌亂復罷。自晉以後，皆爲羌人所據。後周擊逐吐谷渾，復收其地。隋大業四年築長城，自榆谷而東，以禦吐谷渾也。胡氏曰：「大、小榆谷即唐之九曲也，去積石軍三百里，水甘草良，宜畜牧。」景雲初吐蕃請河西九曲地，鄯州都督楊矩奏與之。吐蕃置洪濟、大漠門等城，又置獨山、九曲兩軍以守其地。地肥饒，吐蕃就之畜牧，因以入寇。矩悔懼自殺。開元二年吐蕃寇臨洮至渭源，宰相姚崇等奏：「吐蕃舊以河爲境，神龍中尚公主，遂踰河築城，置獨山、積石兩軍，去積石三百里，又于河上造橋。今吐蕃既叛，宜毁橋拔城。」從之。五年隴右節度郭知運大破吐蕃于九曲。天寶十二載隴右節度哥舒翰擊吐蕃，拔洪濟、大漠等城，〔八〕悉收九曲部落，蓋即漢大、小榆谷地矣。杜佑曰：「榆谷在蘭州五泉縣。」悮也。頗巖谷又在榆谷西。

洛都谷，在衛東北。劉昭曰「浩亹縣有雒都谷」，即洛都也。趙充國夜引兵自四望陿上至落都，即此谷矣。後漢永平初馬武擊燒當羌，敗于落都谷，羌引出塞，武追破之于東、西邯，羌皆降散。東、西邯，見上歸義城及邯川城注。○寫谷，在衛西。後漢章和二年護羌校尉鄧訓發湟中秦、胡、羌兵四千人出塞，掩擊叛羌迷唐于寫谷，迷唐遠徙是也。東觀記寫谷作「鴈谷」。

長寧谷，在衛西。水經注：「湟水逕臨羌故城南，又東長寧川水注之。長寧水東南流逕晉昌川，又有長寧亭，亭北有養女嶺，即浩亹西平之北山。」隋煬帝自拔延山入長寧谷，度星嶺，然後至浩亹川是也。

大允谷，在衛西青海旁。漢時湟中羌燒當累世居河北大允谷，後漢建武中燒當玄孫滇良擊奪先零卑湳羌地，居大榆中始强盛，所云允谷鹽池，即此谷也。○渴波谷，在衛境青海西。唐開元十五年，河西節度使蕭嵩、隴右節度使張忠亮大破吐蕃于此。

三兜谷，在衛西南。東漢章和末，護羌校尉傅育擊燒當羌迷吾，窮追不設備，至三兜谷，迷吾襲殺之。胡氏曰：「三兜在建威縣。」或曰在臨羌西南。○木乘谷，在衛西。後漢章和初張紆爲護羌校尉，屯臨羌，迷吾犯金城塞，紆遣從事司馬防與戰于木乘谷，敗之。谷蓋在臨羌西境。又龍泉谷，亦在衛西。唐長慶二年劉元鼎使吐蕃，踰湟水至龍泉谷，西北望殺胡川，哥舒翰故壁多在焉。殺胡川蓋近青海。

破邏真谷，在衛西南。唐貞觀八年，侯君集與任城王道宗，自庫山分兵出南道，引兵行無人之境二千餘里，經破邏真谷，追及吐谷渾王伏允于烏海，大敗之。既而還軍至破邏真谷，伏允之子順出降，詔以順爲西平郡王。○黄谷，在故浩亹縣東。劉宋永初元年沮渠蒙遜欲伐西凉，引兵攻西秦浩亹，潛還，乃露布西境，云已克浩亹，將進攻黄谷，謂此。或云西秦置城，戍守于此。

牛心堆，在衛西北。唐貞觀九年李靖敗吐谷渾曼頭山，進敗之于牛心堆。水經注：「湟水自臨羌縣東流合龍駒川，又東合晉昌川，〔九〕又東合長寧川，又東合牛心川。川水出西南遠山，東北流逕牛心堆，又東逕西平亭西，東北入於湟水。」○三堆，在故浩亹縣南。晉隆安四年，後涼呂纂擊禿髮利鹿孤，利鹿孤使其弟傉檀拒之，敗後涼兵於三堆。胡氏曰：「三堆在浩亹河南。」

西海，在衛西三百餘里。一名青海，亦曰鮮水，又爲允谷鹽池，周圍數百里，中有龍駒島。今詳見大川。○曲海，在衛西。北史云：「在吐谷渾北乙佛勿敵國境内，海周圍千餘里，其種萬落，風俗與吐谷渾同。」或云曲海即西海也。

赤海，在衛西北，即赤水也。西漢末赤水羌與去胡來王相攻，即此。唐貞觀九年李靖敗吐谷渾於牛心堆，又敗之于赤水源，别將薛萬均等又敗之于赤海。麟德二年吐蕃攻奪吐谷渾地，遣使入見，求赤水地畜牧。胡氏曰：「赤海，赤水深廣處，唐時有黑黨項居赤水西是也。」去胡來王，婼羌國王名也。見後安定衛。○烏海，在衛西塞外。隋志云：「烏海在河源郡漢哭山西。」李靖等伐吐谷渾，自庫山分兩道，任城王出南道，歷破邏真谷，追及其王伏允於烏海，大破之。咸亨元年薛仁貴擊吐蕃，自大非川進屯烏海。杜佑曰：「吐蕃國出鄯城五百里過烏海，莫春之月，山有積雪，地有冷瘴，令人氣急，不甚爲害。」新唐書：「破邏真谷去烏海二千餘里。」悮。

黄河，在衛南。自西域流入中國，經積石山，又東北入河州界。後漢志注：「大河經大小二榆谷北，有逢留之名。」和帝永元中護羌校尉貫友攻破迷唐子大、小榆谷，遂夾逢留大河築城塢，作大航，造河橋欲度兵擊迷唐。既而迷唐衰滅，曹鳳爲金城西部都尉，屯龍耆，增廣屯田，列屯夾河合三十四部，會永初羌亂，功垂成而罷。

湟水，在衛北。漢志：「臨羌西北至塞外，有西王母石室、僊海、鹽池，則湟水所出。」〔一〇〕括地志：「湟水一名樂都水，來自牛心堆，經四望山陽，東至允吾入河。」湟水左右地皆肥美，漢武開河西四郡，隔絶羌與匈奴相通之路，斥逐諸羌，不使居湟中地是也。其後元康四年，先零豪言：「願時渡湟水北，逐民所不田處畜牧。」是後遂抵冒渡湟水，欲結匈奴絶漢道，趙充國擊平之。元圖經：「湟水出祁連山下，東流千餘里合浩亹河，又東入蘭州西境，合洮水入黄河。」一統志「湟水今不經見，衛城北北山之陰有蘇木連河，疑即湟水」云。

賜支河，在衛西南塞外。應劭曰：「在河關之西，東去河關千餘里，即禹貢所云析支也。」亦曰析支河，羌人居此。謂之河曲羌。後漢永元五年護羌校尉貫友造河橋于逢留大河，欲渡河擊迷唐，迷唐率部落遠徙依賜支河曲。既而迷唐内附，十三年復叛還賜支河曲，犯金城塞，敗於允川，遂遠逾賜支河首。永建五年護羌校尉韓皓展湟中屯田，置兩河間以逼羣羌，羌懼而圖變，乃移還湟中。兩河間，胡氏曰：「逢留大河及賜支河間也。」

西寧河，在衛城北百步。源出熱水山，北流五里經伯顔川，又合那孩川，流五百里入黄河。又邈水，在衛南。源出西境宿軍谷，東流五百里入于黄河。

浩亹川，在衛西北。一名閤門水，浩亹讀曰閤門也。水經注：「浩亹河出西塞外，經西平之鮮谷塞，又東逕養女北山東南，流經浩亹故城南，又東注於湟水。」漢志注：「浩亹水出塞外，東至允吾入湟水。」是也。隋大業五年伐吐谷渾，至浩亹川，以橋未成，斬都水使者黄亘等，數日橋成乃行。唐咸亨二年吐谷渾爲吐蕃所敗，詔徙之於浩亹水南，尋復徙靈州，其故地悉入于吐蕃。朱思本云：「浩亹水出删丹州南删丹山下，東南流七百餘里合湟水而注於黃河。」

宗哥川，在衛西南九十里。源出塞外，經故龍支城東，又東北入於湟河。宋景祐二年趙元昊攻吐蕃唃厮囉宗哥城及帶星嶺諸城，渡宗哥河，部兵溺死者甚衆。崇寧三年王厚復湟、鄯，進軍宗哥川。羌置陣臨宗水，倚北山。厚麾遊騎登山攻其北，而親帥强弩迎射。羌走，分軍逾水擊之，遂降其城，進下青唐入廓州是也。宋志：「宗水來自青海，下流入湟水。水南有宗谷口，訛曰宗哥，吐蕃因以名其城。」

大非川，在衛西。唐十道圖：「大非川在青海南，烏海、星宿海、柏海並在其西，互相灌注。」唐貞觀八年，李靖敗吐谷渾于大非川。後爲吐蕃所據。咸亨初薛仁貴討之，至大非川，將趨烏海，以烏海險遠，議留輜重于大非嶺上，爲兩柵以守之。別將郭待封不從，仁貴前行，破吐蕃于河口，進屯烏海以俟待封。待封將輜重徐進，爲吐蕃所敗，仁貴還屯大非川，吐蕃就擊之，死傷略盡。又開元十四年王君㚟追擊吐蕃于大非川，因進至青海西，乘冰而渡，破之。唐志：「川在積石軍西。」胡氏曰：「河口，積石河口也。自唐鄯州鄯城縣西行三百餘里即大非川矣。」

允川，在衛西。後漢志注：「允川去賜支河曲數十里，在大、小榆谷之西，金城塞外地也，爲羌豪依阻處。」永元十三年燒當羌迷唐叛還賜支河曲，將兵向塞，校尉周鮪等擊破之于允川。○良非川，在衛西南，近河源軍城。唐儀鳳中吐蕃寇河源軍，屯兵于良非川，河源道經略大使黑齒常之擊破之。永隆二年常之復破吐蕃論贊婆于良非川，收其糧畜而還。

安夷川，在衛東北，安夷故城以此名。水經注：「湟水東合安夷川，又東合勒姐溪水。」又有晉昌川，水經注：「在湟中浩亹縣西南，合長寧川而注于湟水。」長寧川，見長寧谷。○勒姐溪，在衛東北。源出勒姐嶺，後漢章帝時勒姐羌作亂，馬防討平之。水經注：「湟水東逕安夷縣，又東合勒姐溪。」

昴川，在衛西南。宋元嘉三年，吐谷渾別部握逵等帥部落叛西秦，奔昴川，附于吐谷渾王慕璝是也。又居茹川，亦在衛西南。唐貞觀九年李靖等伐吐谷渾，別將執失思力破之于居茹川。

覆袁川，在衛西塞外。隋大業四年伐吐谷渾，渡浩亹川，吐谷渾可汗伏允走保覆袁川，因分軍四面圍之，即此。又突倫川，亦在衛西塞外。唐貞觀八年李靖討吐谷渾，督諸軍經積石山河源至且末窮其西境，聞伏允在突倫川將奔于闐，別將契苾何力追之，磧中乏水，刺馬血飲之，襲破其牙帳。侯君集進踰星宿川至柏海，還與靖軍合。星宿川，亦曰星宿海，柏海又在其西。突倫川，唐書薛萬均傳作「圖倫磧」，蓋語轉也。

伏羅川，在衛西南。宋元嘉二十二年，北魏主燾遣拓跋那擊吐谷渾於白蘭，破之。二十九年吐谷渾王拾寅始居伏羅川，川蓋與白蘭山相近。白蘭，見後朵甘思。○邏娑川，在西塞外。唐志：「吐蕃贊普牙在此，有羅些城。」咸亨初以薛仁貴爲邏娑道行軍總管，進討吐蕃是也。

闊水，在衛西南境。唐十道圖：「在党項羈縻州界。」貞觀八年李靖伐吐谷渾，赤水道行軍總管李道彥出党項中，行至闊水，乘其無備襲之。羣羌怒，邀擊道彥，敗之。○白水澗，在衛西北二百三十里。唐永淳初吐蕃寇河源，軍使婁師德敗吐蕃於白水澗是也。開元中置白水軍，蓋因澗以名。

那孩川渠，衛南五十里。又衛北八十里有廣牧川渠。志云：衛境之渠約二十有餘，分流灌田，民資其利。

鹽池，在衛西三百里。漢志金城臨羌縣有鹽池。十三州志：「卑禾羌海北有鹽池。」唐貞觀八年分道討吐谷渾，使高甑生出鹽澤道，謂鹽池也。

綏遠關，在衛東南。宋志：「綏遠關本名灑金平，東至湟州二十里，西至勝宗谷口三十里，南至麻宗山五十五里，北至丁星原四十里。崇寧二年置關于此，屬湟州，尋廢。」

石峽口，衛東七十里。其在衛西者又有乩鐵溝山口、伯顏川山口、西番溝山口，在衛南者有那海川山口、可可打班山口，在衛北者又有軍卜魯川山口、黑松林山口、徹兒山口，皆有衛卒戍守。又置石峽堡、伯顏川堡、軍卜魯川等堡，共爲防禦云。○平戎堡在衛東七十里，有平戎驛；衛東南二百三十里有巴川堡，巴川馬驛置於此；又東五十里有古鄯堡，亦爲古鄯馬驛；俱戍守要地也。

懸水鎮，在青海南。唐貞觀八年遣李靖等擊吐谷渾，李君羡别將精騎擊賊於青海南懸水鎮，大勝而還。

承風堡，在衛西南。開元二十九年吐蕃攻承風堡，又襲破振武城。胡氏曰：「堡在振武西，或云在承風嶺上。」○安川堡，在廢樂州西南百餘里巴金嶺上。宋元符二年收復，明年置堡於此。宋志云：「堡南至河州安鄉關三十里。」又寧川堡，在安州堡北四十里，亦宋元符三年置。

順通堡，在故積石城東十八里。宋大觀中置，屬積石軍。其東南三十五里爲臨松堡，北二十里曰懷和砦，俱宋置。○石門堡，在故震武軍北。宋政和七年築。又震武城旁有浮橋，宋政和六年賜名通濟，兼置堡曰善治。其相近者又有大同堡。

清平砦，衛西南百里。宋崇寧三年置。又保塞砦，在衛東南六十餘里，舊名安化城；又懷和砦，在衛西百七十里，舊名丁令谷；俱宋崇寧中改置，屬西寧州。○寧塞砦，在廢廓州東十七里。宋崇寧中置。又有同波堡，在廢廓州西十七里，南至大河不及一里。亦宋置。

通湟砦，在廢樂州東三十五里。宋志：「舊名羅吼抹通城，元符二年收復，三年改置通湟砦。其東四十里接蘭州境之通川砦。」又有寧洮砦，在通湟砦西四十五里，亦元符中置。○安隴砦，在廢樂州南四十五里。本名隴朱黑城，宋元符中置砦。宋志：「砦東三十里爲赤沙嶺，南三十五里爲鞏藏嶺，西二十五里爲麻宗山。」又有德固砦，在廢樂州西北九十里。番名勝鐸谷，宋崇寧中修築，賜名德固砦。砦南一里爲渴驢嶺，北二十里爲清江山，又西三十餘里即龍支城矣。又臨宗砦，在廢樂州北七十里。亦宋崇寧中置。宋志：「砦南十五里即乳洛河砦，東十五里爲三諾鞏哥嶺。」又有南宗堡，在通湟砦北。又東有峽口堡，宋志：「崇寧二年王厚收復，置堡于此。」

若厚塢，在衛北。晉義熙九年沮渠蒙遜敗南凉王禿髮傉檀于若厚塢，又敗之於若凉，遂進圍樂都。若凉蓋亦塢名也。○羅亭，在衛西南。後漢延熹二年西羌燒當、燒何、當煎等八種羌叛，寇隴西、金城塞，護羌校尉段熲出湟谷擊破之，追至羅亭。東觀記：「至積石山即與羅亭相近。」

盤夷戍。在衛西南。宋元嘉五年河西王蒙遜伐秦至盤夷，秦乞伏元基將兵拒之，蒙遜還攻西平克之是也。○大母橋，亦在衛西南。宋元嘉二十一魏主燾遣拓跋伏羅擊吐谷渾，至樂都，引兵從間道襲之，至大母橋，吐谷渾王慕利延大驚，逃奔白蘭，即此。

碾伯所，在西寧鎮北百二十里。舊湟水縣地，明置碾伯守禦千户所。志云：西寧衛在湟水南，碾伯所在湟水北，互爲形援。議者謂莊浪兵宜防碾伯，而西寧游兵宜駐古浪以防岔口鎮羌，蓋西寧與莊浪相脣齒也。所城周三里有奇。今亦設碾伯營城守。

迭烈孫堡。所南六十里。又南至西寧鎮六十里。○老鴉城堡，在所東五十里。又東四十里爲水溝堡。里道記云：「西寧東百七十里爲老鴉城驛。」又有嘉順驛，在衛東百三十里，又東九十里爲水溝驛，蓋皆在所境也。

附考

沙州衛，在肅州衛西八百有六里。至布政司三千七百五十里。古三危地，舜流共工于此，其後子孫爲羌、戎，代有其地。春秋時謂之瓜州。左傳襄十四年：「晉范宣子數戎子駒支曰：『秦人迫逐乃祖吾離于瓜州。』」又昭九年：「周詹桓伯曰：『允姓之奸居于瓜州。』」是也。秦及漢初爲月支、匈奴地，武帝逐匈奴屬酒泉郡，後元年分置敦煌郡，後漢西域副校尉居敦煌。魏、晉時仍爲敦煌郡。十六國春秋：「晉咸康元年張駿分敦煌等郡爲沙州。永和十年張祚置商州，仍治敦煌郡。西涼李暠都於此。北涼得其地，亦置沙州。」後魏改爲瓜州，並治敦煌郡，後周因之。隋初郡廢，仍曰瓜州，煬帝復改州爲敦煌郡。唐武德二年改曰沙州，五年又改爲西沙州，貞觀七年復曰沙州，天寶初曰敦煌郡，乾元初復故。後没于吐蕃，大中三年張義潮以州歸朝，置歸義軍授之。其後曹義金、曹元德等相繼有其地，終五代之季，瓜、沙二州皆附于中國。宋初亦羈屬焉，祥符六年沙州曹賢順入貢，授歸義節度使。尋亦附于契丹，天禧三年契丹册賢順爲敦煌郡王。景祐初没于西夏。元初置沙州，尋爲沙州路。明洪武二十四年元裔阿魯哥失里遣使朝貢，永樂三年置衛以授其首領困即來。宣德七年上言諸夷侵掠，願徙居察罕舊城，不許。正統十一年，其首領喃哥以困于瓦剌，率部屬來歸，因徙置内地，衛廢。

敦煌廢縣，今衛治。漢縣，爲敦煌郡治，趙充國謂自敦煌至遼東萬一千五百餘里是也。杜林曰：「敦煌古瓜州地，生美瓜。」杜佑曰：「至今猶出大瓜，長者狐入其中，首尾不出。」又漢有步廣侯官，爲中部都尉治。魏、晉仍爲敦煌縣，後爲前、後涼及西涼所據。宋永初元年沮渠蒙遜圍李歆於敦煌，築堤壅水以灌其城，遂克之。後魏亦爲瓜州治。宋元徽二年柔然寇魏敦煌，尚書奏：「敦煌僻遠，介居南北强寇之間，恐不能自固，請内徙就涼州。」韓秀以爲：「敦煌隔閡西北二番，使不得相通。今徙就涼州，不惟有蹙國之名，且姑臧去敦煌千有餘里，防邏甚難，二番必有交通窺闇之志。若騷動涼州，則關中不得安枕矣。」乃止。後周改縣爲鳴沙縣，隋大業中復曰敦煌。隋書：「大業三年裴矩造西域地圖，從西傾以去縱横所亘將二萬里，發自敦煌，至于西海，凡爲三道，北道從伊吾，中道從高昌，南道從鄯善，總湊敦煌是也。」唐亦爲沙州治，兼置豆盧軍於城内。其後没于吐蕃，大中以後迄于宋世羈屬而已。西夏仍爲沙州治。元初置沙州，以敦煌縣并入。

壽昌城，在衛西百五十里。漢龍勒縣地，後魏置壽昌縣，屬敦煌郡。西魏時亦曰壽昌縣，後周省。○平康廢縣，在衛西南。又有東鄉等縣，五代志：「俱後魏置，後周并入敦煌。」

效穀城，在衛東北。漢縣，屬敦煌郡。桑欽曰：「本魚澤障也。」漢武元封六年濟南崔不意爲漁澤尉，〔二〕教民力田，以勤效得穀，因立爲縣。」魏、晉因之。隆安中北凉李暠爲效穀令，爲衆所推，據有敦煌是也。西魏時嘗置效穀郡，後周并入敦煌縣。○淵泉城，在衛東北。漢縣，屬敦煌郡。闞駰曰：「地多泉水，故以爲名。」後漢及晉因之，後周廢。

龍勒城，在沙州西。漢縣，屬敦煌郡，後漢因之。漢志注：「縣有玉門關及陽關。郡都尉治焉。」晉仍屬敦煌郡，前、後凉皆因之。後魏亦曰龍勒縣，後周并入敦煌縣。○陽關城，在故龍勒縣西。晉析置陽關縣，因故陽關爲名，屬敦煌郡。後魏廢。又昌蒲城，亦在衛西。晉置昌蒲縣，屬敦煌郡，後廢。按昌蒲應作「蒲昌」，以蒲昌海名也。

瓜州城。衛東二百八十里。東至肅州衛五百二十六里。漢敦煌郡地，魏、晉因之。晉惠帝元康五年分置晉昌郡，西凉時又爲會稽、常樂二郡地，西魏亦置晉昌郡。隋初郡廢屬瓜州，大業初屬敦煌郡。唐武德五年置瓜州，治晉昌縣。天寶初曰晉昌郡，乾元初復故。後没于吐蕃，大中間復内附。宋没于西夏。元徙瓜州民于肅州，其城遂廢。○晉昌廢縣，唐瓜州治也。本漢敦煌郡冥安縣地，隋爲常樂縣地，唐武德四年改置晉昌縣於此，尋爲州治，至德以後没于吐蕃。宋時西夏亦置晉昌縣，元廢。

常樂城，在廢瓜州西百里。漢冥安縣地。應劭曰：「冥，水名也，出縣北。」又有南藉端水，出南羌中，西北入冥安澤，溉民田。後漢亦爲冥安縣，晉因之，仍屬敦煌郡。志俱作「宜安」，悮也。西凉于此置常樂郡，後魏因之。後周并凉興、廣至、冥安、淵泉四縣爲凉興縣，仍爲常樂郡治。隋開皇初郡廢，因改縣爲常樂。唐武德四年改置晉昌縣，五年又于漢廣至縣地改置常樂縣，屬瓜州。開元十五年吐蕃陷瓜州，悉兵攻常樂，縣令賈師順拒却之。後没于吐蕃。

廣至城，在廢瓜州西北。漢縣，屬敦煌郡，後漢及魏、晉因之。西涼置廣夏郡于此，後魏郡廢，縣仍屬敦煌郡，後周省縣入涼興。通典：「唐改置常樂縣，在故廣至縣西。」○涼興城，在廢瓜州西百七十里。漢冥安縣地，前涼析置涼興縣，屬敦煌郡。晉太元十二年，吕光攻索嘏于敦煌，自酒泉進攻涼興。隆安二年北涼段業分敦煌之涼興、烏澤及晉昌之宜禾爲涼興郡。宋永初元年沮渠蒙遜滅西涼，以索元緒爲敦煌太守，郡人共招其故太守李恂復入敦煌，元緒奔涼興。後魏亦曰涼興郡。西魏郡廢，仍爲涼興縣。後周又改置涼興縣爲常樂郡治。

宜禾城，在廢瓜州東北百二十里。漢廣至縣有昆崙障，爲宜禾都尉治，後漢因之。三國魏析置宜禾縣，屬敦煌郡。晉因之，惠帝元康五年改置晉昌郡。通典：「後魏正光中嘗于宜禾城置會稽郡，後周廢入會稽縣。」○伊吾城，在廢瓜州北。晉置縣，屬敦煌郡，元康中改屬晉昌郡，後廢。通典：「晉昌縣北有伊吾城。」是也。又新鄉城，在廢瓜州南百八十里。晉置新鄉縣，屬敦煌郡，西涼嘗置新城郡于此。後魏郡廢，縣仍屬敦煌郡。西魏廢縣，唐爲新鄉鎮。

大同城，在沙州西南。唐景雲中吐蕃所置，開元十七年瓜州刺史張守珪等擊吐蕃大同軍，大破之，是也。又墨離軍，杜氏曰：「在瓜州西北千里。」本月氏地，唐置墨離軍，屬河西節度。天寶五載王忠嗣討吐蕃于墨離軍，獲其全部而還。又豹門城，在廢瓜州北四百五十里。唐置豹門守捉于此，後俱没于吐蕃。

苦峪城，在廢瓜州東。東至肅州四百里。明正統七年沙州衛酋困即來言諸部屢見侵掠，〔一三〕請邊將發戍卒助修苦峪舊城，從之。成化九年哈密爲土魯番所殘破，其酋罕慎竄居苦峪城。馬文升曰：「土魯番至哈密十數程，中經黑風川，哈密至苦峪又數程，皆絶水草，貢使往返，必馱水然後行也。」正德以後土魯番益張，苦峪諸城皆爲所殘破。

鳴沙山，在沙州城南七里。一名沙角山，又名神沙山。峰巒險峻，天氣晴明，沙鳴聞于城内。其沙或隨人足而墮，經宿輒還山上。高居誨云：「瓜州南十里有鳴沙山，冬夏殷殷有聲如雷，即禹貢之流沙。又東南十里即三危山」云。○羊膊山，志云：在沙州南，多巖石，無草木，山北有一巖似羊膊，因名。

三危山，沙州東南二十里。其山三峰峻絶。舜竄三苗于三危。〔三〕禹貢：「導黑水至于三危。」宋元嘉二十二年魏主燾遣軍擊吐谷渾，别將杜豐引軍追擊，度三危至雪山，擒慕利延兄子被囊等，即此。孔氏曰：「三危山俗亦名卑羽山。」宋白曰：「西涼武昭王于三危山東置長樂鎮。」

龍勒山，括地志：「山在漢龍勒縣南百六十五里，縣以此名。」一統志：「在廢沙州東百二十里，山有玄泉。」漢李廣利伐大宛還至此山，衆渴甚，廣利引刀刺山，有泉湧出，即此。○此塞山，志云：在沙州西。漢武時天馬朝發京師，夕至此塞山下，謂此。又觀音山，在沙州西。弘治中土魯番嘗聚掠于此。

白龍堆，在壽昌廢縣西。漢志注：「敦煌正西關外有白龍堆沙。」西域傳：「元始中，車師後王國有新道，出五船北，通玉門關，往來差近，戊己校尉徐普欲開以省道里半，避白龍堆之險。不果。」班固曰：「近有龍堆，遠則葱嶺，殆天地所以界别區域，絶外内也。」

流沙，在衛西。舊志：自玉門出度流沙，西行至鄯善，北行至車師。一云且末國在鄯善西，其國之西北有流沙數百里，夏日有熱風爲行旅之患。風所至唯老駝預知之，即嗔而聚立，埋口鼻于沙中，人以爲候，亦即將氈擁蔽鼻口，其風迅駛，斯須過盡，若不防者，必至危斃。桑欽云：「流沙在張掖居延西北。」杜佑曰：「在敦煌郡西八十里。」志云：玉關外有二斷石極大，世謂之三隴山，乃流沙磧也。晉太元八年苻秦遣呂光伐西域，行越流沙三百餘里，焉耆諸國皆降。宋元嘉十三年魏主燾遣使者王恩生使西域，渡流沙，爲柔然所獲，遂不能達。其後遣使者詣西域，常詔河西王牧犍發導護送出流沙。十八年沮渠無諱據敦煌，畏魏兵之逼，謀西度流沙，遣其弟安周擊鄯善。既而無諱西就安周，士卒經流沙渴死者大半。二十二年魏主燾遣將萬度歸伐鄯善，至敦煌，以輕騎度流沙，襲鄯善下之。蓋道出西域，流沙爲險道也。

蒲昌海，在玉門、陽關以西三百里。一名鹽澤，廣袤三四百里，則葱嶺、于闐兩河之所注。漢太初中自敦煌西至鹽澤，往往起亭鄣。漢張騫言：「于闐之西水皆西流注西海，其東水東流注鹽澤。」西域傳：「鹽澤一名蒲昌海，其水亭居，冬夏不增減。」括地志：「鹽澤亦名泑澤，〔四〕亦名輔日海，亦名穿蘭，亦名臨海，在沙州西南。」唐志：「蒲昌海在蒲昌縣東。」是也。亦謂之蒲類海。後漢初平初，北匈奴呼衍王寇伊吾，敦煌太守馬達赴救，至蒲類海，寇引去，謂此。

龍勒水，在廢龍勒縣。出南羌中，東北流匯爲大澤，溉民田。其下流出塞外，經浚稽山南。志云：沙州境有渥洼水，漢元鼎四年天馬生渥洼水中，即此水也。○蒲奴水，在塞北龍勒水南。漢武遣商丘成出西河擊匈奴，匈奴追至蒲奴水，戰不利引去是也。

玉門關，在故壽昌縣西北。漢志注：「龍勒縣有玉門關，故都尉治。」輿地廣記：「關在壽昌縣西北百八十里。」漢武使霍去病破走月氏，開玉門關通西域。太初初李廣利伐宛不克，使使遮玉門曰：「軍有敢入者輒斬之。」又遣軍正任文屯玉門關是也。後漢建武中閉玉門關，謝西域之質。後西域傳：「自敦煌西出玉門、陽關，涉鄯善，北通伊吾千餘里。」班超在西域上書：「願生入玉門關。」隋大業四年遣將薛世雄等出玉門擊伊吾，七年遣裴矩西至玉門關曉諭西突厥處羅入朝，即漢玉門故關矣。

陽關，在故壽昌縣西。漢志注：「都尉治也。」杜佑曰：「陽關在玉門之南。」高居誨使于闐記：「從沙州西渡都鄉河曰陽關。」歐陽忞曰：「關在壽昌縣西六里，爲西域之要隘。」

崑崙塞。即漢廣至縣之崑崙障，爲宜禾都尉治。後漢永平十七年竇固等出敦煌崑崙塞擊西域，破白山寇于蒲類海上。又延光二年張璫議以酒泉屬國吏士二千餘人集崑崙塞，先擊北匈奴呼衍王。後漢志注：「崑崙即崑崙障也。」白山，見赤斤蒙古衛。蒲類，見西域火州。○王子莊，在沙州東。正德十年土魯番踰此內犯。志云：瓜州北有白城子，亦昔時戍守處。

赤斤蒙古衛，東至肅州界四百三十里，西至沙州界百八十里。古西戎地，戰國時月氏居之，後爲匈奴所據。漢武逐匈奴，此爲酒泉、敦煌二郡地。晉屬晉昌郡。隋初屬瓜州，大業中屬敦煌郡。唐初亦屬瓜州，廣德後没于吐蕃。宋爲西夏所據。元爲瓜州地，屬沙州路。明永樂二年故韃靼丞相苦术子塔力尼等率所部來歸，詔建赤斤蒙古千户所，以塔力尼爲千户，尋升爲衛，自是朝貢不絕。

白山。在衛北二十里。多草木禽獸，土人呼爲析羅漫山。

罕東衛，在故沙州東南，亦西戎部落。明洪武二十五年侵塞。涼國公藍玉討之，部長哈咎等遁去。三十年其長鎖南吉剌思遣使入貢，立罕東衛授之。成化中罕東衛奄章與諸族讎殺，逃居沙州，朝廷許其耕牧輸貢。子曰班麻思結，孫曰只克。時諸部皆爲土魯番所困，正統四年只克以沙州衛既廢，請立罕東左衛治其地。從之，遂以只克領衛事。弘治八年土魯番復略沙州，自是土魯番入寇，每假道罕東令給食，而亦不剌安定又數掠其資，罕東益微。嘉靖初其長日羔剌率部屬來歸，邊臣分處其衆于肅州塞内，罕東遂墟。

阿真川，在衛西南。明初藍玉討叛部哈咎等，深入至阿真川是也。

畢力术江。在衛西。宣德九年罕東别部劄兒加邀劫使者，命劉廣等討之。廣使指揮祁賢先以百騎往覘敵，行月餘，渡畢力术江，劄兒加懼，詣賢自歸，詔宥之。志云：江與安定、曲先等衛接界，或訛爲必出江。

安定衛，在罕東衛西，沙州衛南。本蒙古别部，其地廣袤千里，無城郭廬舍，明洪武七年撒里畏兀兒及安定王卜烟帖木兒遣使入貢，命其部長立爲四部，曰阿端，曰阿真，曰若先，曰帖里。明年改立定定、阿端二衛。永樂二年安定王爲曲先所殺，部落潰散。十一年其孫亦攀丹來朝，復故封，歸安定，成化中爲土魯番所殘破，苗裔散失。弘治初其長千奔請嗣，許之。正德七年亦卜剌破安定據其地，餘衆内徙。嘉靖間復命部長領其衆，然安定王後無傳，而阿端久没，莫知其處。

婼羌城，在衛西北。漢書西域傳「婼羌國王號去胡來王，去陽關千八百里，去長安六千三百里，僻在西南，不當孔道，西北至鄯善乃當道」云。元始二年去胡來王唐兜與赤水羌相寇，不勝，亡降匈奴，遂爲匈奴所并。

必出江。在安定衛東。明永樂二十二年中使喬來喜使西域，行至必出江，死於賊。甘肅都指揮朱英率兵擊安定，斬獲甚衆，安定王詣闕謝，宥歸，即此。

曲先衛，在安定衛西。古西戎部落，宋淳祐三年蒙古主使忽必烈將兵擊大理，自曲先腦兒而南，即此。尋置曲先答林元帥府。明洪武四年置曲先衛，授其長散西思，後爲朵兒只把所攻，并入安定居阿真地。永樂四年指揮哈三、散即思、三即等表言：「西番侵暴，乞仍立衛，徙治藥王灘。」報可，以三即領衛事，并徙安定衛所于昔兒汀。宣德以後屢入朝貢。成化中爲土魯番所擾，請率部屬内徙，從之，遂失故地。

且末國，在衛西南。漢西域傳：「鄯善西通且末七百二十里，北接尉犁，南至小宛可三日行。」宋元嘉十九年沮渠無諱奪鄯善，鄯善王比龍奔且末。北史：「且末在鄯善西，去代八千三百二十里。」隋大業五年初平吐谷渾，于古且末城置且末郡，統肅寧、伏戎二縣。新唐書：「自于闐東闕東行入大流沙，行千里至故折摩馱那，古且末也。又千里至故納縛波，古樓蘭也。」○小宛國，在且末國南。西域傳：「治扜零城，東與婼羌接，僻南，不當道。」

崑崙山，在衛東北。或云肅州衛境有崑崙山，綿延至此。一統志：「衛北距肅州。」是也。明永樂二十二年部長三即思及安定部劫殺中使，洪熙元年命朱英討破安定，追踰崑崙西數百里，至雅令闊地，曲先遠遁，即此。

西番江，在衛西。明宣德四年指揮那那漢表言：「爲安定所侵掠，率餘衆潰居西番江，不敢歸。」詔安定郡遣還所掠。仍諭居西番江者，使復業是也。

且末河。在衛西。隋志且末郡有且末水、薩毗澤。唐志：「度且末河五百里至播僊鎮，古且末城也。」

校勘記

〔一〕亦置隴右節度　「節度」下底本原有「使」字，宋志卷八七作「仍爲隴右節度」，無「使」字，今據删。

〔二〕在漢西平亭東七十里　水經河水注無「漢」字。

〔三〕河水經枹川城南　「川」，底本原作「州」，今據職本、鄒本及水經河水注改。

〔四〕十年州廢以縣屬廓州　新唐志卷四〇廓州米川縣下云：「貞觀五年置，又以縣置米州。十年州廢，隸河州，永徽六年來屬。」元和志卷三九、寰宇記卷一五五、輿地廣記卷一六同，則此米川縣貞觀十年屬河州，至永徽六年始屬廓州也。舊唐志卷四〇米川縣下志文與底本同，本書蓋因其而誤。

〔五〕覆袁川　「袁」，底本原作「表」，今據鄒本及隋書卷三煬帝紀改。

〔六〕西歷大小榆谷北　水經河水注「西」作「而」，此誤。

〔七〕迷唐以爲漢作河橋　各本均脱「爲」字，今據後漢書卷八七西羌傳補。

〔八〕拔洪濟大漠等城　據上文「吐蕃置洪濟、大漠門等城」，此脱「門」字。新唐書卷一三五哥舒翰傳有「攻破吐蕃洪濟、大莫門等城」之語，可證。

〔九〕又東合晉昌川　據水經河水注，晉昌川爲長寧川支流，不直合於湟水，此節引有誤。

〔一〇〕則湟水所出　漢志卷二八下作「北則湟水所出」，此脱「北」字。

〔一二〕漢武元封六年　「元封」，底本原作「元豐」。漢武帝無「元豐」年號，漢志卷二八下敦煌郡效穀縣師古注作「孝武元封六年」，今據改。

〔一三〕酋困即來　「酋」，底本原作「窮」，今據職本、鄒本改。

〔一三〕舜竄三苗于三危　「三苗」，底本原無「三」字，今據鄒本補。

〔一四〕亦名泑澤　「泑」，底本原作「泑」，職本、鄒本作「泑」。史記卷一二三大宛傳正義引括地志作「泑澤」，與水經河水注合，職、鄒本作「泑」是，今據改。

讀史方輿紀要卷六十五

陝西十四　諸附考

哈密衛，在肅州衛西北一千五百十里。至京師七千四百里。南抵沙州，西距火州，北連瓦剌，古伊吾盧地。通典：「伊吾在敦煌北大磧外，自昔爲域外地，不在九州之限。後漢明帝始取其地爲屯田鎮戍之所，未置郡縣。後魏始置伊吾郡，後又爲外域所據，唐貞觀四年内附，置西伊州，六年改爲伊州，天寶初曰伊吾郡。」五代時號胡盧磧，小月氏遺種居之。宋時土人陳氏據其地。元族屬忽納失里封威武王居此，尋改封肅王。卒，弟安克帖木兒嗣。明永樂元年遣使入貢，明年設哈密衛，改封安克帖木兒爲忠順王。其部落有回回、畏兀兒、哈喇灰三種，皆領以都督，統於王。哈密居諸衛最西，爲西域噤喉，中華拱衛，凡諸番入貢，必哈密譯其文乃發，以故特重。安克帖木兒立一年卒，無子，兄子脱脱嗣王。九年卒，封脱脱從弟兔力帖木兒爲忠義王。宣德元年卒，以脱脱子卜答失里嗣王，仍稱忠順。以幼故，仍立忠義王子脱歡帖木兒爲忠義王，共守其國。正統四年忠順王卒，子哈力速魯壇嗣，别名倒瓦答失里。無何，瓦剌攻哈密，劫王及王母去，哈密自是畏瓦剌，稍貳於中國。天順元年卒，弟卜列革嗣。八年卒，世絶，王母弩温答失里署國事。詔以故忠義王脱歡帖木兒外孫把塔木兒爲右都督，守哈密。死，子罕慎嗣。成化九年土魯番强，控弦可五萬，其長速壇阿力尤勇黠。速壇，華言王也。攻破哈密，執王母去，罕慎竄苦峪城。詔都督同知李文討之，至則調赤斤、罕東兵數千駐苦峪，旋罷還，阿力益横。十四年阿力死，子阿黑麻嗣。十八年罕慎入哈密。弘治元年阿黑麻亦壯，詐殺罕慎，請代領西域，不許，求忠順近屬安定王裔孫陝巴爲嗣。四年土魯番以哈密來歸，明年封陝巴爲忠順王，入哈密，又以頭目奄克孛剌、阿木郎輔之。〔一〕阿黑麻復乘間攻殺阿木郎，執陝巴去。詔以部長寫亦虎僊爲都督，轄三種部落；奄克孛剌爲之長，如罕慎故事。阿黑麻遂稱可汗，略罕東諸衛，聲言攻肅州、蹂甘州。七年閉嘉峪關，絶西域貢，令怨阿黑麻。時阿黑麻已西還，留四百騎據哈密。八年肅州撫彝指揮楊翥言：「罕東有徑路達哈密不旬日至，襲之必克。宜以罕東爲先鋒，我兵繼之。」樞臣馬文升以爲然，於是撫臣許進奉詔使河西，别將彭清以三千騎往結罕東。既而師至肅州，遲罕東兵不至，乃循大路行，乏水草，騎不得逞，番將牙蘭覘知遁去，遂入哈密。時哈密之人久苦兵，困甚不能支，盡焚其廬舍内徙肅州。先是奄克孛剌并其人亦寄居赤斤，守臣并爲之請居苦峪，給牛種耕牧。九年土魯蕃復據哈密。十年阿黑麻以絶貢失互市窘，乞歸，陝巴貢如舊。十二年陝巴還哈密，阿黑麻尋死，子滿速兒嗣。十七年哈密人逐陝巴，以真帖木兒守哈密。是年陝巴復還，真帖木兒入居甘州。正德元年陝巴卒，子拜牙即嗣。滿速兒逐之，使其將火者他只丁守其地，〔二〕尋復還哈密，拜牙即仍守之。七年真帖木兒還土魯番，八年拜牙即棄哈密走降土魯番。十年土魯番復歸哈密，十一年仍奪據之，大入爲寇，逼肅州城下敗去。諸將又追敗之於瓜州，滿速兒復詐請和。嘉靖三年入犯甘州，撫臣陳九疇敗却之，又敗之於肅州。時哈密已殘破，餘衆千餘人走入塞，守臣撫存之，歲給耕種。四年，曲先叛人牙木蘭附土魯番。土魯番仍據哈密，犯肅州又入沙州。七年牙木蘭來降。八年土魯番復犯肅州，擊走之。旋又請歸哈密。廷議言哈密難守，不宜復。詹事霍韜力言：「置哈密者，所以離兩部之交，外領西域，内蔽邊郡，不可失也。」樞臣胡世寧力主棄之。時滿速兒入貢，遂以哈密來歸，然亦竟不能有也。二十五年復爲土魯番馬黑麻所據，哈密諸部乩吉孛剌等所耕牧河西，仍襲故爵。蓋邊備不修，自楊翥議襲以後，數十年中，無能以一騎踰關而西者，使土魯番縱横坐大，殘滅與國，爲可憤也。

伊吾廢縣，今衛治。本匈奴中地，後漢明帝時取伊吾盧地置宜禾都尉以屯田。東觀記：「永平十六年竇固破匈奴呼衍王於天山，留兵屯伊吾盧是也。建初二年罷伊吾盧屯兵，匈奴復遣兵守其地。永元二年竇憲遣副校尉閻礱擊北匈奴之守伊吾者，復取其地。四年，中郎將任尚屯伊吾。永初元年復罷伊吾盧屯田吏士。元初六年以西域附北匈奴共爲邊患，敦煌太守曹宗奏遣行長史索班復屯伊吾，既而爲北匈奴及車師後王所攻没。永建四年以伊吾膏腴地，旁近西域，匈奴資之爲鈔暴，乃復開設屯田，置伊吾司馬。和平初北匈奴呼衍王攻伊吾屯城，詔敦煌太守馬達將兵救之，至蒲類海，寇引去。其後復爲匈奴及西域所據。」晉太元十年苻秦將吕光擊西域，自龜兹還至宜禾，或以爲即伊吾，非也。時光自龜兹至宜禾始進至高昌，又進至玉門，是宜禾在高昌西，所謂宜禾當是庭州之伊和谷，傳訛耳。時楊翰言於凉州刺史梁熙「伊吾關亦可拒」者，正謂此。蓋其地嘗置關也。宋景平初沮渠蒙遜所署晉昌太守唐契奔伊吾，臣于柔然，柔然以契爲伊吾王。元嘉十九年自伊吾擁衆西趨高昌，柔然追擊殺之。後魏主濬興光二年，遣尉眷擊伊吾，克其外城，大獲而還。太和十二年柔然伊吾戍主高羔子以城附魏因置伊吾郡。二十一年魏議割伊吾地五百里居高昌王馬儒之衆，既而高昌國亂，不果。其後爲鄯善所據。隋開皇初遣元暉出伊吾道通使於突厥西部達頭可汗。大業四年遣薛世雄出玉門擊伊吾。世雄引軍度磧，伊吾大懼，請降。世雄築城於漢故伊吾城東，留守戍之而還。五年伊吾吐屯設獻西域地數千里，因置西海等郡。時伊吾屬於突厥，吐屯設其所置以守伊吾者也。隋末復爲突厥所據。唐貞觀四年突厥亡，伊吾城主入朝，舉其屬七城來降，因置西伊州。六年改曰伊州。十二年爲高昌及西突厥所侵，乃發兵擊滅高昌。開元中置天山軍於州城内，屬北庭節度使，天寶中改曰伊吾郡，乾元初復曰伊州，其後没於吐蕃。高居誨曰：「伊吾盧，土名胡盧，磧地無水，常寒多雪。」劉昫曰：「伊吾南去玉門關八百里，東去陽關二千七百三十里。後漢明帝取其地，置宜禾都尉以屯田。竇固、班超大破西域，始築城於此。班勇爲西域長史，居此地也。後魏、後周没於鄯善國。隋大業中内屬，置伊吾郡，後又爲外域據。唐貞觀中歸化，因置西伊州。土良沃，人驍悍，爲控扼西番之要地。」王氏曰：「趙珣聚米圖經沙州西至伊州四百里，杜佑亦曰伊吾至敦煌界百四十里，劉昫謂東至陽關二千七百餘里，何歟？又隋末嘗置伊吾郡，宋祁亦踵劉氏之説而不知其悮，何也？」今哈密城在平川，約三四里，有東北二門。

納職城，在衛西南。漢宜禾都尉地也。杜佑曰：「漢伊吾故城在此縣界。唐貞觀四年置納職縣，屬西伊州。」劉昫曰：「本鄯善所築城也。唐因置縣於此，開元中省。」宋史：「城在大患鬼魅磧之東，南望玉門關甚近。」○柔遠城，在衛東。劉昫曰：「貞觀四年置，取縣東柔遠故城爲名，神功初省入伊吾縣。」

剌木城，在衛西。哈密舊恃此城爲固。弘治九年土魯番部阿黑麻襲破哈密，使其黨撒他兒守剌木城，哈喇頭目奄克孛剌結瓦剌部小禿列襲殺之，還守哈密是也。四裔攷：「剌木城爲哈密要地，自土魯番入哈密，其往來未有不經剌木者，卒棄而不守，安得不至於覆敗乎？又有哈剌、帖乩等城，亦在衛西。」馬文升曰：「哈密大小城凡十有一。」

是也。

鄯善國城，在衛東南。漢西域傳：「本名樓蘭，治扜泥城，去陽關千六百里，去長安六千一百里，西北去車師千八百九十里。地沙鹵，少田，寄田仰穀他國。武帝元封三年欲通西域，遣將軍趙破奴擊車師，先至樓蘭擒其王，遂破車師，因舉兵威以困烏孫、大宛之屬，於是酒泉列亭障至玉門。」西域傳：「樓蘭國最在東垂，近漢，當白龍堆，乏水草，常主發導，苦漢，屢爲匈奴反間。元鳳四年大將軍霍光遣傅介子刺殺其王安歸，〔三〕更立尉屠耆爲王，改國名鄯善。元康四年使衛司馬鄭吉護鄯善以西南道。」後漢建武二十一年，西域鄯善等八國俱遣子入侍。二十二年莎車擊破鄯善。永平十六年班超使西域，擊殺其使處也。元初末北單于與車師後部叛，攻没伊吾屯者，擊走車師前王，略有北道。班勇議：「遣西域長史將五百人屯樓蘭，西當焉耆、龜兹徑路，南強鄯善、于闐心膽，北扞匈奴，東近敦煌。」從之。延光二年班勇至樓蘭，發兵到車師前王庭擊匈奴是也。元嘉以後，漸與中國絶。三國魏黄初三年復與龜兹、于闐俱遣使貢獻。魏主丕以西域通，置戊己校尉，尋罷。晉咸康初凉州張駿遣兵伐龜兹，鄯善遂與西域諸國皆朝貢姑臧。太元七年鄯善王休密馱與車師前部王共朝苻秦，請爲鄉導，以伐西域之不服者。苻堅因使吕光等將兵伐破西域。宋元嘉十二年入貢於後魏。十九年沮渠無諱自敦煌西逼鄯善，鄯善王比龍奔且末，無諱遂據其地。十九年無諱西徙高昌，其王復還。二十二年魏主燾以鄯善閉斷魏道，使西域不通者數年，遣將萬度歸擊之。萬度歸以輕騎度流沙，襲鄯善，鄯善王真達降，西域復通。二十四年魏以其臣韓達爲鄯善王鎮其地，賦役其民，比之郡縣。魏亂，没於吐谷渾。隋大業五年取其地，置鄯善郡，統顯武、濟遠二縣，旋廢。唐爲納縛波之地，屬北庭節度使。

伊循城，在鄯善境内。漢書：「元鳳四年改立鄯善王尉屠耆，王言：『國中有伊循城，地肥美，願漢遣一將屯田積穀，令臣得依其威重。』于是置屯田軍吏以鎮撫之。」元康初馮奉世奉使送大宛諸國客至伊循城是也。

天山，在衛北百二十里。志云：哈密北有大山，其三面皆平曠是也。亦謂之伊吾北山。後魏主恪永平初，柔然佗汗可汗與高車戰，軍于伊吾北山。會高昌王麴嘉求内徙於魏，魏將孟威將涼州兵迎之，至伊吾，佗汗驚遁，爲高車所襲殺是也。亦謂之折羅漫山。隋大業七年，西突厥處羅可汗爲部長射匱所襲敗，棄妻子東走，寓於高昌，東保折羅漫山，因入朝於隋。通典：「伊州西北至折羅漫山百四十六里，東北至折羅漫山二百四十里。」本名天山，番名折羅漫山，匈奴至此必下馬拜。一名雪山。其南二里有鹽池。

馬駿山，在衛東南。相近有望鄉嶺，志云：嶺上石龕有李陵題字處。○柳谷，在衛北二百里。唐貞觀中侯君集伐高昌，自磧口進至柳谷，又進至田城。元和八年回鶻發兵度磧南，自柳谷西擊吐蕃是也。

畏吾兒河，衛東百三十餘里。沿河沙柳彌望。○合露川，在衛東南。唐回鶻公主嘗居此，城址尚存。相近有湯泉也。

甘露川。衛西北三百里。劉昫曰：「唐景龍四年於此置伊吾軍，西北去北庭府七百里。」○娘子泉，在畏吾兒河東。土人呼爲可敦卜剌。

右哈密。

土魯番，在哈密西八百里。至肅州一千八百五十里，至京師八千五百里。漢車師前王庭地，謂之交河城。唐平高昌置交河縣，屬西州。後没於吐蕃。明初爲土魯番城，屬火州。永樂六年番僧清來率其徒法泉等來朝，命清來爲國師，法泉等爲土魯番僧綱司，遣歸。九年其長古麻剌失里遣使貢，十一年萬户賽因帖木兒遣使貢，十三年又貢，後遂授其部長爲都督、都指揮等官。宣德五年番酋尹吉兒察等率其孥來朝，請留京師，從之。死，子卜烟川嗣，正統、天順間皆恭順。成化初阿力始强，自稱速檀。速檀，華言王也。累引兵劫掠，哈密諸部地幾盡。九年入哈密，據其城。阿力死，子阿黑麻嗣。死，子滿速兒嗣，相繼擾哈密。滿速兒死，子沙速檀嗣。次子馬黑麻復據哈密，耕種沙州，遣使求貢，并求給地以居，不許。嘉靖二十六年馬黑麻赴闕納款，土魯番使者阿克力等八百餘人因而叩關，總兵仇鸞、巡撫傅鳳翔盡延入關，居之甘州。故事：土魯番五年一貢，貢使半留肅州，半留甘州。至是貢不如期且請毋析居，鳳翔等依回許可。嘉靖末沙速壇潛掠北部，中流矢死，弟馬速嗣。隆慶中死，馬黑麻嗣。其弟瑣非速壇、虎來失速壇、阿卜撒亦並遣使求貢。議者以一姓四使，非禮，令各附一使於馬黑麻使中，以示羈縻。詔可。自是朝貢不絶。夫土魯番小番别部，地不過當中國之一縣，而坐視其狡猖，自嘉峪以西盡爲殘破。論者至謂阿力以來皆挾哈密以邀利，至隆慶後不復言哈密，而土魯番亦輯然，則持危繼絶之道可以不講也。弱肉强食，羈縻諸國，何恃以無恐哉？四裔考：「土魯番一名土爾番，本交河縣之安樂城。城方三里，地平，四面皆山，氣候多暵。其西二十里有崖兒城，城僅二里，相傳此爲故交河縣治。」

交河廢縣，即今土魯番城。漢書西域傳：「車師前王治交河城，去長安八千一百里。」漢紀：「漢出西域有兩道，南道從樓蘭，北道從車師，二國當漢使孔道，攻劫漢使尤甚。征和三年遣馬通等擊匈奴於天山，恐車師遮漢軍，使別將成娩將樓蘭、尉犁、危須等六國兵圍車師，盡得其王及民衆而還。其北有石城。地節三年車師叛漢時，鄭吉等田渠犁，攻車師，破交河城，其王走石城，復攻破之，車師降。既而車師王畏匈奴奔烏孫，匈奴立其昆弟兜莫爲王，收餘民東徙，不敢居故地，鄭吉等因發吏卒往田車師以實之。元康二年匈奴以車師地肥美，近匈奴，數遣兵擊田者，鄭吉等自渠犁馳救，爲所圍。上言：「車師去渠犁千餘里，兵少，不能相救。」詔常惠將張掖、酒泉騎迎吉等還渠犁，而召車師故太子軍宿於焉耆立爲王，蓋徙國民令居渠犁，以車師故地與匈奴。神爵二年匈奴乖亂，漢因復田車師。初元二年始置戊己校尉，屯田車師故地。其後車師復居其地。後漢建武二十一年遣子入侍。永平十七年竇固等擊破白山賊于蒲類海上，遂進擊車師。車師前王，後王之子也。其庭相去五百餘里。固以後王道遠，山谷深，士卒寒苦，欲攻前王。耿秉以先赴後王，并力根本，則前王自服，遂引兵北入，後王震怖迎降，前王亦歸命，遂定車師。十八年車師復叛，建初元年酒泉太守段彭等會兵柳中，擊車師交河城，破之。永元二年竇憲遣兵復取伊吾盧地，車師震讋，于是前、後王各遣子入侍。元初末北匈奴率車師後王擊走前王，以其屬於漢也。延光二年班勇擊匈奴於前王庭，破走之。其後漸與中國絶。晉太元七年車師前王彌寘朝於苻秦。後魏太延初入朝于魏，魏尋以大帥車伊洛爲前部王。真君九年與魏軍共擊焉耆，留其子歇守城。十一年沮渠安周自高昌襲克其城，歇走就伊洛，共保焉耆，自是車師屬於高昌。唐貞觀十四年平高昌，置交河縣，屬西州。後没於吐蕃。

蒲昌城，在土魯番西。高昌所置始昌城也。唐貞觀中置縣於此，屬西州。其東南有蒲類海，因名。〇天山城，在土魯番西。唐貞觀十四年置縣，屬西州，以近天山而名。又有天山軍，杜佑曰：「唐置於西州城內。」宋白曰：「西州西南有南平、安昌兩城，又百二十里至天山軍。」唐貞觀十二年西州刺史郭孝恪以西突厥寇伊州，自烏骨邀擊敗之。西突厥復圍天山，孝恪擊走之，乘勝進拔其處月部城，追奔至遏索山，降處密之衆而歸。烏骨部亦屬西州。遏索山，在天山西北。宋白所云天山軍，當即天山縣，杜說是也。

天山，在土魯番西北三百餘里。亘天山、蒲澤兩縣界，交河水源出於此。亦名祁連山，亦謂之白山。西河舊事：「白山冬夏有雪，匈奴謂之天山。」漢天漢三年遣李廣利出酒泉，擊匈奴右賢王於天山。征和二年遣馬通分道出酒泉，至天山。後漢永平十五年議伐北匈奴，耿秉請先擊白山，得伊吾，破車師，通使烏孫諸國，以斷匈奴右臂。明年遣竇固等分道出酒泉塞，破匈奴呼衍王於天山，追至蒲類海，留吏士屯伊吾廬城。明年復出玉門擊西域，遂破北山，降車師。唐龍朔二年薛仁貴破鐵勒之衆於此，所云「將軍三箭定天山」者也。天山蓋西北之大山，與哈密相接。唐志：「天山在伊吾北，去蒲類海百里。」

靈山，在土魯番西百里。山穹窿綿亘，石皆黑紋如毛髮。又有白石堆如聚骨然，土人言十萬羅漢削髮涅槃處。○貪汗山，在土魯番西北百餘里，夏有積雪。此山之北舊爲鐵勒界，或作「貪于山」。今亦見山西塞外。又赤石山，在貪汗山西七十里。峰巒秀美，石多赤色，因名。

高梧谷，在土魯番西北。晉太元十年呂光自西域還，高昌太守楊翰言於涼州刺史梁熙曰：「高梧谷口，險阻之要，宜先守之，而奪其水，可以坐制。」或曰高梧，交河之訛也。○柳谷，在土魯番北二百三十里，自磧而南，爲往來要口。唐志交河縣有柳谷。

交河，在土魯番西二十里。源出天山，河水交流繞斷巖下，土人名交河城爲崖兒城也。

蒲澤海。在土魯番西南。一名婆悉海，周四百里，蒲昌、蒲類兩縣皆以此名。通典曰：「本名蒲類海。」後漢永和六年竇固等破匈奴呼衍王於天山，進至蒲類海。十七年復出崑崙塞擊西域，破白山戎於蒲類海上。永元三年北單于衰弱，將衆數千至蒲類海欽塞。又後魏永平初高車王彌俄突與柔然戰於蒲類海，不勝，西走三百餘里。既而還擊柔然，殺其可汗佗汗於蒲類海北是也。

右土魯番。

火州，在哈密西七百里。至肅州一千七百五十里，至京師八千四百里。西連亦力把力，南距于闐，北接瓦剌。漢車師前王庭之地也，元帝初元元年始置戊己校尉，屯田車師故地。相傳武帝時興師西討，車中羸備者留居此，故曰車師。又以地形高敞，名高昌壁。始元二年車師後王姑句馳突出高昌壁降匈奴。亦名高昌壘，壘有八城，其人皆中國苗裔。後漢時仍爲車師地，其後與中國絶。晉建興中河西張氏有其地，張駿置高昌郡於此。苻秦因之。後凉呂光以其子覆統玉門以西諸軍事、西域都護，鎮高昌。其後西凉、北凉相繼有其地。宋元嘉十六年北凉亡，凉州人闞爽據高昌，自稱太守。十九年沮渠無諱襲據高昌，奉表降宋，宋封爲河西王。大明四年柔然攻沮渠安國於高昌，滅之，立闞伯周爲高昌王，高昌稱王自此始。久之伯周卒，子義成立。齊建元三年其族兄首歸殺義成自立爲高昌王，高昌豪阿至羅復殺首歸兄弟，推敦煌張明爲王，國人復殺明立馬儒爲王。建武四年儒求迎於魏，魏欲割伊吾地居儒衆，高昌舊人不樂東遷，相與殺儒，立其右長史金城麴嘉爲王，復臣柔然，自是麴氏世有其地。隋大業三年高昌入貢。五年伐吐谷渾，駕至張掖，高昌王麴伯雅及伊吾諸國皆來朝。唐武德二年麴伯雅遣使入貢，六年卒。子文泰立，貞觀四年入朝。十二年以文泰屢遏絶西域朝貢，命侯君集等討之。文泰聞唐兵起，謂其國人曰：「唐去我七千里，沙磧居其二千里，地無水草，安能致大軍？」及兵臨磧口，憂懼而卒。十四年平高昌，得其二十二城，地東西八百里，南北五百里，以其地爲西州，尋置安西都護府。顯慶三年移安西都護府於龜茲，以舊安西復爲西州都督府，鎮高昌故地。開元中改爲金山都護府，天寶初曰交河郡，乾元初復曰西州。貞元六年時北庭、安西俱陷吐蕃，惟西州猶爲唐守，久之乃陷。咸通七年來歸，尋復爲番、戎所據。宋建隆三年西州入貢，太平興國中遣王延德使高昌，雍熙初還。景德初又遣使來貢。後又號畏吾兒國，嘉定二年降於蒙古，蒙古置達魯花赤監治之。明初改曰火州，永樂七年入貢，宣德五年復遣使入貢，自是入貢不絶。成化以後土魯番强，而火州之後無聞。

高昌廢縣，今火州城也。本名田地城。輿地志：「晉咸和二年張氏置高昌郡，立田地縣。」李延壽曰：「高昌國有四十六鎮，田地城其一也。」麴嘉王高昌，置田地太守，其地即漢戊己校尉所治。亦曰田城。唐侯君集伐高昌，自柳谷進至田城，拔之，趨其都城。尋改置高昌縣爲西州治，後没於吐蕃。咸通中復得其地，改曰前庭，以其地本故車師前王庭也。後復荒棄。通典：「高昌城東至伊州七百五十里，西至焉耆七百十里，北至北庭都護府四百十里，東南至沙州千一百里，有墾田九百餘頃。」

柳中城，在火州城東七十里。相傳後漢時所築。明帝永平十七年置戊己校尉於此，十八年北匈奴圍校尉關寵於柳中城。建初元年酒泉太守段彭等兵會柳中，匈奴遁去，自是罷戊己校尉。和帝永元三年復置，安帝永初元年復罷。延光二年敦煌太守張璫以北部專制西域，寇鈔河西，議遣軍司馬出據柳中以備之，因使班勇爲西域長史，屯田柳中。明年勇發龜茲兵到車師前王庭，擊走匈奴，還屯柳中是也。其後荒棄，晉亂屬於前、後涼，後魏末爲高昌所據。唐平高昌置柳中縣，屬西州，後没於吐蕃。胡氏曰：「柳中在車師中最爲膏腴，宜桑麻五穀，故漢常與匈奴爭車師、伊吾以制西域，唐復因舊城置縣。」自宋以後訛爲柳陳城，元爲畏吾兒地，明屬於火州。宣德五年柳陳城萬户瓦赤剌與火州王哈散俱遣使入貢，自是入貢不絶，後亦并於土魯番。

白棘城，在高昌東。亦漢時屯戍處。後魏太和二十八年高昌王馬儒求内附，魏遣將軍韓安保迎之。安保至伊吾不進，儒遣其子義舒迎安保至白棘城，去高昌百六十里。高昌舊人不樂東徙，殺儒而立其右長史麴嘉爲王云。○横截城，在高昌西南。宋元嘉十九年北凉亡，沮渠無諱西據鄯善，其弟安周屯横截城。會西凉故將唐毖之弟和自伊吾奔車師前部，因襲攻横截城，拔之，又拔高寧、白力二城，遣使請降於魏，尋復爲無諱所敗。白力，一作「白刃」。李氏曰：「高寧、白刃、横截等城，即高昌四十六鎮中諸城也。」

庭州城，在火州北四百十里。通典云：「東至伊州界六百八十里，西南至焉耆鎮守軍八百七十里。其地在流沙之西北，前漢烏孫之舊壤，後漢爲車師後王庭，歷代皆外域所據。」貞觀十四年平高昌，二十年西突厥以其地來降，因置庭州，長安二年改爲北庭都護府，開元九年兼置北庭節度使，又置瀚海軍於州城内。上元以後吐蕃侵擾，河西、隴右多爲所據，而安西、北庭猶爲唐守。興元初發吐蕃討朱泚，許功成酬以伊西、北庭之地。吐蕃至邠州陰持兩端，尋會渾瑊軍破武功，大掠而去。駕還長安，吐蕃以前約求地，上欲與之，李泌曰：「安西、北庭，控制西域五十七國及十姓突厥，又分吐蕃之勢，使不得并力東侵，奈何拱手與之？且兩鎮之人勢孤地遠，爲國家守邊二十年，一旦棄之以與他人，彼必深怨中國，他日從吐蕃入寇，如報私讎矣。吐蕃本無功，何前約之有？」乃止。貞元六年陷於吐蕃，咸通七年復歸唐，尋復荒棄。其地多回紇雜居，亦曰回鶻，宋建隆間遣使來貢。元亦爲畏吾兒地。元史：「自上都西北六千里至回鶻五城，即唐北庭都護也。又西北四五千里至阿力麻里。至元五年諸王海都叛，舉兵南來，世祖逆敗之於北庭，追至阿力麻里，海都遠遁。」明屬火州，後亦并於土魯番。○金蒲城，故庭州治，後漢車師後王部所置城也。西域傳：「自敦煌西出玉門、陽關，涉鄯善，北通伊吾千餘里，自伊吾北通車師前部高昌壁千二百里，自高昌通後部金蒲城五百里，此西域之門户，故戊己校尉更互屯焉。」范曄曰：「後漢永平十一年，竇固等擊破車師後王。固以耿恭爲戊校尉，屯後王部金蒲城；又以關寵爲己校尉，屯前王部柳中城。」是也。又十八年匈奴破殺車師後王，攻耿恭於金蒲城，恭拒却之。其後叛附不一。延光四年班勇擊後部王軍就，破斬之。永建初勇改立其故王子加特奴爲王，於是車師六國悉平。六國謂卑陸、蒲類、東且彌、渠犂、車師前、後王也。劉昫曰：「故庭有五城，俗號五城之地。」唐貞觀二十年置金蒲縣，爲庭州治。後没於吐蕃。

浮圖城，在廢庭州東南。亦曰可汗浮圖城，舊曰務塗谷。班固曰：「漢車師後王治務塗谷。」是也。後訛務塗曰浮圖。唐貞觀十四年侯君集伐高昌，西突厥遣其葉護阿史那賀魯屯兵於浮圖城，與高昌相影響。及高昌平，西突厥懼，二十年率衆内附，乃置庭州於浮圖城，置蒲類縣屬西州，後改屬庭州。貞元中陷於吐蕃，咸通七年内屬，改曰後庭縣，尋復荒棄。五代志：「自交河城至可汗浮圖城三百七十里。」○疏勒城，在廢庭州南。後漢永平十七年，耿恭以疏勒城傍有澗水可固，因自金蒲城引兵據之。未幾匈奴來攻，擁絶澗水，恭于城中穿井得泉，竟不能陷。十八年車師復叛，與匈奴共攻耿恭於疏勒城，不能下。建初元年恭軍吏范羌自前部交河城從山北至疏勒，迎恭還，即此城也。胡氏曰：「疏勒國去西域長史所居五千里，後部去長史所居五百里，此車師後部之疏勒城也。」又金嶺城，在浮圖城西。唐志：「西州交河縣北行八十里入谷，又百三十里經柳谷，度金沙嶺，又百六十里至庭州。」唐永徽二年西突厥賀魯寇庭州，攻陷金嶺城及蒲類縣，即此。

蒲類城，在庭州東南。唐貞觀中置縣，屬西州，尋屬庭州，後又改爲後庭縣。永徽二年西突厥沙鉢羅陷蒲類縣，即此。

輪臺城，在廢庭州西北百三十里。漢西域小國也。太初中李廣利伐宛，至輪臺，不下，攻屠之，自是而西平行至宛。又輪臺、渠犁皆有漢田卒，武帝輪臺之悔，謂輪臺西於車師千餘里是也。唐因置輪臺縣，屬庭州。後没於吐蕃。咸通七年北庭回鶻僕固俊收西州，又取輪臺城歸唐，後荒棄。○廢金滿州，在故輪臺城西。唐永徽三年梁建方等大破處月朱邪孤注於牢山，擒之。五年以處月部置金滿州，屬北庭都護府，尋廢。胡氏曰：「其地與輪臺相近也。」

莫賀城，在廢庭州西五百餘里。志云：庭州西有西延城，又西六十里有莫賀城。唐初西突厥別部阿史那賀魯居多羅斯水南，至西州千五百里，貞觀二十二年内附，授瑤池都督，處之庭州莫賀城。後改爲沙鉢城守捉，以賀魯叛走，自立爲沙鉢羅可汗故也。

兜訾城，在廢庭州境。漢地節三年，鄭吉擊破車師兜訾城，是也。又清海城，唐志：「在北庭都護府西七百里，有清海鎮。」咸通七年歸義節度使張義潮奏克西州北庭、輪臺、清海等城，即此。

渠犂城，在廢庭州西南輪臺東。漢西域傳：「渠犂國東北與尉犂、東南與且末、南與精絶接，西有河，去龜兹五百八十里。武帝通西域，置校尉屯田渠犂。太初中以伐宛不克，則烏孫、輪臺易苦漢使，爲外國笑，乃益兵伐宛。大宛破後，西域震懾。輪臺、渠犂皆有田卒。」征和中桑弘羊言：「故輪臺以東捷枝、渠犂皆故國，地廣，饒水草，有溉田五千頃以上。處温和，田美，可益通灌渠，種五穀，與中國同時熟。」水經注：「龜兹川東南流逕輪臺之東。」武帝以輪臺西於車師千餘里，罷之。昭帝天鳳四年復田輪臺，輪臺與渠犂地皆相連也。宣帝地節二年鄭吉等田渠犂，發兵擊車師，破交河城。既又攻車師王於石城，車師降。吉田車師，匈奴來攻，吉上言：「車師去渠犂千餘里，間以河山，北近匈奴，漢兵在渠犂者勢不能相救，願益田卒。」朝議罷車師田者，盡徙車師國民居渠犂，以車師故地與匈奴。元帝時始復置戊己校尉，屯田車師。杜佑曰：「輪臺、渠犂，今皆在交河、北庭界内。」

烏壘城，在渠犂北三百三十里。漢神爵三年始置西域都護治此。去陽關二千七百三十八里，與渠犂田官相近，土地肥饒，於西域爲中，故都護治焉。鄭吉傳：「吉破車師，降日逐，威震西域，遂并護車師以西北道，于是中西域而立幕府，治烏壘城。匈奴益弱，不敢争西域。吉督察烏孫、康居等三十六國，都護之設，自吉始也。」日逐，匈奴王號。

可敦城，在廢庭州東北。宋宣和六年耶律大石自雲中夾山西走，至可敦城，駐於北庭都護府，會西鄙七州十八部，諭以興復，又假道回鶻，西行萬里至尋思干，敗西域諸國兵，回回國王來降，又西行至起兒漫稱帝。靖康二年大石引兵東還，行二十日得善地，遂都之，號虎思斡耳朵，遣軍東征，無所得而還。尋思干以下皆在庭州西南。○曷董城，亦在廢庭州東北。金人聞耶律大石在和州之域，恐與夏人合，遣使索之。夏國報以不知大石所在，粘没喝使耶律俞睹攻之於漠北曷董城。和州，遼時所置州也。曷董城，東去雲中三千餘里。

東西且彌國，在火州西北。漢西域傳：「東且彌國治天山東兑虚谷，西且彌國治天山東於大谷。」後漢永建初班勇更立東且彌種人爲王是也。又北魏主燾時東且彌國常入貢。又有卑陸國，治天山東乾當谷；劫國，治天山東丹渠谷；狐胡國，治車師柳谷；皆漢西域小國也。○卑陸後國，在廢庭州西北。漢西域傳：「治蒲渠類谷，北與匈奴，西與劫國，南與車師接。又東爲郁立師國，治内咄谷。又有烏貪訾離國，在東西二且彌國之北，治於婁谷，其東又有單桓國，與烏孫接。」西域傳：「卑陸、蒲類、東且彌、移支、車師前、後王，是爲車師六國。」

小蒲類國，在廢庭州西。漢西域傳：「蒲類國治天山西疏榆谷。」又有蒲類後國。地節三年西域都護鄭吉攻車師石城，車師恐，擊匈奴邊國小蒲類以降吉。或謂之東蒲類國。元帝時匈奴東蒲類王兹力支降，都護分車師後王西烏貪訾離地處之是也。又車師旁有小金附國，常隨漢軍後盗車師，地節三年車師王自請擊破之。匈奴發兵攻車師，車師王輕騎奔烏孫云。

滑國，在廢庭州西北。本車師别種，後漢永建元年八滑從班勇擊北寇有功，勇上八滑爲後部親漢侯。梁天監中滑國遣使入貢。又白題國，與滑國相近，梁武帝時西北遠邊有白題、滑國遣使繇岷山道入貢。胡氏曰：「白題，番名。

漢潁陰侯靳胡白題將一人，是其種也。」

火焰山，在柳陳城東，連亘火州。宋史：「北庭北山中出硇砂。」山中嘗有煙氣湧起，無雲霧，至夕光焰若炬火，照見禽鼠皆赤。或即此山也。〇丁谷山，在柳陳城北。中有唐時古寺及諸碑刻。

金山，在庭州東南，西州西北。此西域之金山也。山形如兜鍪，俗謂兜鍪爲「突厥」，突厥之先興於金山之陽，蓋以山形爲號。亦謂之金沙嶺，一名金嶺。隋開皇五年突厥西部阿波寖强，東距都斤，西越金山，龜兹、鐵勒、伊吾及西域諸戎悉附之。唐貞觀中嘗置城爲戍守處，曰金嶺城。永徽二年西突厥寇庭州，陷金嶺城。顯慶二年蘇定方討西突厥，至金山北，先擊破其處木昆部是也。開元中改西州曰金山都督府，亦以山名。又謂之金娑山，西突厥別部處月種居金娑山之陽，蒲類海之東，有大磧名沙陀，因自號沙陀。開元中沙陀金山入貢，即李克用之先也。貞元五年時，沙陀六十餘帳與北庭相依附於回鶻。既而苦回鶻侵掠，六年朱邪盡忠降於吐蕃。元和三年復避吐蕃之逼，自金山轉戰而東，詣靈州歸朝。唐書：「自交河縣北行八十里入谷，又百三十里經柳谷，度金沙嶺，又百六十里至庭州。」宋史：「歷交河西凡六日至金嶺口，又兩日至漢家寨，又五日上金嶺，過嶺即多雨雪，亦曰小雪山。」胡氏曰：「漢書稱西域南北有大山，北山即柳谷、金沙嶺諸山矣。」都斤，今見山西塞外。

牢山，在廢庭州北。新唐書：「牢山亦曰賭蒲，東北距烏頭健山度馬行十五日。」永徽三年梁建方等大破西突厥處月部於牢山是也。

伊和谷，在廢庭州南。後漢延光二年班勇爲西域長史，屯田柳中。明年發龜兹兵到車師前王庭，擊走匈奴伊蠡王於伊和谷，還屯柳中。晉太元十年苻秦呂光擊西域，自龜兹還至宜禾，進至高昌。宜禾，或以爲即伊和之訛也。○金且谷，在伊和谷之北。後漢永建初班勇平車師後部，擊走匈奴呼衍王，北單于自將萬餘騎入後部，至金且谷，勇遣兵擊却之，呼衍王遠徙枯梧河上。且，於含翻。枯梧河，在庭州西北境

榆幕谷，在廢庭州北。一作「榆慕谷」。唐顯慶初程知節敗西突厥於此。○閶吾陸谷，在庭州西北。後漢陽嘉三年車師後部司馬率後王加特奴兵掩擊北匈奴於閶吾陸谷，大破之是也。

匈奴河，在火州西。漢元封元年，趙破奴擊西域樓蘭、車師至匈奴河水是也。漢書：「趙破奴爲匈河將軍，出令居塞數千里，至匈奴河水而還。」

業葉水，在廢庭州輪臺縣西三百里。唐顯慶四年鐵勒部思結俟斤都曼帥疏勒、朱俱波、竭槃陀三國反，擊破于闐，蘇定方討之，至業葉水。思結保馬頭川，定方襲敗之。馬頭川當在于闐界內。○陷河，在火州西南。高居誨使于闐記：「涉鹽磧而西渡陷河乃入于闐界，必伐檉置水中乃渡，不然則陷，因曰陷河。」今于闐西北有娑奚水，志以爲即弱水，陷河豈其支流歟？

鹽水，火州東有道，從水中行。裴矩西域記：「鹽水在西州高昌縣東，東南去瓜州一千三百里，並沙磧地，道路不可準，惟以人畜骸骨及駝馬糞爲標驗。」顔師古曰：「敦煌西北有惡磧砂，磧中不生草木，水又鹹苦，謂之鹽水。」漢太初二年使使取宛善馬，宛王謂漢去我遠，而鹽水中數敗是也。既而李廣利伐大宛，過鹽水而西。高居誨云：「自伊吾盧而西至大屯城，又西始涉鹽磧，無水，掘地得濕沙，人貯之胸以止渴，又西乃度陷河」云。

瀚海，在柳陳城東北。皆沙磧，若大風則行者人馬相失。宋史：「沙深三丈，不育五穀，沙中生草名登相，收之以食。」

摩那渡。在廢庭州北。隋開皇三年行軍總管李晃破突厥於摩那渡口是也。

右火州。

亦力把力，在哈密西一千六百七十里，至肅州二千五百三十里，至京師九千三百里。其地東抵火州，西至撒馬兒罕，南接于闐，北連瓦剌。古焉耆、龜茲二國地，居沙漠間，東西凡三千餘里，南北二千餘里。元初地名別失八里，憲宗蒙哥分建諸王合丹於此，世祖忽必烈時立宣慰司，後又置元帥府，以頒屯田。明洪武二十四年國王黑的兒火者遣使入貢，自是屢遣使貢獻。永樂十六年其王納黑失只罕爲從弟不思所弒，自王其地，徙其國於西境，更號亦力把力，正統以後皆入貢不絶。

龜茲國城，在亦力把力東南。漢西域傳：「龜茲治延城，去長安七千四百八十里，東至都護治烏壘城三百五十里。或曰丘慈，亦曰屈茲。武帝時内附。」王莽天鳳三年戊己校尉李崇爲焉耆所敗，收餘士還保龜茲。後漢建武二十一年莎車攻龜茲，殺其王。匈奴復立龜茲質子建爲王，建恃其威，據有北道，攻掠疏勒諸國，永平、建初間與焉耆皆不附漢，永元三年始與姑墨、温宿諸國皆降班超，乃改立侍子白霸爲龜茲王，超屯它乾城以鎮撫之。延平以後龜茲復乖叛，延光三年班勇爲西域長史，龜茲乃率姑墨、温宿詣勇降。自後中國多事，西域與中國隔遠。三國魏黄初三年，龜茲遣使貢獻。晉咸康初涼州張駿遣兵伐之，遂朝貢於姑臧。太元七年苻秦將吕光伐西域，焉耆諸國皆降，〔四〕惟龜茲不下。九年龜茲窘急，重賂獪胡求救，獪胡王引溫宿、尉頭諸國兵赴救，光大破之於城西，王侯降者三十餘國。光入龜茲城，城如長安，市邑宮室甚盛。光撫寧西域，前世所不能服者悉來歸附，改立故王帛純之弟震爲龜茲王而還。後魏主燾太延初，龜茲、疏勒、烏孫、悦般、渴槃陀、鄯善、焉耆、車師、粟特九國入貢於魏，魏主遣使者王恩生等使西域，不能達而罷。唐貞觀六年入貢。二十年以龜茲王布失畢違命，擅侵鄰國，因使阿史那社爾討破之，擒其王，盡平其地。永徽初復遣龜茲故王布失畢還國。顯慶三年龜茲內亂，復遣將楊冑討平之，以其地爲龜茲都督府，仍立其長爲王，兼爲都督，既而徙安西都護府治焉。咸亨初龜茲等四鎮没於吐蕃。長壽初西州都督唐休璟等復取四鎮，仍置都護於此，開元九年又置安西節度使治焉。上元以後河西軍鎮多爲吐蕃所陷，惟北庭、安西爲唐守，以沙陀、回鶻爲應援。吐蕃急攻二部，二部益衰。貞元三年安西陷於吐蕃，自是不復入於中國。唐志：「龜茲東接焉耆，西連疏勒，南鄰吐蕃，北拒突厥，爲四鎮之一。東北到北庭府二千里，西南到于闐亦二千里。」李泌謂：「安西、北庭控制西域五十七國及十姓突厥。」五代史：「安西都護衛西域，羈縻三十六國。」是也。

多褐城，在龜茲東。唐貞觀二十一年，阿史那社爾將兵討龜茲，入自焉耆，進屯磧口，去其王城三百里，前鋒至多褐城，敗之，遂進拔其都城。新唐書「龜茲所都曰伊邏盧城，北倚白山爲險」云。又有泥師城，亦在龜茲國東。唐顯慶三年遣郎將雷文成送龜茲王布失畢歸國，至泥師城，龜茲大將羯獵顛發衆拒之，布失畢不敢進，尋討誅之。○它乾城，在龜茲東北。漢永元三年班超爲西域都護，居龜茲它乾城是也。又延平元年都護段禧等守它乾城，既而與副校尉梁瑾等移守龜茲王城，擊敗溫宿、姑墨等叛戎，旋棄西域而還。

焉耆國城，在亦力把力東。西去龜兹八百里，東去火州七百里。漢書：「焉耆國治員渠城，西南至都護治烏壘城四百里，南至尉犂百里，北與烏孫接，至長安七千三百里。武帝時内附。」王莽始建國五年焉耆以莽積失恩信，先叛，西域遂瓦解。天鳳三年遣王駿等出西域，至焉耆，駿敗没。後漢建武二十一年遣子入侍，既而附于匈奴及龜兹。永元二年西域都護班超討誅焉耆及尉犂王，更立王以撫之，於是西域五十餘國悉内屬。其後復乖叛，永建二年敦煌太守張朗等擊降之。永和以後，復與中國絶。晉咸康初朝貢於姑臧。宋元嘉十二年入朝於魏主燾。二十五年魏將萬度歸擊破焉耆，其王鳩尸卑那奔龜兹，〔五〕萬度歸復西擊龜兹，留别將唐和鎮焉耆。二十七年車師前部城爲沮渠安周所拔，其王車伊洛先從魏軍擊焉耆，遂與其子歇共留保之。魏亂，復與中國絶。唐貞觀六年焉耆王突騎支遣使入貢。初，焉耆入中國繇磧路，隋末閉塞，道繇高昌，突騎支請復開磧路，〔六〕許之。高昌怨恨，遂遣兵擊焉耆，大掠而去。十二年西突厥部處月、虎密與高昌共拔焉耆五城，大肆焚掠。十八年焉耆附西突厥，安西都護郭孝恪討之。其都城周三十里，四面大山，海水繚其外，恃險不爲虞。孝恪倍道絶水，遂克其城，改立其王而還。二十二年分遣阿史那社爾討龜兹，出焉耆西趨龜兹北境，時焉耆仍附西突厥，因并擊平之。顯慶中置焉耆都督府，爲四鎮之一。後没於吐蕃。宋祁曰：「焉耆，東高昌，西龜兹，南尉犂，北烏孫，漢舊國也。直京師西七千里而赢，横八百里，縱四百里。」

危須國城，在焉耆東百里，漢西域傳：「危須國治危須城，去長安七千二百九十里。」又有尉犂城，在焉耆南百里。漢書：「尉犂國去長安六千七百五十里，南接鄯善、且末二國。」

碎葉城，在焉耆西北，近西突厥之境。唐貞觀十二年西突厥中分其國爲十部，五部居碎葉以東，五部居碎葉以西，通謂之十姓。十八年唐滅焉耆，尋置焉耆都督府，治碎葉城。自北庭都護府渡伊麗河至碎葉界，又西行千里至碎葉城，水皆北流入磧。會要：「調露初安西都護王方翼築碎葉城，四面十二門，爲屈曲隱伏出没之狀，五旬而畢，又置保大軍屯碎葉城内。未幾西突厥部長阿史那都支誘蕃落，動安西，裴行儉襲擒之，〔七〕送碎葉城。開元二年十姓部長都擔叛，磧西節度使阿史那獻克碎葉等鎮，擒斬之。十七年十姓可汗請築碎葉城。二十六年突騎施國亂，其長骨啜稱土火僊可汗，與其臣郝摩度據碎葉城，别部黑姓可汗爾微特勒據怛羅斯城，共拒唐，明年磧西節度使蓋嘉運俱破擒之。天寶七年北庭節度使王正見移鎮安西，毁碎葉城是也。突騎施，見山西塞外。

姑墨國城，在龜兹西六百七十里。漢西域傳：「姑墨國治南城，去長安八千一百五十里，北接烏孫，南至于闐馬行十五日。」後漢建初三年班超率疏勒、康居、于闐、拘彌兵攻姑墨石城，破之是也。其後衰絶不通中國。○温宿國，在姑墨東二百七十里。漢西域傳：「温宿國東至都護治所二千三百八十里，西至尉頭三百里，北至烏孫赤谷城六百十里。後漢永平、建初間，龜兹强盛，改置其部人爲姑墨、温宿王，建初五年皆附於漢。」

赤谷城，在龜兹西北。漢西域傳：「烏孫國治赤谷城，去長安八千九百里，西至康居蕃地五千里。」烏孫，漢時西域大國也。武帝通西域，烏孫常附漢共擊匈奴。宣帝甘露初分其國爲大小二昆彌，赤谷即大昆彌所治城也，常惠嘗屯此以鎮撫之。成帝元延二年段會宗將戊己校尉及諸國兵誅小昆彌叛者，留兵墊婁地，選精兵三十弩，徑至其國，擊殺之。墊婁，蓋地之墊隘處也。昆彌即烏孫王號。後漢建初五年復招慰烏孫。宋元嘉十六年烏孫入貢於魏，十四年魏遣使董琬如烏孫。其後并於突厥。○呼揭國城，在烏孫西北。文帝六年匈奴遺漢書：「樓蘭、烏孫、呼揭及其旁二十六國皆已爲匈奴。」又宣帝時匈奴乖亂，其西方呼揭王自立爲呼揭單于。胡氏曰：「呼揭在烏孫之東，匈奴西北。」一曰烏揭。漢黄龍元年郅支單于擊破烏孫，北并烏揭、堅昆、丁令三國。烏揭即呼揭矣。

悦般國城，在龜兹北。北史：「悦般國在烏孫西北，去代一萬九百三十里。」其先北匈奴部落爲竇憲所破，北單于度金微山西走康居，其羸弱不能去者住龜兹北地，爲悦般國，凉州人猶謂之單于王。魏主燾太延初入貢，真君九年遣使詣魏，請東西合擊柔然。唐初亦名石汗那國，龍朔元年於其國所治艷城置悦般國都護府。般讀鉢。

撥換城，在龜兹國西。唐貞觀二十二年阿史那社爾敗龜兹兵，拔其都城。其王布失畢西走，遣將追之，行六百里，布失畢窘急，保撥換城，社爾攻拔之，并下五大城，降者七十餘城。又咸亨元年吐蕃襲陷龜兹撥換城。景龍二年突騎施娑葛入寇，分道出安西、撥換、焉耆、疏勒襲敗唐兵於計舒河口。開元六年突騎施部長蘇禄謀取四鎮，圍撥換城。十年高僊芝討小勃律，自安西過撥換城，入握瑟德是也。一名威戎城。唐書：「安西府西出拓厥關，渡白馬河四百餘里即至撥換城。」

火燒城，在龜兹西北。唐景龍二年突騎施敗唐兵於此，遂陷安西，斷四鎮路，時安西治龜兹城也。又播僊城，在龜兹北。唐安西都護府界有播僊城及計舒河口、僻城等處，皆突騎施出没處。會要：「僻城在播僊城東北數百里，當四鎮往來之道。」又曲子城，在龜兹西。唐開元十六年安西副都護趙頤貞敗吐蕃於曲子城，即此。

山國城，在焉耆東南百六十里。漢書西域傳：「山國西至危須二百六十里，東南與鄯善、且末接界。」○俱蘭城，在碎葉西南。唐開元二十六年突騎施部長莫賀達干作亂，既而來歸，天寶初復叛，殺十姓可汗阿史那昕於俱蘭城，安西節度使夫蒙靈詧討斬之。

弓月城，在焉耆西北。唐志：「在庭州西千餘里。」永徽二年以契苾何力爲弓月道行軍總管，討西突厥，城蓋西突厥別部所居也。龍朔二年西突厥弓月部叛，屢侵疏勒及于闐，發兵討之。咸亨四年弓月來降。永淳初西突厥阿史那車薄帥十姓反，犯弓月城，安西副都護王方翼擊却之於伊麗河。胡氏曰：「自弓月城過思渾川度伊麗河，方至碎葉界。」○柳驢城，在焉耆西。後魏太平真君九年遣將萬度歸等擊焉耆，別將唐和等説降柳驢等六城，又與車師前部王共擊拔波俱羅城。既而萬度歸西擊龜兹，柳驢戍主乙直伽謀叛，和擊斬之。

處月城，在焉耆南，亦西突厥別部所居也。其相近者又有處密部。唐貞觀九年處月初遣使入貢。十六年西突厥乙毗咄陸可汗遣處月、處密二部圍天山，伊州刺史郭孝恪擊走之，乘勝進拔處月俟斤所居城，追奔至遏索山降處密之衆而歸。二十二年遣阿史那社爾討龜兹，因擊破處月、處密部，餘衆悉降，乃進向焉耆是也。

銀山，在焉耆城北。其山連亘綿遠，與龜兹接境。唐貞觀十八年安西都護郭孝恪討焉耆，出銀山道，焉耆城四面皆水，恃險而不設備，孝恪夜至城下，浮水而渡，比曉登城，遂執其王突騎支。既而西突厥大臣屈利啜以孝恪還，引兵追之，孝恪還擊，又破之于銀山是也。二十一年阿史那社爾奉詔討龜兹，自焉耆西出進屯磧口，去其都城三百里，即銀山磧口也。亦曰白山。山中嘗有火烟，蓋出硇砂之處。採硇砂者著木底鞵取之，皮者即焦。下有穴生青泥，出穴外即變爲砂石，土人取以治皮。唐志：「龜兹都城北倚白山，亦曰阿羯田山。」

黑山，在焉耆西。唐開元末夫蒙靈詧爲四鎮節度使，會達奚諸部叛諸黑山，西趨碎葉，靈詧遣高僊芝追殪之。○三彌山，在龜兹北。隋末西突厥射匱可汗建牙於此。

葱嶺，在龜兹西七百里。西域之大山也，與于闐接界。今詳見于闐。○賀邏嶺，在碎葉城東北。唐開元二十八年突騎施可汗吐火僊據碎葉城，磧西節度使蓋嘉運攻之，吐火僊敗走，擒之於賀邏嶺是也。

碎葉川，在碎葉城北。川長千餘里，亦曰細葉川。唐西域傳：「碎葉川出安西西北千里，出勃達嶺北行贏千里得細葉川是也。」顯慶二年遣蘇定方擊西突厥阿史那賀魯擒之，悉平其地，於是分突厥地置濛池、〔八〕崑陵二都護府，濛池居碎葉川西，崑陵居碎葉川東是也。又唐志：「碎葉川口至裴羅將軍城，又西二十里至碎葉城。」〔九〕

伊麗水，在焉耆西。唐志：「自弓月城過思渾川蟄失密城，渡伊麗河至碎葉界。」亦曰伊列水。貞觀十二年西突厥亂，中分二國，一在伊列水以西，一在伊列水以東。顯慶中蘇定方爲伊麗道行軍總管，追西突厥阿史那賀魯於伊麗河，又追至碎葉水，盡降其衆。永淳初西突厥車薄啜圍弓月城，安西都護王方翼敗之於伊麗河。胡氏曰：「伊列，漢西域故國也，近康居北。陳湯與甘延壽謀誅郅支，曰北擊伊列，西取安息，蓋伊列水流至其境矣。」又唐時西突厥分兩國，以伊列水爲境，蓋亦西域之大川也。一名帝帝河。

雖合水，在焉耆西北。唐貞觀十三年西突厥東部可汗沙鉢羅建庭於雖合水北，謂之南庭，自龜兹、鄯善、且末、吐火羅、焉耆、石、史、何、穆、康等國皆附之。唐史：「自焉耆西北七日行至沙鉢羅南庭，又正北行八日至其北庭鏃曷山是也。」鏃曷山，見山西塞外。

曳咥河，在焉耆西。唐顯慶二年蘇定方擊西突厥阿史那賀魯於曳咥河西，大破之。胡氏曰：「曳咥河在伊麗河之東。」又白馬河，在龜兹西。唐史：「自安西府西出拓厥關，渡白馬河四百餘里，即至撥換城是也。」○寘識迦河，在弓月城西南。唐武后永昌初，韋待價與吐蕃戰於此，敗績。又有葛水，在弓月城北，唐永淳初王方翼敗西突厥處也。

熱海，在碎葉城東，雖寒不凍。唐永淳初王方翼敗西突厥叛部於伊麗河，既而三姓咽麪與西突厥合兵拒方翼，方翼又敗之於熱海是也。杜佑曰：「碎葉川長千里，東頭有熱海，西頭有怛羅斯城。」〔一〇〕又有雪海，亦在碎葉城北數百里，春夏常雨雪。○得嶷海，在弓月部西。唐貞觀中鐵勒之咽麪部居此，北近疏勒云。鐵勒，見山西塞外。

冷泉，在焉耆東南。唐武后長壽末，武威道總管王孝傑破吐蕃及西突厥於冷泉，又破之於大嶺谷。或曰破西突厥於冷泉也。大嶺谷，見西寧鎮大嶺鎮。

爵離關，在焉耆東北。後漢永建二年班勇屯柳中，請攻焉耆。詔敦煌太守張朗發河西兵配勇。勇從南道，朗從北道，約期俱至焉耆。朗先期至爵離關，遣司馬將兵前戰，破焉耆兵，其王遂降。釋氏西域記「龜兹國北四十里山上有雀離大清净寺」，或以爲即爵離關。胡氏亦曰：「爵離在龜兹北。」恐悮。○鐵門關，唐志：「在焉耆西五十里。」又龜兹西出有拓厥關。

葦橋。在故焉耆東南。後漢永元六年班超發龜兹、鄯善等八國兵討焉耆，兵到尉犂，焉耆國有葦橋之險，焉耆王廣乃扼橋以拒漢。超更從他道厲渡，去城二十里，營大澤中，廣駭懼來降。

右亦力把力。

于闐，在哈密西南四千八百里。至肅州六千三百里，至京師一萬一千八百三十里，東抵曲先，北連亦力把力。漢西域傳：「于闐國治西城，去長安九千六百七十里，南與婼羌接，北與姑墨接。」武帝時内附，後漢永平中于闐擊破莎車，雄張南道。十六年班超至其國，殺匈奴使者而降。建和以後西域長史治此，元嘉以後始貳於漢。曹魏黄初三年遣使貢獻。晉咸康初服屬於前涼。宋元嘉二十二年吐谷渾王慕利延爲魏所擊，西度流沙入于闐，殺其王，據其地。二十三年吐谷渾還故地，于闐復定。泰始六年柔然攻于闐，于闐遣使求救於魏。魏人以于闐去代都幾萬里，遣師勢不能及，乃謝却之。既而于闐復定。唐貞觀中于闐强，兼有漢戎盧、扜彌、渠勒、皮山五國故地，服屬西突厥。二十三年入朝，顯慶二年以于闐爲毗沙都督府，尋又分其境内爲十州。咸亨初没於吐蕃。長壽初復取其地，爲安西四鎮之一，自是服屬中國，最爲恭順。唐志：「于闐東北去龜兹二千里。」是也。五代史：「于闐西南近葱嶺，與婆羅門爲鄰國，而相去猶三千餘里，南接吐蕃，西北至疏勒二千餘里。」晉天福中其王李聖天自稱唐宗屬，遣使入貢，册爲大寶于闐國王。」宋建隆初聖天復遣使入貢，自是迄於宣和，入貢不絶。明永樂六年頭目打魯哇亦不剌金遣使來貢，仍稱于闐國。

扜寀城，在于闐東三百九十里。漢書作「扜彌」，讀曰烏彌，元封中入獻。後漢曰寧彌，一名拘彌。建武九年康居王賢攻殺拘彌西夜王而奪其地。又永建四年于闐復攻奪拘彌王地，自是往往與于闐相仇殺。熹平四年于闐復攻破拘彌，殺其王，戊己校尉、西域長史各發兵扶立拘彌侍子定興爲王，衆裁千口。後魏時附於柔然，隋時附於突厥。

唐史：「打罙去柳中城四千九百里。」後訛爲罕彌。五代時于闐嘗置州於此。高居誨云：「渡陷河又西至紺州，于闐所置州也。又行二日至安軍州，遂至于闐。其東南曰銀州、盧州、湄州，其南千三百里有玉州，所謂安軍，即故罕罙城矣。又東四百四十里有精絶城，漢西域精絶國也。」○鞬都城，在打罙國南。漢西域傳：渠勒國治鞬都城，東與戎盧國接。其戎盧國治卑品城。唐時打彌、渠勒、戎盧、皮山皆并入于闐。

皮山國城，在于闐西三百八十里，治皮山城。漢西域傳：「皮山國去長安萬五十里，西南至烏秅國千三百四十里。道絶險，自皮山以南諸國多不屬漢。」漢成帝時遣使報送罽賓使，杜欽請至皮山而還是也。○烏秅國，在皮山國西南，亦漢西域國。又西有縣度，縣度者石山也。谿谷不通，以繩索相引而度。成帝時杜欽言：「起皮山南更不屬漢之國四五，又歷大頭痛、小頭痛之山，赤土、身熱之阪，又有三池、盤石阪，道陿者尺六七寸，長者徑三十里，臨峥嵘不測之深，行者騎步相持，繩索相引，二千餘里乃到縣度，險阻危害，不可勝言。」顏師古曰：「烏，一加翻；秅，直加翻，急言之聲如鵪拏。〔二〕縣與懸同。」

莎車城，在于闐西北。漢西域傳：「莎車國去長安九千九百五十里，西北去疏勒國五百六十里，西南至蒲犁國五百四十里。武帝時内附，元康初叛附匈奴，馮奉世發諸國兵擊之，拔其城，莎車王自殺，更立他昆弟子爲王。王莽之亂，匈奴略有西域，莎車獨不附。」後漢建武中莎車、鄯善皆遣使奉獻，既而稍貳於漢。二十一年擊破鄯善，攻殺龜茲王。永平三年又以兵威逼奪于闐、大宛、嬀塞諸國，使其將守之。尋爲于闐所敗，其後降於龜茲。建初五年班超言：「莎車、疏勒田地肥廣，草木饒衍，不比敦煌、鄯善間，兵可不費中國，而糧食自足。」章和元年班超擊降之，永和以後與中國隔遠，其後滅於匈奴。

朱俱波國，在莎車國南。漢子合國也。漢西域傳：「西夜國號子合，〔二〕王居呼犍谷，東與皮山、西南與烏秅、西與蒲犁接。」蒲犁及依耐、無雷國皆西夜種也。又後漢書：「西夜國去雒陽萬四千四百里，建武中莎車王賢攻殺打罙、西夜王，而以其兄康兩子王之。」蓋二國皆近莎車。唐志：「朱俱波國去疏勒八九百里，去瓜州二千八百里。」亦曰朱俱盤，或曰朱駒半，貞觀十年入貢。

蒲犁國，在莎車西。漢西域傳：「蒲犁東至莎車五百四十里，北至疏勒五百五十里，西至無雷五百四十里，寄田莎車。」又無雷國，在蒲犁西。漢西域傳：「其國治盧城，南與烏秅、北與捐毒、西與大月氏接。」又依耐國，在無雷國東南五百四十里，東北至莎車五百四十里，北至疏勒六百五十里，寄田疏勒。莎車與蒲犁國皆南接西夜國云。○難兜國，在無雷國東三百四十里。漢西域傳「難兜西南至罽賓三百三十里，南與婼羌、北與休循、西與大月氏接境」云。

疏勒國城，在故莎車西北。漢西域傳：「疏勒去長安九千三百五十里，西當大月氏、大宛、康居之道。」後漢永平中龜茲攻殺疏勒王而立其臣兜題爲王。班超至疏勒，復立其故王兄子忠爲王，超因留鎮疏勒。元和二年忠叛，超復改立其王成大。永元二年超居龜茲它乾城，使長史徐幹屯疏勒是也。靈帝建寧以後始與中國隔遠。後魏時屬于柔然。唐初附於西突厥，亦曰疏勒。貞觀末内附，顯慶中置都督府，龍朔二年與西突厥弓月部叛，攻于闐，發兵討之，復降。咸亨四年疏勒來朝，尋爲安西四鎮之一。景龍二年突騎施葛婆入犯，分遣其騎出疏勒，金山道行軍總管郭元振在疏勒，柵於河口，不敢出。上元以後没於吐蕃。唐志：「疏勒在龜茲西南二千里白山之南，去瓜州四千六百里。」○槃橐城，在疏勒國中。或曰疏勒都城也。後漢永平十七年班超入疏勒，去槃橐城九十里，遣使田慮入執龜茲所立疏勒王兜題是也。

烏即城，在疏勒西南。後漢元和初，疏勒王忠叛漢，西保烏即城，班超擊之，烏即城降。又有楨中城，在疏勒南境。後漢元和中班超以疏勒王忠叛漢，改立其府丞成大爲王。既而忠從康居借兵還據楨中，詐超僞降，超斬之。又靈帝建寧三年涼州刺史孟佗遣兵合西域兵討疏勒，攻楨中城不能下是也。楨或作「損」，悞。

尉頭國，在疏勒北。漢西域傳：「尉頭國治尉頭谷，去長安八千六百五十里。」後漢建初元年詔徵班超還，超去疏勒，尉頭遂與疏勒連兵，超更還疏勒擊破尉頭是也。○渴盤陀國，在疏勒國西南。北史云：「在葱嶺東朱俱波國之西。」後魏主燾太延二年入貢於魏。顯慶四年思結俟斤都曼率疏勒、朱俱波、渴般陀三國反，攻于闐破之。唐書亦作「喝盤陀」，或曰漢陀，或曰渴館檀，亦曰渴羅陀。繇疏勒西南入劍末谷不忍嶺六百里則其國也，距瓜州四千五百里，亦直朱俱波西南。

嚈噠國，在于闐西境。讀如壓答。其先大月氏之種類，本居塞北，尋自金山而南，國於于闐之西。漢西域傳「嚈噠去長安一萬一百里，都拔舍城」，蓋王舍城也。亦曰高車別種，元魏永平初嚈噠殺高車侯倍窮奇。唐龍朔初於嚈噠部落所治活路城置大汗都督府，仍分其部落置十五州。或訛爲悒怛國。

休循國，在葱嶺西。漢西域傳：「國治烏飛谷，去長安萬二百十里。」又有桃槐國，亦在葱嶺西，去長安萬一千八十里。○捐毒國，在休循東二百六十里。漢西域傳：「治衍敦谷，西上葱嶺即休循國。」皆漢西域屬國也。

勃律國，在葱嶺西南。有大小二國，小勃律在大勃律西北三百里。唐書：「其國去京師九千里，王居孽多城，臨娑夷水。」開元十年爲吐蕃所攻，北庭節度使張孝嵩遣兵救之，吐蕃敗却，册爲小勃津王。開元末附於吐蕃，其西北二十餘國亦皆叛去，屢討無功。天寶六載詔安西副都護高僊芝討敗之，擒其王，於是拂菻、大食諸番七十二國皆降附。詔改其國號歸仁，置歸仁軍。蓋小勃律爲諸國扞蔽，唐開元中吐蕃每來攻，輒曰「吾非利若國，欲假道以攻四鎮」云。劉昫曰：「小勃律東少南三千里距吐蕃贊普牙。」

綏遠城，在小勃律國東。其國置城以扞吐蕃。唐開元初置綏遠軍，十年吐蕃攻小勃律，其王没謹忙貽北庭節度使張孝嵩書曰：「勃律唐西門，失之則西方諸國皆墮吐蕃矣。」孝嵩遣兵與之夾擊，敗吐蕃，復九城，復置綏遠軍。其後與小勃律諸國皆没於吐蕃。○阿弩越城，在小勃律國東北。唐高僊芝等破吐蕃連雲堡，又進三日至坦駒嶺，下峻阪四十餘里，行四日前至阿那越城，城主迎降，遂入小勃律都城是也。又菩薩勞城，在大勃律東。唐書作「賀菩勞城」。天寶十二載安西節度封常清擊大勃律，至菩薩勞城，大敗之。

五識匿國，在小勃律東北。所居曰特勒滿川。唐天寶六載高僊芝討小勃律，自安西過撥換城入握瑟德，經疏勒，登葱嶺，涉播密川，共八百餘里，乃頓特勒滿川，即五識匿國云。握瑟德，或曰亦西域小國名。○護密勒城，在小勃律國都城北五百里。唐開元中西域護密初附吐蕃，天寶初其王頡吉里匐遣使請降。六載高僊芝伐小勃律頓特勒滿川，分軍爲三，使疏勒趙崇玭自北谷道，撥換賈崇瓘自赤佛道，僊芝自護密道，約會於連雲堡。護密道即是城也。

朅師國，與吐火羅鄰，接大勃律。一名羯師，北族也。或曰布露，直吐蕃西，其北即小勃律。天寶九載河西節度使高僊芝擊破之，改立其王。○箇失密國，唐志：「北去勃律五百里，亦曰迦濕彌羅國。」又判汗國，治葱嶺中都城，亦曰葱嶺國。唐貞觀中屬於西突厥。

欽察國，在葱嶺西。宋嘉定十六年蒙古將速不臺滅欽察，大掠西番邊部而還，置欽察都指揮使治其地。諸裔攷：「欽察去中國三萬餘里，產良馬。」元史：「蒙古窩闊台五年，命諸王拔都征西域欽察、阿速、斡羅思等國。明年命蒙哥往焉，至寬田吉思海旁，欽察部長八赤蠻逃避海島中。適大風吹海水乾，遂生擒八赤蠻等。進征斡羅思，〔一三〕至也列贊城破之。」○乃蠻國，亦在葱嶺西南。宋嘉定中蒙古鐵木真擊滅乃蠻諸部是也。其後復立其部人爲乃蠻王。宋史：「景定元年乃蠻王襲西遼王直魯古，遼祀始絕。」

南山，在于闐南。東出金城，與漢南山相接。漢書西域傳：「西域三十六國，南北有大山，中央有河。」所謂南山，指此山也。北山即天山、金山諸大山矣。

葱嶺，在于闐西南。志云：于闐地居葱嶺北二百里是也。西域諸國，東接漢玉門、陽關，西則限以葱嶺。自玉門、陽關出西域有兩道：從鄯善傍南山西行至莎車爲南道。南道西踰葱嶺則出大月氏、安息；自車師前王庭隨北山循河西行至疏勒爲北道，北道西踰葱嶺則出大宛、康居、奄蔡。葱嶺蓋西域諸國之望也。唐武德二年以楊恭仁爲涼州總管，恭仁習邊事，於是葱嶺以東並入朝貢。宋史：「高昌西距西天竺，路陟雪山、葱嶺，皆數千里，高數百丈，上多連蔓葱，土人名爲塔兒塔石打班。」

白玉河，在于闐城東。國人夜視月光，盛處必得美玉。又國城西有緑玉河，又南有烏玉河。志云：三河皆源出崑岡山，去國城西一千三百里，每歲秋國人取玉於河，謂之「撈玉」。高居誨云：「河源出至于闐，分爲緑玉、白玉、烏玉三河。」悮矣。

娑奚河，即弱水，在小勃律國境内。其北又有娑勒川。高僊芝伐小勃律，攻連雲堡，涉娑勒川，登山挑戰，破之，拔其城，遂引師過坦駒嶺，渡娑奚河，進至阿越弩城是也。其水至弱，不能勝草芥。高居誨云：「陷河在于闐東南界，或以爲娑奚河别出者也。」

播密川，在葱嶺西。唐高僊芝伐小勃律，登葱嶺，涉播密川，既而還至播密川，遣使奏狀，乃至河西。胡氏曰：「河西，白馬河西也。」見亦力把力國。

八魯灣川，在葱嶺北。宋嘉定十六年蒙古鐵木真避夏於八魯灣川，分兵攻諸部落之近者悉下之，至可温寨與諸將會。以西域漸定，置官於各城監治之。

寬田吉思海，在葱嶺西。宋嘉定中蒙古伐欽察，至寬田吉思海，會大風，海水涸，遂進師屠其城，又進圍斡羅思蔑怯思城，皆降之。

連雲堡，在小勃律國東北。本吐蕃所築。唐天寶六載高僊芝討小勃律，分軍三道，約會吐蕃連雲堡下，攻堡拔之，尋入小勃律，繫其王自赤佛道還連雲堡班師。唐志「連雲堡南依山，北據娑勒川以爲固」云。

娑奚橋。在小勃律國都城南娑奚水上。有藤橋，路通吐蕃。橋去城猶六十里。唐高僊芝入小勃律，急遣將席元慶斫之，甫畢而吐蕃兵大至，已無及矣。藤橋闊盡一矢，力修之，期年乃成。

右于闐。

撒馬兒罕，在哈密西七千二百里。至肅州九千里，至京師一萬四千六百二十里。東連亦力把力，西抵哈烈。相傳漢罽賓國地，東西相距三千餘里，地勢寬衍，土田膏腴。元使駙馬帖木兒主其國，明初洪武二十年帖木兒遣使入貢，自是入貢不絶。

養夷城，在國東。志云：撒馬兒罕東有養夷城及沙鹿海牙城、塞藍城，又有達失干城，〔四〕國西又有渴石城及迭里迷諸城，皆隸於撒馬兒罕。

罽賓國城，在撒馬兒罕東。漢西域傳：「罽賓治循鮮城，去長安萬二千二百里，東至烏秅國二千二百五十里。」武帝始通罽賓，後恃險遠數背叛。成帝時杜欽言：「縣度之阸，非罽賓所能越。」是也。唐書「罽賓在葱嶺南，隋爲漕國，龍朔初於罽賓所治遏紇城置循鮮都督府」云。

安息國，在罽賓東北。漢西域傳：「安息治番兜城，臨嬀水，去長安萬一千六百里，北與康居、東與烏弋山離、西與條支接。武帝始遣使至其國，其屬小大數百城，地方數千里，最大國也。」後漢永元九年班超遣椽甘英窮西海及安息西界。範曄曰：「自條支轉北而東，馬行六十四日至安息。」是也。唐曰安國，貞觀二十二年討平龜兹，安國來獻，即此。○烏弋山離國，在安息東南，又西與犂軒、條支接。漢西域傳「自玉門、陽關出南道，歷鄯善而南行，至烏弋山離，南道極矣，轉北而東得安息」云。

吐火羅國，在安息東北。漢爲大月氏國。西域傳：「大月氏治監氏城，去長安萬一千六百里，南與罽賓接。」其初本行國也，隨畜遷徙，居敦煌、祁連間，後爲冒頓所破，乃遠去，過大宛，西擊大夏而臣之，都嬀水北爲王庭。其餘小衆不能去者，保南山羌，號小月氏。有五翖侯：一曰休密翖侯，治和墨城；二曰雙靡翖侯，治雙靡城；三曰貴霜翖侯，治護澡城；四曰肸頓翖侯，治薄茅城；五曰高附翖侯，治高附城。五翖侯皆屬大月氏。其後爲吐火羅國，或曰吐豁羅，或曰睹貨羅，元魏謂之吐呼羅，居葱嶺烏墅河之南。魏史：「古大夏國也。本在大宛西南，居嬀水之南，大月氏分其地居嬀水北，地肥饒少寇，後并爲吐火羅國，太武時入貢。」杜佑曰：「一名土壑宜，都葱嶺西五百里，在烏墅河南。」烏墅河，即嬀水也。唐貞觀十五年西突厥擊吐火羅，滅之。龍朔二年於吐火羅國所治遏換城置月氏都督府云。翖、翕同。

護密多國，在吐火羅東。唐志：「本吐火羅故地，東北直京師九千里贏，亦曰達摩悉鐵帝，亦曰鑊侃，元魏謂之鉢和，臨烏滸河，當四鎮入吐火羅之道。」龍朔初於護密多國所治摸拜城置烏飛州。開元十八年其王羅真護檀入朝，留宿衛。○俱密國，在吐火羅東北，治山中，南臨黑河。其王突厥延陀種。唐開元七年俱密王那羅延上言爲大食所侵，乞兵救援是也。

嬀塞國，在吐火羅南。塞，兩戎別種也，臨嬀水而居，因名。漢永平三年莎車王賢以兵威逼奪于窴、大宛、嬀塞王國，即此。○謝颶國，〔一五〕在吐火邏西南。或曰漕矩吒，或曰漕矩，唐顯慶中曰訶達摩支。〔一六〕龍朔初於其國治伏寶瑟顛城置條支都督府，武后時改曰謝颶國，東距罽賓四百里，南連天竺，西接波斯，開元十二年遣使入貢。

史國，在吐火羅北四百里，或曰佉沙，或曰羯霜那。居獨莫水南，漢康居小王蘇䪥故城也。䪥，下戒反。漢書：「康居小王居蘇䪥城，去陽關凡八千二十五里，元封末朝獻。」隋大業中復通中國，唐貞觀中入貢，謂之史國，天寶中改曰來威國。○俱蘭國，在吐火羅北。其都城亦曰俱蘭城，或曰俱羅弩，或曰俱浪弩。唐天寶初發兵納十姓可汗阿史那昕於突騎施，至俱蘭城，爲突騎施部長莫賀達干所敗。

鐵門峽，在渴石城之西。懸崖絶壁，高數十仞，徑路崎嶇，深二三里，番人守此，亦名鐵門關。

哈剌卜蘭河，在撒馬兒罕城東。河淺闊而北流。○火站河，在沙鹿海牙城西。城東又有哈卜連河。又阿术河，在迭里迷城東。水西流，多魚。

嬀水。在吐火羅北。源出葱嶺，西南流入於西海。其水深廣，長千餘里，遠近諸水匯入焉。亦名烏塈河。

右撒馬兒罕。

哈烈，在哈密西五千一百里。至肅州萬一千里，至京師一萬五千七百六十里。古大宛、康居地，地居平川，四面皆大山，東北去撒馬兒罕一千四百里。元駙馬帖木兒之子沙哈魯居此，國人稱之爲速魯檀，猶華言君王也。明洪武三十五年遣使詔諭其部長，〔一七〕永樂七年頭目麽賚等朝貢，正統二年指揮哈只等復來貢，自是入貢不絶。

俺都淮城，〔一八〕在哈烈東。又有八剌墨等城皆隸焉。〔一九〕

康居國，在哈烈東北。漢西域國，元朔中張騫至大宛，爲發導驛抵康居，傳到大月氏是也。漢西域傳：「國治樂越匿地，到卑闐城，〔二〇〕去長安萬二千三百里。」一名薩末犍，亦曰颯末犍，元魏謂之悉万斤，又謂之者舌國。北史：「者舌，漢康居也，去代一萬五千四百五十里。北魏主燾太延三年入貢。」唐志：「康國本月氏種，其王姓温，始居祁連北昭武城，爲突厥所破，稍南依葱嶺，即有其地。以昭武爲姓，示不忘本也。」杜佑曰：「康國在米國西南三百餘里，本曰康居，唐時謂之康國。」貞觀五年康國求内附，不受。開元七年其王烏勒伽爲大食所侵，與俱密及安國皆上表乞援云。

米國，在故康居之南。或曰彌末，或曰弭抹賀。漢書：「米國北距康國百里，治末息德城。」唐貞觀十六年，西突厥擊米國，破之。○大安國，在康居旁。或曰布豁，或曰捕喝，元魏謂之紐密，西瀕烏滸河，治阿濫謐城，〔二〕即康居小君長罽王故地也。又有小安國，或曰東安，或曰渴汗，在那密水之陽，東距河二百里許，治渴汗城。唐書：「大安東北至小安四百里，開元七年安國王篤薩波提爲大食所侵，上表求救。」

何國，在康居旁。或曰屈霜彌加，或曰貴霜匿，漢時康居小王附墨城故地也。西域傳：「康居有五小王，一曰蘇薤，二曰附墨，三曰窳匿，四曰罽，五曰奧鞬，俱屬康居，此即附墨國矣。」唐時爲何國。○火尋國，在故康居西。或曰貨利習彌，或曰過利，居烏滸水之陽，唐時西番國也。西南與波斯接，西北抵突厥。新唐書：「唐康國即漢之康居，支庶分王，曰安，曰曹，曰石，曰米，曰何，曰火尋，曰戊地，曰史，世謂之『九姓』」。又有穆國，或云亦康居支庶云。

石國城，在康居東北。或曰柘支，亦曰柘祈，〔三〕亦曰赭時。漢大宛北鄙也。唐志：「石國去京師九千里，東北距西突厥，王姓石，治柘祈城，即故康居小王之窳匿城。」武德、貞觀間入貢，顯慶三年以國治瞰羯城爲大宛都督府，授其王都督，開元初封石國王。五年突騎施部長謀取四鎮，圍撥換及大石城，大石即石國也。天寶十載高僊芝襲石國，擒其王。又蘇咄城，在石國西北。唐顯慶二年蘇定方襲取西突厥阿史那賀魯於斜羅斯川，賀魯脱走，至石國西北蘇咄城，城主誘執之歸於定方，於是遂平西突厥之地。蘇咄，蓋石國屬城也。

大宛國，在石國南四百里，當輪臺之西。漢西域傳：「大宛治貢山城，去長安一萬二千里，西南至大月氏所居六百九十里，北至康居卑闐城千五百一十里，有別邑七十餘城，多善馬，武帝求之弗得。漢使言宛有善馬，在貳師城。太初元年以李廣利爲貳師將軍伐宛，不克。三年復伐之。宛城中無井，汲城外流水，於是遣水工徙其城下水，宛大困，遂降之。」其後爲曹國。唐志：「曹國西至康國、東北至寧遠國各四百里，有東、西、中三國。東曹居波悉山之陰，即故貳師城地；西曹者，隋時曹國也，南接史國及波覽國，〔三〕治瑟底痕城；中曹治迦底真城，後合爲一國。括地志：「大宛國今名率都沙郝國，亦名蘇對沙郝國。」〇驪潛國，在大宛西。其相近又有大益國。漢元封六年安息及諸小國驩潛、大益之屬皆隨漢使獻見。又郁成國，大宛東邊小國也。漢太初元年李廣利伐大宛，攻郁成不克。既而復引兵伐宛，攻敗郁成，即此。

寧遠國，在故曹國東北。本名破落那，漢大宛別部也。晉咸康中代王什翼犍之地，東自穢貊，西及破落那。宋元嘉十四年破落那入貢於魏。北史：「破落那即漢大宛，去代萬四千四百五十里。」唐史：「顯慶中拔汗那內附，自是屢來貢獻。拔汗那者，亦曰鏺汗，後魏曰破落那，居西鞬城，在真珠河之北，去京師八千里。開元三年吐蕃與大食別立其黨阿了達爲王，發兵攻之。拔汗那王敗奔安西，御史張孝嵩時奉使安西，以便宜帥戎落兵出龜茲西數千里，下數百城，攻阿了達於連城，破之，屠其三城，阿了達遁走山谷。孝嵩傳檄諸國，威振西域，大食、康居、大宛、罽賓等國皆遣使請降。開元末以拔汗那助唐平突騎施吐火僊可汗，改其國曰寧遠，册其王爲奉化王。其後分爲二，一治呼悶城，一治渴塞城。」杜環征行記：「拔汗那國在怛邏斯南千里，隔山東去疏勒二千餘里，西去石國千餘里。」

怛邏斯城，在故石國東北。杜佑曰：「碎葉川長千餘里，東頭有熱海，西頭有怛邏斯城。」開元二十七年，磧西節度使蓋嘉運遣疏勒鎮守使夫蒙靈詧與拔汗那王阿悉爛達干潛襲怛邏斯城，擒突騎施別部黑姓可汗爾微。天寶十載高僊芝自安西討大食，大敗於怛邏斯城是也。胡氏曰：「城初屬石國，常分兵鎮之。」碎葉川，見前亦力把力。

曳建城，在怛邏斯城西北。唐開元二十七年，磧西節度使蓋嘉運遣別將破怛邏斯城，擒突騎施別部黑姓可汗，遂入曳建城，取交河公主，於是西域諸國皆降。

郅支城，在康居東。漢初元中康居爲烏孫所困，乃迎郅支單于於堅昆，欲與合兵擊烏孫。郅支遂西至康居叛漢，侵擊烏孫，發康居民築城居之。建昭二年西域副校尉陳湯與都護甘延壽謀曰：「郅支侵凌烏孫、大宛，常爲康居畫計，欲降伏之。如得此二國，北擊伊列，西取安息，南排月氏、烏弋山離，數年之間，城郭諸國危矣。」遂矯發車師戊己校尉屯田吏士及西域諸國兵，分六校，三校從南道踰葱嶺經大宛，三校都護自將，發溫宿國，從北道入赤谷，過烏孫，涉康居界，至闐池西，前至郅支城都賴水上，離城三里止營傅陳，進攻城，破斬之。

丁靈國，在康居國北境。漢時西域小國也，去匈奴庭接習水七千里。匈奴封衛律爲丁靈王，蓋以其地爲名耳。靈亦作「令」。宣帝時丁令往往鈔盜匈奴，匈奴發騎擊之，無所得。黃龍元年爲郅支所并。王莽始建國二年遣將分道出塞，議窮追匈奴，納之丁令，即此。

粟持國，在康居西北。漢奄蔡國也。胡廣記：「奄蔡一名闔蘇。」郅支遣使責闔蘇、大宛諸國歲遺，闔蘇即奄蔡也。西域傳「康居西北二千餘里有奄蔡國，臨大澤，無涯，〔二四〕蓋北海」云。北史：「魏主燾太延初粟持國入貢。」隋書作「粟特」。其國在葱嶺西，去代萬六千里。

哈剌魯部，在哈烈東。宋嘉定四年部主阿昔降於蒙古，蒙古置哈剌霍州於此。

金牙山，在石國東北。唐有金牙道行軍總管，蓋因以名。唐永徽二年西突厥阿史那賀魯建牙帳於此，自稱沙鉢羅可汗，顯慶二年蘇定方追賀魯，過雙河徑至其牙帳是也。又永隆中突厥餘黨伏念保金牙山，裴行儉襲執之。胡氏曰：「金牙山在雙河西南二百里，千泉又在其西南。」

雙河，在石國東北。唐永徽二年西突厥部酋阿史那賀魯叛，自庭州莫賀城擁衆西走，建牙於雙河及千泉。顯慶二年蘇定方追西突厥賀魯至雙河，去其所居斜羅斯川二百里，定方掩其不備，賀魯脱走石國。四年，西突厥崑陵都護阿史那彌射及珍珠葉護戰於雙河，敗之是也。

斜羅斯川，在石國東北。唐顯慶中西突厥阿史那賀魯居斜羅斯川，蘇定方分遣將蕭思業追擊，趨斜羅斯川敗之。或以爲即多羅斯川，今見山西塞外。

都賴水，舊在郅支城東。漢建昭中郅支單于暴虐，支解康居貴人、人民，投都賴水中。陳湯等擊郅支，前至郅支城都賴水上，離城三里止營是也。

千泉。在石國北。唐初西突厥射匱可汗之子統葉護，自龜兹北三彌山移庭於石國之千泉。又永徽二年西突厥阿史那賀魯建牙於此。新唐書：「碎葉城西四百里至千泉地，嬴二百里，南有雪山，三垂平陸多泉，地因以名。」

右哈烈。

拂菻，在哈密西南三萬餘里。東南至滅力沙，北至海，皆四十程，西至海三十程，東自大石及于闐、回紇乃抵中國。古犁軒國也，亦曰黎軒。東漢爲大秦國，延熹八年其王安敦遣使來獻。唐爲拂菻國。杜佑曰：「居西海上，亦名海西國，去京師四萬里，北直突厥可薩部，西瀕海，東南接波斯。」唐龍朔三年爲大石所破。宋白曰：「其地在安息、烏弋之西，隔大海。」宋元豐四年其王遣使來貢，元祐中復至。明洪武四年詔遣其國故民捏古倫齎詔諭之，尋遣使來朝，并貢方物。

波斯國，在拂菻之東。漢西域條支國也。西域傳：「自皮山西南經烏秅，涉縣度、罽賓六十餘日行至烏弋山離國，復西南馬行百餘日至條支。條支臨西海，水回環其南及東、北三面，惟西北隅通陸道，班超遣椽甘英使大秦、條支窮西海是也。」後爲波斯國。北史：「波斯國都宿利城，在忸密西，古條支也。」魏主燾時入貢。子攸建義初獻獅子於魏，秦賊万俟醜奴留之，因改元神獸。魏志：「波斯國去代都三萬四千二百二十八里。」唐志：「波斯國在達曷水之西，距京師萬五千里而嬴，東與吐火羅、康國接，北鄰突厥可薩部，西、南皆瀕海。」杜佑曰：「波斯應即條支故地，有波斯匿王，大月氏別裔，因以爲號。」唐永徽五年大食發兵擊波斯，殺其王，王子卑路斯奔吐火羅，大食兵去，吐火羅送之還國。顯慶三年唐平西突厥，西盡波斯，並隸安西都護府。龍朔元年於其國所治疾陵城置波斯都督府。

大食國，舊在波斯之西，本波斯地也。隋大業中有波斯國人牧於俱紛摩地山，〔三五〕有獸言曰：「山西三穴有利兵，黑質而白文，得之者王。」走視，如言。石文言「當反」，乃詭衆哀亡命於恒曷水，劫商旅，保西鄙自王，移黑石寶之。國人往討，皆大敗而還。唐永徽二年其王噉密莫末膩始遣使朝貢。五年大食發兵擊波斯，殺其王而去。龍朔三年又破波斯、拂菻，南侵婆羅門，吞滅諸戎，勝兵四十餘萬。天寶十載安西節度高僊芝擊大食，爲所敗。貞元中大食在西域爲最強，盡有波斯、突騎施之地，東盡葱嶺，西南際海，方萬餘里。

乞石迷國，在拂菻北。宋寶祐六年蒙古遣其宗王旭烈伐西域，平乞石迷等千餘國，轉戰萬里，西渡海，收富浪國，遣使獻捷，旭烈留鎮西域。○骨咄國，在拂菻西北。或曰阿咄羅，治思助建城。其西又有鑊沙國。舊唐書：「龍朔元年於骨咄施國所治妖沙城置高附都督府。」

烏萇國，唐書：「在大食西。自吐火羅踰五種，至婆羅覩羅，北踰山，行六百里得烏萇國。」高宗麟德中來朝，從封泰山。一名烏茶國，直天竺南，東距勃律六百里，亦曰烏萇。○俱位國，唐志云：「在大石西，或曰商彌，治阿賒颰思多城，在大雪山、勃律河北，地寒，冬窟室以居。」又韋昭曰：「大秦國北有僬僥氏，孔子云僬僥氏三尺，短之至也，蓋亦西南裔種。」唐開元八年遣使册命烏萇、骨咄、俱位三王，以其不附大食叛唐云。

西海，在拂菻國境。漢永元六年班超撫定西域，至於海濱。四萬里外皆重譯貢獻。九年班超遣椽甘英使大秦、條支，窮西海及安息西界，臨大海欲渡，船人謂英：「海水廣大，往來者逢善風三月乃得渡，若遇遲風亦有二歲者，故入海人皆齎三歲糧。」英乃止。亦謂之秦海，以與大秦國近也。水經注：「崑崙西有新頭河，經中天竺國，又西逕安息南注於雷翥海。」雷翥海即西海也，在安息之西，犁靬之東，西海之水東南會於交州漲海。胡氏曰：「西海之濱古有條支、大秦、蒙奇、兜勒諸國。安帝延光二年張璫言北匈奴常輾轉蒲類、秦海之間，專制西域。時匈奴未嘗至秦海，璫蓋約言之。」

右拂菻。

弱水。在拂菻國境。西域傳「弱水在條支，自長安西行萬二千里，又百餘日方至其地，蓋非禹貢所稱之弱水」云。

天方國，在西域之西。古筠衝之地，舊名天堂，亦名西域，明宣德中其王遣使入貢。

訛答剌城。在天方境内。宋嘉定十一年蒙古主鐵木真侵西域，取訛答剌城，繼又分遣軍攻斡脱羅兒、玉龍傑赤等城，自將攻迭里密、班勒訖城，皆克之是也。

右天方國。

默德那國，即回回祖國，與天方國接界。其初有謨罕驀德者，生而神靈，西域諸國尊之，號爲别諳拔爾，猶華言天使也。其教有陰陽星歷醫藥音樂之類，隋開皇中國人撒哈八撒阿的斡葛思始傳其教入中國，明宣德中其國使臣隨天方國使臣來朝貢。

塔里塞呰。〔二六〕在回回國境内。宋嘉定十四年蒙古鐵木真侵西域拔塔里塞呰，進薄回回國城。其王委國而去，逃匿海嶼。

右默德那。

印度國，在西域西南。即漢之身毒。張騫曰：「身毒在大食東南可數千里。」或謂之乾篤，或曰摩伽陀，或曰婆羅門，亦曰浮屠，至唐時謂之天竺。去京師九千六百里，居葱嶺南，幅幀三萬里。分東、西、南、北、中五天竺。南天竺瀕海，北天竺距雪山，東天竺際海，與扶南、林邑接，西天竺與罽賓、波斯接，中天竺爲四天竺之會，都城爲茶鎛和羅城，最强，四天竺皆臣之。貞觀二十二年王玄策奉使至其國，皆請遣使入貢。會中天竺王尸羅逸多死，國亂，其臣阿羅那順自立，遂拒命，玄策發吐蕃諸國兵擊破之。宋時謂之忻都，後訛爲印度，仍分東、西、南、北、中五印度，而東印度亦曰榜葛剌國，北印度亦曰伐剌拏國，中印度亦曰詔納樸兒國。明永樂六年榜葛剌國王靄牙思丁遣使朝貢，十二年又遣使入貢，尋遣使齎詔諭詔納樸兒國王一不剌金，餘未嘗通中國。

茶鎛和羅城，舊爲中天竺都城之名。唐貞觀二十二年王玄策擊天竺，破其都城，即此。又懷德城，即唐南天竺也。開元中南天竺請名其國，賜名懷德軍。

迦毘黎國，志云：「天竺旁國也。宋元嘉五年其王月愛遣使入貢。又有蘇摩黎國、斤陀利國、婆黎國，皆事佛道，與天竺風俗相近。」

師子國，亦天竺旁國，居西南海中。宋元嘉五年其王刹利摩訶入貢，唐開元中復入貢。南史「師子國地和適，無冬夏之異，五穀隨人種，不須時節」云。○竺乾國，亦天竺旁國也，居西南海中。蒙古取其地，或曰即乾篤之訛。又有牙濟、班卜二國，元英宗至治初遣使從二國取佛經云。

五嶺，在東印度國。山高林茂，民居聚焉。

乾陀衛江，在中印度國。唐貞觀二十二年王玄策破天竺之茶鎛和羅城，其餘衆阻乾陀衛江，玄策復進擊之，衆潰。

水經注：「崑崙山西有大水出焉，曰新頭河，西南流逕烏萇國，又屈而東南流逕中天竺國，亦曰恒河，又西逕四大塔北，又西逕陀衛國北。」所謂乾陀衛江，疑即此。

鐵門關。在東印度國。宋嘉定十五年蒙古鐵木真侵西域，至忻都國鐵門關，大掠而還是也。

右印度。

西番朶甘衛都指揮使司，在河州衛西南。本西羌種，隋、唐之間始爲吐蕃，最稱强盛。唐末復衰，種類分散，凡内屬者謂之熟户，餘謂之生户。宋時入貢不絶，其首領唃厮羅始居鄯州，後徙青唐，神、哲、高宗朝皆授以官。元憲宗始於河州置吐蕃等處宣慰司都元帥府，又於四川徼外置碉門魚通黎雅長河西寧遠等處宣撫司，至元中復郡縣其地，以番僧領之。明初洪武二年遣使持詔招諭之，不從。來寇臨洮，守將韋正禦却之，乘冰渡河擣其營，懼而請降。自是諸部相繼來歸。六年置烏思藏、朶甘二指揮使司及宣慰招討等司、萬户府、千户所。明年升烏思藏、朶甘爲都指揮使司，置西安行都指揮使於河州，統二番司，復封番僧爲闡化等王，俾導其衆，以時朝貢。二十五年立茶馬司於洮、河二州，聽番人以馬易茶。永樂元年番族來朝，五年遣指揮劉昭等往西番設驛通使，正統、景泰間番族多來朝貢。天順五年番寇涼州，邊帥衛穎敗却之。八年西寧番族把沙作亂，穎復討破之。自天順以後番僧數入貢，漸逾舊制。成化九年岷州番復入寇。又是時茶政不修，番族怠玩，弘治末都御史楊一清請申明舊制，使番族各供差發。正德初番僧復肆，既而西海逋寇赤卜剌暴掠西番，久之乃歸故地，西番復定。嘉靖元年西番反，八年洮、岷番賊數入鞏昌，隴右騷動。兵部議：「西番爲患皆因茶禁弛廢，且聞番衆爲赤卜剌侵苦，因而役屬之，兩部交通，益肆猖獗。何以善後，乞以制馭方略，悉聽督臣王瓊。」從之。瓊徵集大衆招諭諸番，番各聽撫，惟若籠、板爾及剌卿等族不服，乃分兵攻之，破若籠、板爾二族，盪其居，剌卿等族震慴，諸番復戢。十二年烏都勃鴿番爲亂，四川撫臣楊守禮討破之。自王瓊定諸番，赤卜剌亦爲北部所收復，西陲稍寧，隆慶中復修貢如制。既而北部俺答以迎佛爲名，駐牧西海，蠶食西番，番人大困。萬曆以後西番復定。大抵在陝西境者爲朵甘諸番，在四川境者爲烏思藏諸番。今三十三種番裔，俱詳見四川烏思藏都指揮使司。

吐蕃，即今西番。唐志：「其地直京師八千里，本西羌屬，凡百餘種，散處河、湟、江、岷間。」漢時謂之發羌，後漢永元十三年迷唐羌逾賜支河首依發羌以居是也。亦曰發羌唐旄，世居析支河西，其後爲禿髮樊尼所據。樊尼者，南涼禿髮烏孤之子。初，烏孤卒，樊尼尚幼，弟傉檀嗣位，以樊尼爲安西將軍。元魏神瑞初傉檀爲西秦乞伏熾盤所滅，樊尼集餘衆歸沮渠蒙遜，爲臨松郡丞。及蒙遜滅，樊尼率衆西奔，濟黄河，逾積石，居岐布川及邏婆川，於羌中建國，開地千里，改姓爲窣勃野，〔三七〕以禿髮爲國號，語訛爲吐蕃。其國都城號爲邏些城。隋開皇中有論贊索者居牂牁西，唐貞觀八年始通中國。龍朔二年滅吐谷渾，盡有其地。天寶以後吐蕃盡取羊同、党項及諸羌地，東與涼、松、茂、嶲等州相接，南至婆羅門，西陷龜兹、疏勒等四鎮，北抵突厥，地方萬餘里。廣德初復陷隴右、河西諸州鎮。建中三年鳳翔、隴右節度張鎰與吐蕃盟於清水，其文曰：「今國家所守界，涇州西至彈箏峽西口，隴州西至清水縣，鳳州西至同谷縣，暨劍南西山、大渡河東爲漢界。蕃國守備在蘭、渭、原、會，西至臨洮，又東至成州，抵劍南西界麼些諸蠻、大渡水西南，爲蕃界。」蓋自漢、魏以來，西戎之盛未嘗有也。大中間吐蕃國亂，咸通中吐蕃益衰，其部族皆離散。宋青唐羌唃厮囉者，其苗裔也。沈括曰：「唃厮，華言佛；囉，華言男。稱佛男，猶中國稱天子。」唃厮囉據宗哥邈川，有漢隴西、南安二郡地，東西二千餘里。天聖中徙居青唐，會趙元昊叛，以兵遮唃厮囉，遂與中國絶。尋復内附，死。少子董氈嗣，其國遂乖貳。熙寧五年王厚攻吐蕃，盡得河南熙、河、洮、岷、疊、宕六州之地。自是叛服不一，然種類愈微，其雄傑者爲西番部長云。

吐谷渾，在陝西塞外。古析支之地，鮮卑種也。晉永嘉中慕容廆庶兄吐谷渾始度隴而西，居洮水之西，極於白蘭，地方數千里，稱河南王。其孫葉延，以爲禮，公孫之子得以王父字爲氏，乃自號其國曰吐谷渾，保於白蘭。太和六年葉延子碎奚附於苻秦，〔三八〕苻堅封爲漒川侯。太元十五年碎奚子視連附於乞伏乾歸，乾歸拜爲沙州牧、白蘭王。旋卒，子視羆嗣立。乾歸以父爵授之，不受。隆安二年爲乾歸所敗，走保白蘭。是年卒，弟烏紇堤立。尋卒，視羆之子樹洛干立。義熙十二年爲西秦將木奕干所敗，走保白蘭山。卒，弟阿柴嗣立，〔三九〕以兵力侵并其旁小種，地方數千里，遂爲强國。宋元嘉初卒，烏紇堤之子慕璝立。元嘉六年西秦王暮末徙南安，其金城、枹罕、隴西之地皆爲慕璝所據。十三年卒，弟慕利延立。三十一年慕利延兄阿柴之子緯世謀降魏，慕利延殺之。緯世弟叱力延奔魏，請兵攻吐谷渾。魏主燾使拓跋伏羅督諸軍討之，慕利延奔白蘭。二十二年復遣拓跋那擊之，慕利延擁其部落西度流沙入于闐，殺其王，據其地。明年復還保白蘭。二十九年卒，樹洛干之子拾寅立，始居伏羅川。齊建元三年卒，子度易侯立，請命於齊，齊主授以西秦河二州刺史、河南王。永明八年卒，子伏連籌立，仍授秦、河二州刺史。十年魏以伏連籌爲都督西陲諸軍事、西海公、吐谷渾王。梁天監三年魏又以伏連籌爲西秦河二州刺史、河南王。中大通二年梁以吐谷渾佛輔爲西秦、河二州刺史，時魏亂，佛輔以別部南附梁也。大同六年伏連籌卒，子夸呂立，始稱可汗，居伏俟城。其地東西三千里，南北千餘里。隋開皇初寇涼州，遣將元諧等擊敗之於豐利山，又敗其太子可博汗於青海，吐谷渾震駭，夸呂遠遁，部落多降於隋。隋以其高寧王移兹衰爲河南王，使統降衆。十一年夸呂卒，其子世伏立。十七年國亂，國人殺世伏立弟伏允，朝貢於隋。大業四年伏允爲鐵勒所破，請降，求救於隋。隋遣宇文述將兵迎之。伏允懼而西走，述追獲其衆。伏允南奔西山，其故地盡爲隋有。明年親將兵伐吐谷渾，虜獲其衆，伏允敗走，無以自資，客於党項。會隋亂，伏允乃還收故地。貞觀中屢犯鄯、蘭、廓諸州，八年遣李靖等分道討之。伏允走死，盡平其地，改立伏允子順爲可汗。尋爲國人所殺，改立其子諾曷鉢。自是吐谷渾益衰，龍朔三年爲吐蕃所滅。

西羌，舊在陝西、四川塞外。四裔傳：「西羌本自三苗，舜徙之三危，今河關西南羌地是也。濱於賜支，至於河首，綿地千里。」賜支，析支也。夏、商、周之際或從侯伯征伐有功，天子爵之以爲蕃服。羌爰劍者，秦厲公時爲秦所執，以爲奴隸。羌人謂奴爲無弋，故號爲無弋爰劍。後得亡歸，將其種人南出賜支河曲西數千里。其後子孫各自爲種，或爲犛牛種，越嶲羌是也；或爲白馬種，廣漢羌是也；或爲參狼種，武都羌是也。至爰劍曾孫忍及弟舞獨留湟中，忍生子研，故羌中號其後爲研種。漢景帝時研種留何求守隴西塞，於是徙留何等於狄道、安故。及武帝西逐諸羌，乃渡河、湟，築令居塞，始置護羌校尉。從爰劍種五世至研，研最豪健。十三世至燒當復豪，其子孫更以燒當爲種號。滇良者，燒當之玄孫。時王莽篡位，四夷內侵，及莽敗，衆羌還據西海。光武之世，以牛邯爲護羌校尉。自燒當至滇良，世居河北大允谷，種小人貧，而先零、卑湳皆强富，數侵犯之。滇良父子積怒，從大榆中入，掩擊先零、卑湳，大破之，掠財畜，居大榆中，繇是始强。滇良死，子滇吾立，部落轉盛，常雄諸羌。晉時内附，以其地屬汶山郡。宋、齊亦得之，後爲西魏所有。魏書：「白水羌像舒治者，常爲羌豪，自稱鄧至王，其子舒彭遣子内附，爲小藩，關中亂乃絶。西魏末，平鄧至番，有其地。」後周保定五年置龍涸防，今四川松潘衛是其地也。

党項，舊在陜西之南塞外。古析支之地，漢西羌别種也。隋書云：「古三苗之後，其種有宕昌、白狼。東接臨洮、西平，西拒葉護，南雜春桑、迷桑等羌，北連吐谷渾，周回數千里。」自魏、晉以後，西羌微弱。周滅宕昌、鄧至之後，党項始强。其種散處山谷間，每姓别爲部落，一姓之中復分爲小部落，大者萬餘，小者數千騎，不相統一。有細封氏、費聽氏、往利氏、頗超氏、野辭氏、房當氏、米禽氏，拓跋氏最爲强大。唐貞觀三年党項部長細封步賴來降，以其地爲軌州，各以其部長爲刺史。党項之地亘三千里，步賴一部既爲唐所禮，餘部相繼來降，以其地爲崌、奉、巖、遠四州。五年太僕寺丞李世南開党項河曲地爲十六州、四十七縣，内附者三十萬口。有羌曰拓跋赤詞者附於吐谷渾王伏允，後亦歸款，列其地爲懿、嵯、麟，可等三十二州，屬松州都督，賜拓跋赤詞姓李氏。自是從河首積石以東，並爲中國之境。後吐蕃强盛，拓跋氏漸爲所逼，遂請内徙，移部落於慶州，謂之東山部，此即夏州拓跋之始矣。其别部移銀、夏以北居川澤者謂之平夏党項，在安、鹽以西居山谷者謂之南山党項，不去者皆服屬於吐蕃。又有黑党項，在赤水之西。李靖擊吐谷渾，伏允奔於黑党項。及吐谷渾内附，其首領號熟善王者亦入貢焉。又雪山党項姓破丑氏，居雪山之下，貞觀初亦嘗朝貢。又春桑、白蘭等羌，龍朔以後與白狗羌俱服屬於吐蕃。雪山，今見四川成都府威州。又有白狗嶺，皆党項舊地也。

乙弗勿敵國，舊在吐谷渾北。北史：「乙弗世爲吐谷渾渠帥，居青海，〔三〇〕號青海王，種有萬落，風俗與吐谷渾同。」胡氏云：「乙弗亦鮮卑族，居西海北，其西有契翰一部，風俗亦同。」晉義熙十年吐契翰、乙弗等部皆叛南涼，南涼王傉檀擊乙弗，大破之。吐契翰即契翰矣。○泥婆羅國，舊在吐蕃西境樂陵川，臣於吐蕃，亦曰泥婆國。唐貞觀二十二年王玄策擊天竺，泥婆國遣兵赴玄策是也。

大羊同國，西戎國也。唐會要：「大羊同國東接吐蕃，西接小羊同，北直于闐，東西千里，儀鳳末屬於吐蕃。」又甘棠國，在西海之南。唐志云：「崑崙地也。貞觀十年遣使入貢。」○薩斯迦國，蒙古時西番部落也。又有撒思部，亦西番別種。元至正七年放其太師馬札兒台於撒思之地，即此。

崑崙山，在西番朵甘衛東北，黄河經其南。廣雅：「崑崙墟有三山，閬風、板桐、玄圃。」楚辭：「崑崙縣圃，其尻安在？增城九重，其高幾里？」淮南子：「縣圃、凉風、樊桐在崑崙閶闔之中，山上有層城九重。」水經注：「崑崙之山三級：下曰樊桐，一名板松；二曰玄圃，一名閬風；三曰增城，一名帝庭；高萬一千里。」唐志：「龍泉谷西三百里曰紫山，直大羊同國，東距長安萬五千里，河源出其間，即世所謂崑崙者，番謂之悶摩黎山，釋氏謂之阿耨達山。」元志「朵甘思東北有大雪山，番名亦耳麻不剌，即崑崙也。高峻非常，山麓綿亘五百餘里，山腹至頂皆雪，冬夏不消，黄河隨山足而東流」云。明洪武八年西番川藏族殺我使鞏哥瑣南等，命鄧愈爲征西將軍，沐英副之，討川藏，師分三道，進覆其巢，窮追至崑崙山而還。

白蘭山，在吐谷渾西南。慕容廆庶兄吐谷渾國於洮水之西，南極白蘭，其後每被侵伐，輒保白蘭以自固。又西南即伏羅川，劉宋元嘉二十九年吐谷渾王拾寅始居伏羅川，蓋未離白蘭之險也。志云：白蘭山在羌中，其地險遠，唐時丁零羌居之，左屬黨項，右接多彌。杜佑曰：「白蘭，羌之別種，東北接吐谷渾，西北至叱利模徒，南界那鄂，風俗物產與宕昌同。」

黄河，在朵甘衛西鄙。河源出於此。朱思本曰：「河源從地湧出，如井百餘，東北流百餘里匯爲大澤，即星宿海也。又東北流二三千里乃經崑崙山」云。今詳見川瀆異同。

也里术河，在崑崙西南。朱思本曰：「吐蕃西南大山峻嶺綿亘千里，忽蘭河出焉，流五百餘里注也里术河；也里术河亦出自南山，西北流五百餘里，又西有亦里出河，俱北流與赤賓河合。」赤賓河，即黄河上源也。

哈剌河，在崑崙東北。出西番白狗嶺，嶺近四川威州界，其水西北流，凡五百餘里入黄河。一名細黄河。哈剌河之西又有亦思八思今河，源出四川茂州境鐵豹嶺，北流五百餘里入於黄河。○鵬㯓河，志云：出西番中鵬㯓山，西流七百餘里入黄河。

乞里河，在崑崙東北千餘里。朱思本曰：「哈剌河與黄河合，正北流二百餘里，過阿以伯站，有乞里、馬出二水出岷山之北，經古當州境幾千里，與黄河合。」

可跋海。在西番境。周七十餘里。其水東南流至雲南合西洱河者號漾備水，又東南出四川會川衛者爲瀘水。

右西番。

校勘記

〔一〕又以頭目奄克孛剌阿木郎輔之　底本「奄克孛剌」原作「奄克孛木剌」，「阿木郎」作「阿朮郎」，今據鄒本及明史卷三三二九西域傳改。

〔二〕使其將火者他只丁守其地　「火者他只丁」，底本原作「火只他丁」，今據鄒本及明羅曰褧咸賓録卷三哈密傳改。

〔三〕傅介子刺殺其王安歸　「安歸」，漢書卷九六上西域傳作「嘗歸」。師古曰：「昭紀言安歸，今此作嘗歸，紀傳不同，當有誤者。」

〔四〕焉耆諸國皆降　「耆」，底本原作「茲」，今據鄒本改。

〔五〕鳩尸卑那　「鳩」，底本原作「鳰」，北史卷九七焉耆傳、魏書卷一〇二焉耆傳並作「鳩」，今據改。

〔六〕突騎支請復開磧路　「開」，底本原作「閉」，鄒本作「開」。舊唐書卷一九八焉耆傳、新唐書卷二二一上焉耆傳、通鑑卷一九四唐紀一〇並作「開」，鄒本是，今據改。

〔七〕裴行儉　「儉」，底本原作「險」，今據職本、鄒本改。舊唐書卷八四、新唐書卷一〇八有裴行儉傳。

〔八〕濛池　底本原作「濛氾」，今據鄒本及舊唐志卷四〇、新唐志卷四〇改。

〔九〕碎葉川口至裴羅將軍城又西二十里至碎葉城　新唐志卷四三下「碎葉川口」下有「八十里」三

字，此脱。又「二十」，底本原作「二千」，今據職本、鄒本及新唐志改。

〔一〇〕西頭有怛羅斯城　底本原脱「斯」字，今據鄒本及通典卷一九三、大唐西域記卷一、新唐書卷二二一下西域傳補。

〔一一〕鶻拏　漢書卷九六上西域傳作「鶡拏」。

〔一二〕西夜國號子合　漢書卷九六上西域傳作「西夜國，王號子合王」，此引有脱誤。

〔一三〕斡羅思　「斡」，底本原作「幹」，今據鄒本及元史卷三憲宗紀改。

〔一四〕又有達失干城　「干」，底本原作「午」，今據鄒本及明史卷三三二西域傳改。

〔一五〕謝颶國　「颶」，底本原作「颺」，今據鄒本及新唐書卷二二一下西域傳改。

〔一六〕訶達摩支　新唐書卷二二一下西域傳作「訶達羅支」。

〔一七〕明洪武三十五年遣使詔諭其部長　「三十五年」，明史卷三三二西域傳、明羅曰褧咸賓録卷四並作「二十五年」。

〔一八〕俺都淮城　底本原作「俺都城」，脱「淮」字，今據鄒本及明史卷三三二西域傳、明羅曰褧咸賓録卷四補。

〔一九〕又有八剌墨等城皆隸焉　「八剌墨」，底本原作「淮八剌墨」，衍「淮」字，今據鄒本删。

〔二〇〕到卑闐城　「到」，底本原作「利」，今據鄒本及漢書卷九六上西域傳改。

〔二一〕阿濫謐城　底本原作「河謐城」，今據鄒本及新唐書卷二二一下西域傳補、改。

〔二二〕亦曰柘祁　「祁」，新唐書卷二二一下西域傳作「折」。又下文「治柘祈城」，新唐書「祈」亦作「折」。

〔二三〕南接史國及波覽國　底本「波覽」下原有「瑟」字，今據鄒本及新唐書卷二二一下西域傳改。

〔二四〕無涯　漢書卷九六上西域傳作「無崖」。

〔二五〕俱紛摩地山　新唐書卷二二一下西域傳作「俱紛摩地那山」，此脱「那」字。

〔二六〕塔里塞呰　「塞」，元史卷一太祖紀作「寒」。

〔二七〕改姓爲窣勃野　「窣」，底本原作「⿱穴辛」，今據鄒本及通典卷一九〇、舊唐書卷一四六上吐蕃傳改。

〔二八〕碎奚　底本原作「辟奚」，北史卷九六吐谷渾傳、魏書卷一〇一吐谷渾傳並作「碎奚」，今據改。

〔二九〕阿柴　北史卷九六吐谷渾傳、魏書卷一〇一吐谷渾傳並作「阿豺」。

〔三〇〕居青海　「青海」，北史卷九六吐谷渾傳、寰宇記卷一八八均作「屈海」，與此異。

四川方輿紀要敍

四川非坐守之地也。以四川而争衡天下，上之足以王，次之足以霸；恃其險而坐守之，則必至於亡。昔者漢高嘗用之矣。漢高王巴、蜀，都南鄭，出陳倉，定三秦，戰於滎陽、成臯之間，而天下遂歸於漢。諸葛武侯亦用之矣。武侯之言曰：「王業不偏安」也。又曰：「雖不討賊，王業亦亡。惟坐而待亡，孰與伐之？」是以六出祁山而不遑安也。往者紛紜之際，桀黠者窺巴、蜀之險，則從而竊據之。當其始也，氣盛力强，智勇交奮，勃然有并吞四方之勢，故足以創起一隅。其後處堂自足，意計衰歇，妄思閉境息民，乃叩關而至者已在户外矣。公孫述之有蜀也，完富實倍於羣雄，其下荆邯説之曰：「宜發國内精兵，令田戎據江陵，臨江南之會，倚巫山之固，築壘堅守，傳檄吴、楚，長沙以南，望風而靡；令延岑上漢中定三輔，天水、隴西，拱手自服。」假令述能出此，則漢高之業可復見矣，而述不爲。嗚呼！如邯者可謂明於用蜀者也。子陽井底蛙耳，安知天下大計？荆邯之言不用，而岑彭、吴漢之師直指成都矣。此非坐守之前鑒哉？是故從來有取天下之略者，莫不切切於用蜀。秦欲兼諸侯則先并蜀，并蜀而秦益强富，厚輕諸侯。晉欲滅吴則先舉蜀，舉蜀而王濬樓舡自益州下矣。桓温、劉裕有問中原之志，則先從事於蜀。苻堅有圖晉之心，則亦兼梁、益矣。宇文泰先取蜀，遂滅梁。隋人席巴、蜀之資，爲平陳之本，楊素以黄龍平乘出於永安，而沿江鎮戍，望風奔潰。唐平蕭銑，軍下信州。後唐莊宗滅梁之後，先吞蜀，未可謂非削平南服之雄心也。宋先滅蜀，然後并江南，收交、廣。南渡以後，趙鼎謂欲圖關中，當自蜀始。張浚慮金人據陝窺蜀，而東南不可保也，於是守蜀之謀甚備。終宋之世，恒視蜀之安危爲盛衰。劉整之叛降於蒙古也，獻計曰：「欲取江南，宜先取蜀，取蜀而江南可平。」蓋蜀者，秦、隴之肘腋也，吴、楚之喉吭也，是誠攻取之先資也。自張華以蜀爲窮險極峻坐守之國，祖其説者謂巴、蜀自守則有餘，用以攻人則必至於敗。嗚呼！是豈知蜀者哉？譙周以姜維數戰而咎之者，是未足以服姜維也。孔明有漢高之略，而無漢高之時；姜維有孔明之志，而無孔明之才。姜維用蜀而不能善用之者也，謂其不知戰可也，謂其不當戰則非也。維以殘弊之蜀，屢與魏人交逐於秦川，而魏人無如何也。及外有洮陽之敗，内畏黄皓之讒，解甲釋兵，屯田沓中，而敵師已壓其境，此亦足以明坐守之非策矣。且夫李勢恣睢於少城則亡，譙縱跼蹐於内水則亡，王衍宴衎於國中則亡，孟昶逸遊於境内則又亡，豈皆以數戰之故哉？然則蜀之爲蜀可知矣。席勢乘便，奮發有爲，此王者之資也。四方多故，礪兵秣馬，踦角於羣雄間，此霸者之規也。否則苟延歲月而已。未有强鄰壓境，大敵在前，而保其險塞，可幸無虞者也。是故出棧道以攻之而亡蜀者有之矣，出江道以攻之而亡蜀者有之矣，出一道以攻之而亡蜀者有之矣，出兩道以攻之而亡蜀者有之矣。司馬錯之於蜀侯，鍾會、鄧艾之於後主，尉遲迥之於蕭紀，郭崇韜之於王衍，王全斌之於孟昶，此以棧道亡蜀者也。岑彭、吳漢之於公孫述，桓溫之於李勢，朱齡石之於譙縱，湯和之於明昇，此以江道亡蜀者也。桓溫卒止萬人而疾戰於青衣之間，齡石軍分三水而捷出於彭模之上，苻堅使楊安偕諸將叩劍閣而下涪城，尉遲迥統偏師越二劍而踰涪水，郭從韜督諸軍渡桔柏而入鹿頭，此以一道亡蜀者也。來歙以鋭師臨隴道，而岑彭以水軍指江關；鍾會以重兵攻劍閣，而鄧艾以奇兵下陰平；王全斌以步騎趨劍閣，而劉光進以舟師上夔峽；湯和將水軍擊瞿塘，而傅友德以間道越白水；此以分道亡蜀者也。且不惟縋兵陰平爲千古之創事也，王弘贇出白衛嶺而倒攻劍閣矣，康延澤從青𩍐店則夾擊劍閣矣，是劍閣不爲固矣。湯和伐木而出白鹽山，廖永忠舁舟而上黑葉渡，則瞿塘亦不能守矣。然則有不攻則已，攻則蜀未有不亡者也。其或有不亡者，劉敬宣之阻黄虎，以白帝之緘未發也；王足之釋涪城，以邢巒之言不用也；王弘贇之棄劍州，以石敬塘之師不斷也。然而破軍殺將，舉國震恐，幸而不亡，以攻者不力耳。夫攻者不力而守者得全，豈必蜀之險而後能之哉？夫蜀之所以易亡者何也？譬之禦盜者禦盜於垣墻之内，垣墻一壞，而舉家之人心膽墮地，何能復與敵戰哉？然則守劍閣者不以劍閣，守瞿塘者不以瞿塘可知也。夫劍閣、瞿塘三尺童子皆知其爲險也，知其爲險則攻者必有之死而生之志，守者必有以逸待勞之情，用心一分，而成敗判焉。此魏武侯中流而喜，吴起所爲瞿然者也。然則欲蜀之不亡必以戰乎？曰：余非謂恃戰以存蜀也，棄守以爲戰者不可謂善戰者也。故曰以戰爲守，守必固，以守爲戰，戰必强，戰守不相離也，如形影然。姜維不知守，所以不知戰也。使維識閫外得專之義，分遣一軍先絶陰平以防未然，遵武侯之成法固守諸圍，拒敵於險，而親率一軍出駱谷與敵相持於横門、沈嶺之交，雖百會、艾亦何能爲哉？後之事戰而不事守者，蕭紀是也。紀悉甲以争江陵，而空國以待魏師之入，地亡於西，身死於東，是戰而失其所以戰者也。夫戰而失其所以戰者，亦未或不亡也。或曰蜀不可守，三代之時蜀何以傳國至數百年乎？曰：是時勢之異也。三代之時，世敦人朴，爲帝王者未有窮兵邀利之心也。苟其不侵不畔，斯置之矣。自秦滅蜀而富强益著，後之兼天下者，其能一日忘蜀哉？光武之并蜀也，獨在削平僭僞之後，蓋慮其地險力强，盡拔其黨，使之孤立，而後圖之。以天下之大僅存一蜀，蜀其不能逃於釜中矣。明初平蜀，亦在掃清中原之後，蓋知其以一女子奉一弱主，僅保險阻之不暇，不能爲我上流患也，故遲之也。此又時勢之變，事同而情異者也。有運籌天下之志者，不能取鏡於漢高之偉略，武侯之成算，而曰蜀不足以攻人也，是豈智出古人上哉？吾見其不知量也。夫恃其險而坐守之以至於亡，又豈惟蜀爲然哉？

讀史方輿紀要卷六十六

四川一

禹貢：「華陽黑水惟梁州。」應劭曰：「梁州者，言西方金剛，其氣强梁也。」夏、殷之間梁州爲蠻夷國，所謂巴、賓、彭、濮之人也。史記：「昌意娶蜀山氏女，生帝高陽，後封其支庶於蜀，歷夏、商至周衰稱王，長曰蠶叢，次曰柏灌，次曰魚鳧。」周職方無梁州，蓋併入於雍州。周末秦惠王使司馬錯伐蜀，有其地。於天文與秦同分野，亦兼參之宿。秦并天下，此爲巴、蜀二郡。漢武置十三州，此爲益州。風俗通：「益之爲言隘也，言其地隘險。」亦曰疆壤益大，自漢滅越而蜀西南夷皆震恐，請吏入朝。今土境皆自漢以後歷代開拓氐、羌、戎、夷之地也。王莽末公孫述據有其地，莽改益州爲庸部。後漢建武十二年平之，仍置益州。治雒，今漢州也。中平五年劉焉爲牧，益州徙治綿竹，繼又徙治於成都。漢末先主有其地，炎興初爲魏所并，亦曰益州。晉因之，惠帝以後李特據此，永和三年收復。寧康初没於苻堅，太元中堅敗，復取其地。義熙初爲譙縱所據，九年討平之。自宋以後多因前代。蕭梁末屬於西魏，隋氏因之。唐貞觀中置劍南道治益州。及山南道，治荆州，而境内之保寧、順慶、重慶、夔州等府，唐初皆屬山南道。今詳州域形勢，下倣此。開元中又分屬劍南及山南西、治漢中，今保寧東境及順慶、重慶地屬焉。山南東治襄陽，今夔州之境屬焉。等道。唐末王建據此，後唐同光三年平之，旋爲孟知祥所據。宋乾德三年平蜀，置西川、治益州。峽西路。治興元。今保寧、順慶、重慶、夔州、龍安等府，時悉爲峽西路。咸平四年又分西川爲東西兩路，東路治梓州，西路治成都。峽西爲利、夔兩路。利州路仍治興元，夔州路治夔州，亦曰益、梓、利、夔四路。元置四川等處行中書省。治成都。元末明玉珍據此，明洪武四年平之，九年置四川等處承宣布政使司。領府九，直隸州六，屬州十五，屬縣一百十二，長官司九，衛、所、長官司不與焉。總爲里一千二百五十有奇，秋夏二稅大約一百二萬八千五百五十石有奇。而衛所諸司參列其中。今仍爲四川布政使司。

成都府，屬州六，縣二十五。

成都縣，附郭。華陽縣，附郭，今省。雙流縣，今省。郫縣，温江縣，新繁縣，新都縣，彭縣，今省。崇寧縣，今省。灌縣，金堂縣，仁壽縣，井研縣，資縣，内江縣，安縣。

簡州，屬縣一。

資陽縣。

崇慶州，屬縣一。

新津縣。

漢州，屬縣三。

什邡縣，綿竹縣，德陽縣。

綿州，屬縣二。

彰明縣，羅江縣。

茂州，屬縣一。

汶川縣。静州等長官司附見。

威州，屬縣一。

保縣。

保寧府，屬州二，縣八。

閬中縣，附郭。蒼溪縣，南部縣，廣元縣，昭化縣。

劍州，屬縣一。

梓潼縣。

巴州，屬縣二。

通江縣，南江縣。

順慶府，屬州二，縣八。

南充縣，附郭。西充縣。

蓬州，屬縣二。

營山縣，儀隴縣。

廣安州，屬縣四。

岳池縣，今省。渠縣，鄰水縣，大竹縣。

夔州府，屬州一，縣十二。

奉節縣，附郭。巫山縣，大昌縣，今省。大寧縣，今省。雲陽縣，萬縣，

開縣，梁山縣，新寧縣，今省。建始縣。

達州，屬縣二。

東鄉縣，太平縣。

重慶府，屬州三，縣十七。

巴縣，附郭。江津縣，壁山縣，今省。永川縣，榮昌縣，大足縣，

今省。安居縣，今省。綦江縣，南川縣，長壽縣，黔江縣。

合州，屬縣二。

銅梁縣，定遠縣。

忠州，屬縣二。

酆都縣，　墊江縣。

涪州，屬縣二。

武隆縣，今省。　彭水縣。

遵義府，屬州一，縣四。

遵義縣，附郭。　桐梓縣。

真安州，屬縣二。

綏陽縣，　仁懷縣。

叙州府，屬縣十。

宜賓縣，附郭。　南溪縣，　慶符縣，　富順縣，　長寧縣，　高縣，　筠連縣，　珙縣，　興文縣，　隆昌縣。建武千户所附見。

直隸潼川州，屬縣七。

射洪縣，　中江縣，　鹽亭縣，　遂寧縣，　蓬溪縣，　安岳縣，今省。

樂至縣。

直隸眉州。屬縣三。

彭山縣，丹稜縣，青神縣。今省。

直隸邛州，屬縣二。

大邑縣，蒲江縣。

直隸嘉定州，屬縣六。

峨眉縣，夾江縣，洪雅縣，犍爲縣，榮縣，威遠縣。今省。

直隸瀘州，屬縣三。

納溪縣，江安縣，合江縣。瀘州衛附見。

直隸雅州，屬縣三。

名山縣，榮經縣，蘆山縣。

龍安府屬縣三。

平武縣，附郭。江油縣　石泉縣。青川千户所附見。

馬湖府，屬縣一，長官司三。

屏山縣，附郭。平夷，蠻夷，沐川。凡不稱縣者即長官司，下倣此。

鎮雄軍民府，屬長官司四。

懷德，威信，歸化，安靜。

烏蒙軍民府，

烏撒軍民府，

東川軍民府，

永寧宣撫司，屬長官司二。

九姓，　太平，　黎州千户所。

天全六番招討司。

松潘衛，所屬小河所及長官安撫諸司俱附見。

疊溪所。所屬長官司附見。

酉陽宣撫司，

石耶，　平茶，　邑梅。

石砫宣撫司。

四川行都指揮使司。屬衛六，所八，長官司五。

建昌衛，附郭，又有建昌前衛亦在郭内。

禮州後所，　禮州中所，　打沖河中前所，　德昌所，　昌州，　威龍，

普濟。

寧番衛，

冕山橋所。

越巂衛，

邛部，　鎮西。

鹽井衛，

打沖河中左所，　馬剌。

會川衛。〔一〕

迷易。

東據夔門，

夔門即夔州府。其東有瞿塘、巫峽之險，與荆楚接界。

西連番族，

威、茂、黎、雅諸州以西皆番族也。

南阻蠻部，

永寧、鎮雄、烏撒、東川皆爲蠻部，又南即雲南境內諸蠻矣。

北控褒斜。

褒斜在陝西漢中府。史記：「巴、蜀四塞，棧道千里，惟褒斜綰轂其口。」又蔡澤謂范睢：「君相秦，棧道千里通於蜀、漢。」通釋：「褒斜道一名石牛道。」今由漢中府鳳縣連雲棧西南過金牛峽，亦曰石牛道，至川口凡九百餘里。

其大山則有峨眉，

峨眉山在嘉定州峨眉縣西百里，眉州南二百里，張華以爲牙門山也。亦曰峨眉山，以其兩山相對如蛾眉然。自岷山而來，連岡疊嶂，延袤三百餘里，至此突起三峰，一爲大峨山，一爲中峨山，一爲小峨山。大峨山巖洞重複，龕谷幽阻，周圍千里，莫測遠近。登山者自麓而上，及山之半，又歷八十四盤，山徑如綫者六十里，而後至於峰頂。山中有石龕百十二，大洞十二，小洞二十八。若伏羲、女媧、鬼谷諸洞，其最著者也。又有雷洞七十三，時出雲雨，俗以爲雷神所居。中峨山在峨眉縣南二十里，一名覆蓬山，一名綏山。小峨山在峨眉縣南三十里，一名鏵刃山。三山相連，名曰三峨，左思所云「抗峨眉之重阻」是也。唐十道志：「劍南道名山曰峨眉。」陸深云：「山周廻千里，高八十里。」

岷山，

岷山在成都府茂州西北五百里，地名列鵝村。一名鐵豹嶺，一名沃焦山。其附曰羊膊，江水所出。禹貢：「岷山之陽，至於衡山。」衡山，見湖廣名山。又曰：「岷山導江。」荀卿曰：

「江出於岷山，其源可以濫觴。」太史公西瞻蜀之岷山。又封禪書：「自華以西名山曰瀆山。」瀆山者汶山也。汶與岷通。漢書作「㟭山」，亦作「峧山」。河圖括地象：「岷山之精，上爲井絡。」古蜀謠云：「汶皁之山，江出其復。」揚雄反離騷：「自岷山投諸江流，以弔屈原。」是也。漢元延三年岷山崩，壅江水三日不流。今其山直上六十里，嶺最高者，遇大雪開泮俯見成都。郭璞岷山贊曰：「岷山之精，上絡東井，始出一勺，終至淼溟。」王羲之曰：「岷山夏含霜雪，殆崑崙之伯仲也。」水經注：「岷山即瀆山，水曰瀆水。」又謂之汶皁，即隴山之南首也，故稱隴、蜀。唐十道志：「劍南道名山曰岷山。」杜光庭曰：「岷山連峰接岫，千里不絕，灌縣青城山乃其第一峰。」劉昫曰：「岷山連嶺而西，不知紀極，北望隴山，積雪如玉，南望成都若在井底。」陸游曰：「嘗登岷山，欲窮江源而不可得，蓋自蜀境之西，大山廣谷，谽谺起復，西南走蠻箐中，皆岷山也，則江所從來遠矣。」薛氏曰：「蜀西之山，皆岷山也。今自岷、洮、松、疊以南，其大山峻嶺班班可考者，皆岷山之隨地易名者耳。」

青城，

青城山在成都府灌縣西南五十里。名山記：「山當益州之西南，蜀郡今崇慶州。之西北是也。一名青城都，山形如城，北接岷嶺，南接峨眉。」唐六典爲劍南道名山之一，道書以爲第五洞天。一名丈人山，晉王弼云：「山爲五嶽之長，因名。」郡志以丈人、青城分爲二山，悞。一名赤城山。

杜光庭記：「山高三千六百丈，周匝一百五十里，蜀山之望也。山有七十二小洞，應七十二候；八大洞，應八節。」晉元康以後蜀亂，處士范長生率衆數千家保青城山。太安中李流圍成都，屯郫城，士衆饑乏，長生自青城山資給之，軍復振。其案山曰成都山，前臨麻姑洞，深不可測，與諸洞相連。縣西南七十里爲高臺山，上有天池，晉時所立上清宮在焉。又西南十里曰天倉山，連崖隱軫，凡三十六峰，前十八峰爲陽，後十八峰爲陰，相傳爲神仙帑庫。又有天國山，亦作「天谷」。在縣西南九十里。祝穆曰：「青城山左連大面，右接鶴鳴，鶴鳴山，見崇慶州，亦蜀之名山也。前臨獅子，後枕大隋。」大隋山見彭縣。又有聖母山，一名慈母山。高二千餘丈，周三十餘里，高下與青城相接。志云：山亦在灌縣西南五十里。又西南爲便傍山，在灌縣西南百三十里。當吐蕃之界，谿谷深邃，夏積冰雪，天所以限中外也。大面山在三谿之北，青城山前號青城，後曰大面，實一山耳。谿水黑，亦名黑水谿。丈人觀在青城山北二十里，後唐同光三年蜀王衍遊青城山，歷丈人觀上清宮是也。丈人觀西北又有鬼城山。諸山前後絡繹，不一其名，要皆青城山之支峰矣。

劍門，

劍門山，亦曰大劍山，在保寧府劍州北二十五里，一名梁山。山海經：「高梁之山，西接岷、崌，東引荆、衡。」崌，崌崍山也，見眉州彭山縣。郭璞以琚、崍爲二山。又尋江源記：「梁山首跨劍門，尾入江。」其東北三十里爲小劍山，兩山相連。水經注：「小劍戍西去大劍山三十里，連山絕險，飛閣通衢，謂之劍閣。華陽國志：武侯相蜀，鑿石架空，始爲飛閣以通行道是也。」輿地廣記：「孔明以大劍至小劍當隘束之路，乃立劍門縣。以閣道三十里尤險，復置尉守之。」又云：「小劍山有小石門，穿山通道，長六丈餘，即俗所稱石牛道，亦名金牛道。秦司馬錯由此以伐蜀，漢永平中司隸楊厥鑿而廣之。」今關口亂石錯立，乃其故址。按水經注、十三州志、漢中志皆云石門在漢中，廣記似悞。三國漢末，魏鍾會入漢中，下關城，此謂漢中之陽平關城。今見陝西寧羌州。姜維退屯劍閣以拒會，列營守險，會不能克。今大劍山猶有姜維故壘。晉元康八年李特帥關中流民就食巴、蜀，過劍閣太息曰：「劉禪有如此地，面縛於人，豈非庸才耶？」升平三年梁州刺史司馬勳叛，率兵入劍閣攻涪，今綿州。進圍益州，桓溫遣朱序等討平之。寧康初秦苻堅使毛當等出劍門，別將徐成攻劍閣克之。王氏曰：「自苻堅使楊安寇蜀，其將徐成陷二劍，於是始有『二劍』之稱。」齊建元二年，晉壽民李烏奴引氐寇梁州，豫章王嶷遣中兵參軍王圖南將益州兵從劍閣掩擊之，梁、南秦二州刺史崔慧景發梁州兵屯白馬，即陽平關。與圖南腹背擊烏奴，〔三〕烏奴敗保武興。武興，見陝西略陽縣。梁天監四年魏邢巒取漢中諸城戍，遣統軍王足入劍閣，圍涪城。巒表言：「蜀之所恃，惟在劍閣。今既克重阻，瞻望涪、益旦夕可圖。劍閣天險，得而棄之，良可惜矣。」請遂乘勝取蜀，不聽。十三年魏復謀取蜀，分遣其將甄琛出劍閣。十五年巴西、梓潼二郡太守張齊與魏爭葭萌敗還，小劍、大劍諸戍皆棄城走。普通六年益州刺史蕭淵猷遣其將樊文熾等圍魏益州長史和安於小劍，魏將淳于誕引兵救小劍，文熾敗遁。大同初劍閣復入於梁。大寶初氐酋楊法琛入利州，今廣元縣。據州附魏。益州刺史武陵王紀遣楊乾運等討之，法琛發兵據劍閣，乾運攻拔之，法琛遁走。承聖二年紀東侵荆州，西魏將尉遲迥乘虛南寇潼川，今綿州。刺史楊乾運等密以劍閣送款於魏，迥入劍閣，蜀遂瓦解。後周大象初益州總管王謙舉兵應相州，時相州總管尉遲迥舉兵討楊堅也。楊堅使梁睿討之，自劍閣進逼成都，謙敗死。唐置劍門關及大劍、小劍二戍。元和初劉闢作亂，山南西道嚴礪遣將先奪劍門，入劍州，而闢以喪敗。蓋劍門足以制兩川之命也。咸通、乾符中南詔犯成都，師出劍門而敵引却。乾寧四年王建攻東川，岐帥李茂貞遣將李繼昭救之，留偏將守劍門以防歸路，西川將王宗播擊擒之。後唐同光四年滅蜀師還，至利州，李紹琛自劍州擁軍而西，稱西川節度。李繼岌遣任圜追擊之。圜先遣別將下劍門關守之，遂進敗紹琛於漢州。長興初董璋、孟知祥謀據兩川，璋遣兵築七寨於劍門，又於劍門北置永定關，布列烽火。時唐主亦議發兵討璋，知祥聞之疑懼，謀於其屬趙季良。季良請以東川兵先取遂、閬，時唐主增兵，置帥於閬、遂二鎮，與利州爲三鎮。然後并兵守劍門，則大軍雖來，吾無内顧之憂矣。既而璋克閬州，引兵趨利州，遇雨糧盡還閬州。知祥驚曰：「比破閬州，正欲徑取利州，其帥不武，必望風自遁，我獲其倉廩，據漫天之險，漫天嶺，見廣元縣。北軍終不得西救武信。時兩川合軍攻遂州也。今僻處閬州，遠棄劍閣，非計也。」欲遣兵助守劍門，璋固辭乃止。既而唐軍來伐，石敬瑭入散關，見陝西重險。前鋒王弘贄等引兵出人頭山後，今見昭化縣。過劍門南，還襲劍門，克之，進破劍州，而大軍不繼，乃還保劍門。知祥聞之大懼，急遣兵赴劍州屯守，唐兵來攻敗還。周顯德二年遣軍伐蜀，取秦、階諸州，蜀人懼，聚兵糧於劍門、白帝，爲守禦之備。宋乾德三年王全斌伐蜀，發利州，至益光，即益昌，今昭化縣。得降卒牟進，言：「益光江東越大山數重，有狹徑名來蘇，蜀人於江西置柵守之，對岸有渡，路出劍門南二十里至青彊店與官道合，由此進兵，則劍門之險不足恃也。」康延澤曰：「蜀人併力守劍門，若令諸帥協力攻取，而命別將取來蘇達青彊，北擊劍閣，與大兵夾攻，破之必矣。」全斌從之，劍門遂下。蓋劍門控扼險阻，不容恃力以取也。晉張載劍閣銘曰：「巖巖梁山，積石峨峨。遠屬荆、衡，近綴岷、嶓。南通邛、僰，北達褒斜。狹過彭、碣，高踰嵩、華。惟蜀之門，作固作鎮。是曰劍閣，壁立千仞。窮地之險，極路之峻。」唐李德裕銘曰：「羣山西來，波積雲屯，地險所會，斯爲蜀門。層岑峻壁，森若戈戟，萬壑奔東，雙飛高闕。翠嶺中橫，黯然黛色，樹若雄屏，以衛王國。」德裕自注云：劍門當中有一岑，峻嶺橫峙，望若巨屏，此一峰最奇，而說者未之及也。王氏曰：「大劍山兩崖相對，劍門關在其上，北去陝西棧道六百餘里，西南去成都八百餘里，自古推爲天下之險。」三國時鄧芝曰：「蜀有重險之固，吴有三江之阻。」重險者，謂外有褒斜、子午之險，内有劍閣之隘也。三江，見南直大川。左思賦云：「阻以劍閣。」殷仲堪曰：「劍閣之隘，蜀之關鍵。」唐劉鳳云：「梁山之險，蜀恃爲外户。其山峭壁中斷，兩崖相嶔，如門之闢，如劍之植，故名劍門。」益州圖經云：「小劍山截野横天，奔峰倒地，挾楚包漢，呀秦擁蜀。大劍雖號天險，有阨塞可守，崇墉之間，逕路頗坦。小劍則鑿石架梁，飛閣成道，聳峭不容飛越，李白所云『一夫當關，萬夫莫開』者也。雖然，劉禪、蕭紀之徒，其如地利何哉？」

巫山。

巫山亦曰巫峽，在夔州府巫山縣東三十里，爲三峽之一，三峽，詳湖廣重險西陵。長一百六十里，所謂「巴東三峽巫峽長」也。戰國策：「蘇秦説楚威王曰：『西有黔中、巫郡。』」蓋郡據巫山之險，因以山名。後漢初荆邯説公孫述亦云：「倚巫山之固。」山在楚、蜀間爲巨障矣。江行記：「自巫峽東至西陵峽，皆連山無斷處，非亭午夜分，不見日月，風無南北，惟有上下，水經注謂杜宇所鑿以通江者。」圖經：「巫山抗峰岷、峨，偕嶺衡嶽。其羣峰凝結翼附，並出青雲，世傳巫山十二峰，曰望霞，曰翠屏，曰朝雲，曰松巒，曰集仙，曰聚鶴，曰浄壇，曰上昇，曰起雲，曰飛鳳，亦作「棲鳳」。曰登龍，曰聖泉是也。」下有神女廟。范成大吳船録云：「下巫山峽三十五里至神女廟，廟前灘尤洶怒。十二峰俱在北岸，前後映帶，不能足其數。十二峰各有名，俱不甚切。」陸游入蜀記「神女祠正對巫山，峰巒上入霄漢，山脚直插江中，說者謂太華、衡、廬皆無此奇。然十二峰不可悉見，所見八九峰，蘇轍巫山賦亦云：「峰連蜀以十二，其九可見而三不可見。」惟神女峰最爲鮮麗。巫峽之名，蓋因山以名峽也。蜀人以其在蜀東境，亦謂之東峽」云。

其大川則有岷江，

岷江出岷山北，舊志云：江源出羊膊嶺，一云出木塔山。今詳考二山，諸志俱未審也。或云松潘衛北大分水嶺即羊膊嶺，大抵皆岷山以北之支阜矣。經松潘衛西，又南經疊溪所西，復南流歷茂州及威州西，折而東南至灌縣，導流益多，包絡於成都府境而南入眉州界，經州東，又南歷嘉定州東，復東南流歷叙州府城北，又東北經瀘州城東，又東北歷重慶府南，又東經涪州北，復東北出經忠州城南，又東經夔州府城南，出巫峽而入湖廣界。志云：岷江亦曰汶江，亦曰都江，亦曰外水，其在州郡城邑間者，往往隨地立名，而都江、外水則岷江之通稱也。岑彭之攻公孫述也，泝都江而上，拔武陽。見眉州彭山縣。先主取益州，諸葛武侯自荆州來會，克巴東，今夔州府。至江州破巴郡，今重慶府。遣趙雲從外水定江陽、犍爲。今叙、瀘以西。晉桓溫伐李勢，取道外水。義熙初毛璩自益州東討桓振於江陵，使其弟瑾等將兵出外水。四年劉裕使劉敬宣討譙縱，敬宣遣别將温雅出外水。八年復使朱齡石討之，逕從外水取成都是也。自夔州上下亦謂之峽江。唐史：「中和二年賊帥韓秀昇等斷峽江路，西川帥陳敬瑄遣兵討之，不克。時車駕幸成都，斷峽江則荆、蜀路絶，王命不復行於東南，於是江、淮貢賦及雲安、涪井鹽運皆不至，公私窘迫。三年高仁厚討平之。」輿程記：「自江源至成都九百九十里，水不甚急。自瀘州以東，長川巨浸悉委於岷江，而波流益以浩衍，百石大船，止於瀘州。自瀘以西江水漸狹也。由瞿唐而下，謂之峽江。」郭仲産云：「峽江兩岸，重巖疊嶂，蔽日隱天。至於夏水襄陵，沿泝阻絶。王命急宣，有時朝發白帝，暮到江陵，其間千二百里，雖乘奔御風，不能及也。」餘詳見川瀆異同。

雒江，

雒江出成都府漢州什邡縣西北六十里之章山，逕州城北爲雁水，又東南有湔水來會焉。湔水出大江，自灌縣西湔堰分流，經崇寧、彭縣、新繁、新都至漢州南而會於雒。雒水南入新都縣界，有綿水來會焉。綿水出漢州綿竹縣紫巖山，逕德陽縣東，又南至漢州東，又南至新都東北而合於雒水。三水合流亦謂之郫江。又南歷金堂縣東南之金堂峽而爲金堂河。又東南歷簡州城東而爲雁水，亦曰牛鞞水。又東經資縣治南而爲珠江，亦曰資江。又東南經内江縣西而爲中江。又經重慶府榮昌縣之西界及敘州府富順縣之東而曰中水，亦曰金川。又東南流經隆昌縣南至瀘州城東而合於大江。雒江之名，亦隨境而更，而中水亦爲雒江之通稱矣。朱齡石之討譙縱也，分遣臧熹從中水取廣漢。沈約曰：「資江爲中水。」今由瀘州以北直抵漢州，固出奇之所矣。

涪江，

涪江出松潘衛北九十里之小分水嶺，東南流過小河所北，又東南逕龍安府東及江油縣北，又東南經劍州西南入成都府境，經彰明縣東，又歷綿州城東南，亦謂之綿水。又歷羅江縣治東北，亦謂之羅江水。又東南入潼川州境，過州城東，歷射洪縣東及遂寧縣城南，又東南入重慶府境，經銅梁縣北，定遠縣西南，至合州城東南而與嘉陵江合。又東南至府城北而東入於岷江。漢志注：「涪水過郡二，謂廣漢、巴郡也。行千六十九里。」後漢建武十一年岑彭討公孫述，使臧宮從涪水上平曲。見合州定遠縣。宮破延岑之兵，進拔綿竹，破涪城，拔繁、郪，與吴漢會於成都。建安十六年先主入蜀，至巴郡，由墊江水詣涪。墊江今之合州。蓋從墊江泝涪水徑上涪城也。十八年先主自葭萌進據涪城，益州從事鄭度謂劉璋：「莫若盡驅巴西、梓潼民內涪水以西，其倉廩野穀一皆燒除，高壘深溝，靜以待之。」璋不聽。晉義熙初益州刺史毛璩將東討桓振於江陵，分遣參軍譙縱等出涪水，縱等至五城水口見潼川州中江縣。遂作亂。四年，劉裕使劉敬宣討之。敬宣既入峽，遣巴東太守温祚等出外水，自帥大軍繇墊江轉戰而前，至黄虎，去成都五百里，譙縱悉衆守險，敬宣不能克。九年又遣朱齡石伐之，密勑齡石從外水取成都，而以别將從中水取廣漢，以疑兵從内水向黄虎。譙縱果重兵守涪城以備内道，齡石出其不意，而縱敗亡。沈約曰：「涪江爲内水。」庾仲雍云：「巴州江州縣對二水口，〔三〕右則涪内水，左則蜀外水。」是涪江爲内水也。由内水入涪城則已奪成都之險。故昔人重兵戍涪城，所以保涪之上游也。重兵戍墊江，所以保涪之下流也。涪江實中分益州之地，而可忽乎哉？

嘉陵江，

嘉陵江出陝西寶鷄縣大散關東之嘉陵谷，西流經漢中府鳳縣北，又西入鞏昌府徽州境，歷兩當縣及州之南境，又西南入漢中府寧羌州界，經略陽縣城南，又西南至州東而西漢水合焉。西漢水，詳陝西大川漢水。又南入保寧府境，經廣元縣西，又西南歷昭化縣東北而白水流合焉。白水，詳見陝西文縣。過縣界至劍州東境，又東南流經蒼溪縣南，歷府城西，又東南經南部縣東而入順慶府界，過蓬州西經府治東，又南經岳池縣西境入重慶府界，經定遠縣北境至合州城東北而渠江合焉。又經州城東南而涪江合焉。並流至府城北，又東南而入於岷江。亦曰漢水，以上流合西漢水也。亦曰閬水，以流注閬中也。亦曰巴水，以水流曲折也。亦曰渝水，以歷渝州而名也。即今重慶府。蓋嘉陵爲巴中之大川矣。

巴江，

巴江源出陜西南鄭縣南境之大巴嶺，入保寧府界，經南江縣南及巴州東南而入順慶府界，經蓬州儀隴縣東，又經州東北而東南歷營山縣，至廣安州渠縣北，又東合於渠江。渠江出夔州府達州太平縣東北之萬頃池，經州南而入渠縣界合於巴江。並流而南，經廣安州東曰篆水，亦曰洄水。又南歷鄰水縣西，至重慶府合州城東北而入於嘉陵江。又東南會於涪江至府城北，又東而入於大江也。通釋云：「自蜀而言，大江之外，其水有七：曰綿水，曰雒水，曰湔水，曰涪水，曰嘉陵水，曰巴水，曰渠水。七水合於江而江始大。」今按綿水、湔水入雒，而巴、渠合爲一水，則大江之外爲巨川者四而已矣。其出於徼外入中國而附於江者又不與焉。近説以岷、瀘、雒、巴爲四大川，故有四川之名，於義未安。

瀘水，

瀘水出黎州所西徼外，其源曰若水，山海經：「黑水之間有木名若，若水出焉。」水經注：「若水南經雲南之遂久縣，又東流合繩水、孫水、淹水、瀘水注於馬湖。昔黄帝長子昌意降居斯水爲諸侯，娶蜀山氏，生顓頊於若水之野，即此處也。」漢志注：「旄牛有鮮水，南入若水。若水亦出徼外，南至大莋入繩。」下流曰瀘水，一云西番境内有可跋海，周七十餘里，東南流出雲南者爲漾備水，出會川者爲瀘水。流經建昌行都司南，又南經會川衛西而入金沙江。其水深廣多瘴癘，夏月尤甚，故諸葛武侯以五月渡瀘爲艱也。漢元光五年司馬相如使西南夷，除邊關西至沫、若水。沫、若水即瀘水也。後漢建武十九年益州蠻相率叛亂，遣武威將軍劉尚發廣漢、犍爲、蜀郡人及朱提夷討之。尚渡瀘水入益州，大破棟蠶等羌。棟蠶，見雲南姚安府境內。蜀漢建興三年武侯討南中蠻，渡瀘水，出師表所云「五月渡瀘，身入不毛」者也。晉大寧初成李驤等寇寧州，刺史王遜遣將姚嶽敗驤於堂琅，追至瀘水，成兵争濟，溺死者千餘人。唐貞元四年吐蕃寇西川，發雲南兵數萬屯瀘北，西川帥韋臯以計却之，雲南兵遂引去。太平中李德裕帥西川，亦經營於此以拒南詔。其金沙江亦出吐蕃界，經雲南西北境今詳雲南大川。至會川衛界而合於瀘水。又東北流經東川府曰納彝江，亦曰黑水。又東北入烏蒙府亦名金沙江。又東北入馬湖府境，至府南曰馬湖江。又東入敘州府界，至府城東南而北注於岷江。通釋曰：「瀘水，蜀西南境之大川也。」

大渡河，

大渡河出雅州西北生羌界，一名沫水。史記：「司馬相如除邊關，關益斥，西至沫、若水。」此即沫水也。沫音妹。水經注：「沫水出廣柔徼外，東合青衣水入江。」通釋云：「大渡河一名羊山江，出鐵豹嶺。」羊一作「陽」。鐵豹嶺即岷山之異名也。流經雅州蘆山縣北，又西南流經黎州所西，折而東南經建昌行都司越嶲衛北境，東流入嘉定州界，歷峨眉縣南，至州城東南而入於大江。

自昔設險於此以禦蠻夷。蕭齊永明二年大度獠恃險驕恣，益州刺史陳顯達襲破之。唐長壽元年吐蕃酋長曷蘇率部落請内附，遣張玄遇將兵迎之。軍至大渡水西，曷蘇事洩，爲國人所擒。大曆末吐蕃、南詔寇西川，李晟追破之於大渡河。貞元十七年韋皐使黎州經略使王有道將兵過大渡河，深入吐蕃界。太和三年南詔將嵯顛入寇，陷邛州，徑抵成都，陷外郭，節度使杜元穎保牙城拒之。尋大掠而去，自大渡水南還。明年李德裕爲帥，築仗義城，以制大渡河、清溪關之阻。關見下。咸通二年南詔陷安南，復陷嶲州以牽制西南，西川帥蕭鄴率屬蠻鬼主邀敗之於大渡河。十年南詔陷嶲州，攻清溪關，官軍退屯大渡河北。蠻乘船筏争渡，官軍潰還，蠻遂陷黎、雅。十三年路巖帥西川，亦扼大渡河治故關。邛崍關也。乾符初復入寇，絙舟大渡河以濟，黎州刺史黄景復俟其半濟擊之，蠻敗遁，斷其浮梁。蠻以中軍旂幟當其前，而分兵潛出上下流各二十里，夜作浮梁，詰朝俱濟，襲破諸城栅。景復還黎州，設伏以待，蠻至敗却，追至大渡河南。會蠻歸至之羅谷，在越嶲衛南。遇國中發兵繼至，遂復寇大渡河，與唐夾水而軍。又自上下流潛濟，與景復戰連日，西川援軍不至，蠻衆日益，景復不能支，軍潰。南詔乘勝陷黎州。乾符二年高駢爲西川帥，至成都時，南詔方入犯至新津而還，駢遣騎追至大渡河，殺獲甚衆，修復邛崍關、大渡河諸城栅。五代梁乾化四年南詔寇黎州，王建遣王宗範等追敗之於大渡河，蠻走渡河，橋絶溺死者數萬人。宗範將作浮橋濟大渡河攻之，蜀主召還，自是蠻寇益少。宋乾德中以爲邊界，祝穆曰：「大渡河，唐西川要害也。大渡之戍一不守，則黎、雅、邛、嘉、成都皆擾。」宋初乾德三年王全斌平蜀，以圖來上，議者欲因兵威服越嶲，藝祖以玉斧畫此河曰：「外此吾不有也。」於是爲黎之極邊。昔時河道平廣，可通漕船，自玉斧畫後河之中流忽陷下五六十丈，水至此澎湃如瀑，從空而落，舂撞號怒，波濤汹湧，舡筏不通，名爲「噎口」，殆天設險以限中外。父老云：「舊有寨將欲載杉木板繇陽山入嘉定貿易，以數片試之，板至噎口爲水所舂没，須臾片片自沫水浮出，蠻人聞之益不敢窺伺。」政和末大理通貢，有上書乞於大渡河外置城邑以便互市，詔問得失，知黎州宇文常言：「太祖觀地圖畫大渡河爲境，歷百五十年無恙；今若於河外建城邑開邊隙，非中國之福也。」議遂寢。寶祐初蒙古忽必烈侵大理，出大渡河至金沙江。元至順初羅羅斯土官撒加伯以兵撤毁棧道，潛結西番，聚兵大渡河，進寇建昌以應雲南諸王禿堅等，尋擊平之。明初傅友德平西南夷設大渡河千户所，造舟以達建昌。曹震言：「建昌驛道經大渡河多死瘴癘，請置驛於峨眉。」蓋大渡之爲險要也尚矣。

青衣水。

青衣水出雅州蘆山縣東九里之蘆山，水經注云：「出於蒙山。」由雅州西境東北流經名山縣南而入洪雅縣界，縣屬嘉定州。歷眉州之丹稜縣，東南流歷青神縣東南而入嘉定州夾江縣界，又東至州西而合於陽江，即大渡河也。又東而入於大江。志云：沫水亦出蘆山，合於青衣，故青衣兼有沫水之稱。而大渡河下流曰陽江，亦名沫水，則沫水又青衣、大渡之通稱矣。通釋曰：「水出蠻中而附於江者，青衣也，羊山也，馬湖也。其出於郡邑之山澤者，則自岷、峨而下沿流以至於夔，不勝其衆。此數水者，蜀水接連荆、楚，源流之大略也。」

其重險則有鹿頭關，

鹿頭關在成都府漢州德陽縣北三十里鹿頭山上，南距成都百五十里，東西兩川之要道也。唐建中四年劍南西山兵馬使張朏作亂，入成都，鹿頭戍將叱干遂討平之。元和元年劉闢以西川畔，詔高崇文討之。闢城鹿頭關，連八栅屯兵拒守，崇文擊敗之。闢又置栅於關東萬勝堆，或謂之范勝山。崇文遣將高霞寓攻奪之，下瞰闢城，八戰皆捷。大將阿跌光顔引兵深入，軍於鹿頭關西，斷闢糧道，於是鹿頭、綿江諸將皆降，遂趨成都。中和元年黄巢亂關中，帝自興元幸蜀，西川節度使陳敬瑄迎謁於鹿頭關。四年楊師立以東川叛，高仁厚自西川進討屯德陽，師立遣將鄭君雄據鹿頭關拒之。仁厚曰：「攻之則彼利我傷。」因列十二寨圍之。既而悉衆陳於鹿頭關城下，君雄出戰，敗，遂棄關走，仁厚進圍梓州。光啓三年王建自閬州應田令孜之召詣西川，陳敬瑄復拒之。建怒，破鹿頭關，敗西川兵於綿竹，拔漢州。後唐同光三年李紹琛將前鋒伐蜀，至綿州，綿江浮梁爲蜀人所斷，紹琛謂李嚴曰：「吾懸軍深入，利在速戰，但得百騎過鹿頭關，彼且迎降不暇。」遂乘馬浮渡，襲入鹿頭關，進據漢州，蜀人迎降。杜甫鹿頭關詩曰「連山西南斷，俯見千里豁」〔四〕，又云「及兹險阻盡，始喜原野闊」，蓋自關以西道皆坦平，故西川恒恃此爲巨防也。

瞿唐關，

瞿唐關在夔州府城東八里，以瞿唐峽而名。峽在城東三里，或謂之廣溪峽，三峽之一也。瞿唐之名著而廣溪之稱隱矣。樂府解題曰：「瞿，盛也；唐，陂池也。言盛水其中可以行舟。」又云：夏則爲瞿，冬則爲唐。」瞿唐峽爲三峽之門，兩崖對峙，中貫一江，灩澦堆正當其口，於江心突兀而出。水經注：「白帝城西有孤石，冬出水二十餘丈，夏即没，秋時方出。諺云『灩澦大如象，瞿唐不可上，灩澦大如馬，瞿唐不可下』，蓋舟人以此爲水候也。」江行記：「灩澦堆亦謂淫豫堆，南史有云：「淫豫大如襆，瞿唐不可觸。」類要云：「淫豫大如鼈，瞿唐行舟絶；淫豫大如龜，瞿唐不可窺。」皆言必俟水候而後可進也。未安。上云大如象不可上，大如馬不可下，言水衰堆大難上，水大堆小難下也。即如襆、如鼈、如龜之謡，皆言水大難行，注語與謡抵牾，是未經目見，該會其意。亦謂之猶豫堆。益州記：「灩澦亦曰猶豫，言舟子取途不能决水脉也。」宋淳熙中有成鏞者，遣人垂繩墜石以約之，凡八十四丈，當夏時江漲，灩澦上水猶三十餘丈也。」范成大吴船録曰：「天下至險之處，瞿唐灩澦是也。每一舟入峽數里，後舟方續發，水勢怒急，恐猝相遇不可解析也。峽中兩岸高巖峻壁，斧鑿之痕皴皴然。而黑石灘最號險惡，兩山束江，驟起水勢，不能平也。」陸游入蜀記：「瞿唐關即故夔州，與白帝城相連。關西門正對灧澦堆，堆碎石積成，出水數十丈。土人云歲旱時石露大半，有三足如鼎狀。關城下舊有鎖水二鐵柱。唐天祐初時忠義節度趙匡凝并荆南地，因遣水軍上峽襲王建夔州，敗去。萬州刺史張武因請於王建，於夔東作鐵絙，絶江中流，立柵於兩端，謂之『鎖峽』。從之。」又宋景定五年守將徐宗武於白帝城下巖穴設欄江鎖七條，長二百七十七丈五尺，五千一十五股。又爲二鐵柱，各六尺四寸。此其故址矣。志云：瞿唐關即故江關，巴、楚相攻時置，漢有江關都尉治魚復。華陽國志：「江關舊在赤甲城，後移在江南岸，對白帝城故基，即今瞿唐關之江南岸矣。」後漢建武四年岑彭破田戎於彝陵，遂謀伐蜀，留馮駿軍江關。既而公孫述復使田戎出江關，招其故衆，欲取荆州，不克。九年公孫述復遣田戎等下江關擊破馮駿等軍，遂拔巫及彝道、彝陵，因據荆門、虎牙。詳見湖廣重險荆門。十一年岑彭等大破田戎於荆門，遂帥諸軍長驅入江關。或謂之捍關，捍關見湖廣長陽縣，然後志曰魚復有扞關，蓋即以江關爲扞關也。法孝直言：「魚復捍關，臨江據水，實益州禍福之門。」是也。三國志：「法正與劉璋牋曰：『魚復與關頭，實爲益州禍福之門，今二門悉開，堅城皆下。』」宋泰始三年以三峽險隘多寇賊，乃立三巴校尉鎮江關。又大江自瞿唐關而下謂之峽江，亦謂之鎖江。唐天復三年王建取夔、忠、萬、施四州，議者以瞿唐蜀之險要，乃棄歸峽，屯軍夔州。天祐元年山南東道趙匡凝遣水軍上峽攻王建，蜀夔州守將擊却之。五代梁乾化四年高季昌攻夔州，縱火舡焚蜀浮橋，蜀將張武舉鐵絙拒之，船不得進，會風反，焚溺甚衆。鐵絙即武所作也。先是峽上有堰，或勸蜀主乘夏秋江漲決之以灌江陵，毛文錫曰：「高季昌不服，其民何罪？」乃止。後唐同光三年伐蜀，命荆南高季興分道前進，自取夔、忠、萬三州。季興嘗欲取三峽，畏蜀峽路招討使張武威名，不敢進，乘唐兵勢，自將上峽取施州，進至鏁江，復爲張武所敗，遁走。宋乾德二年遣劉光義等伐蜀，以地圖指鏁江曰：「我軍泝流至此，慎勿以舟師争勝。」明初伐蜀，命湯和等由瞿唐趨重慶。時夏人守瞿唐，以鐵索横斷關口，又於鐵索外北倚羊角山，南倚南城寨，鑿兩岸壁引繩爲飛橋，嚴爲守備。和克歸州而進，至夔州大溪口，分遣别將一出赤甲山逼夔州，一出白鹽山下逼夔州南岸攻其南城山寨，而自引軍攻其飛橋，皆不利，引還。旋自白鹽山伐木開道，由紙牌坊溪在府東十里。趨夔州。廖永忠帥所部兵先至舊夔州，即白帝城。敗蜀兵，乃進兵瞿唐關，密遣奇兵舁小舟踰山渡關，出上流，乃率精鋭出黑葉渡，以一軍攻其陸寨，一軍攻其水寨，陸寨先破，上流兵適至，下流舟師合進，瞿唐之險遂下。入其夔州，湯和亦至，於是和帥步騎，永忠帥舟師，乘勝抵重慶，沿江州縣望風奔附，而明昇出降矣。瞿唐爲蜀境東户，不亦信哉？

臨關，邛崍關附。

臨關在雅州蘆山縣西北六十里，漢靈關道，屬越嶲郡。亦曰零關。史記：「司馬相如通零關道，橋孫水以通邛都。」其書有曰「鏤零山」，張揖云：「漢鑿開靈山道是也。」漢書注：「靈山有限孔四，一名鏻靈山。」後漢延光二年旄牛夷人畔，攻零關，益州刺史張喬擊破之。華陽國志：「蜀王開明以靈關爲前門。」蜀都賦云「闢靈關以爲門」，即此也。唐貞元中韋臯攻吐蕃，分兵出西山靈關。關蓋控扼之要地矣。蜀志云：「蜀以劍閣爲前門，靈關爲後户。」寰宇記：「縣北二十里有靈關山，峰嶺嵯峨，旁夾大路。下有三峽口，闊三丈，長二百步，通蠻貊之鄉，入白狼夷界。」一統志：「今關甚險，一人守之，可以禦百。」正統初以其外臨董卜韓胡界，因改靈關曰臨關。自關而西南又有邛崍關，相距百四十里，並爲西面之險。志云：邛崍關在雅州滎經縣西八十里，以邛崍坂而名。圖經：「坂在縣東四十里，本名邛筰，故邛人、筰人分界處也。」亦曰邛棘山，山巖阻峻，縈紆百有餘里。關當西麓垂盡，憑高瞰遠，實爲中外之防。漢文帝六年廢淮南王長，徙之嚴道邛郵，蓋於邛崍置驛矣。山有九折坂，路艱險，登者回曲九折乃得上。漢王陽爲刺史，行部至此，言念先人而嘆息；後王尊至此，願爲忠臣而慷慨。今坂下有叱馭橋，亦名忠孝橋，以是矣。隋大業十年始置關，唐中葉以降西南多事，關遂爲重地。貞元初南詔異牟尋與吐蕃合兵入寇，一趨茂州踰汶川擾灌口，一趨扶、文掠方維、白壩，一侵黎、雅寇邛崍關，尋敗還。大和三年南詔晟豐祐入寇，蜀將尹樞保邛崍關，率衆出關迎戰，遇伏敗死，蠻遂犯成都。五年李德裕帥西川，修邛崍關以扼蠻險。咸通二年南詔寇嶲州，攻邛崍關。十年南詔攻清溪關，逾大渡河，陷黎州，入邛崍關，圍雅州，寇邛州。乾符初復破黎州，入邛崍關，進掠成都。明年高駢帥西川，逐蠻出大渡河，收邛崍關，復取黎州。五代梁乾化四年南詔寇黎州，蜀主王建遣王宗播等出邛崍關，大破之。李心傳曰：「關南去黎州六十里，祝穆云關南去嶲州九百里。自大渡河而北，關實當其衝要」云。

清谿關。

清谿關，在黎州所南百三十五里，大渡河南。洪源志：「關在黎州西南界，又南七百二十里至嶲州。」其地連山帶谷，夾澗臨溪，倚險結關，恃爲控禦，西南夷入犯此其必經之道也。唐至德初南詔閣羅鳳乘亂陷越嶲會同軍，見會州衛。據清谿關。貞元四年吐蕃合雲南兵入寇，繼而雲南兵至瀘北引去，吐蕃攻兩林、驃旁及東蠻，又分兵寇清溪關及銅山，韋皐遣黎州刺史韋晉與東蠻連兵破蕃於清溪關外。未幾，吐蕃復寇清溪關，又分兵攻東蠻，韋皐命晉鎮要衝城督諸軍禦之，復遣嶲州將劉朝彩出關連戰，大破之。新唐書：「韋皐鑿清溪關以通好南詔，自此出邛部經姚州而入雲南，謂之『南路』，爲唐重鎮。」蓋清溪關已没於南詔，皐收復之也。大和四年李德裕爲西川帥，上命修塞清溪關以斷南詔入寇之路。德裕言：「通蠻細路最多，不可塞，惟重兵鎮守可保無虞。」德裕謂：「黎、雅得萬人，成都得二萬人，則蠻不敢動。」又言：「議者聞一夫當關之説，謂清溪可塞。臣訪蜀老將，清溪之旁大路有三，其餘小徑無數，皆東蠻臨時爲之開通，若言可塞，則是欺罔朝廷。須於大渡水北更築一城，迤邐接黎州，以大兵守之方可。」既而德裕徙關於中城，近越巂衛東北境。西南有昆明軍，西有寧遠軍，築九城，自清溪關南逕大定城，又三百五十里而至臺登，於是關不果塞。〔五〕咸通十年南詔寇巂州，定邊鎮將時分西川置定邊節度於邛州。安再榮守清溪關。蠻攻之，再榮退屯大渡河北，與蠻隔水相射。蠻密分軍伐木開道踰雪坡至沐源川，雪坡，在峨眉縣界。沐源川，今馬湖府沐川長官司。尋渡青衣江，陷犍爲，焚掠陵、榮二州境。唐史：「時南詔酋世隆自將侵巂州，攻清溪關，戍將絶大渡河走，諸屯皆退保北涯，蠻於是攻黎州。乾符二年高駢帥西川，復戍清溪等關。」五代時關没於蠻。祝穆曰：「唐長慶二年韋齊休從使雲南還，謂雲南所以能爲唐患者，以開道越巂耳。若自黎州之南，清溪關外盡斥棄之，疆埸可以無虞，不然憂未艾也。」及唐之亡，禍果由此。宋棄巂州不守，而蜀遂無邊患。土夷攷「今越巂衛東北二百二十五里有古隘堡，其南隘廣不盈丈，兩岸壁立千仞，峽內溪流淙淙，即古清溪關也。舊志：關去臺登五百五十里。或云去建昌衛五百里。德裕所置琉璃、仗義二城亦在其處」云。

按四川介在西偏，重山疊嶺，深溪大川，環織境内，自相藩籬。且渝、夔東出則據吴、楚之上游，利、閬北顧則連褒斜之要道，威、茂、黎、雅足控西番，馬湖、敘、瀘以扼南僰，自昔稱險塞焉。秦人併巴、蜀，益以富强。漢開西南夷，邊壤益斥。天下有事，奸雄輒睥睨於此焉。豈非以山川襟束，足以固守歟？諸葛武侯言：「益州隘塞，沃野千里，天府之土。」張華言：「蜀漢之土，與秦同域，南跨邛笮，北阻褒斜，西即碉礙，隔以劍閣，窮險極峻，獨守之國也。」晉元康以後，其地入於巴氏。咸康七年慕容皝使劉翔至建康，翔曰：「今王師縱未能澄清北方，且當從事巴、蜀。一旦石虎先人舉事，并李壽而有之，據形便之地以臨東南，雖有智者不能善其後矣。」太元三年苻堅遣兵寇襄陽，既而欲自將攻之，梁熙諫曰：「晉江山險固，易守難攻，必欲廓清江表，宜引關東之兵南臨淮、泗，下梁、益之卒東出巴峽。」蓋東南噤領，嘗在巴、蜀矣。後唐同光初荆南帥高季興入朝，唐主問季興用兵於吴、蜀二國何先？季興曰：「宜先伐蜀，克蜀之後，順流而下，取吴如反掌耳。」宋牟子才言：「重慶爲保蜀之根本，此就江道言之。嘉定爲鎮西之根本，夔門爲蔽吴之根本，然而巴、蜀之根本實在漢中，詳陝西漢中府總論。未有漢中不守而巴、蜀可無患者也。故昔人謂東南之重在巴、蜀，而巴、蜀之重在漢中。」宋人保東南，備先巴、蜀，及巴、蜀殘破，而東南之大勢去矣。志稱蜀川土沃民殷，貨貝充溢，自秦、漢以來迄於南宋賦税皆爲天下最。又地多鹽井，朱提出銀，嚴道、邛都出銅，武陽、南安、臨邛、江陽皆出鐵。漢置鹽鐵官。鄧艾破蜀，議煮鹽興冶爲軍農要用，〔六〕併作舟船爲順流伐吴之計，蓋功雖成於王濬，而規模實自艾創之也。後唐天成三年孟知祥與董璋爭鹽利。胡氏曰：「唐之盛時邛、眉、嘉有鹽井十五，屬西川；梓、遂、綿、合、昌、渝、瀘、資、榮、陵、簡有鹽井四百六十，〔七〕屬東川。東川鹽利多於西川者數倍，故知祥爭之也。」今土地比於唐、宋之舊豈少殺歟？鹽井之迹豈盡堙歟？銅鐵之饒豈衰歇歟？向之供億幾半天下者，今境内之資儲乃虞不給，何歟？或者曰風氣變遷，吾未敢信也。

校勘記

〔一〕會川衛　「川」，底本原作「井」，今據職本、鄒本及明志卷四三改。

〔二〕與圖南腹背擊烏奴　「腹」，底本原作「覆」，誤，今據南齊書卷五一崔慧景傳改。

〔三〕江州縣　底本原作「江川縣」，今據職本及漢志卷二八上改。

〔四〕杜甫鹿頭關詩　據全唐詩卷二二八、杜詩鏡詮卷上，杜甫此詩題爲「鹿頭山」，非「鹿頭關」。又下文「始喜原野闊」，底本「原」作「源」，今亦據鄒本及全唐詩改正。

〔五〕於是關不果塞　底本原脱「塞」字，今據職本、鄒本補。

〔六〕議煮鹽興治　「治」，底本原作「冶」，今據職本、鄒本改。

〔七〕有鹽井四百六十　「鹽井」，底本原作「井田」，今據鄒本改。

讀史方輿紀要卷六十七

四川二

成都府，東至潼川州三百六十五里，東南至重慶府九百五十里，南至眉州百八十里，西南至邛州三百十里，西至雜谷安撫司七百里，北至龍安府四百八十里，自府治至京師一萬四百五十里。

禹貢梁州之域，夏、商以後爲蜀國。秦滅蜀置蜀郡，漢因之，武帝兼置益州。王莽改益州曰庸部，蜀郡曰導江，治臨邛。以公孫述爲導江卒正，述據蜀郡成都，又改益州爲司隸，蜀郡爲成都尹。後漢仍曰蜀郡。三國漢都於此。于益州置牧，蜀郡置守，並治成都。晉武帝改蜀郡爲成都國，尋復舊。宋、齊以後益州及蜀郡並治此。隋郡廢州存，隋志：「後周置益州總管府，開皇二年改西南道行臺，明年復置總管府，大業初府廢。」煬帝復改益州爲蜀郡。唐又爲益州，舊唐書：「武德初置總管府，三年改爲西南道行臺，九年又改爲都督府，龍朔二年升大都督府。」天寶初復爲蜀郡，至德二載升成都府并建南京，改成都守爲尹，以上皇幸蜀也。時又分劍南爲東、西兩川，此爲西川節度使治，後分合不一。詳見州域形勢。又新唐書：「成都城內有天威軍，乾元二年置，元和三年改曰天征軍。」上元初罷京而府不改。五代因之。前、後蜀皆都此。宋太平興國六年降爲益州，端拱初復曰成都府，亦爲西川節度，又成都府路治於此。淳化五年仍降爲州，嘉祐五年復故。元曰成都路。至正中明玉珍僞改曰成都刺史府。明曰成都府。領州一，縣二十五。今仍爲成都府。

府山川重阻，地大而要。戰國時司馬錯説秦惠王伐蜀曰：「取其地足以廣國也，得其財足以富民繕兵。」諸葛武侯亦云：「益州險塞，沃野千里，天府之土是也。」自秦取蜀，因蜀攻楚，楚繇以亡。漢高資巴、蜀之力戰勝滎陽、成皐間，卒有天下。故取天下之規，常在巴、蜀。公孫述之據蜀也，北連秦、隴，東逼荆州，號爲盛强。諸葛武侯用巴、蜀，北出秦川，魏人騷動。晉李雄竊成都，亦能北收漢中，東取夔峽，南并寧州。是故蜀之險，弱則足以自固，强則足以伐人。晉人藉之以并吴，隋人資之以亡陳，唐亦繇此以平蕭銑，其與秦之攻楚同一揆也。王建之據蜀號爲完固，孟氏因其轍亦足以自守，元末明玉珍有蜀，擅威命者且數年。説者謂自公孫述以下未聞有以蜀興者，意者地僻而險，與中原懸隔，不足以出奇制勝歟？然吾觀漢高以後，未見有雄才大略足以相絜者，惟武侯能以漢用蜀，而時不吾與，天不假年，卒困於一隅耳。公孫述、李雄之徒，上之不過攘竊之雄，下之不過窺覦之智，故幸則易世而亡，不幸則及身而敗。故曰險可恃也，而不可恃也。嗟乎！劍門失守則夕樹降旗，陰平已踰則朝纓白組，瞿塘不閉則樓舡颷集，清溪無阻則鑾弩星馳，成都之險不在近郊而在四境之外也。雖然劉禪而閉城清野，鄧艾何必非坐縛之師？羅尚而撫士恤民，李氏豈遂爲益州之主？成敗之機，存乎其人，又安可一律論哉？

水利考曰：「府大江繁流，民殷土沃。」史記河渠書：「於蜀，蜀守李冰鑿離堆，避沬水之害，沬者，水石相衝激之名。穿二江成都之中。」今大江自松潘疊溪而入茂州界，西南歷威州轉而東，經汶川縣南，又東南經灌縣西北，又東南流出灌口，過崇慶州新津縣而入眉州境者，此汶江之正流也。成都人名之曰南江。其自灌縣西北離堆薄灌城而東北注，歷新繁西南，郫縣南及府城南而會於新津之大江者，此秦李冰所鑿石犀渠也。成都人謂之北江。亦曰郫江。北江又分爲兩：出灌縣東北寶瓶口，又穿三泊洞而北注，經崇寧、彭縣、新繁、新都而入漢州雒水，東南流爲金堂河者，所謂湔水也，成都人名之曰外江。其自寶瓶口直東入五斗口，東北經崇寧、温江、郫縣、新繁、新都界內，過府城北折而南，會府城前江，前江，府城南之北江也。經雙流入眉州合於大江者，成都人謂之內江，亦曰流江，此成都府境之內江、外江也。宋史：「秦李冰於離堆都江口置大堰，疏北流爲三：東曰外應口，即北江也；東北曰三石洞口，即外江也；東南曰馬騎口，謂石洞口之東南。即內江也。自三流而下，派別支分，爲渠堰不可悉數。」都江考：「都江口置大堰，疏北流爲三：曰外應，溉永康之導江，成都之新繁，而達於懷安之金堂；東北曰三石洞，溉導江與彭之九隴、崇寧、濛陽而達於漢之雒；東南曰馬騎，溉導江與彭之崇寧，成都之郫、温江、新都、新繁及成都、華陽。」又云：「都江口分三流而下，派別支分，不可悉紀，其大者十有四：自外應而分曰保堂，曰倉門；自三石洞而分曰將軍橋，曰灌田，曰雒源；自馬騎而分曰石址，曰豉彘，曰道溪，曰東穴，曰投龍，曰北，曰樽下，曰玉徙。而石渠之水則自離堆別而東，與上、下馬騎乾溪合。凡爲堰九：曰李光，曰膺村，曰百丈，曰石門，曰廣濟，曰顏上，曰弱水，曰濟，曰導，皆以堤攝北流，注之東而防其決。離堆之南實支流故道，以竹籠石爲大堤，凡七壘。」古今集記：「李冰鑿離堆山以避沫水之害，穿三十六江，灌溉川西南十數州縣稻田。」隄堰志：「自神禹導江正源至石紐出汶川而南，其北無水。秦昭襄王時蜀守李冰鑿離堆虎頭，於江中設象鼻七十餘丈，首闊一丈，中闊十五丈，後闊十三丈。指水十二座，如象鼻狀。大小釣魚護岸一百八十餘丈，橫瀦洪流，故曰都江。以分岷江之水北折而東，灌溉田疇以億萬計，蜀用富饒。離堆之址，舊鑱石爲水則，則盈一尺至十而止，水及六則流始足用，過則從侍郎堰減水河泄而歸諸江。侍郎堰見灌縣。自北引而南，準水則第四以爲高下之度。」故益州記曰：「水旱從人，不知饑饉，沃野千里，世號陸海，謂之天府也。」江道既分，水復湍暴，沙石填委，多成灘磧，歲暮水落，築堤壅水上流，春正月役工濬治。凡諸堤堰，歷代皆歲修之，以爲民利。其塘堰多民自修，獨離堆設立都江堰，在岷江中流，官費歲至巨萬。元人用鐵石立堰爲石門，以時啓閉，公私賴之。元志：「秦時蜀守李冰鑿離堆，分江以灌川蜀，民用富饒。至元時衝薄蕩嚙，大爲民患，有司以故事歲治隄防，凡百三十有三所，役費無已。元統二年僉四川肅政廉訪司事吉當普巡行周視，〔一〕得要害之處三十二，餘悉罷之。乃徵工發徒，甃之以石。至元元年肇事於都江堰，堰即分水之源也。鹽井關限其西北，水西關據其西南，江南北皆東行。北舊無江，冰始鑿以避沬水。中爲都江堰，少東爲大、小釣魚，又東跨二江爲石門，以節北江之水。又東爲利民臺，臺之東南爲侍郎、楊柳二堰，其水自離堆分流入南江。南江東至鹿角，又東至金馬口，又東過大安橋入於成都，俗稱大皂江，此江之正源也。北江少東爲虎頭山，爲鬬鷄臺。臺有水則，并記治之法，皆冰所爲也。又東過凌虚、步雲二橋，又東至三石洞，釃爲二渠。其一自上馬騎東流過郫入於成都，古謂之內江，今府江是也。其一自三石洞北流過將軍橋，又北過四石洞，折而東流過新繁入於成都，古謂之外江。此冰所穿二江也。南江自利民臺有支流東南出萬工堰，又東爲駱駝口，又東爲碓口，繞青城而東，鹿角之北涯有渠曰馬壩，東流至成都入於南江。渠東行二十餘里，水決其南涯四十有九，每歲疲民以塞之，乃自其北涯鑿二渠與楊柳渠合，東行數十里復與馬壩渠會，而渠成安流。自金馬口之西鑿二渠合金馬渠，東南入於新津江，罷藍澱、黄水、千金、白水、新興至三利十二堰。北江三石洞之東爲外應、顏上、五斗諸堰，外應、顏上之水皆東北流入外江，五斗之水南入馬壩渠，皆內江支流也。外江東至崇寧，亦爲萬工堰。堰之支流，自北而東爲三十六洞，過清白堰東入於彭、漢之間。而清白堰水潰其南涯，延袤三里餘，有司因潰爲堰，堰輒壞，乃疏其北涯舊渠，直流而東，罷其堰及三十六洞。至於嘉定之青神有鴻化堰，成都又有九里堤及崇寧之萬工堰，彭之堋口、豐潤、千江、石洞、濟民、羅江、馬脚諸堰，皆授之長吏，以時奏工。諸堰之役，都江及利民臺最大，侍郎、楊柳、外應、顏上、五斗次之，鹿角、萬工、駱駝、碓口、三利又次之。而都江居大江中流，尤難即工。其間或疏舊渠以導流，或鑿新渠以殺勢，遇水之會則爲石門，其啓閉以時，凡智力所及無不爲也。凡五越月而告成，所溉十二縣之民，咸歌舞焉。」明復爲之繕理，成化九年、弘治九年皆以次增修，嘉靖三十年復鑄鐵牛壅砌都江堰址。萬曆三年堰壞，復置鐵柱修復。是後以時濬治。盧翊曰：「元人肆力於堰，無復李冰深淘灘之意。假令砂石壅積，水不得東，雖鎔金連障無益也。矧所謂鐵龜鐵柱者，曾未幾何，輒震蕩堙没，茫無可賴哉。余謂宜事灘磧以導其流，堰則一仍民便而已。」其治之之法，無踰李冰所題「深淘灘，淺作堰」兩言而已。

成都縣，附郭，在府治西北。春秋時蜀侯所理，秦惠王二十七年始置成都縣，漢末益州治此，晉以後因之。自唐以來俱爲州郡治。編户二十四里。

華陽縣，附郭，在府治東南。本成都縣地，唐貞觀十七年分置蜀縣，並治郭下，乾元初改曰華陽。編户十七里。縣今省。

成都城，府城舊有太城，有少城，有子城，又有羅城。太城，府南城也，秦張儀、司馬錯所築，一名龜城。俗傳儀築城未立，有大龜出於江，周行旋走，隨而築之，城因以立也。少城，府西城也，惟西南北三壁，東即太城之西墉。昔張儀既築太城，後一年又築少城。蜀都賦「亞以少城，接於其西」，謂此也。晉時兩城猶存，益州刺史治太城，成都内史治少城。元康元年詔徵刺史趙廞爲大長秋，以成都内史耿滕代之。廞謀作亂，據太城未去，滕入州，廞遣兵逆之，戰於西門，滕敗死。太安二年李特攻羅尚於成都，取少城，既而尚襲殺之。特子雄尋復入少城，尚退保太城。永和三年桓温平李勢，平少城。張詠創設記：「張儀築蜀郡城，方廣七里，從周制也。分築南北二少城以處商賈，少城之迹今湮。隋開皇初封子秀爲蜀王，因附張儀舊城增築南西二隅，通廣十里，亦曰少城，時因謂太城曰子城，其後少城復毁。」唐史：「咸通十一年南詔寇西川，西川民争走入成都，時成都但有子城而無濠，湫隘填溢，公私困憊。

乾符三年高駢帥西川，展築羅城，周二十五里。蜀土疏惡，以甓甃之，環城十里内取土，皆剗丘垤平之，毋得爲坎埳以害耕種。役者不過十日而代，衆樂其均，城成名曰太玄，城南門樓曰太玄樓。」後唐天成二年孟知祥於羅城外增築羊馬城，周四十二里。宋皇祐五年程戡知成都，增修羅城，建炎初守臣盧法原復修築，紹興中王剛中帥蜀亦增修之，乾道中范成大帥蜀亦復營葺。明初因舊址增修。華陽國志：「張儀、張若城成都，周迴十二里，更於彝里橋南立錦官。錦官者，猶合浦之珠官也。今城南名錦官城，城西名車官城，蓋舊時城四面皆有軍營壘舍也。又芙蓉城，或曰孟蜀官院城，後主昶盡種芙蓉於城上，謂左右曰：「此誠錦城矣。」又周地圖記云：「漢元鼎二年太城立九門，少城立九門，故有十八郭門之稱。」後漢初討公孫述，臧宫軍咸門，又入小雒郭門。咸門，北面東頭門也，其北面西頭門曰朔門，或以爲即小雒門；皆秦時舊門，漢列於十八門者也。其東有陽城門，左思賦云：「結陽城之延閣，飛觀榭乎雲中。」又西有宣明門，益州記：「宣明門樓即故張儀樓，重岡複道，跨陽城門是也。」南曰江橋門，大江水所經也。稍西曰市橋門，漢舊州市在橋南，橋下即石犀所潛淵，亦曰石牛門也。其北曰咸陽門，謂道出咸陽。或曰陽城諸門，蜀漢時更名也。唐高駢築羅城，開十門，上皆有樓。西南曰小市橋門，東南曰小東郭門。又有東閶等門，大順初王建攻陳敬瑄，營於東閶門外是也。又有義興門，相傳王建時宫南門也。明初爲五門，東曰迎暉，南曰中和，西曰清遠，北曰大安，其小西門曰延秋。洪武二十五年塞小西門，今存四門，俗止呼東西南北門。宣德以後，屢經修築，今城周二十里有奇。

西平城，在府南。晉安帝時以秦、雍流民立懷寧郡，寄治成都，初屬南秦州，宋元嘉十六年改屬益州。其屬有西平縣，亦寄治成都城外，遂爲實土。蕭齊因之。梁天監初鄧元起爲益州刺史，劉季連先在益州，不受代，治兵相攻，元起進屯西平，又進屯蔣橋，距成都二十里。後周郡縣俱廢。又始康廢郡，亦晉安帝時以關、隴流民置，領始康等縣四。又晉熙廢郡，亦晉安帝時以秦州流民置，領晉熙等縣二。又宋興廢郡，宋元嘉十一年免建平營置，領南漢等縣三。又宋寧廢郡，亦元嘉十一年免吳營僑置，領欣平等縣三。齊、梁因之，後周俱廢。

廣都城，府南四十五里。唐所置也，今入雙流縣界。其東北十五里有漢廣都城，漢元朔二年置縣，屬蜀郡。蜀本紀：〔二〕「蜀王本治廣都之樊鄉。」又蜀號三都者，成都、新都、廣都也。王莽置就都大尹於此。後漢建武十一年岑彭討公孫述，拔武陽，使精騎馳擊廣都，去成都數十里。十二年光武勅吳漢曰：「直取廣都，據其心腹。」吳漢遂拔廣都據之，與述戰於廣都、成都之間，八戰八克，遂軍成都郭中。尋亦爲廣都縣，晉移治於今之雙流縣，故城遂廢。武陽，見眉州彭山縣。郡志：廣都縣北十五里又有晉廣城，建置未詳。

犀浦廢縣，府西五里。唐垂拱二年析成都縣置，屬益州。大順初王建攻成都，陳敬瑄分兵布寨於犀浦、郫、導江等縣以拒建是也。宋熙寧中廢爲犀浦鎮，屬郫縣。宋志：「犀浦鎮有廢始興郡城及晉興縣城，或南北朝時所僑置。」又靈泉廢縣，在府東五十里。唐久視初置東陽縣，屬益州，天寶初改曰靈池，宋天聖四年又改爲靈泉縣，元廢。成都記「府治北三里有赤塗城，相傳李特所築」云。

武擔山，府治北。廣僅數畝，高七丈許，上有立石瑩潔，號曰「石鏡」。蜀紀：武都女子爲蜀王開明妃，不習水土而死，王遣武丁於武都山擔土爲冢處也。」一名武都山，漢昭烈即位於武擔之南，即此。明蜀府建於其陽，有磚城，周五里。○星宿山，在城北。唐咸通十一年南詔寇成都，分兵拒援兵於新都，將軍宋威大破之，蠻退保星宿山。五代梁開平二年蜀王建講武於星宿山，步騎三十萬，即城北之昇仙山矣。志云：城西有西山，一名雪嶺。

學射山，府北八里。蜀漢後主嘗習射於此，因名。唐光啓三年王建攻陳敬瑄，拔漢州，進軍學射山，又敗西川將勾惟立於蠶此。志云：山一名威鳳山，一名石斛山，山東南有蠶此鎮。九域志成都縣有蠶此鎮，是也。○天回山，在府北二十里。蜀紀云：「以杜宇自天而降，號曰天隳。」及玄宗幸蜀，返蹕時經此，土人呼曰天回山。下有天回鎮。又六對山，在府南五十里。五代末蜀後主昶自新津縣修覺山回至廣都，見十二峯，有三峯六對之語，因名。又龍華山，在府西南四十五里，濱江特峙，前有石崖。

鷄鳴原，在城南。宋咸平三年知蜀州楊懷忠攻益州賊王均，敗之。乘勝逐賊，至城南十五里，砦於鷄鳴原以待王師，即此。

郫江，府城南十里。大江之支流也，亦曰汶江。自灌縣分流，經郫縣，歷府城西折而南，又東合於流江，亦謂之內江。杜預益州記：「郫江爲內江，流江爲外江。」是也。又名石犀渠，相傳李冰導江穿渠，作石犀五以厭水，因名。後漢建武中吳漢乘利逼成都，去城十餘里，阻江北營作浮橋，使別將劉尚屯江南爲營，相去二十餘里。公孫述遣將謝豐等攻漢，而別遣兵劫尚，使不得相救。漢潛師就尚於江南，大戰，斬豐等。江即石犀渠也。晉永寧元年李特據廣漢，進攻益州刺史羅尚於成都，尚屢敗，乃阻長圍緣郫水作營，連延七百里。載記「尚緣水作營，自都安至犍爲七百里」，蓋自郫江南達大江，緣水爲險也。既而特潛渡江擊尚，水上軍皆散走，蜀郡太守徐儉遂以少城降，特入據之。

或據水經注以綿水爲尙所阻之郫江，誤矣。括地志：「郫江一名永平江。」又唐置犀浦縣，蓋以渠名也。今成都人或謂之北江。郡志：府治西四里有都江，宜造粉，亦名粉江，蓋亦郫江之異名矣。

流江，在府城北。亦自大江分流，由灌縣東北經新繁縣，又東過府城北，折而南，至府東南十餘里合於郫江。一名外江，又名清遠江。宋咸平三年王均據益州，雷有終討之，敗賊於昇仙橋東。官軍進至清遠江，爲浮橋而渡，築壘於城北門外，收羊馬城，進逼羅城。別將秦翰，又於城北魚橋列築土山，賊敗走。俗亦名走馬江，亦合於郫江，通謂之「二江」。漢志：「李冰穿二江成都中。」風俗通：「冰爲蜀守，開成都兩江，溉田萬頃，皆可行舟。」括地志：「二江合於城之東南，岸曲有合江亭。」元豐志：「二江舊皆從城西入，唐高駢築羅城，遂從西北作縻棗堰，塞故瀆，更鑿新渠，導外江繞城西而北，內江繞城西而南，下流仍合於舊渚。」舊渚者，合江亭也。寰宇記：「二江合流亦名錦江，蜀人以此水濯錦鮮明也。」山堂雜論曰：「外江、內江之名，前後凡三見。大江爲外水，涪爲內水，此不易者也。湔水入雒爲外江，流江入江爲內江，此自成都府言之也。郫江對大江而言，則大江爲南江，郫爲北江，對流江而言，則流江又爲外江，郫爲內江。此即成都一城言之也。流江實兼內、外之稱，各因所指立名，似相雜而實不相溷也。又二江之源，皆自西來，地勢高，時有水患，五代唐廣順二年蜀大水，溢入成都，漂没千餘家，宋、元以來皆增築堤堰，以時節宣，然後二江順規，經雙流而南，下流仍合於大江。」

金水河，在府城內。志云：唐白敏中所開，環絡街市，謂之禁河，其後相繼開濬。吳師孟導水記云：「唐高駢築羅城，堰縻棗，分江爲二道，環城而東，惟餘一脉於西北隅城下之鐵窗潛流入城，歲久遂絶。宋天禧中王覿知成都，博訪父老，於城北隅得鐵窗石渠故址，循渠而上十里許，至曹波堰，接上游溉餘之棄水，於是導之自西門循大逵而東，注於衆小渠，又西南隅至窯務前閘，南流之水自南鐵窗入城，於是二渠既釃，股引而東，派別爲四大溝，脉散於居民夾街之渠，而輻輳於米市橋之瀆，又東匯於東門而入江，民以爲便。久之復塞，大觀初席旦復疏導之。宣和末旦子益以舊渠堙廢，旱潦皆爲患，復修築城西外堤，引江水入城如故，作三斗門節之，并議歲加修治，蓋即禁河也。明初建蜀府於河陽，改名金水。志云：内江之水分流入城爲金水河是也。

摩訶池，在府城内。隋開皇中欲伐陳，鑿大池以教水戰。成都記：「池在張儀子城内，隋蜀王秀取土築廣子城，因爲池，有胡僧見之曰：『摩訶宫毘羅。』梵語謂摩訶爲大宫，毘羅爲龍，言此池廣大有龍也。唐咸通十一年南詔入寇西川，民争入成都，時成都但有子城而無濠，又乏水，取摩訶池泥汁澄而飲之。蜀王建武成元年改爲龍躍池，永平三年太子元膺作亂，敗奔龍躍池。後主衍建宣華苑於池上，又改爲宣華池。」渭南集云：「摩訶池入蜀王宫中，〔三〕泛舟入池，曲折十餘里。」至宋世蜀宫後門已爲平陸，然猶呼爲水門也。明以其地填爲蜀藩正殿，西南尚有一曲水光漣漪云。胡氏曰：「池在今成都縣東南十二里。」郡志又云：在東南二十里。似悮。

萬歲池，志云：在府治北十里。張儀築城，取土於此，因以成池，廣袤數十里。唐天寶中刺史章仇兼瓊築隄積水溉田，歲久瀫淤。宋紹興中制置使王剛中復疏之，民賴其利。池南百步有官源渠堤百餘里，唐天寶二載成都令獨孤戒盈所築也。又千秋池，在華陽縣治東五里，相傳亦張儀所鑿。諺曰：「東千秋，北萬歲。」謂此。○浣花溪，在華陽縣治西南。一名百花潭。相近有諸葛井，相傳武侯所鑿。又九里堤，郡志云：在府城西北隅，其地窪下，諸葛武侯築堤九里以防衝嚙。宋乾德中圮，守臣劉熙古修築，一號劉公堤。又有長堤，唐高駢築羅城，繚以長堤二十六里，或因江爲塹，或鑿地成濠。後廢。

笮橋，府西四里。本名彝里橋，以竹索爲之，因名笮橋。水經注：「萬里橋西上曰彝橋，亦名笮橋。」是也。晉永和四年桓温討李勢，軍於成都十里陌，敗勢衆於笮橋，遂入少城。又萬里橋，在府南中和門外。寰宇記：「本名七星橋，昔費禕聘吳，武侯送之至此，曰：『萬里之行，始於此矣。』橋因以名。唐玄宗狩蜀過此，問橋名，左右對以萬里，帝歎曰：『開元末僧一行謂更二十年國有難，朕當遠遊萬里之外，此是也。』遂駐蹕成都。」五代梁貞明六年蜀王衍作原廟於萬里橋以事其父。或云橋南有篤泉，亦曰篤泉橋。

昇仙橋，府北七里。相傳秦李冰所建，即漢司馬相如題柱處。唐咸通十一年南蠻攻成都，官軍赴援，至城下與蠻戰，奪其昇仙橋。後唐同光三年唐師入蜀，蜀王衍迎降於昇仙橋。宋咸平三年雷有終討王均，自漢州進壁昇仙橋，賊來攻，擊敗之。既而賊由昇仙橋分路襲王師，復爲有終所敗，遂進屯城北是也。亦名升遷橋。又三井橋，在府治北。宋王均作亂，知蜀州楊懷忠討之，入益州，焚城北門，至三井橋與賊戰，不利而退。

清遠橋，在府北清遠江上。唐光啓三年王建攻成都，田令孜登樓慰諭，建與諸將於清遠橋上髡髮羅拜處也。胡氏曰：「橋在府南太玄樓前。」似悞。又毁金橋，在府東北。劉宋元嘉十年蜀賊程道養攻成都，於毁金橋登壇郊天，裴方明自成都出擊，大敗之，道養退保廣漢，即此。

市橋，府西南六里，七橋之一也。七橋者，曰冲治橋，直西門郫江上，從冲治橋西折北出曰長昇橋，城南門曰江橋，又南曰萬里橋，橋西曰彝里橋，又西曰笮橋。或以彝里橋即笮橋，西南則曰市橋。華陽國志：「西南兩江有七橋，皆李冰所作，上應七星。」光武謂吴漢曰：「安軍宜在七橋連星間。」漢拔廣都，遣輕騎燒成都市橋。既而漢進軍成都郭中，述遣延岑僞於市橋挑戰，而潛遣奇兵出漢後襲漢軍處也。李膺益州記：「冲星橋，舊市橋也，在成都縣西南四里。」水經注：「成都中兩江有七橋，西南石牛門外曰市橋。」圖經：「江橋，劉宋孝武改名安樂橋，今曰南虹橋，在城南。又有唐橋，在城東南，此爲七橋之一。」唐大順初韋昭度討陳敬瑄，與王建合軍，昭度營唐橋，建營東閶門外。今圮。或以爲即城東五里之觀音橋。○濯錦橋，在府城東門外。志云：二江之水合於濯錦江南是也。

馬軍寨。府東南三十里。今置巡司於此。志云：府城東有錦官驛，城北有旱館驛。又廣都水驛在府東南三十里，又三十里曰牧馬水驛。○石笋街，在城西門外。寰宇記蜀之五丁，每一王死，輒爲立大石，長三丈，重千鈞，以爲墓誌，今石笋是也。」宋嘉熙三年蒙古塔海入蜀時，制置使丁黼復保成都，塔海自新井入，詐竪宋將旗以紿之，黼夜出城迎戰，至石笋街敗死。又金沙寺，在南門外江洲中，俗名七里灘。

雙流縣，府西南四十里。南至眉州彭山縣九十里。漢蜀郡廣都縣地，晉移縣治此，兼置寧蜀郡，宋、齊及梁因之。後周郡廢，縣屬蜀郡。隋仁壽元年改廣都曰雙流，屬益州，唐、宋因之。今土城周二里有奇。編户五里。縣今省。

廣都廢縣，縣東南七里。此唐所置之廣都縣也。舊唐書：「隋改廣都曰雙流，唐龍朔二年復析雙流置廣都縣，仍屬益州。」龍紀初王建敗西川將山行章等於廣都，即此。宋仍曰廣都縣，元復省入雙流。一統志：「廣都廢縣在府城南四十五里，唐所置即此城也。又有漢廣都城在廢縣東北十五里，晉廣都城在廢縣北十二里，似廣都有三故城矣。」

貴平廢縣，縣東南六十里，漢廣都縣之東南界。西魏置貴平縣，並置仁和郡治焉，兼領平井、可曇二縣，後周廢二縣入貴平。隋初郡廢，縣屬陵州，唐仍舊，開元十四年徙縣治禄川，東北去舊城十七里。宋熙寧六年廢縣爲貴平鎮，屬廣都縣。乾道六年復置，元廢。郡志：貴平廢縣在仁壽縣東北六十里。今簡州亦有貴平鎮，與縣接界云。

○瞿上城，在縣東十八里，相傳蠶叢氏所都。亦曰商瞿里，以孔子弟子商瞿所居也。今爲瞿上鄉。志云：縣東南十八里有古蠶叢城。又有宜城在縣東南十里，相傳漢任安所築。縣南十里宜城山上又有武陽故城，或以爲漢武陽縣治，恐誤。

應天山，縣南八里。唐僖宗幸蜀時賜名。又南二里有宜城山，岡阜相對，上有宜城。今名紫草山，以山嘗出紫芝也。又縣東南四十里有聖燈山，一名普賢山。

牧馬川，縣東南八里，即二江下流也。蜀先主於此置籍田，牧馬江濱，因名。左思蜀都賦「帶二江之雙流」，隋取以名縣。志云：二江入境，居民資以灌溉，爲堰凡四十有八，其最著者曰檀木、黄水口二堰，灌新津、雙流二縣之田。

○清水，在縣北十里。一名牛飲水。志云：昔程鄭家此，羣牛飲江處也。

望川源，在縣西。志云：後漢時鑿石二十里，引取郫江水灌廣都田處也。華陽國志：「廣都有漁田、鹽井之饒。江有魚漕梁，山有鐵礦，江西有安稻田，穿山崖過水二十里，即望川源矣。」〔四〕又縣西有龍爪灘，晉義熙三年譙縱請桓謙於姚秦。謙至，縱疑之，置於龍格，使人守之。胡氏曰：「即廣都龍爪灘也。」

野橋箐。在縣西南。唐中和二年阡能作亂，高仁厚討之。賊立五寨於雙流西，伏兵於野橋箐以邀官軍，仁厚諭降之，即此。

郫縣，府西二十五里。西至灌縣九十里，古郫邑，蜀王杜宇都此。秦置郫縣，屬蜀郡，漢以後因之。今土城周十里。編户八里。

郫城，在縣城北。漢縣治此。後漢建武十二年臧宮自涪城攻拔繁、郫，與吴漢會於成都。郫即此城也。又晉太安二年李雄攻取郫城，尋自稱益州牧，治郫。劉宋元嘉十年益州賊趙廣等攻成都不克，退保廣漢，旋自廣漢至郫，連營數百，巴東太守周籍之等進軍攻郫，克之，追敗之於廣漢；梁天監初鄧元起攻劉季連於成都，留輜重於郫，季連將李奉伯間道襲郫，陷之，元起捨郫徑圍州城，尋下之；皆此郫城也。志云：郫城即古杜鵑城。又有馮城，在縣北二十里。未詳所始。

内江。在縣治南。東流入成都縣界。亦曰郫江，亦曰沱江。志云：縣西十里有九曲江，源出灌縣，流合郫江，俗呼清白江。○雙清河，在縣西北十里。自灌縣東流，經合江浦分爲二，至縣東北復合爲一。又油子河，在縣北六里。亦自灌縣流經此，俱東南入於郫江。又縣南一里有鬧市河，源出温江縣之鹿角堰；〔五〕縣南五里又有酸棗河，俗呼爲壩河，自温江縣流入境；下流亦俱合於郫江。

温江縣，府西南五十里。南至崇慶州六十里。本郫縣地，西魏分置温江縣，隋開皇初省入郫縣，仁壽初復置萬春縣，大業初又省。唐武德三年復置萬春縣，屬益州，貞觀初更名温江，以江水温潤爲名也。後因之。今土城周三里有奇。

編户六里。

魚鳧城，縣北十里。相傳古魚鳧所都。又北五里有方便城。志云：漢朱遵所築。縣西二十五里又有廢郭城。

皂江水，縣治西南。自灌縣流入境，即郫江上源也，亦謂之大竃江。又縣有新源水，唐開元二十三年長史章仇兼瓊因隋蜀王秀故渠開導，漕西山竹木處也。

鹿角堰。在縣西。志云：縣境有鹿角、藍靛口等凡三十六堰。

新繁縣，府西北五十六里。東至新都縣二十五里。漢置繁縣，屬蜀郡，以繁江爲名。後漢因之，蜀漢改曰新繁。晉仍爲繁縣，宋、齊以後因之。後周復改曰新繁，隋省入成都。唐初復置，屬益州。今城周六里有奇。編户四里。

繁城，縣東北三十里。漢縣治此。後漢初臧宫擊公孫述，拔樊、郫，即此繁也。蜀志：「延熙十年涼州胡章卞降，姜維徙居之於繁，而遷繁民居新縣，故曰新繁。」晉永寧二年李特攻成都，羅尚遣督護張龜軍繁城，爲特所敗。唐文德初王建攻彭州，西川帥陳敬瑄遣兵壁新繁以救之。明年建大破敬瑄將山行章於新繁，即今縣也。

沱江，縣西北十五里，即李冰所鑿大江別出處，非禹貢江沱也。自彭縣流經縣界入華陽縣境，即流江之上源，成都人謂之外江也。志云：縣北十里又有清白江，源出灌口，下流入沱江。宋趙抃過此曰：「吾志如此江清白。」因名。又有九井河，在縣南五里。相傳亦李冰所鑿。今湮。

湔洩口，在縣西。水經注：「成都江北則左對繁田，漢文翁又穿湔洩以溉灌之，凡一千七百頃。」志云：湔水自灌縣東北流，經縣界入新都縣，即此水矣。又縣有火燒、長樂、楊柳等二十三堰，皆節沱江之水。

沱江驛。在縣南。唐置驛於此，以沱江爲名。咸通十一年將軍宋威援成都，敗南詔於新都，進軍沱江驛，距成都三十里。既而蠻戰毘橋不勝，趣沱江，爲伏兵所敗，即此。今廢。

新都縣，府北六十五里。東北至漢州六十里。漢縣，屬廣漢郡，後漢因之。蜀漢嘗置新都郡，晉初移置新都郡於雒縣，以縣屬焉。太康中郡廢，還屬廣漢。宋、齊因之。梁置始康郡，西魏郡廢。隋開皇十八年改新都曰興樂，大業初省入成都。唐武德二年復置新都縣，屬益州。今城周五里有奇。編户五里。

新都舊城，縣治東二里。漢縣治此。法正依劉璋爲新都令，即此城也。唐咸通十一年南詔圍成都，東川帥顔慶復自馳救，次新都，別將曾元裕擊敗蠻兵。文德元年王建攻陳敬瑄於成都，軍新都以逼之。大順二年敬瑄黨楊晟欲自彭州餉成都，建據新都，彭州道絶，即今縣也。

金水廢縣，縣東南七十里。本新都縣地，唐置金水縣，宋曰懷安軍。今詳見金堂縣。志云：縣治南一里有始康城。晉末置始康郡，寄治成都，始唐縣屬焉，宋、齊因之，西魏廢，即此城矣。

繁陽山，縣南十五里。衆山連接，孤峰特起，上有麻姑洞。又赤岸山，在縣南十七里。山赭色，岸邊若有火光，頂有湧泉，周迴數丈。一名宋興戍山。志云：山高百四十丈，周三十餘里。○龍門山，在縣南十里。山有龍洞。縣北八里又有麗元山，高三丈許，羣山餘脉也。

雒水，縣東六十里。自漢州界流經此，有湔水自新繁縣東北流過縣北，入漢州境與雒水合，復南流過縣東入金堂縣界。又有綿水亦自漢州界來，至縣東北而合雒水。水經注：「綿水與湔水合亦謂郫江也。」或曰晉永寧初羅尚緣郫水作營以拒李特即此處，恐悞。湔水，即府境之外江矣。餘詳見大川。

毗橋河，縣南八里。源出灌縣，下流入金堂河。或云湔水之支流也。舊志：懷安軍有中江，從漢州彌牟水、雒水、毗橋水會爲一江，蓋即雒江矣。又龍門、千工等堰皆在縣界，節毗橋河之水。

彌牟鎮，縣北三十里。接漢州界，亦名八陣鄉，有武侯廟。益州記：「彌牟鎮有八陣圖，其圖土城，四門，中起六十四魁，八八成行，兩陣並峙，周凡四百七十二步，魁百二十有八。」成都圖經：「八陣凡三：在夔者六十有四，方陣法也；在彌牟者一百二十有八，當頭陣法也；在棋盤市者二百五十有六，下營法也。」棋盤市亦曰南市，在廢廣都縣，有武侯陳營基。萬歷中奢崇明作亂，自重慶蔓延而西入新都，官軍敗之於牛頭鎮，遂復新都。或曰牛頭即彌牟鎮，音訛也。

毗橋。縣南十里，毗橋河以此名。晉永寧初李特攻羅尚於成都，遣其弟驤軍於毗橋。唐咸通十一年南詔攻成都，成都將王晝以援兵軍毗橋，遇蠻前鋒，與戰不利，退保漢州，既而將軍宋威敗蠻軍於毗橋，即此。〇鷄蹤橋，在縣北三十五里。舊志云：彌牟鎮北有鷄蹤橋。後唐長興三年孟知祥以董璋克漢州，將兵赴援，至彌牟鎮，趙廷隱陳於鎮北，明日陳於鷄蹤橋，别將張公鐸陳於其後，董璋陳於武侯廟下，知祥登高塚督戰，大敗東川兵，即此橋也。今湮。

彭縣，府西北九十里。北至龍安府石泉縣百十里。周爲彭國，秦爲蜀郡繁縣地，漢、晉因之。劉宋元嘉十二年僑置晉壽縣，并置南晉壽郡治焉。齊又改縣曰南晉壽。梁仍曰晉壽縣，兼置東益州。後周州廢，改郡曰九隴郡，又改縣爲九隴縣。隋初郡廢，縣屬益州，仁壽初復置濛州，大業初州廢，縣屬蜀郡。唐初復置濛州，貞觀初廢。垂拱二年改置彭州，天寶初曰濛陽郡，乾元初復曰彭州，又置威戎軍。宋仍曰彭州，亦曰濛陽郡。元因之，元末以州治九隴縣併入。明初改州爲縣。今城周三里有奇。編户七里。縣今省。

九隴故城，縣北三十里。志云：隋縣治此，唐移今治，并置彭州治焉，後皆因之。今縣有土城，唐、宋以來故址也。明成化初修城濬濠，復築堤環城以防水患。又晉壽城，在縣西北三里，劉宋時置縣於此。寰宇記：「西魏改晉壽郡曰天水郡，尋又改曰九隴郡，以九曲山名也。」今亦曰天水故城。或曰非也，唐彭州有天水、唐興二府兵城，蓋因天水府名。

濛陽廢縣，縣東二十一里。唐儀鳳二年分九隴、雒、什邡三縣地置，屬彭州。在濛江之北，因名。龍紀初王建攻西川帥陳敬瑄，敬瑄將山行章自新繁敗屯濛陽，即此。宋初仍屬彭州，元因之，明初省入彭縣。今爲濛陽鎮。又堋口廢縣，在縣西北二十五里。宋熙寧二年置堋口縣，四年省入彭縣。今爲堋口鎮。郡志：縣東十五里有蠻子城，唐咸通中南詔蠻寇成都，嘗築城於此以拒官軍，因名。

九隴山。縣北四十一里。自崇寧縣連岡起伏，入縣界曲折凡九。祝穆曰：「九隴者，古彭州之西山。一伏隴，二豆隴，三秋隴，四龍奔隴，五走馬隴，六駱駝隴，七千秋隴，八較車隴，九橫檐隴，故有九隴之名。」○葛仙山，在縣北四十里。雲笈七籤云：「山有二十四峰，八十一洞，亦曰葛璝山，道家謂之『陽平化』，蜀王衍遊樂於此。」又有灘沅山，在縣北六十里。

彭門山，縣北三十里。兩峰對立，其高若闕，名天彭門，亦曰天彭闕。水經注：「江水自羊膊嶺東南下百餘里至白馬嶺，西歷天彭闕，亦謂之天谷。」山之後曰丹景山，蜀王衍遊樂處也。明史：「嘉靖十九年大水，自丹景山溢，歷崇寧、新繁、新都、金堂，漂没廬舍，沉溺甚衆。」又至德山，在縣西三十里。蜀王衍遊是山，患其高峻，別開一徑以登。一名茶籠山。○大隋山，在縣北三十五里。泉石殊勝。又北有中隋山，山高三十里，三四月間積雪始消，下視白鹿、葛仙諸山，真培塿也。山之後又有九峰山，山高大，北連茂州境。志云：白鹿山在縣西北二十里，亦高秀。

沱江，在縣南。李冰所導之支流也。自崇寧縣流入界，又東逕新繁縣北。唐武后時彭州長史劉易從決唐昌沱江，鑿川派流合堋口垠岐水，溉九隴、唐昌田。宋乾道三年彭州守臣梁介修復三縣一十餘堰，灌溉之利及於鄰邦。三縣：九隴、永昌、濛陽也。時彭州領縣三。○濛江，在縣東。亦曰彌濛水，源出九隴山，至濛陽故縣南合於沱江。

王邨河，縣北三十里。源出九峰山，經堋口鎮又南至竹雞河合白水、黑水、中隋、乾溪、大隋、白鹿七河注於沱江。常有戍兵哨守，以防茂、綿之寇。○鹿耳溪，在縣北四十五里。源出縣西北曲尺山，東流入新繁縣之清白江。又白石溝泉，出縣北七十里之小峽山，流入漢州注金堂峽。今有白石溝巡司，在縣北六十里。志云：縣境有馬鳴、麻柳、羅江、濟民、石洞、上、下舟江，凡十四堰。

静塞關，在縣西北。唐志彭州有静塞關。○三交鎮，在縣西。唐龍紀初王建破西川兵於新繁，時陳敬瑄黨楊晟軍於彭州，懼，徙屯三交，即此。

威戎戍。在縣西北。唐志彭州有威戎軍，蓋置於此。又有朋笮守捉城，或曰即今堋口廢縣也。又有安遠、龍溪二城及當風戍，新唐書俱在彭州界。

崇寧縣，府西北八十里。西南至灌縣九十里。本郫、導江、九隴三縣地，唐儀鳳二年置唐昌縣，屬益州，尋屬彭州，長壽二年改爲周昌縣，神龍初復曰唐昌。五代會要：「梁開平八年改唐昌曰歸化縣，後唐同光初復曰唐昌，晉時爲彭山縣，漢復曰唐昌。」時蜀未嘗奉中朝正朔，蓋皆遥改也。宋初爲永昌縣，崇寧初改今名，仍屬彭州。元因之，明初州廢，改今屬。城周四里。編户三里。縣今省。

金馬山，縣北二十里。相傳山似雲南之金馬，因名。又鐵砧山，在縣西六里。志云：武侯鑄鐵砧於此以造軍器。

○三面山，在縣北六十里。上有龍湫，徑不盈尺，而水常不絕。

沱江。在縣南。自灌縣流入，又東入彭縣界。志云：縣境有萬工、龍口、七星、平樂等十六堰。

灌縣，府西百二十里。東至郫縣九十里。本漢郫、綿虒、江原三縣地，蜀漢置都安縣，屬汶山郡。晉徙都安於灌口，宋、齊仍屬汶山郡，後周省入汶山縣。唐武德初置盤龍縣，旋改曰導江，初屬益州，尋屬濛州。貞觀二年州廢，仍屬益州，又改縣曰灌寧。垂拱中屬彭州，開元中復曰導江縣。五代時孟蜀置灌州。宋仍曰導江縣，屬永康軍，熙寧五年軍廢，縣屬彭州，元祐初復故。元復曰灌州，以導江縣省入。明初改州爲縣。今城周八里。編户六里。

導江廢縣，在縣東二十里。蜀漢置都安縣，又在故縣東，晉移縣於灌口，後周縣廢。唐初復於灌口置盤龍縣，又改曰導江。咸通十年南詔寇邛州，定邊節度使竇滂棄州走導江。宋仍爲導江縣，屬永康軍。元至元十三年省入灌州，今爲導江鋪。志云：今縣治故導江縣之灌口鎮也，唐開元中置鎮静軍於此。貞元初南詔、吐蕃合兵入寇，分道趨茂州，踰汶川侵灌口，或謂軍即是時所置。宋乾德四年改爲永安軍，尋曰永寧軍，太平興國三年又改爲永康軍，熙寧五年廢爲灌口寨，九年復即導江縣帶永康軍使，隸彭州。嘉定二年知軍虞剛簡言：「本軍近接威、茂，并青城一帶山，不五七十里即是夷界。唐吐蕃入寇自此途出，距成都百二十里而近，其爲緊切，甚於黎、雅。」是也。元改軍爲灌州，以導江縣省入。郡志云：宋永康軍治導江縣。悮。今縣有石城，明弘治中築。

青城廢縣，縣南四十里。漢江原縣地，蕭齊置齊基縣，屬汶山郡。梁因之，并置齊基郡。後周郡廢，改縣曰清城。隋初屬益州，大業初屬蜀郡。唐仍屬益州，垂拱中改屬蜀州。開元十八年又改清城曰青城。宋乾德四年改屬永安軍，熙寧三年軍廢，還屬蜀州。元祐中復置，屬永康軍。〔六〕元至元十三年省入灌州。志云：縣西南又有赤城，在青城山下。

青城山，縣西南五十里。連峰接岫，奇勝不一，爲郡境之巨鎮。自是而西南有成都、高臺、天倉、天國諸山，又有聖母山及便傍諸山，便傍山外即爲番境，蓋天所以界中外也。俱詳見名山。

灌口山，縣西北二十六里。漢文翁穿湔江灌溉平陸處也。亦曰金灌口，以春耕時需水如金而名。李膺曰：「湔水路西七里灌口山，古謂之天彭門。」李吉甫云：「後魏於此置灌口鎮。自此迄千頃山五百里間，兩崖壁立，瀑布飛流，十里而九，昔人以爲井陘之地。」〔七〕郡志云：縣北三十里有汶山，李冰謂之天彭門，李膺謂之天彭闕，以兩山對峙如闕也。蓋即灌口山矣。又離堆山，志云：在縣西一里，即李冰鑿溷崖以避沬水之害者。或曰離堆亦即灌口山，志悮也。

玉壘山，縣西北三十里。左思賦「包玉壘以爲宇」，郭璞江賦「玉壘作東別之標」是也。有玉壘關在其下。又靈巖山，在縣西北五里。巖常出雲，旁有泉出石穴中。又有風洞，風出如吼。志云：縣西三十五里有韞玉山，山石似玉，一名永康石。

觀坂，在縣西。蜀漢建興十四年幸湔，登觀坂，觀汶水之流是也。晉泰始八年皇甫晏爲益州刺史，討汶山白馬叛寇，至觀坂，爲牙門將張弘所殺。或云坂在湔堰之上，亦曰觀江陂。○牡丹坪，在縣西南八十里。勝覽：「自青城之長平山捫蘿而上，由鳥道三十里至此，有平皐數十畝，高樹蔽天，異花香豔如牡丹然，因名。」

湔江，縣西北三十三里。亦曰都江，亦曰湔堋江。漢志注：「玉壘山，湔水所出。」酈道元以爲蜀相開明所鑿。又即古離堆也。岷江南流至此，秦李冰鑿離堆，分江東北流曰石渠水口。自此正流引而南，入崇慶州界。支流分三道，環繞成都之境，資以灌溉，爲利甚溥。郡志：縣西南七十里有沬江，蓋即大江別名也。江中石高數丈者名大坎，次者名小坎，疑即所謂離堆矣。其水南流入崇慶州界，東北出爲湔江也。又有沱江，在縣南十五里。或曰此即郫江上源，灌人謂之沱江。○石定江，在縣西南十五里。源出丈人山，下流入於都江。丈人山，志云：在縣西南五十五里，蓋即青城山矣。又白沙江，在縣西十一里，源出茂州山中；又縣西十里有尤溪水，亦自茂州流入境；俱合於都江。

乾溪，在縣東北，湔江所經也。志曰：石渠之水自離堆別而東與上、下馬騎乾溪合，又東北至彭縣界會於王郘河。

湔堰，在縣西，即離堆口也。亦曰都安堰，又謂之金堤，左思賦「西逾金堤」，謂此。諸葛武侯北征，以農爲國所資，調征丁千二百人主護此堰。水經注：「都安縣有桃關，李冰作大堰於此，謂之湔堋，亦曰湔堰。」今爲犍尾堰。元至元初因故址興修，分江道水，因勢瀦堰，以鐵石爲堤防，然後瀦泄盡利，至今猶隨時修治。○百丈堰，在湔堰之東，亦李冰所造。志云：百丈堰灌田數千頃，蜀以富饒。其東又爲石門、廣濟諸堰，凡數十處，其著者曰金鷄、顔上、石牛、五斗、將軍、布袋、大、小寶瓶、上下馬騎等堰。又侍郎堰，在百丈堰之西。唐志云：「侍郎、百丈諸堰皆龍朔中築，引江水以溉彭、益之田。又有小堰，長安初築。」

玉壘關，在縣西玉壘山下。唐貞觀初建，乃番人往來之衝也。亦曰七盤關。又蠶崖關，在縣西四十里。志云：當岷江之北，松、茂驛路之衝，後周天和二年創立石路，巉稜如簇蠶，因名。熙寧五年重建，元末燬於兵火，今置巡司。關外有宋時所置蠶崖市，中外互易之地，蓋置關以絶西羌窺伺之端也。

鹽井關，在縣西白沙河北。又有水西關，在白沙河南。元人修都江堰，謂鹽井關限其西北，水西關據其西南，即此。○獠澤關，在縣西南百里，董卜韓胡通華捷徑也。

羊灌田戍，在縣西。唐置羊灌田守捉城於此。元和初高崇文將高霞寓追叛帥劉闢，及之於羊灌田，闢赴江不死，擒之，即此。又有白沙守捉城，唐開元中置，以白沙江名。又繩橋守捉城，亦在縣西。唐置。志云：今縣西四十里有金繩渡，即繩橋故址云。○三奇戍，在縣西。新唐書導江縣有木瓜戍，又有三奇戍，貞元中韋皋使鎮靜軍使陳泊統兵出三奇路伐吐蕃是也。

虛閣棧道，縣西十里。古今集記：「縣西十餘里有虛閣棧道，二十五里有石笥閣道，三十里有龍洞閣道。又有飛赴渡在縣東南二十里，筒槽渡在縣東南四十里，蓋縣當水陸之險也。」志云：今縣治東南有永康驛。

珠浦橋。縣西二里，索橋也。亦謂之繩橋，長百二十丈，闊一丈。或云即今縣治西南一里之淩虛橋。又有溜筒橋，在縣西四十里。兩岸石柱，以竹繩横索，斲木爲筒，狀似瓦，覆繫繩上，渡者以麻繩縛繫筩下，仰面緣繩而過。南通滋茂鄉，與汶川界。今易爲繩橋。

金堂縣，府東七十里。東南至簡州亦七十里。本新都縣地，唐咸亨二年析置金堂縣，屬漢州，以金堂峽名。宋乾德五年改屬懷安軍，元初屬懷州，至元二十年并州入金堂縣，改今屬。明因之。城周五里有奇。編户八里。

懷安城，縣東南五十里。本牛鞞縣地，西魏置金淵縣，并置金淵郡治焉。後周郡廢，隋屬益州。唐武德初改曰金水，三年以縣屬簡州。宋乾德五年置懷安軍治焉。元初升爲懷州，尋并縣入州，至元二十年又并州入金堂縣。舊志：懷安城有石城在其左，白塔在其右，臺山西峙，峽水東流，今遺址尚存。又白羊廢縣，在縣東，亦西魏時置，後周廢入金淵縣。

三學山，縣東北十里。唐景福元年王建攻楊晟於彭州，興元帥楊守亮遣將符昭救之，徑趨成都，營三學山，建將華洪拒却之。王衍嘗遊畋於此。志云：山下有隘口，壁立千仞，惟一路可通人騎，謂之三學隘。

雲頂山，縣南五十里。本名石城山，狀如城，頂平可十畝許，有神泉，唐天寶六載改爲雲頂。宋淳祐三年余玠帥蜀，城雲頂以備外水，爲利州治所。寶祐六年蒙古將紐璘侵蜀入成都，蜀帥蒲澤之命其將楊大淵等守劍門及靈泉山，自將兵取成都。紐璘大破大淵等兵於靈泉山，進圍雲頂山，扼其歸路，城降於蒙古，由是成都、彭、漢諸州悉陷。靈泉山，見潼川州遂寧縣。盤龍山，亦在縣南五十里。山勢盤旋，起伏如龍。又九頭山，在縣東南五十里，有九峰並峙。其相近者又有金臺山，以高聳如臺而名。

昌利山，縣東北十二里。上有石室三門，可容數十人，俗呼三龍門。又萬安山，在縣北十六里。山分三脊，相傳洪水時棲於其上者萬人，俱得免，因名。

金堂峽，縣東二十里。兩山拱峙，河流其中。相傳望帝相鼈靈所鑿，宋轉運使韓璹復修之以通舟楫。亦曰峽口。圖經「舊金堂縣治峽口，今縣治爲古城鎮」云。

金堂河，在縣東。以金堂峽而名，即湔水、綿水、雒水會流處也。自新都入縣界，至縣東南五十里出金堂峽而入簡州資陽縣界。勝覽：「縣治南有大江、中江、北江，世謂之三江。」悞。○古城河，在縣南，志云：舊自二江分流，由灌子灘逕縣東南之斜灘，會於金堂河。又柳溪，在縣東北七十里，下流亦入於金堂河。志云：縣境有馬朋、倣車、後江、白水、石龍等堰，共五十六處，皆分流溉田。

通海鎮。縣東五十里。有鹽課司。志云：縣西北有黃連隘。縣東南有焦山、斜灘二渡，縣境津要處也。○白芳鎮，在縣東南。九域志金水縣有白芳鎮。唐同光二年唐兵伐蜀，前鋒至利州，蜀將王宗勳等西走，追及主帥王宗弼等於白芳，合謀送欵於唐，即此。

仁壽縣，府東南二百里。西至眉州八十里，東北至簡州七十里。漢犍爲郡武陽縣之東境，劉昫曰：「晉置西城戍。」宋白曰：「太元中益州刺史毛璩置西城戍，即其地也。」梁置懷仁縣，并置懷仁郡治焉。西魏改縣曰普寧，并置陵州於此。隋開皇初郡廢，十八年改縣曰仁壽，仍爲陵州治，大業初改州爲隆山郡。唐初復曰陵州，天寶初曰仁壽郡，〔八〕

乾元初復曰陵州，俱治此。宋初因之，熙寧五年廢爲陵井監，宣和四年改曰仙井監，隆興初又改爲隆州。元至元二十年并州入仁壽縣，明朝因之。縣舊有石城，不及二里，今無城。編户十三里。

廢籍縣，縣北百十里，接華陽縣界。隋志云：「西魏置籍縣，屬陵州，大業初省。」劉昫曰：「梁置席郡，後改爲縣，西魏訛席爲籍也。一名漢陽戍。唐永徽四年復置籍縣，屬陵州。」宋因之，熙寧五年廢入廣都縣，乾道六年復置，元初廢。又貴平廢縣，在縣東北六十里。今詳見雙流縣。○蒲亭廢縣，在縣南十五里。西魏置蒲亭縣，隋改曰井研，唐武德四年自擁思范水南徙，〔九〕即今井研縣也。又唐福廢縣，志云：在縣北四十五里。建置未詳。

三隅山，在縣城外。東西南三隅相對，而治居其中。治南有陵井，三隅去井各一里，西隅曰跨鼇，南隅曰翳斯，東隅曰飛泉。圖經：「隋仁壽元年獠反，百姓城於山頂避難，有飛泉湧出，獠平泉涸，因呼爲飛泉山。」又治西南有隆山，隋以名郡，今曰鼎鼻山。治東北又有印山，以山形方整而名。

石矩山，縣東北八里。亦名石城山。有石壁如城，絶頂望見峨眉。西魏末江州刺史陸騰討陵州叛獠，獠因山爲城，攻之難拔。騰陳伎樂於城下一面，獠棄兵携妻子臨城觀之。騰潛師三面俱上，叛獠遂平。○唱車山，在縣東北六十里。志云：在舊貴平縣南八里，自巴郡至蜀之通道也。山近鹽井，聞推車歌唱之聲，因名。

玉屏山，縣西二十里。羣山環聚，玉屏爲之冠。又金華山，在縣北百十里。山下有池廣數十畝，左有卧龍山，右有仙牛山。○麗甘山，在縣東南二十里。山下有鹽井，産鹽甚甘。相傳山神十二玉女所開，因名。今井竈猶存。

蟠溪，在縣東飛泉山下，又縣北百里有蘭溪，下流俱入簡州界，爲赤水之上源。○禄水，在縣北八十里。水多魚蝦，因名。自雙流縣流入境，下流合於蘭溪。唐開元中移貴平縣治禄川，即此水也。

鹽井，在治南少西。有艶陽洞，亦曰焰陽，即鹹泉之源也。亦曰陵井，亦曰仙井，宋置監於此。志曰：府境有鹽井，大小不一，惟仁壽及簡州所出至多，民資其利。有仙泉井鹽課司，在縣治南半里。

漢陽堰，在廢籍縣東五里。唐武德初引漢水溉田二百頃，後廢。文明元年縣令陳充復置，後又廢。漢水蓋即雒水云。又縣有方家堨、草狹溝、鴛鴦池、太平橋等十三堰。

龍爪驛。縣北百二十里。水道所經也。

井研縣，府東南百五十里。東北至仁壽縣六十里。漢武陽縣地，西魏置蒲亭縣，隋改置井研縣，屬陵州，在今仁壽縣境。唐武德四年移縣治此，仍屬陵州。宋屬陵井監。元初屬隆州，尋與州俱省。至正末僞夏復置井研縣，屬成都府。明洪武十年廢，尋復置。今城周三里有奇。編户三里。

始建廢縣，縣東四十里。隋開皇十一年析井研縣地置始建縣，屬陵州，隋末廢。劉昫曰「唐武德四年置始建鎮，明年改置始建縣，舊治擁思水，聖曆二年移治榮祉山」，即是縣也。宋初仍屬陵州，咸平四年廢入井研縣爲始建鎮。郡志：始建廢縣在仁壽東南三十里，蓋境相接也。又晉末僑置江陽郡，寄治武陽，齊、梁因之。劉昫曰：「井研縣東晉置江陽郡，魏改置蒲亭。」是也。

鐵山，縣東北六十里。出鐵剛利，諸葛武侯取爲兵器。宇文周保定二年鐵山獠叛，抄斷内江路，使驛不通，總管陸騰進軍討之，一日下其三城，招納降附者三萬户，即此山之獠也。○磨王山，在縣南三十里。舊志云：山綿亘廣遠，接嘉、眉、營、隆四州之境。又井鑊山，在縣北二里。山俯臨鑊井，因名。

宴嘉池。縣北五里。井鑊諸山之水匯流於此，分爲二支，縈帶縣北。邑人多遊宴其上，因名。志云：縣無長川巨浸，有堰百餘，池塘四百餘，皆儲諸山溪之水以溉田。又研井，在縣南七里，縣因以名。其相近又有思陵井。

資縣，府東南二百里。東至内江縣百二十里，西北至資陽縣百里。漢置資中縣，屬犍爲郡。後漢建武十一年岑彭等伐公孫述，述使其黨悉兵拒廣漢及資中，即此。晉仍屬犍爲郡，宋、齊因之。梁亦爲資中縣，後周改置盤石縣，并置資中郡，又自陽安縣移資州治焉。隋開皇初郡廢，大業初改州爲資陽郡，唐復改郡爲資州，天寶初亦曰資陽郡，乾元二年復故，尋又置安定軍於城内。宋亦曰資州，仍置盤石縣。元州縣俱廢，明玉珍復置資州。明初降州爲縣。縣無城。今編户十三里。

盤石廢縣，縣治北三里，即後周所改置縣也。隋、唐以來皆爲州郡治，元省。北史「周保定二年資州盤石人反，殺郡守，據險自守，州軍不能制。總管陸騰率軍討擊，破斬之。而蠻子復反，所在蠭起，山路險阻，難得掩襲，遂量山川形勢，隨便開導，蠻獠畏威，承風請服，所開之路多得古銘，並是諸葛亮、桓温舊道」云。宋置盤石縣，有鹽井一，鐵冶八。

月山廢縣，在縣西。劉昫曰：「本資中縣地，隋義寧二年置月山縣。」唐屬資州，宋乾德五年廢。又丹山廢縣，在縣西北二十里。唐貞觀四年置，屬資州，六年省入内江，明年復置，宋乾德中與月山同廢。又銀山廢縣，在縣東四十里。亦義寧二年置，屬資州，宋乾德中廢爲銀山鎮。今有銀山巡司。○龍水廢縣，在縣西南八十里。隋義寧二年析盤石縣地置，屬資州。有溪水屈曲蟠擁猶龍，又有龜山依山隴爲城。志云：隋置縣於龜龍溪。是也。宋宣和二年改龍水爲資川，尋復舊，淳祐二年縣廢，今爲龍水鄉。又唐志資州城內有安夷軍，貞元二年西川帥韋皐奏置軍於此，維制諸蠻是也。

重龍山，縣治北二里。嵔崒盤屈，隱若龍轉。上有天池，大旱不竭，乃資中之勝也。一名四巖山。東巖在城東三里，西巖在城西六里，皆奇勝。其北巖又有泉曰君子泉。又盤石山，在縣西北一里，後周以此名縣。又西北五里曰丹神山，丹山縣以此名。舊志：縣北二里又有醮壇山，盤石遷治記云「珠江流前，丹神擁後，靈巖蟠其右，醮壇據其左」者也。醮壇蓋重龍之支阜矣。

玉京山，縣西南五十里。峭險壁立，插天連雲。上有觀曰太霄，一名玉清山。又靈巖，在故龍水縣西三里，即遷治記所云「靈巖蟠左」者也。

珠江，在縣治南，即雒江所經也。自簡州東南流入境。又東四十里爲資江，水深百尺，爲群川總會之流，入內江縣界。志云：縣境有蒙溪、鴛鴦石等堰六十一處，皆分引珠江下流以溉田。○羅泉井，在縣西百二十里。產鹽，有鹽課司。

龍泉隘。在銀山鎮。鎮北爲杜家溝，有龍泉洞。萬歷中奢崇明作亂，據重慶西犯成都，瀘、敘諸郡邑望風瓦解，內江之椑木鎮、資縣之龍泉諸隘口俱失，賊遂向成都，敗官軍於資陽之九泉山。○珠江驛，在縣治東一里，水道所經也。

內江縣，府東南四百三十里。西至資縣百二十里，北至潼川州安岳縣九十里。漢資中縣地，後漢置漢安縣，屬犍爲郡，後廢。後周置漢安戍，尋改置中江縣。隋曰內江，屬資州，唐、宋因之。元省，後復置。明初改今屬。城周九里。編户一十六里。

清溪廢縣，縣東北八十里。「漢資中縣地，後周爲盤石縣地，隋末分置牛鞞縣，唐初屬資州，天寶初改名清溪，宋乾德五年廢入內江縣。」志云：縣治西二里有內江舊縣，又宋紹興末嘗置安夷軍於內江云。

將軍山，縣北八十里。唐初夷獠擾掠，將軍薛萬徹討之，屯兵於此，因名。又鏵影山，在縣西二十九里。有二泉，更流迭止，與晦朔相爲盈縮。

三堆山，縣西二十里。尖峰插漢，中江所經。又縣東南七十里有石笋山，下圓上鋭，聳峙雲表，形家以三堆爲邑之天闕，石笋爲地軸云。○化龍山，志云：在縣西二里，山極幽勝，一名朔龍山。又縣南二十里有高峰山，濱江，有洞曰會真。

中江，縣城西北。自資縣流入，即雒江也。逕資縣爲資江，至此爲中江。志云：中江歷資江而東逕三堆山下，西折而東至縣，復東折而南至椑木鎮，又南折而西至黃市。市距三堆十五里，一水周環九十餘里，縣當其中，故曰內江。江去城不百武。城內西北街有桂湖，與江相通，盈縮清濁皆同也。中江又東南經富順縣，至瀘州會於岷江。

玉帶溪，縣西南二里，下流合於中江。又長堰池，在縣南三十里，有灌溉之利。池北爲天生堰，亦引水灌田處也。○黃市井，在縣西南二十里。產鹽。宋志云：「內江有六十六鹽井，此其一也。」今有黃市井鹽課司。

椑木鎮。縣南三十里。亦曰椑木關，接重慶府榮昌縣界。有巡司戍守。又有安仁馬驛，在縣南十里。

安縣，府北二百八十里，東北至龍安府百九十里。漢涪縣地，屬廣漢郡，唐爲龍安縣地，屬綿州。宋初仍屬綿州，後屬石泉軍，寶祐後爲軍治所。元中統初置安縣，五年升爲安州。明初改州爲縣。城周不及三里。編戶七里。

神泉城，縣南五十里。漢爲涪縣地，梁僑置西充國縣，屬巴西郡，西魏因之。隋初屬潼州，開皇六年改曰神泉縣，屬綿州。劉昫曰：「以縣西有神泉能愈疾也。」唐初仍屬綿州。元和初西川帥劉闢叛，山南西道嚴礪遣將嚴秦敗劉闢兵於神泉是也。宋初仍屬綿州，政和七年改屬石泉軍。九域志：「神泉縣在綿州西北八十五里。」元中統初省入安州。志云：今神泉壩即其地。

龍安廢縣，縣東北九十里。隋志云：「舊置益昌、晉興二縣於此，西魏省晉興入益昌，後周別置金山縣，開皇四年省益昌入金山，屬潼州，尋屬綿州。」唐武德三年改縣曰龍安縣，仍屬綿州。宋因之。政和七年改屬石泉軍，宣和初改縣曰安昌，尋復故。寶祐中移石泉軍治此。元省入安州。又西昌城，在縣東三十里。齊、梁時益昌縣治此，隋廢。唐永淳元年改置西昌縣，屬綿州。李吉甫曰：「利州有益昌，故此名西昌也。」宋初仍曰西昌，尋廢。今名花家鎮，爲市集貿易之所。

龍安山，縣北十里。林泉殊勝。志云：隋開皇中蜀王秀嘗立亭館於此，唐以此名縣。又北二里曰九原山，亦高聳。○浮山，在縣南二十里，有十二峰，峭拔如屏，突出平野。又西昌山，在縣南二十五里。本名馬鞍山，唐天寶六載改曰西昌。又透山洞，在縣東三里，南入北出，可容千人。

龍安水，在縣北。一名安昌水。自石泉縣流入境，又東入綿州界合於涪水。志云：縣南七十里有黑水，南流入羅江縣界。○神泉，在縣南五十里。其泉湧出平地，舊傳冬温夏沸，能愈人疾，今否。元和志：「神泉縣西三里有泉十四穴，甘香異常，痼疾飲之即差，名曰神泉。」

折脚堰，在廢神泉縣北二十里。唐貞觀元年置，引水溉田，大爲民利。○雲門堰，在廢龍安縣東南二十三里。唐貞觀元年築引縣東茶川水以溉田。志云：縣自雲門而下，有白馬、黄土、芭蕉等堰，凡十二處。

睢水關，縣西四十里。南去漢州綿竹縣四十五里。志云：關面山負水，平衍饒沃。其西三十里名綿堰堡，綿水發源處也。關東三十里爲疊溪堡，乃白草番後路，形勢孤懸，安、綿倚爲保障，故睢水關之戍守切焉。志曰：安縣東至涪城，西極綿竹，南通羅江，北達石泉，境内雖無番族，然而迫鄰睢水、曲山、疊溪諸關堡，則天池、大壩、白草、青片諸寨亦其接壤矣。

曲山關，縣北六十里。當平武、石泉及縣境三路之要，亦曰曲山寨。成化十四年撫臣張瓚自松潘移師疊溪，茂州以曲山三寨負固不服，擊破之，即此。又有小壩關，在縣東。志云：縣境之關三，睢水、曲山、小壩是也。又縣北有三盤寨，宋志：「隆安有三盤寨及茶場。」又有石關寨，在縣南廢神泉縣境。○擂彭坪堡，在縣境。志云：縣境之堡十一，曰擂鼓、後莊、香溪、疊溪、曲溪、三江、靈鷲、梘槽、馬尾、白水、龍蟒是也。

高觀。縣南三十里。有一峰突起，其上平坦，登臨四望，遠見百里之上，因名。又縣東五里曰雲梯，以石徑縈紆也。縣北十里曰石門，兩旁皆山，路由中過，因名。

附見

寧川衛。府治東四里。洪武十二年建。又成都左護衛，在府治南六里。洪武中爲蜀府建。又有成都中、前、後及右四衛，俱在府城内，各領千户所五。

灌縣守禦千户所。在縣城内。洪武七年置，屬成都右衛。

簡州，府東南百五十里。東北至潼川州安岳縣百八十里，東南至資縣二百里，西南至眉州百八十里。

秦蜀郡地，漢犍爲郡地，晉永和中改屬蜀郡，宋、齊因之。西魏於此置資州及武康郡，後周因之。隋志：「後周徙資州治資中，而郡如故。」資中，即今資縣。隋開皇初郡廢，仁壽初置簡州，大業初州廢，仍屬蜀郡。唐武德初復置簡州，天寶初改陽安郡，乾元初復故。志云：貞元中置清化軍於城内。元因之，至元二十年以州治陽安縣省入。明洪武六年改州爲縣，正德十年又升爲州。編户十一里。領縣一。今亦曰簡州。

州密邇成都，江山殊勝，處於高卬，魚稻常饒。西川鹽利，簡州爲最，沃饒之稱，良有以也。

陽安廢縣，今州治。本漢牛鞞縣，屬犍爲郡，後漢因之。東晉時曰鞞縣，屬蜀郡。義熙九年劉裕使朱齡石伐譙縱，縱遣其黨譙撫之屯牛鞞，齡石使別將臧熹自中水向廣漢擊斬之。宋亦曰鞞，蕭齊復曰牛鞞，梁因之，俱屬蜀郡。西魏改曰陽安縣，爲武康郡治，隋、唐爲簡州治，宋因之，元省。志云：今州治西一里有古牛鞞戍，即古縣也。州治東二里爲廢陽安縣，自元以前縣蓋治此。又州有石城，東抵江，西抵絳水溪，成化中因故址修築，正德十二年以後復增修之，周四里有奇，門三。

平泉廢縣，州西南五十里。本牛鞞縣地，西魏置婆閏縣，屬資州，隋開皇十八年改曰平泉縣，屬益州，尋屬簡州，劉昫曰：「婆閏故縣在今縣南九十里，隋移縣治於賴黎池，因改曰平泉縣，旁有池湧泉也。」唐仍屬簡州，元至元二十三年省入簡州。

石鼓山，州東北十里。志云：昔蜀將許都軍平定羌、戎回，登山擊石鼓犒將校，因名。又州城四面有四巖山，東西兩巖去城五里，南巖去城一里，北巖去城二里，爲附郭之勝。○玉女山，在州東北二十里。山東北有泉，西北有懸崖，腹有石乳房十七眼，土人呼爲玉華池。又賴山，在州東北五十里。下有賴簡池，州以此名。州東北八十里又有柏茂山，峰巒卓立，爲羣山之首。

長松山，州西七十里。與華陽接界，爲州西之斧扆，界内諸山皆發派於此。稍南曰分棟山。益州記：「蜀人謂嶺爲棟也。」寰宇記：「分棟山北連秦、隴，南入資、瀘，東北入静戎軍。」劉涇云：「自成都趨陵、簡，必過分棟山。山周數百里，高大險阻，以石次第爲步。巔有亭曰少休。」與分棟相接者又有大塔山。○逍遥山，在州西三十里。上有懸崖，崖有東西兩室，稱爲幽勝。又盤龍山，在縣北八十里，相傳先主嘗立寨於此。其下有普濟泉。又天臺山，志云：在縣南八十里。上有三峰，如三台然。

鴈水，在州城東，即雒水之別名也。其上流爲金堂河，流經州界謂之鴈水。相傳水中嘗出金雁，亦曰金雁水。又東南經資縣而爲資江之上源。志云：州境有陽明鎮、花鹿溝、官斗溝、平太鎮、虎頭、長溝等堰六十五處，皆節雁、絳諸水以溉田。

赤水，在州治南。一名絳水。自仁壽縣流入界，經故平泉縣流至此，又東與雁水合。亦謂之牛鞞水。晉太安二年羅尚守成都，爲李特所攻，尚軍無食，夜出牛鞞水東走。五代唐長興三年董璋侵孟知祥至漢州，西川將潘仁嗣拒之，戰於赤水，爲璋所擒，璋遂克漢州。既而西川將趙廷隱等敗璋於鷄蹤橋，追至漢州，又進至赤水降其餘衆。知祥夜宿雒縣，將會廷意於赤水，遂西還，命廷隱進攻梓州。胡氏曰：「赤水在漢州東南，當即雁水之别名。」似誤。

上流井，州北十里。產鹽，有鹽課司。又牛鞞井，在州城内，亦產鹽。又平泉井，在廢平泉縣。市民日汲於此，給五百餘家。○小桃源，在州北三十里。地多桃花，天水相接，一望無際，稱爲絶景。

龍泉鎮。州西七十里，有巡司。又西十里有龍泉驛，亦曰隆泉，一名靈泉。又陽安馬驛，在州治西一里。○貴平鎮，在州南，即廢貴平縣也。與仁壽、雙流二縣接界。今詳見雙流縣。又白芳鎮，在州西北百里，近新都廢金水縣界。唐志簡州金水縣有白芳鎮，是也。今亦見金堂縣。

資陽縣，州東六十里。東南至資縣百里，西北至府城百六十里。漢資中縣地，後周改資中爲盤石，别置資陽縣，屬資州。隋以後因之，元廢。明成化中復置資陽縣，正德中改今屬。土城周不及六里。編户七里。

資山，縣西南三里。迥然秀拔，一名獨秀山。又威峰山，在縣東北七十里，高出雲表，爲一方之鎮。○九泉山，在縣東北。萬歷中奢崇明作亂，自瀘、叙而西，敗官軍於此，遂薄成都。或云山與資縣接界。

雁江，〔一〇〕縣東一里，東南流入資縣界。志云：雁江經資陽、資縣之間亦曰中水。蕭齊永元初益州刺史劉季連遣兵襲中水蠻，不克。其地蓋在縣界。胡氏曰：「中水在資陽縣西。」似悞。○資溪，在縣西二里。縈紆九曲，流入雁江。又孔子溪，在縣南二十里。溪旁有鄉校，祠孔子，因名。亦東流合於雁江。志云：縣有栗木鎮、丹山鎮、水溪溝等堰，凡二十八處。

資陽鎮。縣東六十里。志云：縣東三十里有南津驛，鎮與驛相連，正德十三年徙鎮於今所，有巡司戍守。嘉靖中移資陽巡司於濛溪河地方。又崑崙渡，在縣北十五里，雁江津渡處也。

崇慶州，府西南百十里。西南至邛州百十里，東南至眉州二百里，西北至灌縣四十五里。

秦蜀郡地，漢、晉因之。李雄據蜀置漢原郡，永和中改爲晉原郡，治江原縣。劉宋因之。蕭齊改晉康郡，梁曰江原郡，後周併入犍爲郡。隋屬益州，大業初屬蜀郡。唐初仍屬益州，垂拱二年分置蜀州，天寶初改爲唐安郡，乾元初復故。新唐書：「州城内有鎮静軍，乾符二年節度使高駢置。」宋因之，紹興十年升崇慶軍，以高宗潛邸也。淳熙四年又升爲府。元至元二十年降爲州，明初因之，以州治江原縣省入。編户十二里。領縣一。今亦曰崇慶州。

州崇山重阻，江山環流，土沃田良，蜀之奧區也。

晉原廢縣，今州治。漢置江原縣，屬蜀郡，後漢因之。晉永嘉中，李雄立漢原郡治此。永和三年桓温滅漢，改郡曰晉原，又改縣曰多融，以縣界多融山而名。尋復爲江原縣。宋因之，齊爲晉康郡治，梁爲江原郡治，後周廢郡，改縣曰晉原。隋屬益州，唐爲蜀州治，宋因之，明初省。今州城成化中土築，周八里有奇，門四。

江原廢縣，州東南三十里。本江原縣地，後周置𢈪道縣，屬犍爲郡，隋大業初縣廢。唐武德初置唐隆縣，屬益州，長壽二年改曰武隆，神龍元年復曰唐隆，先天元年又改曰唐安，屬蜀州。宋開寶四年改曰江原，元至元二十年併入崇慶州。今爲江源鎮。

永康廢縣，州西五十里。本青城縣地，五代時孟蜀分置永康縣，屬蜀州，宋因之，元省。舊志：縣在州北二十里，今名四界鎮。又有廢漢原縣，在州西北五十里，相傳李雄嘗置縣於此。今名横原鎮。又州西南三十里有晉康廢縣，或曰本晉樂縣之訛也。晉末置，屬沈黎郡，劉宋屬晉原郡，齊屬晉康郡，西魏廢。又有蠻城子，在縣西北四十里，昔蠻人所居。

鶴鳴山，州西八十里。絶壁千尋，與邛州接界。唐十道志：「劍南道名山之一也。」又蟇頤山，在州西五十六里。山心如蟇頤，因名。上有平地數百步，諸山之鹿日聚於此，號曰「鹿市」。志云：州西南有多融山，一名晉原山。

汶江，州西北五十里。自灌縣流入界，經州北三十里謂之味江，相傳蜀王投醪江中，三軍皆醉處也。又東南經州東北十里謂之白馬江，又東南入新津縣界。丹鉛録「江水自湔堰至犍爲有五津，曰白華井、皂里津、江首津、涉頭津、江南津也，唐人皆指蜀州爲五津」云。○鄗江，在州北五十里。自廢青城縣東流逕州境，又東入温江縣界合於皂江水。漢志：「江原有鄗水，首受江，南至武陽入江。」是也。近志作「鄩江」，悮。又文井江，在州治北，東流合於味江。志云：州境有黑石、石頭、沙河、普濟、普潤、百丈、娑羅、石魚、楊柳等堰七十四處。

東湖，在州治東南。又治西有西湖，治北爲罨畫池。舊時導江水入城環繞州治，瀦爲湖池，稱佳勝云。

清溪關，州西八十里。或云宋置關於此，以清溪故關爲名也。亦曰清溪口。其旁兩山峙立，上合下開，名曰百家門。門内二里曰天生橋，以兩山相接如橋也。今有清溪口巡司。

乾溪鎮。州西二十里。志云：後周於此置晉原縣，今爲乾溪鎮。唐中和二年西川叛將阡能等作亂，陳敬瑄遣將楊行遷等擊之，戰於乾溪，官軍大敗，即此處也。又唐安驛，在州治西南。

新津縣，州東南二十里。北至雙流縣八十里。漢犍爲郡武陽縣地，後周始於新津市置新津縣，移犍爲郡治此。隋初郡廢，縣屬益州。唐屬蜀州。咸通十一年南詔陷邛州，進攻成都犯眉州，進犯新津，尋自雙流而進。十四年蠻復入寇，至新津而還，即此。宋屬崇慶府，元屬崇慶州。今城周五里有奇。編户七里。

公孫述城，縣西三十里，相傳公孫述所築。又有故縣城，在縣治東三里。周地圖記：「縣城故皂里江津之所，所謂新津市也。」

修覺山，縣東南五里。有修覺寺，唐玄宗嘗幸此，蜀王衍亦嘗遊焉。下有渡曰三江渡，以岷江、皂江、白馬三江並列而名。其上爲雪峰，亦名寶華山。○天社山，在縣治南三里，枕大江，兵燹時蜀人多避難於此。其南二里曰平岡山。又稠梗山，在縣南八里。稠梗，草名也。相傳服之可以長生。

三江，縣東三里。有三江上渡，又東二里曰三江下渡。志云：大江之水自崇慶州流經縣北十里曰白馬江，繞流縣南一里，又東與二江下流合，故曰三江。或云縣東北二十里有北江，即二江也。又云縣城南有皂江，即大江也。又南入眉州彭山縣界。

新穿水，縣東北四十里，與雙流縣接界，即二江所經也。唐咸通十一年南詔攻成都，不能陷，遁還，至雙流阻新穿水，造橋未成，狼狽失度，乃僞請和，三日梁成，既濟即斷橋，按隊緩驅。又中和二年西川將高仁厚討阡能，降雙流西諸寨兵，語之曰：「籍汝曹爲我前行，過穿口、新津砦下告諭之，比至延貢可歸矣。」尋至穿口降其衆，進至新津復降其十二砦。穿口即新穿水口。九域志新津縣有新穿鎮。延貢，見邛州大邑縣。

鐵溪河，縣西十里。其上源即邛水也。自邛州流入境，注於皂江。相傳諸葛武侯曾烹鐵於此。志云：鐵溪河一流入白木水。又夜郎溪，在縣東南二里。自縣南夜郎壩而來，亦合於白木水。白木水或曰即白馬江也，郡志又訛爲白米江。

遠濟堰。縣西南二里。分爲四筒溉眉山、通義、彭山之田，開元二十八年採訪使章仇兼瓊所開。志云：今縣境有黃土、平昌、羊馬、石馬、通濟、小史、大小高等三十二堰。

漢州，府東北一百二十里。東至潼川州二百二十里，西至彭縣七十三里，東北至綿州二百四十里。

秦蜀郡地，漢爲廣漢郡，後漢因之，兼置益州於此。晉改爲新都郡，宋、齊以後皆爲廣漢郡。隋開皇初郡廢，屬益州，大業中屬蜀郡。唐初仍屬益州，垂拱二年置漢州，天寶初改德陽郡，乾元初復爲漢州。唐志：「州城内有威勝軍。」宋因之。亦曰德陽郡。元仍曰漢州，以州治雒縣省入。明仍舊。編户九里。領縣三。今亦曰漢州。

州控成都之上游，爲益州之内險，自昔争蜀者必争廣漢。先主之入蜀也，破雒城遂進圍成都。及魏人并蜀，鄧艾破諸葛瞻於綿竹，見德陽縣。入雒城，長驅至成都矣。晉李毅曰：「廣漢之地，爲益州衿領。」唐杜佑曰：「益州有三蜀，廣漢、梓潼、成都也。」蓋山川襟帶，形勢險阻，略相等矣。五代唐同光中郭崇韜伐蜀，前鋒入漢州，王衍出降。又董璋據東川，與孟知祥争漢州，知祥復取漢州，遂并東川。明初傅友德入蜀，自綿州趨漢，阻漢江，即雒江。造戰艦以濟，遂拔漢州。漢州拔，而成都不可守矣。州於成都，其脣齒之勢歟？

廢雒縣，今州治。本漢之雒縣，屬廣漢郡。後漢爲郡治。建安十八年先主圍雒，明年雒城潰，遂進圍成都，尋亦爲廣漢郡治。魏景元四年鄧艾入蜀，至雒，後主遣張紹迎降。晉泰始二年廣漢郡治廣漢縣，而分置新都郡治雒。太康六年新都郡廢。宋、齊以後廣漢郡皆治此。隋開皇初郡廢，縣屬益州，十八年改曰綿竹縣，大業初復故。唐仍爲雒縣，漢州治焉。後皆因之，元省。郡志云：故雒縣在州治北二里。是也。明天順中始築土城，正德六年甃以石，周八里有奇，門四。

湔陽城，州西南二十里。志云：南北朝時置，以近湔水之陽而名。又有葭萌城，在州東五十里。或以爲漢縣治此，恐悮。○懷中廢縣，在州北。隋志：「齊、梁間置西遂寧郡，後周廢郡，改曰懷中縣，隋廢入雒縣。」

銅官山，州東二十里，前代鑄錢處也。又東五里有連山。又五里曰東覺山，上有古井。

雒水，州治東二里。源出什邡縣之章山，東南流經州治北亦曰雁江，亦曰雁水，又折而南流至州南湔水流合焉，入新都縣界而綿水流合焉，下流入金堂縣界。唐貞元中刺史盧士理立隄堰雒水，溉田四百餘頃。圖經：「雒水亦名沉犀水，水性剛，可淬刀劍。」今詳見大川。

綿水，州東十里。源出綿竹縣紫巖山，東北流復折而南入州界，又南經新都縣北入雒水。華陽國志：「蜀之淵府，浸以綿、洛。」是也。又石亭水，在州東北二十二里。源亦出什邡縣之章山，下流經此合於綿水。

湔水，州西二十五里。亦曰湔江。自灌縣湔堰分流，經崇慶、彭縣、新繁，至新都彌牟鎮北而入州界，合於雒水，故亦兼彌牟河之稱。張知古云：「此邦膏腴，利在江津。」謂湔水矣。又五侯津，在州西，或曰即彌牟河津濟處也。五代唐長興三年孟知祥敗董璋於鷄蹤橋，追至五侯津，即此。

房公湖，在州治南。唐房琯所鑿，亦謂之西湖，凡數百畝，稱爲佳勝。宋熙寧間奏墾爲田，今廢塞。又湧泉，在州東三十五里。周廣三百餘丈，有灌溉之利。○綿江堰，在州東。志云：州境有西水、龍井、天生、粟米、坤江等六十七堰。

三水關，州東十里。關下有渡即綿水渡口也，亦曰三水關渡，有巡司戍守。○白楊林鎮，在州東。後唐長興三年董璋謀襲孟知祥，入西川境，破白楊林鎮，即此。又廣漢驛，今在州治東。

雁橋。州治北一里。亦曰金雁橋，以跨雁水上也。後漢建安十八年，劉璋將張任自綿竹退守雒城，劉備進軍圍之，任勒兵出戰於雁橋，敗死。後唐同光四年李紹琛叛據漢州，州無城壍，樹木爲柵，唐將任圜擊之，紹琛出戰於金雁橋，敗奔綿竹，圍追擒之。即此橋也。

什邡縣，州西二十里。東南至新都縣五十里。漢縣，屬廣漢郡，高祖封雍齒爲侯邑。後漢仍屬廣漢郡。晉屬新都郡，宋、齊仍屬廣漢郡。後周改方亭縣，尋廢入雒縣。唐武德二年復置什邡縣，屬益州，尋屬漢州，宋因之。今城周三里有奇。編户四里。

南陽城，縣西二十三里。李膺記云：「李雄之亂，蜀遣李壽掠漢中五千餘家寓於此，蜀平後嘗置南陽郡。」沈約宋志南陽縣屬北陰平郡，本南陽民流寓立。齊、梁因之，西魏廢。○雍齒城，在縣城南，相傳齒所邑也。括地志曰：「縣舊治雍齒城，今於城北四十步立縣。」今城南有雍齒山。

章山，縣西北六十里。一名洛通山，雒水出於此。又名章洛山，亦曰楊村山，上有風、火二洞。志云：縣北六十里有高境關，關外即章洛山也。○大蓬山，在縣西五十二里。高崖矗天，瀑布飛瀉。志云：山高踰百里，六月積雪不消，或謂之鎣華山。其相接者又有龍居山，懸瀑飛橋，巖壑甚勝。又有寶連山，在龍居、章山之間，脉皆相接。

雒水，在縣北。自章山內合五溪而出，至高境關前流益盛，分爲十支，總名曰雒江，又東南流入漢州界。○石亭水，在縣北三十五里，亦出章山中，流入漢州界。

濯纓泉。縣北三十里。唐任愿云：「什邡之西行十許里有古佛寺曰南陽，宋大明中所建。寺之左有泉匯爲陂，浮於方亭，達於雒源，流百許里，溉田數十萬頃，雖大旱民不告病，即濯纓泉也。」○青竹堰，在縣境。志云：縣有上下雒口、跑馬、楊村等堰凡二十處，皆引雒水以溉田。

綿竹縣，州西北八十五里。漢縣，屬廣漢郡，地宜竹，因名。後漢仍曰綿竹縣，晉屬新都郡，宋屬南陰平郡，齊、梁因之。西魏時改置陽泉縣，屬晉熙郡。隋開皇初郡廢，縣屬益州，十八年改縣曰孝水，大業二年又改曰綿竹縣。唐屬漢州，宋因之。元至元十三年并入州，尋復置。今城周不及二里。編户七里。

陽泉廢縣。在縣北。三國漢分綿竹立陽泉縣，屬廣漢郡。晉廢，後復置。劉宋亦屬廣漢郡。元嘉九年流民許穆之僞稱「司馬飛龍」，作亂，州兵擊斬之。既而五城人趙廣等復作亂，詐言飛龍在陽泉山中，聚衆向廣漢，攻陷涪城，又率衆詣陽泉，詐迎飛龍，因推道人程道養爲蜀王是也。蕭齊仍屬廣漢郡，梁因之。西魏徙今治，屬晉熙郡。隋改曰綿竹，唐因之。光啓三年王建攻西川帥陳敬瑄，敗漢州刺史張頊於綿竹，遂拔漢州，即今縣也。○南武都廢縣，在縣西北。或云梁置，西魏因之，屬晉熙郡。後周併萇楊、南武都二縣爲晉熙縣，後又廢晉熙入陽泉縣。今縣有武都山，南武都蓋以山名。

紫巖山，縣西北三十里。綿水出於此。志云：紫巖山極高大，亦謂之綿竹山。相接者曰武都山。蜀記「武都山精化爲女子，爲蜀王開明妃」，謂此山也。山之别嶺爲鹿堂山，上有神泉。

小蓬山，縣北四十五里，與什邡縣大蓬山相匹。峰巒奇勝，比於蓬島，因名。又縣北二十里有龍角山，縣北十里有秦中山，皆與紫巖岡阜相屬。○庚除山，在縣東四十里。上有石洞三，甚幽邃，縣境之勝也。

綿水，在縣北。自紫巖山流出謂之綿堰口，經庚除山下，又東入德陽縣境而達漢州界。○石亭水，在縣東南。自什邡縣流逕縣境而入漢州界。晉永康二年趙廞據蜀叛，李特、李流軍綿竹，廞使其黨費遠等督兵斷北道，屯綿竹之石亭，特等襲擊遠，大敗之，遂攻成都是也。

三溪河，在縣東北。源出紫巖山下，亦名射水河，下流入綿州羅江縣界。又縣西北有馬尾河，流入射水河。○軍屯堰，在縣境。又有黃土、馬壩、火燒、疊溪、馬頭等堰，共十六處。

赤祖鎮。在縣東北。晉太安二年李特據少城，益州刺史羅尚襲斬之，李蕩等收餘衆還保赤祖。胡氏曰：「赤祖地在綿竹東。」又石碑鎮，在縣北。唐元和初劉闢以西川叛，詔高崇文討之，山南西道嚴礪遣其將嚴秦共討闢，破闢衆於綿竹石碑谷，即石碑鎮也。○馬尾河堡，在縣西北，以馬尾河而名；其南爲龍蟒槽堡；俱接安縣界。

德陽縣，州東北六十里。東至綿州羅江縣九十里。漢綿竹縣地，晉因之。隋爲雒縣地，唐武德三年析置德陽縣，屬益州，垂拱中改屬漢州。元和初高崇文破劉闢於德陽，進拔漢州。光啓三年王建攻陳敬瑄，敗之於德陽，即此。宋仍爲德陽縣。元至元八年升爲德州，十三年復爲縣，隸成都路，十八年還屬漢州。今城周不及六里。編户七里。

綿竹城，縣北三十五里。漢縣治此。更始二年遣李寶等徇蜀，公孫述遣其弟恢逆擊於綿竹，大破走之，述因自立爲蜀王。後漢中平五年益州賊馬相等起兵綿竹，殘掠巴郡、犍爲、廣漢三郡，州從事賈龍討破之，劉焉因徙州治綿竹。興平初州復遷治成都。建安十八年先主規取成都，進屯涪，劉璋遣其將劉璝等拒之，皆敗保綿竹，尋降於先主。三國漢炎興初鄧艾入蜀，後主使諸葛瞻拒之，瞻止屯涪，爲艾所敗，退住綿竹；晉永康元年巴氐李特等屯綿竹，攻趙廞於成都；寧康二年時苻秦取益州，州人張育等起兵拒秦，秦將鄧羌擊斬育於綿竹；梁天監十三年魏復謀取蜀，分遣其將奚康生出綿竹；皆此城也。西魏縣廢，隋改陽泉爲孝水，又改爲綿竹，即今綿竹縣云。杜佑曰：「德陽縣有古京觀，即鄧艾破諸葛瞻處。」

萇楊城，在縣西北。東晉末分綿竹地置萇楊縣，屬晉熙郡。沈約曰：「晉末以陰平民流入益州者僑置南陰平郡及陰平縣，寄治萇楊。」是也。宋元嘉中流民許穆之作亂，攻殺巴興令，逐陰平太守，即此。齊、梁亦爲萇楊縣，後周併入晉熙縣。巴興，今見潼川州蓬溪縣。又南陰平廢縣，在縣西南。或云西魏廢南陰平郡改置南陰平縣，隋廢入雒縣。○晉熙廢縣，在縣西。沈約曰：「東晉安帝以秦州流民置晉熙縣，並置晉熙郡治焉。」後因之，後周改置晉熙縣，尋又廢晉熙入陽泉。隋初郡廢。陽泉，見上綿竹縣。

鹿頭山，縣北三十餘里。寰宇記：「山自綿州羅江縣來，迤邐入縣界。相傳昔有張鹿頭者於此造關，因名。」今山有鹿頭關。又龜勝山，在縣北二十里。唐元和初高崇文討劉闢，攻鹿頭關，於此對壘，有神龜現牙旗下，及戰大勝，因名。一名萬勝堆。俱詳見重險鹿頭關。○浮中山，亦在縣北三十里。山有巖壑之勝，遊覽者多至此。一名迎春岡。

綿陽河，縣治東一里，即綿水也。自綿竹縣流入境，繞流而南至漢州會於石亭河。○石亭水，在縣西南。自什邡縣流經綿竹縣界，與縣接境，即晉永康中李特破趙廞黨費遠處。

孝泉，在縣西北四十里姜詩鎮。東漢姜詩孝感躍鯉，即此泉也。宋治平中詔名曰孝感泉，鎮亦曰孝泉鎮。其泉至今不絕，資以灌溉。志云：縣境有安樂、黃膠、柳梢、石板、龍泉河等二十三堰，皆引水灌田。

鹿頭關。在縣北鹿頭山上。舊爲戍守要地，乃蜀境之內險也。詳見重險鹿頭關。

綿州，府東北三百六十里。東北至保寧府劍州二百九十四里，南至潼川州百三十里，西南至漢州二百四十里，西北至龍安府三百五十里。

秦蜀郡地，漢屬廣漢郡，後漢因之。蜀漢屬梓潼郡，晉爲梓潼、巴西二郡，宋因之。齊、梁皆爲梓潼郡，梁末爲巴西郡，兼置潼州，西魏因之。隋開皇初郡廢，五年改州曰綿州，大業初又改爲金山郡。唐武德初又爲綿州，天寶初曰巴西郡，乾元初復曰綿州。宋因之。亦曰巴西郡。元初曰綿州，隸成都路，至元二十年屬潼川路，以州治巴西縣省入。明復改今屬。編户六里。領縣二。今仍曰綿州。

州水陸四衝，爲蜀重地。後漢初討公孫述，吴漢進據廣都，而臧宫破延岑於廣漢，見潼川州射洪縣。進拔綿竹，破涪城，綿竹，見上德陽縣。斬公孫恢，復攻拔繁、郫，與吴漢會於成都。先主入蜀，自江州北繇墊江逕指涪城，既而北屯葭萌，葭萌，見保寧府廣元縣。還取蜀，復屯涪城。後主延熙四年蔣琬請自漢中徙屯涪，時琬欲以姜維爲凉州刺史，御制河右，而自徙屯涪。曰：「涪水陸四通，惟亟是應，若東西有虞，赴之不難。」及鄧艾侵蜀至陰平，言於司馬昭曰：「若從陰平由邪徑經漢德陽亭趨涪，德陽亭，見龍安府平武縣。出劍閣西百里，去成都三百餘里耳。」又梁天監四年魏梁、秦二州刺史邢巒遣其統軍王足入劍閣，破梓潼進逼涪城，巒表言：「建康、成都，相去萬里，陸行既絶，惟資水路。胡氏曰：「自襄陽西行遵陸可以至蜀，梁州既入魏，則陸路絶矣。」水軍西上，非周年不達。今自南安向涪，南安即劍州。方軌無礙，脱得涪則益州乃成擒之物。臣之意算，正欲先取涪城，以漸而進。若得涪城則中分益州之地，斷水陸之衝，彼外無援軍，孤城自守，何能復持久哉？」蓋魏得劍閣進取成都，涪當其衝，梁兵由内水而上救成都，内水即涪水。涪亦當其衝矣。承聖二年西魏宇文泰遣尉遲迥取蜀，入劍閣至涪水，潼州刺史楊乾運以城降，迥分兵守之，進襲成都。唐中和四年楊師立據東川，進屯涪城以逼成都，爲高仁厚所敗。宋乾德三年王全斌伐蜀，兵至魏城，孟昶出降。今自劍門、陰平兩道入蜀，必以綿爲會軍之所，控扼西川，推爲要害不虚矣。

巴西廢縣，在州治東五里。漢涪縣也，屬廣漢郡，以城臨涪水而名。後漢亦曰涪縣。建武十二年吴漢入蜀，别將臧宫拔綿竹，破涪城，斬公孫恢。華陽國志：「元初二年廣漢自繩鄉移治涪，後移治雒。」建安十六年先主自江州北由墊江水詣涪。蜀漢炎興元年諸葛瞻拒鄧艾於涪，爲艾所敗。繼而鍾會亦至涪，姜維等詣會降。晉曰涪城縣，屬梓潼郡。時亦謂之涪陵，太安二年李特敗没於少城，其黨任臧自德陽退屯涪陵是也。〔二〕永嘉二年譙登舉兵攻李雄，進據涪城，雄攻之，不能克。五年李驤拔涪城，登死之。自是終李氏之世，恒以涪爲重地。咸康四年李壽自涪襲成都，克之，遂僭稱帝，改國號曰漢。永和三年蕭敬文據涪城以叛。八年討斬之，尋移置西夷校尉於此。興寧三年梁州刺史司馬勳謀據蜀，引兵入劍閣攻涪，西夷校尉毌丘暐棄城遁。遂圍益州，尋討平之。既而爲梓潼郡治，寧康初没於苻秦，太元九年復入於晉。義熙初譙縱等作亂，襲殺西夷校尉毛瑾於涪城，遂陷成都。九年劉裕遣朱齡石伐譙縱，縱使譙道福將重兵鎮涪城以備内水。宋復曰涪縣，亦爲梓潼郡治。元嘉九年益州賊趙廣等作亂，陷涪城，以其黨程道助鎮之。明年裴方明等克涪城，賊黨奔散。梁天監四年魏將王足破梓潼進逼涪城，蜀人震恐，既而引去。十三年魏復遣將窺蜀，分命梁州刺史羊祉出涪城，不克。尋改置巴西郡，又爲潼州治。承聖二年楊乾運爲潼州刺史，密降於西魏，魏將尉遲迥至涪水，遣將據其城，進襲成都。西魏皆因梁舊，又改涪縣爲巴西縣。寰宇記：「西魏分涪縣别置巴中縣，隋改涪縣曰巴西，而以巴中縣省入。」今正史不載也。隋開皇中爲綿州治，唐亦曰巴西縣，自是州郡皆治此。元省。城邑考：「州城宋築，明成化初因故址甃以石，弘治以後屢經修葺。」今城周九里有奇，門四。

魏城廢縣，州東北六十五里。本涪縣地，西魏析置魏城縣，屬巴西郡。隋郡廢，縣屬綿州，唐因之。後唐同光四年李繼岌滅蜀還至武連，李紹琛將後軍至魏城，遂謀爲變。宋仍屬綿州，元至元二十年省。李膺益州記：「肆溪東五十里有東西井，井西爲涪縣界，井東爲魏城縣界。」今有魏城鎮巡司。武連，見劍州。

鹽泉廢縣，州東百十里。本魏城縣地，唐武德三年析置鹽泉縣，屬綿州，宋因之，元省。寰宇記：「鹽泉縣有鹽井，居民得採漉，四方賈貿者走集焉。」○涪城廢縣，在州東南四十里。今詳見潼川州。

富樂山，州東五里。山高廣，爲衆山之秀。相傳先主入蜀，劉璋延之此山，望見蜀全盛，飲酒樂甚，因名。元和志：「州有東、西門。東門久塞，富樂山氣所衝。門開則喪亂，宋元嘉初太守王懷素開之，果致喪敗。自爾復塞。」益州記「州東五里有金山，東臨澗水，即富樂山矣。」隋因以名郡。又綿山，在州治北二里，州以此名。

猨門山，州北二十五里。上多猨，二峰竪立如門，舊有猨門戍。又聖水山，在治北六十里。上有龍湫。其相接者曰崌山，上有九龍洞。○天池山，在州北五里，又州東三十里亦有此山，皆高聳。志云：州北一里有走馬嶺，端直平坦，約長十里，其隘處僅容一車，爲州之主山。

涪水，在州治東。自劍州界流經彰明縣西，又南流經州城西，繞流於城東南而入羅江縣界。亦謂之綿江，因州以名江也。志云：綿州亦謂之左綿，以綿水經州左云。五代唐同光三年伐蜀，前鋒李紹琛至綿州，蜀人斷綿江浮梁，水深無舟檝可渡，紹琛以懸軍深入，利在速戰，乃乘馬浮渡，從兵得濟者僅千人，溺死者亦千人，遂入鹿頭關。圖經：「州治西一里有飲馬渡，又西里許有巴西渡，皆涪江渡口也。」餘詳見大川涪江。

安昌水，州西五里。一名龍安水。源自石泉縣，東流經安縣北入州界，經州西北三十里有横山渡，又東南入於涪水。州志云：巴字水，在城西四里。涪水自北經城西折而東南，安昌水自州西迤邐繞城東南，匯於州南之芙蓉溪成一巴字，每江漲登山望之，天然甚肖。○潺水，在州東五里。源出劍州梓潼縣界之潺山，流逕州東三十里有石盤灘渡，又西南入於涪水。寰宇記：「潺水源有金、銀、鐵，民得採以爲業。」又芙蓉溪，在州治東南二里。志云：源自江油縣來，又南入於涪水。

廣濟陂，州南六里。唐垂拱四年長史樊思孝令夏侯奭因故渠開引渠溉田，凡百餘頃。又雒水堰，在廢魏城北五里。新唐書：「貞觀六年引安西水入縣，民賴其利。」安西水或以爲即潺水。志云：今州境有邊堆、泉水、野茅、石草、永通等十三堰。

鍾陽鎮。在州東北。唐景福初洋州帥楊守忠侵東川不果，將趨綿州，西川將李簡邀敗之於鍾陽，又破其黨綿州刺史楊守厚於銅鉾。銅鉾鎮亦在州東境。○金山驛，在州治北，陸道所經也。

羅江縣，州南九十里。西至漢州德陽縣九十里，東至潼川州七十里。漢涪縣之孱亭也。晉末置萬安縣，屬梓潼郡，宋、齊因之。梁末移治潺亭，改曰潺亭縣。西魏復曰萬安，置萬安郡。隋郡廢，縣屬綿州。唐因之，天寶初改曰羅江縣，宋、元迄今仍舊。城周不及四里有奇。編户三里。

萬安城，在縣西南。晉置縣於此，後移今治。志云：縣西一里有故萬安驛，即舊縣治也。

大霍山，縣西南十里。亦名羅嶆山，上有龍洞。又龍池山，在縣西南三里，以池上有石如蟠龍也。又潺山，在縣北三里。或以爲潺水所出，似悮。

羅江，在縣治東。縣之右水自安縣來，即安昌水也；左水自綿州來，即涪水也；合流南經此蹙成羅紋，縣因以名。亦謂之紋江。志云：縣北二里有芙蓉溪，一名蚌溪，一名三柴水，亦即羅江異名也。安昌水、涪水與芙蓉溪匯流而入縣界，因名。

黑水，在縣西北。自安縣界南流入境，下流會於漢州之綿水。五代時董璋破西川兵於黑水，遂克漢州是也。通鑑作「赤水」。胡氏曰：「在漢州東南。」今見簡州赤水。○茫江堰，在縣北五里。唐永徽五年縣令白大信置堰，引綿竹縣之射水溉田入城。縣北十四里又有楊村堰，唐貞元二十一年縣令韋德築堰，引安縣之折脚堰水溉田。志云：今縣境有茫江、泉水、玉女、馬山、回龍、雲龍等十九堰。

白馬關。縣西十五里，與德陽縣鹿頭關相對。山至險峻，有小徑僅容車馬，三國時營壘也。其下名落鳳坡，相傳龐士元侍昭烈至此，卒於流矢下。新唐書羅江縣有白馬關。明初置巡司，今廢。

彰明縣，州北九十里。東北至龍安府江油縣九十里。漢涪縣地，晉移益昌縣於此，屬巴西郡，宋、齊因之。西魏改曰昌隆縣。隋屬綿州，唐因之，先天初改曰昌明縣。五代唐諱昌，改曰彰明縣，宋因之。今土城不及二里。編户三里。

興聖廢縣，在縣西南。劉昫曰：「唐武德三年分昌隆置顯武縣，神龍元年改曰興聖，開元二年併入昌明，未幾仍分巴西、涪城、萬安三縣地置興聖縣，二十七年復廢之。」

大華山，縣東北三十里，與龍安府江油縣接界。又縣北二十里靈臺山，山高秀，亦名天柱山。又獸目山，在縣北五里。有百匯龍潭，上下凡三潭，其水常流，産茶曰獸目茶。又縣西北四十里有附子山産附子。

大匡山，縣北五十里。一名大康山，聲相近也。又名戴天山。縣北三十里曰小匡山，亦曰小康山，又名翰林山，相傳李白讀書處。其西相接者曰石磬山。○竇圌山，在縣北六十里。山幽勝，唐天寶中竇圌隱於此。寰宇記：「縣東南一里有孟津山，西魏自讓水鄉移縣於孟津里是也。」又天倉洞，在縣北五十里。洞有三，極險，架石爲橋以渡。

涪水，在縣東三里。自劍州流入界，又南入綿州境。○廉水，在縣北一里。源出平地。或云出龍安府境，流經此合涪水。又讓水，在縣西五里。亦自龍安府流入境，東流合涪水。范栢年對宋明帝曰：「梁、益間有廉泉、讓水。」謂此也。杜佑曰：「昌明縣有廉山、讓水。」宋白曰：「縣有清廉、讓水二鄉」云。

香溪。在縣西。唐貞觀七年醴泉出綿州之香溪，是也。今有香溪堡，入安縣界。○龍備堰，在縣東。又縣境有湖中、永安、永豐、羅村、野壩等十堰。

茂州，府西北四百五十里。東至綿州四百里，南至彭縣三百七十里，西南至威州二百二十里，北至疊溪所一百二十里。

古冉駹國地，後漢書：「冉駹有六夷、七羌、九氐，各有部落。」漢武開置汶山郡，宣帝時廢，漢紀：「地節三年省汶山入蜀郡，爲北部都尉。」後漢靈帝時復置。華陽國志：「孝安延光三年復立郡，領汶江、蠶陵、廣柔三縣。」晉太康地志云：「蜀漢時復置。」晉亦曰汶山郡，劉宋廢爲汶山郡地，齊因之。梁復置北部郡，兼置繩州，後周改曰汶州。治汶山縣。隋開皇初郡廢，改州爲蜀州，尋曰會州，大業初復爲汶山郡。隋志：「開皇中置總管府，大業初府廢。」唐武德初仍曰會州，四年改爲南會州，舊唐書：「武德三年置總管府，七年改爲都督府，其後常爲都督府治。」貞觀七年又改爲茂州，天寶初曰通化郡，乾元初復爲茂州。新唐書：「州城内有威戎軍。」宋因之。亦曰通化郡。元仍曰茂州，明初以州治汶山縣省入。編户四里。領縣一。今仍曰茂州。

州逼近羌、戎，環帶山險，成都肩背之地也。漢攘夷置郡而邊關益斥，其後皆置戍守於此，爲蜀西保障。唐增置安戎城以拒吐蕃，宋亦設雞宗關以防番寇。說者謂蜀之險在西山，西山之險州其要嶺也。邊略：「州之四境皆羣蠻盤踞，所恃爲形援者，松潘、疊溪、威州其最也。大抵松、茂、威、疊如一身，然松潘首也，疊溪喉嗌也，茂州胸腹也。東之土門，西之威，與汶、保其州之手足。」

汶山廢縣，今州治。漢置汶江道，屬蜀郡。後漢因之，尋爲汶江郡治。蜀漢因之。晉仍曰汶山縣，亦爲汶山郡治。宋移郡治都安，以縣并入焉。齊因之。梁初置廣陽縣，尋改置北部都尉，又爲北部郡治，後周因之。隋初廢北部郡，仁壽初復改縣曰汶山，爲會州治。唐爲茂州治。劉昫曰：「汶山舊縣在今縣北二里，宋曰廣陽縣，後周曰汶山。」似悮。宋亦曰汶山縣，熙寧九年即縣置威戎軍，元軍廢。明初省縣入州。城邑考：「州舊無城，惟植鹿角爲限，宋熙寧九年始築城，明成化十四年因舊址修築。周不及四里，門三。」

湔氐廢縣，在州西北。漢爲湔氐道，屬蜀郡。惠帝三年湔氐反，討平之，即此。後漢仍爲湔氐道。蜀漢屬汶山郡，晉廢。漢志：「岷山在湔氐西徼外。」是也。○廣陽城，在州西北五十里。晉置廣陽縣，屬汶山郡，宋廢入汶山縣，梁復置。宋白曰：「晉置廣陽縣於汶江縣西北五十里，後周移治石鏡山，西去舊城六十里，置汶州治焉，隋改曰汶山，疑即今州治也。」

安戎城，在州西南徼外。其地險阻，唐儀鳳二年益州長史李孝逸築，絶吐蕃通蠻之道。永隆元年吐蕃陷其城，以兵據之，由是西洱河諸蠻皆降於吐蕃。唐史：「李孝逸築安戎城以迮吐蕃南鄙，既而生羌導吐蕃取之，遂并西洱河諸蠻，東與松、茂、巂接。開元二十六年劍南節度王昱攻之，爲所敗。二十八年節度使章仇兼瓊克而守之。未幾吐蕃圍安戎城，不能陷。尋復寇安戎城及維州。至德初改曰平戎城。」會要：「平戎城憑藉高深，玄宗以爲其地險阻，非力所制是也。大歷中復分劍南爲兩節度，面西山三城列戍。」高適上言：「東、西川實一道，自邛關、黎、雅抵南蠻，由茂而西經羌中平戎等城界，吐蕃瀕邊，皆仰給劍南。平戎以西數城，皆窮山之巔，蹊隧險絶，運糧束馬之路，坐甲無人之鄉。」謂此也。唐志：「恭州西南有平戎軍。」

威武城，在州西北。唐開元二十六年隴右節度留後杜希望攻吐蕃新城拔之，以爲威武軍。志亦作「威戎軍」。又七盤城，在州西。貞元初蠻寇劍南，曲環以邠、隴兵五千馳救，收七盤城、威武軍，維、茂等州蠻破走，即此。○棲雞老翁城，亦在州西北。唐貞元十九年韋皋討吐蕃，分遣兵攻其維、保、松州及棲雞老翁城。亦謂之雞栖城，蓋吐蕃所築。胡氏曰：「翼州有棲雞城，城蓋與疊溪所接界。」

蓬州城，在州西北。唐永徽二年特浪、辟惠等羌酋内附，以其地置蓬、魯等三十二州，屬茂州都督府。唐茂州壁記：「貞觀初置羈縻州九，曰維、翼、笮、塗、炎、徹、向、冉、穹。」會要：「武德元年臨塗羌歸附，置塗州，領臨塗、端源、婆覽三縣，貞觀二年廢，五年復分茂州之端源戍置。又炎州，貞觀五年置，本名西封州，八年改，領大封、慕仙、義川三縣。又向州、徹州俱生羌地，貞觀五年置，向州領貝左、向貳二縣，徹州領文徹、俄耳、文進三縣。冉州本徼外斂才羌地，貞觀五年置西冉州，九年止曰冉州，領冉山、磨山、玉溪、金水四縣。穹州，亦貞觀五年置，本曰西博州，八年改，領小川、徹當、壁川、當博、恭耳五縣。笮州，貞觀七年以白狗羌歸附置，本曰西恭州，八年改，領逢都、亭勸、比思三縣。皆屬茂州都督府，永徽初又析九州爲三十二州也。」宋志：「茂州領羈縻州十，曰當、真、時、塗、遠、飛、乾、可、向、居。」又云塗、静、當、真、時、飛、宕、恭等羈縻州，環茂州而居，州不過數十里。蓋諸州皆在唐永徽中三十二州之内，或名號偶岐耳。今維、翼、静、當、真、恭等州俱見後，餘皆爲生番境矣。○秦祺城，在州西南。宋志：「本羈縻保州也。政和四年建爲祺州，縣曰春祺。宣和三年州廢，仍爲戍守處，屬於茂州。」

壩底城，在州東，與龍安府石泉縣接界，即壩底堡也。正德中羌蠻圍壩底城，州將何鄉破之。經略志：「正德十三年撫臣宋滄克平壩底、白草諸寨，諸蠻獻侵地二千餘頃是也。」○土門城，亦在州東，即土門堡也。正德中州將何鄉破叛蠻於此。志云：土門爲州東之要塞，又東四十里即壩底城。

岷山，在州西北徼外。山高六十里，綿延千里，江水導源於此。蜀境西山之險，岷山其首也。詳見名山。

茂濕山，州北十二里。林木茂密，常有嵐氣。益州記「江至濕坂而稍大」，即此也。唐貞觀中因山以名州。貞元中韋臯出濕山，破吐蕃是也。今山北三里有相公嶺，亦曰茂濕嶺。又州北二十里有鷹門山，山高險，上多棲鷹。○巨人山，在州南二十里。頂有石如人立，下有九龍池。

鷄宗山，州西南四十二里。宋熙寧九年置雞蹤關及鎮羌寨於此，扼羌人出入之路。宋史：「是年静州番部楊文緒導番董阿丹作亂，聲援俱絶，詔内使王中正將兵旁出雞宗山，擊斬之，因置關於此。」○乞習山，在州西南徼外。唐貞觀十九年裴行方討茂州叛羌黄郎弄，擒其餘黨，西至乞習山，臨弱水而歸。志曰：蜀之西山有弱水。

蓬婆嶺，在州西南，近安戎故城。唐開元二十六年劍南節度王昱謀取安戎城，因於安戎左右築兩城，爲攻拒之所，頓兵蓬婆嶺下，運劍南資糧以逼之，爲吐蕃所陷。杜甫詩「次取蓬婆雪外城」，蓋其地在雪山外云。○虎頭崖，在州北。嘉靖中何鄉征茂州五寨，奪虎頭崖等險，克平十一寨是也。

汶江，在州治西。自疊溪所流經州城下，又西南達威州境。王咨曰：「汶江自徼外來，繞汶川郡西北而南出，極目可百里許。」詳見川瀆異同。○龍溪水，在州南十里，流合於汶江。

五福泉，在州治南。圖經：「自城西三溪口引水入城，至州治貯以兩井，號五福泉，恣民汲飲。」又新井，亦在州城中。志云：茂舊無井，仰汲於江，蠻寇圍城輒斷汲路，居民窘迫。正德中巡撫馬昊鑿地數十丈方得泉，居民賴之，號曰新井。○滋茂池，在州之牛溪鎮。池周四十里，四時無竭溢，居民資以灌溉。

雞宗關，在州南雞宗山上。宋史：「茂州南雞宗關通永康軍，北有隴東道通綿州。熙寧九年羣蠻犯州，兩道皆爲蠻所據，州守范百常募人間道詣成都，又書木牌數百投江中告急，蜀、綿兵馳救，蠻始解圍去。」今亦爲戍守處。又魏磨關，在州北二十里，亦宋置。○七星關。在州南四十五里，與雞宗相近。或曰即唐所置望星關也。乾符二年高駢帥西川，復戍清溪、望星等關，即此。志云：關東有石鼓堡關，南有雁門堡，其相近又有青坡堡，俱爲戍守處。志云：茂州南路有遷橋墩、黎菌頭、白水墩、鹽盔頭、獨脚門樓、瞰遠墩、四顧墩、羊毛坪、五星墩、文鎮撫村、大宗渠、石鼓村、七星關、雁門堡、青坡堡，而達於威州是也。又積水關，在州東九十里。宋志：「州西有敷文關，宣和三年廢爲堡，尋復，後廢。」

桃坪關，在州東北。亦爲桃坪堡，即古桃關也。蕭梁普通初置繩州，取桃關之路，關北當風穴，一二里間晝夜沙石飛揚不息，去白草、青片諸番不過四五十里。土彝考云：「茂州東路諸番，白草最强大，白草又與松潘黄毛韃相通，桃江、青片、板舍次之，白苦、水磨、歧山又次之。」今關屬隴木長官司戍守。

長寧堡，州北六十里。明初歷日寨首歸附，置長寧安撫司，在州西北，轄鑿溪、章貢等寨。後虚其職，置長寧堡於此。邊略：「嘉靖十四年撫臣宋滄克平茂州雞公寨，十五年長寧等處深淺諸蠻聲言復讐，備兵使者朱紈督官兵勦平之。」又穆肅堡，在州北七十里，又西北十里有實大關，俱設兵置倉於此，控禦西番。又北接疊溪所之新堡。志云：實大關附近巴猪五族及大、小歷日俱强悍。

神溪堡，州東北四十里。志云：州城東北有土地嶺堡，又東有鎮彝關、子神溪、夾山、土門等堡，達於桃關，共爲七關堡，州境東路之險也。○鎮戎堡，在州東十里。附近有後溝、烏都及河東之法虎、插兵等寨，俱静州長官司屬羌也。

椒園堡，州北二十里。稍西曰長安堡。志云：長安堡附近有恰利寺寨，番僧也，三年一入貢。又有韓胡、硐水、磨溝、鷄公等寨。正德十三年撫臣宋滄討叛蠻，克平鷄公等寨，即此。○韓胡堡，在州北四十里。又北十里爲松溪堡。邊略：「松溪附近爲黑苦七族，有番衆二千，最稱强悍。」

壽寧砦，在州西南。宋志：「本羈縻直州，政和六年蠻酋歸附，建壽寧軍，在皂江外，距茂州五里，八年廢爲砦，宣和三年又廢砦爲堡。其南又有延寧砦，本名威戎軍，熙寧間所建。政和六年湯延俊等納土，重築軍城，改名延寧。宣和三年廢爲砦，隸茂州，四年與壽寧堡俱廢。」○刁農砦，在州境。又有窄溪寨，萬歷二年降附。

長寧驛。州北十五里。又州城南有護城驛，州南四十里有安遠驛。○繩橋，舊在州北汶江上。寰宇記：「梁置繩州，州以繩爲橋也。」又有度索尋撞之橋，江水峻急如箭，兩山之肋繫索爲橋，中刳木爲撞，繫行人於上，以手自緣索到彼岸，則旁有人爲解其繫，蓋皆絶險處。今桃坪關有繩橋。

汶川縣，州南二百里。南至灌縣百八十里。漢綿虒縣，屬蜀郡，後漢曰綿虒道。蜀漢嘗分置汶山縣，移汶山郡治此，晉因之，後廢。蕭梁改置汶川縣，後周於縣置汶川郡。隋初郡廢，縣屬蜀州，大業初屬汶山郡。唐屬茂州，宋因之，熙寧九年以縣置威戎軍，紹興中復曰汶川縣，屬茂州。今城周一里有奇。編户五里。

廣柔廢縣，在縣西。漢縣，屬蜀郡，後漢因之。晉屬汶山郡，劉宋廢。揚雄蜀王世紀：「廣柔縣有石紐村，神禹生於此。」華陽國志「石紐地方百里，夷人不敢居牧」云。括地志：「石紐山在汶川縣西七十二里。」

七盤山，縣北三十里。上有七盤坡路，或曰唐時吐蕃嘗築七盤城於此。大歷十四年吐蕃與南詔分道入寇，吐蕃出茂州及扶、文，南詔出黎、雅，連陷郡縣。既而官軍敗吐蕃、南詔於白壩，又追敗之於七盤，遂克維、茂二州，即此七盤也。又玉壘山，劉昫曰：「在縣東北四里。」寰宇記云：「在縣南三里。」下有玉輪坂，汶江經此，謂之玉輪江。或曰七盤山一名玉壘。

龍泉山，縣南四十八里。下有龍池。又縣南百五十里有慈母山，中有池，亦曰慈茂池。田況龍祠記：「池能興雲雨，救旱暵，椓養百穀，故名。」又石紐山，括地志：「在縣西七十二里。」江源記「岷江南入溢村，至石紐，過汶川」，蓋即石紐村矣。

玉輪江，縣治西三里，即汶江也。自保縣流經此，又南入灌縣界。江源記：「岷江至汶川轉銀嶺合草坡河，至蠶崖入灌口分道而下，又繇威至玉壘山爲玉輪江，至汶爲皂江，至灌爲沫江，實一江而名屢遷也。」

蘇村寨。縣西北四十里。舊置寒水驛於此，并設寒水巡司，世其職以防守河西。正統七年爲草坡蠻所攻，隆慶中復被殘掠，因移寨於河東，亦爲寒水驛。由驛而南八十里爲太平驛，道出灌縣；由驛而北七十里即茂州安遠驛矣。

舊志云：寒水，太平二驛俱在縣東四十里。似悮。經略志：「汶路生番惟草坡鷙黠，有三寨，在河西山外，一徑通董卜宣慰，一徑通孟董、梁黄，向以假道騷動，萬歷十八年討平之。」

附見

茂州衛。在茂州治東。洪武十一年建，領千户等所。

靜州長官司，州東一里。唐大曆五年徙置靜州，此或其故址也。宋時蠻據其地，叛服不常，曰靜州蠻。洪武七年酋長歸附，置長官司。正德間與岳希蓬爲亂攻茂城，斷水道，城中大困，既而克平之。所轄法虎、桃溝等八寨，州南北定門至關子堡皆屬其戍守。

岳希蓬長官司，州北二里。洪武七年置。

隴木頭長官司。州東四十里。洪武七年以降蠻置，所轄有玉亭、神溪等十二寨。

威州，府西北五百五十里。東北至茂州二百二十里，南至雅州五百六十里。

古冉駹國地，漢武時爲汶山郡地，後屬蜀郡，後漢因之。蜀漢亦屬汶山郡，晉因之，後没於羌。隋初置戍，後又没於羌。唐武德七年白狗羌歸附，始置維州，貞觀元年羌叛州廢，明年復來歸，降爲羈縻州，隸茂州都督府。麟德二年復爲正州，比於中華諸州也。儀鳳二年以羌叛復降爲羈縻州，垂拱二年又爲正州，尋没於吐蕃，開元末收復。天寶初曰維川郡，乾元元年復爲維州。廣德初陷於吐蕃，大和五年收復。尋棄其地，大中三年復内附。五代蜀時亦曰維州，宋景德三年改曰威州。亦曰維川郡。元因之，以州治保寧縣省入。明仍曰威州。編户九里。領縣一。

州憑恃險阻，控扼要衝。唐史：「神龍中州没於吐蕃，吐蕃號曰無憂城。」開元二十八年復取之，李林甫等表賀，言：「維州正當衝要，吐蕃憑險自固，恃以窺蜀，積年以來，蟻聚爲患，縱有百萬之衆，難以施功。」是也。自廣德陷没，貞元中韋皋屢攻維州不能下。大和五年李德裕帥西川，吐蕃將悉怛謀以維州來降，詔却之。時吐蕃維州刺史悉怛謀以城降，德裕遣兵據其城，上言欲遣生羌三千燒十三橋，擣西戎腹心，可洗大恥。時相牛僧儒沮其議，以維州還吐蕃。會昌三年德裕爲相，追論其事云：「維州據高山絶頂，三面臨江，在戎虜平川之衝，是漢地入兵之路。初河、隴盡没，此州獨存，吐蕃更欲圖蜀，以計陷之。舊唐書：「吐蕃急攻維州不下，乃以婦人嫁維州門者，二十年中生二子，及蕃兵攻城，二子內應，城遂陷。」號曰無憂，因并力於西邊，謂關、隴以西。遂無虞於南路，憑陵畿甸，宵旰累朝。貞元中韋皋欲經略河、湟，須此城爲始，萬旅盡鋭，急攻累年，卒不能克。若受其降，則南蠻震慴，西山八國，〔三〕不至隔遠。其蕃界合水、棲鷄等城合水即合江守捉，在疊溪所，没於吐蕃。鷄棲城，見茂州。既失險扼，自須抽歸，可減八處鎮兵，坐收千里舊地，莫大之利也。」大中三年杜悰鎮蜀，維州首領復內附。五代時王建以州內徙，志云：王建徙治中州城，即今州治。地利稍異於曩時矣。邊略「維州者諸蠻之噤喉，中原之要塞也。今自州以西接董卜韓胡界，且有草坡，一道可抵汶川泄里壩，一道可抵灌縣清溪口，一道可抵崇慶州，故當時謀國者嘗視董卜爲門庭顯禍」云。

薛城廢縣，舊維州治也，在今州北三十里高碉山上。蓋漢廣柔縣地，亦謂之姜維城。劉昫曰：「漢以前皆爲徼外羌冉駹之地，蜀後主時遣姜維、馬忠討汶山叛羌，因築城屯兵於此，謂之姜維城。隋置薛城戍，大業末没於羌。唐武德七年白狗羌酋鄧賢佐内附，因於姜維城置維州，領金川等縣，貞觀初賢佐叛，郡縣俱廢。三年左上封生羌酋董屈占等舉族内附，復置維州，并置薛城縣爲州治，後復屢陷於羌及吐蕃，開元中收復。其地南屆江，北則岷山連嶺而西，不知其極，北望隴山積雪如玉，東望成都若在井底，地接石紐山，夏禹所生也。其城一面孤峰，三面臨江，距成都四五百里。廣德初復陷於吐蕃，貞元八年韋皐攻之不克。十七年皐復攻維州，明年大破吐蕃援兵於維州城下，竟不能克。大和中來降，詔棄之。大中三年復内附。宋白曰：「維州城因山爲固，東北由索叢嶺而下，三百里地無險，走長川不三十里，直吐蕃之界，異時戍之以制寇入者也。」王建永平二年移州治中州城，仍置薛城縣爲附郭。孟知祥明德初改縣曰保寧，宋因之。其城皆在平川，非復昔時襟束之要矣。元至元十九年併保寧縣入州，明初因之。杜佑曰：「維州在當州北三百六十里。」謂故州城也。近志云：州西北二百五十里爲姜維城，即無憂城。又云：故薛城在今治西南二百步。一統志云：「姜維城在州南十里。」或又云州西三十里爲古維州城。邊略云：「由保縣堡過漢索橋至古維州城三面臨江。殊陡險，蓋董卜韓胡宣慰司、雜谷安撫司交界處。」皆悞也。城邑考：「州城明弘治中因故址修築，尋被水患，正德初增修，皆甃以石，周十一里，門四。」

通化廢縣，州東百三十里。本漢廣柔縣地，後周置石門鎮，隋初置金川縣，仁壽初改曰通化。唐因之，縣屬茂州。宋改屬威州，天聖初又改縣曰金川，景祐四年復故。元仍屬維州，明初廢。○小封廢縣，在州南六十里。唐初置金川縣於此，屬維州，尋廢。咸亨二年維州刺史董弄招慰生羌，於故金川地置小封縣，後亦更名通化，并置通化軍。宋縣廢而軍如故。宋志：「軍在保、霸二州間，治平三年并入通化縣，熙寧九年復置軍，政和三年夷酋董舜咨納土，仍舊名重築軍城，宣和三年省軍使爲鹽押使，後廢。」寰宇記「隋開皇六年以石門鎮近白狗羌，置金川縣，唐武德七年屬維州，貞觀初廢，三年復置，旋廢」，蓋悞以唐之金川爲隋之金川也。今有金川寺，其禪師管十五寨，東至八稜碉，西至保縣，南至稜城百五十里。後爲雜谷安撫司所并，遷其族於董卜界上。

定廣城，州南四十里。唐置。通典維州所領有定廣城，廣德初没於吐蕃，貞元九年韋臯分兵出西山，破定廣城是也。或曰大中間收復，改爲歸化城。新唐書維州所領有歸化縣，是也。宋廢。○嘉會廢縣，在州西南。宋志：「政和四年置亨州，并置嘉會縣爲州治，宣和三年改曰霸州，尋廢，以縣爲嘉會砦，尋復廢。」會要：「祺、亨二州，政和二年成都守龐恭孫建言開拓邊地置。」祺州，古保州地；亨州，古霸州地。皆附會之説也。唐霸州見松潘衛。

定廉城，州西北百三十里。唐武德七年置定廉縣，屬維州，後廢置不一。開元二十八年置奉州治焉，天寶初曰雲山郡。杜佑曰：「雲山郡東至維州風流嶺四十里，西至天保軍百三十里。」天寶八年徙州治天保軍，更名天保郡，是年没於吐蕃。乾元初蠻酋董嘉俊以郡來歸，更名保州。廣德初吐蕃陷松、維、保三州及雲山之新築二城，於是劍南西山之州多屬於吐蕃。貞元九年韋臯破吐蕃，焚定廉故城，時定廉縣亦隨郡西遷，因有故城之名。尋復内屬，更爲古州，未幾復曰保州。宋爲羈縻地。又雲山廢縣，在故保州西。新唐書保州所屬有歸順、雲山二縣，俱天寶八載析定廉縣置。又安居廢縣，貞元以後所置也。後皆没於蠻。

恭州城，州西北三百餘里。唐紀：「武德六年白蘭、白狗羌遣使入貢，七年以白狗等羌地置維、恭二州，貞元初仍没於羌。開元二十四年分静州廣平縣置恭州，治和集縣，即故廣平縣也。天寶初更名。」大曆十四年吐蕃率南蠻入寇：一入恭州，過汶川及灌口；一入扶、文，過方維、白壩；一入黎、雅，過邛崍關；連陷郡邑，發兵拒却之。通典：「恭州東至拓州百里。」拓州，今見松潘衛。静州，見疊溪所。扶、文二州，見陝西文縣。○博恭廢縣，在恭州東南。唐志：「開元二十四年析廣平縣置博恭及烈山縣，後没於蠻，與州俱廢。」又平戎城，在恭州南八十里。唐開元二十年章仇兼瓊置，又於平戎城東八十里置天保軍，皆置兵戍守，屬劍門節度。杜佑曰：「平戎城在恭州西南百十里。」或以爲即故安戎城，恐悮。

當狗城，在州西。城當白羌之路，故名。其西北有鹽川城，唐廣德二年劍南節度嚴武破吐蕃，拔當狗城，又拔其鹽川城。唐志「維州舊有鹽溪縣，貞觀中置，産鹽，永徽初省入定廉縣」，疑即鹽川矣。○望漢城，在州西徼外。唐時吐蕃築此城於西山以望蜀。大歷十二年西川節度崔寧奏破吐蕃於望漢城，是也。又州境有末恭城，貞元十年韋皋攻吐蕃，克其末恭城，即此。

籠山城，在州北。唐置戍於此，廣德元年吐蕃陷維州籠山城是也。今有籠山寨，爲吐蕃所據，諸蕃之中，此爲最强。又龍溪城，在州西北八十里。唐貞元初韋皋帥蜀，城龍溪，築西山堡以納降羌。七年皋使威戎軍使崔堯臣出龍溪、石門兩路伐吐蕃是也。今有龍溪番寨。○柔遠城，在州南。唐大和中李德裕所築，以扼西山吐蕃，尋廢。郡志：州治南有故安遠城，宋置，今爲安遠倉。

高碉山，州北三十里。三面懸崖，大江經其南。劉昫曰「維州治岷山孤峰」，即此。上有姜維故城，即唐維州治。○玉壘山，在州治後。又治西五里有峨眉山，一名古城山。志云：州城包玉壘、古城二山是也。又州治東有龍洞，兩崖如削，高千餘仞，深五丈許。洞水清徹，四時不竭。

定廉山，州東南四十五里。有鹽溪出其陽，流至鹽溪村，民得採漉之利，唐鹽溪縣以此名。○雪山，在州西南百里，與乳川、白狗嶺相連。山有九峰，上有積雪，春夏不消。隋大業四年吐谷渾伏允可汗爲鐵勒及隋兵所敗，南奔雪山，或以爲即此山也。亦曰西山。杜佑曰：「維州西南至白狗嶺六十二里，西山八國諸蠻皆以散居山旁而名。」又鹿危山，亦在州西，唐貞元十七年韋皐敗吐蕃於此。

的博嶺，在州西北。唐韋皐分兵出西山，踰的博嶺，圍維州。杜佑曰：「的博嶺在奉州北七十里。」一作「滴博嶺」。又有風流嶺，亦在州北。舊有風流部蠻居其下。○黃崖，在州南。唐韋皐分兵出黃崖以擾吐蕃，是也。今沒於蠻。

汶江，州北三十里。自茂州西南流經州界，又西經保縣境，復東南流入汶川縣界。○赤水，在州西北四十里。志云：源出赤水砦。又有桃溪，在州西北三十五里。源出龍溪寨，流合赤水注於大江。又磨刀溪，在州西十五里。溪旁有石，利於磨刀，因名。下流亦入於汶江。志云：州治東有蒲溪。有橋跨其上，亦曰蒲溪橋。下流亦達於江。

平谷水，在州北，與後谷水及溪谷水俱流合於大江。又白浪河，在州境。宋元豐二年知維州楊采開白浪河，引江水溉民田是也。○洞口瀑泉，志云：在州治西南五里。其源極遠，自半空直下，噴流數千尺，居民資以灌溉。

保子關，州西北百里。又州西北百三十里有徹底關，州西南百二十里有鎮彝關，俱舊置此以隔閡番、戎，有兵戍守。

乾溪堡，州西北五十里，即唐時乾溪守捉城也。新唐書：「維州有通化軍，有乾溪、白望、暗桶、赤鼓溪、石梯、達節、鵶口、質臺、駱駝九守捉城，西山南路有通耳、瓜平、乾溪、侏儒、箭上、谷口六守捉城，又有苻堅城及寧塞、姜維二鎮兵。」今多湮廢，而乾溪猶設堡置倉，爲戍守處。

壩州堡，州西北二十五里，因唐、宋霸州舊名也。今設倉置戍於此。自堡而北有龍溪、卜南、木上諸寨，與北路番族黑苦、三姐相通。又坡底堡，在州西南，西北去壩州堡五十里。附近有龍山、竹打、大寺、小寺、蒲穵、太子憤等寨，皆番族駐牧。又新安堡，志云：由州西至新安堡即抵保縣。○黃土舖，在州東北百里。宣德二年松潘蠻族攻圍城堡，官軍討之，至黃土舖失利，松、威之道遂絶，即此。

鐒繩橋。州東十五里。辮竹爲繩，上施木板，長三十丈，通蕃、漢路，蓋設險要地。又州西北有永鎮橋。

保縣，州西四十里。本薛城縣地，宋保寧縣地，元威州地，明洪武六年分置今縣。十一年環以石城，正德以後屢經修置。周一里有奇。編户四里。

通鶴城，在縣西。唐之通鶴軍也，垂拱二年没於吐蕃。貞元九年韋臯攻吐蕃，破通鶴軍，即此。○廢鵝州，在縣西。宋史：「威州西南邊地有鵝州，與保州接境，嘉祐中嘗遣人貢馬。」或曰州蓋唐末吐蕃所置。

筆架山，縣北三里。一名九子龍窩，或謂之玉山。又箭嶺，在縣城東一里。有岡陡直如箭，曰箭上里。唐置箭上守捉城，蓋以嶺名也。○蛇浴嶺，在縣西北。宋乾道四年風流部蠻作亂，保寧令張文禮閉絶蛇浴嶺路，番從嶺後斫生路入境攘劫，尋討降之。

汶江，在縣東。志曰：蜀之西塞威、茂、汶川皆在江内，惟保縣獨在江外是也。○沱水，在縣西。出縣西北花巖山，下流至威州入於汶江。

鎮安關。郡志：在威州西南。紀勝云：「關今在縣西北五十里，關外即生蕃界矣。」四夷考：維州路生番最多，可考者曰孟董、梁黄、梭城、月上、星上、龍山、龍溪、大寺、小寺等寨，設一關六堡以戍之。關曰鎮彝，堡曰保縣，曰新安，曰乾溪，曰西平，曰壩州，曰坡底。」又保縣志「縣北熟番二股：一路爲水田等寨，向背不常；一路爲近縣玉山十二寨，稍稍易馴。正北野番有梁黄等五十餘寨，直連松州黑水番」云。

附見

威州守禦千户所。在威州城内。洪武初建，屬茂州衛。

校勘記

〔一〕吉當普　底本原作「吉普當」，今據鄒本及元史卷三九順帝紀、卷六六河渠志乙正。

〔二〕蜀本紀　底本原無「蜀」字，鄒本有。寰宇記卷七二成都縣下云：「揚雄蜀本紀云：『蜀王據有巴蜀之地，本治廣都樊鄉，從居成都。』」隋書卷三三經籍志載明：「蜀王本紀，一卷，揚雄撰。」則鄒本作「蜀本紀」是，今據改。

〔三〕摩訶池入蜀王宮中　「蜀王」，底本原作「王蜀」，今據鄒本及陸游渭南集乙正。

〔四〕華陽國志至即望川源矣　此段文字各本華陽國志多有不同，巴蜀書社最近出版之劉琳校注華陽國志「有漁田鹽井之饒」作「有鹽井漁田之饒」；「江西有安稻田」，「安」一作「好」；「即望川源矣」作「有望川原」，在「江西有安稻田」之下。

〔五〕源出温江縣之鹿角堰　「堰」，底本原作「縣」，今據職本、敷本及鄒本改。

〔六〕元祐中復置屬永康軍　據上文所云，此青城縣元祐前未廢，此不當有復置之説。宋志永康軍下云：「乾德四年改爲永安軍，以蜀州之青城及導江縣來隸。太平興國三年改爲永康軍，熙寧五年廢爲砦……元祐初復故。」又青城縣下云：「乾德中自蜀州來隸，熙寧五年軍廢，還隸蜀州，不知何年復來隸。」是元祐中復置永康軍，非復置青城縣也。

〔七〕以爲井陘之地　元和志卷三一導江縣灌口鎮下「地」作「阨」，蓋以此比作井陘之阨，「地」字傳寫誤也。

〔八〕天寶初日仁壽郡　「郡」，底本原作「縣」，今據職本及新唐志卷四二改。

〔九〕擁思范水　寰宇記卷八五作「擁思茫水」，本書同卷井研縣下又作「擁思水」，無「范」字。

〔一〇〕雁江　「江」，底本原作「山」，今據職本、鄒本改。

〔二〕任臧　「臧」，底本原作「瀎」。字書無「瀎」字，晉書卷一二〇李特載記作「臧」，今據改。

〔三〕西山八國　「西山」，底本原作「山西」，本書卷七四白狗國下作「西山八國」，新唐書卷二二一上西域傳東女國下亦云「其種散居西山」，今據乙正。